万有句子系列

名言佳句

易胜——编

线装书局

图书在版编目（CIP）数据

名言佳句 / 易胜编. — 北京 ：线装书局，2023. 9
（2025. 4 重印）ISBN 978-7-5120-5563-6

Ⅰ.①名… Ⅱ.①易… Ⅲ.①格言 - 汇编 - 世界
Ⅳ.①H033

中国版本图书馆 CIP 数据核字（2023）第 135872 号

名言佳句
MINGYAN JIAJU

作　　者：易　胜
责任编辑：林　菲
出版发行：**线 装 书 局**
　　　　　地　址：北京市东城区建国门内大街18号恒基中心办公楼二座12层
　　　　　电　话：010-65186553（发行部）　010-65186552（总编室）
　　　　　网　址：www.zgxzsj.com
经　　销：新华书店
印　　制：三河市刚利印务有限公司
开　　本：880mm×1230mm 1/32
印　　张：10.75
字　　数：353 千字
版　　次：2025 年 4 月第 1 版第 3 次印刷
印　　数：25001—75000 册

定　　价：48.00 元

线装书局官方微信

前　言

　　每个人的一生，都会面临无数的选择、挫折、困难、困惑：如何追求成功、幸福、理想、健康；如何理解人生、生活、生命；如何创造价值、财富、成功；如何对待爱情、亲情、友情、婚姻、家庭；如何指导求知、读书、学习……所有这些，都需要借鉴前人的经验和智慧来启迪并完善。这也意味着名言佳句将永久地为人们所关注。现实生活中，人们想去找寻那些美好的语言，而苦于生活节奏太快，没有时间去选择适用于自己的智语。

　　鉴于此，本着提炼、收录经典名言佳句的原则，我们从浩瀚的文献中提炼出近9000条杰出人物的闪光语言，汇编成这本《名言佳句》，献给广大读者。

　　本书具有以下特点：

　　名人"鲜"

　　在广泛采撷古今中外著名人物（如孔子、孟子、鲁迅、郭沫若、莎士比亚、培根、托尔斯泰、高尔基等）言论的同时，又汇集了一些当代名人、作家等热门人物的言论（如梁实秋、雷锋等），尽可能地把具有时代特色的、容易引起人们共鸣的名言收集在一起。

　　主题"全"

　　本书共分为命运之神、完美人生、畅谈理想、发扬美德、完善自我、有则改之、个人魅力、为人处世、深厚友谊、浪漫爱情、家的港湾、成就事业、学海无涯、教育之道、立身之本、成功之路、岁月如梭、情感地带、多彩生活、养生之道、艺术长廊、事理方圆22个大类，每个大类下又划分多个小类，这些主题基本涵盖了生活的方方面面，可以满足读者的不同需求。它既可以启迪人生智慧，提高自身素质，又可以在写作和演讲时引用，更可用来与朋友共勉。

　　附录"值"

　　为了开阔大家的知识面，让大家在轻松愉快的阅读中领悟人生真谛，编者还在书中附录英语名言和名人简介。若干主题的英语名言，能让爱好英语的读者获得意外的惊喜。名人简介，就如同让读者和名人面对面地交流思想。

　　名言佳句，集丰富的内涵、深邃的哲理、简练的语言于一身！

名言佳句，总有那么一句，瞬间直抵你的内心，触动你心灵柔软的地方。

名言佳句，世代相传，超越国界，如导航的灯塔，为一代又一代沧海夜航者照亮前程，使他们劈波斩浪，勇往直前，获得成功！

学生用名言佳句，妙笔生花；

演讲用名言佳句，妙语连珠；

交际用名言佳句，充满魅力；

秘书用名言佳句，文采出众；

老板用名言佳句，收服人心……

这本《名言佳句》，可以当辞典用，也可以当故事书看，每一条都值得珍藏、背诵，百读不厌。作文、演讲、说服、辩论、交际、谈判、家教、处世、文案、培训、管理、汇报，都用得上。

真诚地希望广大读者在阅读本书时，能在名言佳句的指引下，结合自身的实际情况调整人生坐标，踏上新的征程。

由于编者水平有限，书中难免有不妥之处，敬请指正。

目　录

命运之神

什么是命运？命运就是一个生命体一生时空起伏变化的过程。谁在决定命运的走向？是上天（神灵），是周围人还是自己？既然命运是一个时空变化的过程，那么它时时刻刻都在运转流动，没有一时是静止不动的，直至生命的尽头。

命运没有公平这回事情，每个人的人生起点不一样，奔跑的赛道、使用的工具、自身的技能水平以及周围的助力、耐力、持久力等方面都不尽相同，最终的速度和进展肯定都各具特色，结果也天壤之别。有人说，在起大风的时候，猪都能飞起来。"好风凭借力，送我上青云"，但是大风什么时候刮起，起大风的时候你有没有在场，能否有勇气和志向随着大风翩翩起舞，能舞多久，这都是每个人自己的选择和价值判断。

1. 命运——傻瓜失败的借口

一个人的灾祸都是自己的过失造成的。 ——弗朗索瓦·莫里亚克

你要是遭遇大不如意的事，反躬省察，就会明白总是咎由自取。

——勒萨日

命运不是一种机遇，而是一种抉择；不是等来的，而是挣来的。

——布莱恩

人的性格，就是他的命运。

——赫拉克利特

命运是性格。 ——辛格

成功之道绝无"秘诀"可言。人之所以失败，多半是因为"搬起石头砸了自己的脚"。

——王安

无论在任何情况下，都要尽最大的努力在决定人的命运以前纠正错误。

——H.古德里安

在人的一生中，有时某些成就恰恰是在逆境中创造出来的；有时当形势严重到极难对付时，人们就会去掌握自己的命运，去战胜厄运。——李·艾科卡

有位诗人说过："你的命运之星，在你心中。"不论你的处境如何，过去如何，构筑未来的命运之星肯定就在你自己心中。

——池田大作

你该牢记，你的出路就在自己身上。在你以为出路是在别处地方或别人身上时，你是要失败的，你的机会就包裹在你的人格中。你的成功可能性，就

在你自己生命中；正像未来的栎树隐伏在栎子中一样。你的成功就是你的自我之演进、开展和表现。

——奥里森·马登

胜利者不会耍出"无助"的把戏，也不会"怪罪别人"。他自己负起生命的责任。他不必让别人虚妄地驾驭，他知道他可以做自己的主人。——詹姆斯

生活中最悲惨的悲剧因素就是相信可恶的命运。 ——爱默生

我要扼住命运的咽喉。它决不能使我完全屈服——噢！能把生命活上千百次真是多美！ ——贝多芬

命运的神力只被那些不幸的人们所承认；因为，幸福的人们都把成功归于自己的精明强干。 ——斯威夫特

命运害怕勇敢的人，而专去欺负胆小鬼。 ——塞涅卡

敢于冲撞命运才是天才。——雨果

宁可要人们各自决定自己的命运，而不要让自己的命运掌握在别人的手里。 ——悉尼·胡克

勇敢的人开凿自己的命运之路，每个人都是自己命运的开拓者。

——塞万提斯

无可否认，外因，如恩惠、机遇、他人之死、合乎美德的诱因等，皆有益于命运。然而，人的命运主要掌握在人自己手中。 ——培根

只有低能的人才被命运所支配；一个坚决的心灵，什么都做得到。

——爱默生

所谓活着的人，就是不断挑战的人，不断攀登命运顶峰的人。——蒙田

人不仅是演员，而且是自己人生之剧的作者。 ——阿纳托里·费迪

生活而不为生活俘虏，做着自己的主人！

——罗曼·罗兰

人的解放由他自己来完成！人由他自己的力量获得拯救！

——鲁多夫·洛克尔

胜利不会向我走来，我必须朝胜利走去。 ——玛丽安娜·穆尔

可以说，命运是没有的，有的只是钢铁的意志和必要性。 ——列昂诺夫

命运可以夺去财富，却夺不去勇气。

——塞涅卡

命运压不垮一个人，只会使人坚强起来。 ——伯尔

人有时必须顺从命运，但决不能屈服于它。 ——哈里法克斯

凡人不会因为自己没有成为帝王而痛苦，可是被废黜的帝王却会因为自己成了一个凡人而痛苦万分。

——雷纳·克莱尔

灾难是我们能真正照见自己的最完善的镜子。 ——达万南特

从最高地位上跌落下来，那变化是可悲的；但命运的转机却能使穷困的人欢笑。 ——莎士比亚

正路并不一定就是一条平平坦坦的直路，难免有些曲折和崎岖险阻，要绕一些弯，甚至难免误入歧途。

——朱光潜

人的前途只能靠自己的意志、自己的努力来决定。　　——茅盾

所有成功的人都承认自己是因果论者。他们相信成功不是由于命运，而是由于定律；相信在结合开始与终结的一件事的连贯中并没有一个脆弱的破裂的环节。　　——爱默生

天命是好人的朋友，贤者的引导人，愚人的暴君，坏人的敌人。

——欧嘉

对于不会利用机会的人，时机又有什么用呢？一个不受胎的蛋，是要被时间的浪潮冲刷成废物的。　——艾略特

在灰暗的日子里不要让冷酷的命运窃喜；命运既然来凌辱我们，我们就应该用处之泰然的态度予以报复。

——莎士比亚

不管我们漫游到什么地方，命运的引线永远在我们面前。　——利希特

命运不能妨碍我们的欢乐，让它来胁迫我们吧！我们还是要欢笑度日，只有傻瓜才不是这样。　——高尔基

卓越的人的一大优点是：在不利和艰难的遭遇里百折不挠。　——培根

因为我对权威的轻蔑，所以命运惩罚我，使我自己竟也成了权威。

——爱因斯坦

平坦的道路，也难免有绊倒的时候。人的命运亦如此。因为，除了神以外，谁都不知真实为何物。——契诃夫

善于在做一件事的开端识别时机，这是一种极难得的智慧。　——培根

画上了杰作的画布会有什么想法呢？"我被弄脏了，我遭到了粗暴的对待，我被掩盖了。"人们也是如此抱怨着自己的命运，无论命运之神如何善待他们。　　——让·利克托

悔恨在我们走好运时睡去了，但在逆境中却使我们更强烈地感觉到它。

——卢梭

善良正直的人必须遭受苦难，他们的理想才能传播和推广。你必须摇动瓶子，或是把它打碎了，才能把里面的香气散发出来；你必须敲打石头，才能迸发出火花！　　——黎萨尔

如果一个人被判定在海中淹死，可能反而为其生命限定了一个有利的范围，保证他永远也不冒险离开陆地。

——欧内斯特·布拉默

不论怎样不幸都会带来某种幸运。

——贝多芬

每个人的命运之星就在各自的胸中。　　——萨迪

好运和厄运在我看来是两种统治力量。以为人类智慧能够扮演命运女神的角色未免愚蠢。　　——蒙田

天助自助之人。　——史密斯

命运是机会的影子。——苏格拉底

失势的伟人举目无亲，走运的穷汉仇敌奉迎。　　——莎士比亚

能使愚蠢的人学会一点东西的，并不是言辞，而是厄运。——德谟克利特

在不幸之后，后悔是无用的。

——伊索

逆境是磨炼人的最高学府。

——苏格拉底

我是我命运的主人，我是我心灵的主宰。

——赫里克

思想懦弱的人，常被灾难屈服；思想伟大者，相反往往乘机兴起。

——华盛顿

顺境中的好运，为人们所希冀；逆境中的好运，则为人所惊奇。——培根

聪明人决不等待机会，而是攫取机会，运用机会，征服机会，以机会为仆役。

——卓宝

机会老人先给你送上它的头发，当你没有抓住再后悔时，却只能摸到它的秃头了。或者说它先给你一个可以抓的瓶颈，你不及时抓住，再得到的却是抓不住的瓶身了。

——培根

智慧和命运交锋时，如果智慧有敢作敢为的胆识，命运就没有机会动摇它。

——莎士比亚

有时一个人受到厄运的可怕打击，不管这厄运是来自公众或者个人，都可能是件好事。

——歌德

闲暇的目的不是为了心灵获得充实，而是为了心灵获得休息。

——西塞罗

每一个人的一生中都有能够造成幸福的一小时，如果他能捉住它。

——福莱柴尔

境遇就像不断聚散的云彩，当我们开怀大笑时，祸种已经播进了滋生各种事件的广袤耕地；当我们开怀大笑时，它萌芽、生长，突然结出了我们必须采摘的恶果。

——济慈

许多人对待时机都像小孩子们在海滨戏沙一样，他们用自己的小手抓取了满把沙砾，却又让它们一粒粒地漏下去，终至漏尽。

——仲斯

患难可以检验一个人的品格，非常的境遇方才可以显出非常的气节；当命运的铁掌击中要害的时候，只有大智大勇的人，才能够泰然处之。

——莎士比亚

向命运要求一种恩赐比保持其恩赐容易得多。

——贺拉斯

幸运所生的德行是节制，厄运所生的德行是坚忍……

——培根

人们不存侥幸之心，方可为幸运的主宰；而幸运除了懦夫之外，都是不敢欺凌的。

——乔叟

幸运并非没有许多的恐惧与烦恼，厄运也并非没有许多的安慰与希望。

——培根

对于凌驾命运之上的人来说，信心是命运的主宰。

——海伦·凯勒

人类的命运是受苦与死亡。

——荷马

你应该认定自己的命运；任何人都不可能在每一件事情上都超人一等。

——伊索

运气永远不会帮助没有勇气的人。

——索福克勒斯

不论弱者或强者，都逃不出命运的手掌。

——荷马

命运与爱情永远与勇者亲善。

——奥维德

与其说人的命运都是按照规则进行的国际象棋，还不如说使人想起彩票更恰当。

——爱伦堡

一个人若没有可供休息的床铺，没有欢迎他旅行归来的晚间灯火，他的命运确实是很可悲的。

——泰戈尔

命运支配我们行为的一半，而把另一半委托给我们自己。——马基雅维利

凡是限制我们的东西，我们称之为命运。

——爱默生

谁若认为自己是圣人，是埋没了的天才；谁若与集体脱离，谁的命运就要悲哀。

——奥斯特洛夫斯基

命运像水车的轮子一样旋转着，昨天还高高在上，今天却屈居人下。

——塞万提斯

命运有点女人的气质，你越向她求爱，她越远离你。

——查里五世

当命运递给我们一个酸的柠檬时，让我们设法把它制造成甜的柠檬汁。

——雨果

命运常在给你带来幸福的同时也给你带来不幸。

——托·富勒

那些不能牢记过去的人，命中注定要一再地重复自己的过去。——雪莱

没有哪个胜利者信仰机遇。

——尼采

机会来的时候像闪电一般短促，全靠你不假思索地利用。——巴尔扎克

命运不会使我们幸福或不幸，它只

提供材料和种子而已。

——蒙田

命运是一个善良的女神，她不愿让小人永远得志。

——莎士比亚

一切的成败得失都在我们自己，然而我们却往往诿之于天意。

——莎士比亚

在命运的颠沛中，最容易看出一个人的气节。

——莎士比亚

没有所谓运气这东西。一切无非是考验、惩罚或补偿。

——伏尔泰

每个人都是命运的建筑师，辉煌的未来有待我们去筹建。

——朗费罗

宿命论是那些意志薄弱者的借口。

——迪斯雷利

运气通常照顾深思熟虑者。

——诺贝尔

只有把抱怨环境的心情，化为上进的力量，才是成功的保证。

——罗曼·罗兰

人们总是特别看重机遇，实际上机遇是由人支配的，并非机遇支配人。

——桑塔亚娜

我们除了由自己呵护命运之星以外，别无他法。即使用大海的全部力量，也无法改变它。

——梅特林克

弱者坐待时机；强者制造时机。

——居里夫人

没有侥幸这回事，最偶然的意外，似乎也都是有必然性的。——爱因斯坦

没有人没碰过好机会，只是没有捉住它。

——卡耐基

我们的命运和我们的意志，常常在

不朽的时机邂逅。　　——摩洛瓦

命运的大厦全靠自己设计建造。

　　　　　　　　——贝克尔希

命运只是弱者心目中的一个字，一个错误的借口；强者与圣贤不承认有天命。　　　　　　——欧嘉

假如我们有先见之明的话，命运之神啊，你将不再是神了。　——朱文诺

境遇是如同宿命的东西，人的一生结局，就在这框子里营运，要摧毁它是相当困难的。　　　　——坪田让治

命运：暴君施虐的权力，傻瓜失败的借口。　　　　　　——比尔斯

"命运不济"，只不过是失败者为自己寻找的借口而已。　——何奈尔

祸和福是同门。利和害相邻。

　　　　　　　　——刘安

塞翁失马，焉知非福。　——刘安

征服命运的常常是那些不甘等待机运恩赐的人。　——乌·阿诺德

人人都是自己命运的创造者。

　　　　　　　　——塞万提斯

人就是人，是他命运的主人。

　　　　　　　　——丁尼生

命运帮助勇敢的人。　——乔叟

命运总是取决于个人所感觉的、所想要的和所做的是什么。——爱因斯坦

命运是有某种巧合的。

　　　　——切斯特菲尔德

一个人精神的阴郁和爽朗就形成了他的命运！　　　　　　——歌德

始终如一的人相信命运，反复无常的人相信运气。　　——迪斯雷利

命运充满着多变的机遇。

　　　　　　　　——塔西佗

命运从来就是没有固定目标的。

　　　　　　　　——巴克利

我确信，与人作对的命运女神要比殷勤的命运女神有益得多。　——乔叟

能随着时代和世事而改变他的本性，命运就永远掌握在他手中。

　　　　　　　——马基雅维利

智者是自己命运的创造者。谁想改变命运，就得勤奋工作，否则将一事无成。　　　　——普劳图斯

有勇气主宰自己命运的人才是英雄。　　　　　　　——海塞

一切都遵照命运而来，命运就是必然性。　　　　——赫拉克利特

至于命运，则对于我们显得是一种不可挽回的必然。　——伊壁鸠鲁

生命是自由的，不存在什么命运。

　　　　　　　——雅斯贝尔斯

命运是一条无尽的因果链条，万事万物皆因此而赖以生存；世界本身的发展也遵循着这一准则与因果关系。

　　　　　　　　——芝诺

出身高贵的，他的命运也须高贵，这样才相配。　　——欧里庇得斯

当命运在给我们一个重要地位后发现我们在那儿并没有逐步地引导自己，或者没有通过我们的希望提高自己时，我们要继续保持和配上这个地位几乎是不可能的。　　——拉罗什富科

命运就是对一个人的才能考验的偶然。

——蓬皮杜

人是囚犯，无权去打开牢笼的门遁逃……他不该自杀，而该等待上帝的召唤。

——柏拉图

对世人来说，没有什么比命运的突然改变更危险。

——昆蒂利恩

命运是我们半个行动的主宰，但是它留下其余一半或者几乎一半归我们支配。

——马基雅维利

痛苦地发现上帝不存在，这就意味着否定了命运的存在。但是，否认命运的存在是狂妄自大的，声称我们自己是我们生存的唯一主宰是愚蠢的，因为如果你否定命运，那么生活中的一系列机缘就会失去，你就会对可能发生但并未发生的往事表示惋惜，就会对可能做到但并未做到的往事感到悔恨，那么你在当前的生活中也必然碌碌无为、坐失良机。

——奥里亚娜·法拉奇

我相信命运，而且我发现，我工作越认真，我的运气就越好。——勒考克

命运不是一种机遇，而是一种抉择；不是等来的，而是挣来的。

——布莱恩

命运与其说是偶然，不如说是必然。"命运在性格之中"这句话绝不是轻易得来的。

——芥川龙之介

命运是有某种巧合。

——切斯特菲尔德

我们自身就是我们命运的原因。

——徐志摩

持恒的命运屈服于多变的机运。

——弥尔顿

大胆是行动的开始，但决定结果的则是命运。

——德谟克利特

命运女神常常是无忧无虑的徘徊者的朋友。

——华兹华斯

命运的变化犹如月之圆缺，对智者毫无妨害。

——富兰克林

命运女神总是向不把她放在眼里的人大献殷勤。

——约卡伊·莫尔

命运女神与维纳斯常庇佑勇敢的人。

——奥维德

要是命运狠心地欺负您与我，那就不必跟它求情，对它叩头，而要看不起它，笑它，要不然它就会笑我们。

——契诃夫

命运，不过是失败者无聊的自慰，不过是懦怯者的解嘲。

——茅盾

命运对有些人是生母，而对另一些人却是继母。

——乔·赫伯特

命运是乔装打扮的人物，没有比这张脸更会骗人的了。

——雨果

所谓命运这个东西，一切无非是考验、惩罚或补偿。

——伏尔泰

向命运大声叫骂又有什么用？命运是个聋子。

——欧里庇得斯

命运往往是严酷的，它能够使一个意志坚强的人产生动摇和颓唐，甚至也能促使一个人在精神上完全垮掉。但是，我坚信真理必胜。正是这种信念支撑着我经受住眼前的严峻考验……

——台尔曼

最悲惨的命运是安全的，因为不用担心它会变得更坏。 ——奥维德

幸运每个月都会降临，但是如果你没有准备去迎接它，就可能失之交臂。 ——卡耐基

患难可以检验一个人的品格，非常的境遇方才可以显出非常的气节；当命运的铁拳击中要害的时候，只有大勇大智的人，才能够处之泰然。 ——莎士比亚

人应该只掌握自己的命运，而不应该去主宰他人。 ——高尔基

如果有工作要做，就应该立刻做好，如果交运时你自己毫无准备，就不该怪怨命运女神，却应当埋怨你自己。 ——克雷洛夫

最困难的时候，也就是我们离成功不远的时候。 ——拿破仑

一时的失误不会毁掉一个性格坚强的人。 ——车尔尼雪夫斯基

人的生命似洪水奔流，不遇着岛屿和暗礁，难以激起美丽的浪花。 ——奥斯特洛夫斯基

虽然人已决定，但上帝仍还要再处理一番。 ——格林

意志与命运常相违背，我们的策划每被推翻；思想是我们的，目标却非自己所有。 ——莎士比亚

命运不是统治者，而是造化的奴隶。 ——波尔维

平凡的人听从命运，只有强者才是自己的主宰。 ——维尼

功者难成而易败，时者难得而易失也。时乎时，不再来。 ——司马迁

命运给我们自由发展的机会。只有当我们自己冥顽不灵时，我们的计划才会遭遇挫败。 ——莎士比亚

与其绰绰有余，养成娇气，倒不如吃些苦、受些艰难，或可以锻炼成器。 ——裴斯泰洛齐

要是不能把握时机，就要终身蹉跎，一事无成。 ——莎士比亚

善于等待的人，一切都会及时来到。 ——巴尔扎克

命运的变换，如磨盘旋转。 ——佚名

命运之神在闭一扇门的同时也打开了另一扇门。 ——佚名

命运变化如月亮的阴晴圆缺，无损智者大雅。 ——富兰克林

命运是神所想的东西，人只要勤奋工作就行了。 ——夏目漱石

2. 苦乐——只有深哀和极乐才能显露你的真实

所谓内心的快乐，是一个人过着健全的、正常的、和谐生活所感到的快乐。 ——罗曼·罗兰

乐观者于一个灾难中看到一个希望，悲观者于一个希望中看到一个灾难。 ——伊壁鸠鲁

牙齿痛的人，想世界上有一种人最快乐，那就是牙齿不痛的人。

——萧伯纳

不应该追求一切种类的快乐，应该只追求高尚的快乐。 ——德谟克利特

多受痛苦的折磨，见闻会渐渐增多。 ——荷马

只有信念使快乐真实。 ——蒙田

适当的悲哀可以表示感情的深切，过度的伤心却可以证明智慧的欠缺。

——莎士比亚

对一切事情发笑就像为一切事情哭泣一样奇蠢无比。 ——格拉西安

笑主要是一种人对不相容的事情的反应。 ——柏格森

和你一同笑过的人，你可能把他忘掉；但是和你一同哭过的人，你却永远不忘。 ——纪伯伦

当你的欢乐和悲哀变大的时候，世界就变小了。 ——纪伯伦

恼一恼，老一老；笑一笑，少一少。

——钱大昕

女人的眼泪可以征服一切：慈母的眼泪有神圣的力量，情人的眼泪有暴君的力量，女儿的眼泪有挖心的力量，无一不所向无敌。 ——柏杨

一个聪明人如果是忧郁的，总会找出足够的使自己忧郁的原因；如果他是快乐的，也会找到足够的快乐的原因。往往同一个原因既能使人忧郁，也能使人快乐。 ——阿兰

悲伤可以自行料理；然而欢乐的滋味如果要充分体会，你就必须有人分享才行。 ——马克·吐温

幸福永远存在于人类不安的追求中，而不存在于和谐而稳定之中。

——鲁迅

人们对于所爱的东西失而复得，比保持不失感到更大的快乐。

——奥古斯丁

正直之人艰苦奋斗，然后享有欢乐；诡诈之人则尽情享乐，然后经受痛苦。 ——富兰克林

快乐是情感上的享受，但却必须要用理智去追求。 ——罗曼·罗兰

不能明智地、正直地、如愿地生活，就无法快乐地生活；同样，不能快乐地生活，也就不会明智地、正直地、富裕地去生活。 ——伊壁鸠鲁

出类拔萃的人，都是通过痛苦而得到快乐。 ——胡赫

真正的痛苦会自然而然地流露出来，即使在一个努力掩藏痛苦绝不扰及旁人的人也是如此。 ——莫罗阿

要想从别人那里得到快乐，其乐倍增。独享快乐只能使人意志消沉。

——克里索斯托姆

最有意义的快乐，莫过于给别人带来欢乐。 ——拉布吕耶尔

快乐既然是人类和兽类所共同追求的东西，所以从某种意义上说，它就是最高的善。 ——亚里士多德

人生要有意义只有发扬生命，快乐就是发扬生命的最好方法。——张闻天

充满着欢乐与战斗精神的人们，永远带着快乐，欢迎雷霆与阳光……
——赫胥黎

所有快乐中，最伟大的快乐存在于对真理的沉思之中。——利奎那

只有在他感到欢喜或苦痛的时候，人才认识到自己；人也只有通过欢喜和苦痛，才学会什么应追求和什么应避免。
——歌德

有位数学家说过，快乐是在寻找真理，而不是在发现真理。——托尔斯泰

不是一切快乐，而是正直高尚的快乐才能构成幸福。 ——托马斯·莫尔

悲伤紧随欢乐而至，这是我们人类的命运，也是上天的旨意。
——普劳图斯

静默是表示快乐的最好办法；要是我能够说出心里多么快乐，那么我的快乐只是有限度的。 ——莎士比亚

快乐的一面必然伴有痛苦，痛苦的一面必然伴有快乐。可见人心是不能达到绝对快乐之境的，但是只要努力求其客观，并与自然一致，就能保持无限的幸福。 ——西田几多郎

谁要是能够把悲哀一笑置之，悲哀也会减弱它咬人的力量。——莎士比亚

生命是建筑在痛苦之上的，整个生活贯穿着痛苦。
——罗曼·罗兰

我们给我们的悲痛以某种托词，但引起悲痛的常常不过是利益和虚荣。
——拉罗什富科

痛苦远较快乐容易使人感受，痛苦总是要追究它的起因，而快乐是只图保持现状而从不往后看。 ——尼采

自然界置人类于两位最高统治者控制之下：痛苦和快乐。正是痛苦和快乐指引人们该做什么，决定去做什么。
——边沁

假如生活欺骗了你，不要悲伤、也不要气愤！在愁苦的日子里要心平气和，相信吧，快乐的日子会来临。心儿为将来而热烈地跳动，眼前的事情虽叫人悲戚，但一切转眼就会消逝，事情一过去便成为欢愉。 ——普希金

快乐也好，和善也好，消耗得越多，得到的也就越多。 ——爱默生

对有血有肉的人来说，眼前的快乐比模糊不清的未来美景更具有吸引力。
——约·德莱顿

快乐只能不期而遇。 ——麦西

要想从别人那里得到快乐，就必须先给别人快乐。 ——詹·汤姆逊

总是乐呵呵的人最能说明他聪明。
——蒙田

快乐在人生里，好比引诱孩子吃药的方糖，更像跑狗声里引诱狗赛跑的电兔子。几分钟或几天的快乐赚我们活

了一世，忍受着许多痛苦。我们希望它来，希望它留，希望它再来——这三句话概括了整个人类努力的历史。

——钱锺书

乐观主义者认为除了悲观主义者以外其他一切都是美好的；而悲观主义者认为世界上除了他们自己以外一切都是糟糕的。

——切斯特顿

要想体验"至高无上的欢乐"，则必然也要有"悲伤至死"的准备。

——尼采

如果生活得不合乎理性、不合乎道德、不合乎情理，也就不会生活得愉快。

——伊壁鸠鲁

人无论在什么地方，只要抱着一种真率、清净、洁白的心境去观察自然和生活，就会得到无限的欢悦。

——赫尔岑

生活的快乐与否，完全取决于个人对人、事、物的看法如何；因为，生活是由思想造成的。

——卡耐基

愁生于郁，解愁的方法在泄；郁由于静止，求泄的方法在动。——朱光潜

自己招来的忧伤是最大的忧伤。

——索福克勒斯

哀莫大于心死，愁莫大于无志。

——庄子

人生识字忧患始。 ——苏轼

痛得厉害的必短，痛得长久的必轻。

——西塞罗

如果人们不对悲伤屈服，过度的悲伤不久就会自己告终的。——莎士比亚

求乐的人生观，才是自然的人生观、真实的人生观。 ——李大钊

人生要有意义只有发扬生命，快乐就是发扬生命的最好方法。——张闻天

快乐和不适决定了有利与有害之间的界限。 ——德谟克利特

寻求欢乐的人永远找不到他们的欢乐。 ——哈伯德

人的才能就在于使生活快乐，在于用灿烂的色彩，使他生命的阴暗环境明亮起来。 ——伊巴涅斯

希望便是快乐，创造便是快乐。

——冰心

保持快乐，你就会干得好，就会更成功、更健康，对别人也就更仁慈。

——马克斯威尔·马尔兹

痛苦中最高尚的、最强烈的和最个人的乃是爱情的痛苦。 ——恩格斯

人们往往易于忍受最大的痛苦而难以享受过度的欢乐。 ——巴尔扎克

幻想出来的痛苦一样可以伤人。

——海涅

一个人的崇高源于认识到自己的痛苦。 ——帕斯卡尔

个人的痛苦与欢乐，必须融合在时代的痛苦与欢乐里。 ——艾青

即使生活到了实在是难以忍受的

地步，也要能够活下去，使生命变得有用处。　　——奥斯特洛夫斯基

因寒冷而打战的人，最能体会到阳光的温暖。　　——惠特曼

不问苦乐，不问得失，不计成败，尽你的力量战斗。　　——罗曼·罗兰

不怕苦，苦半辈子；怕苦，苦一辈子。　　——李敖

要强健起来，勇敢起来，应该忍受一切苦难而存在，不要让苦痛埋藏了我。　　——巴金

人生是患难与欢乐所组成。
　　——陶行知

一切的痛苦毕竟是懦弱的表现，在坚强有力的生活感召下自会悄悄隐退。
　　——茨威格

人生好比两瓶必须喝的酒，一瓶是甜的，一瓶是酸苦的，先喝了甜蜜，其后必然是酸苦。　　——萧伯纳

生命中不是只有快乐，也不是只有痛苦，快乐和痛苦是相辅相成、互相衬托的。　　——冰心

激励人们自力更生、艰苦奋斗的苦难对人是百利而无一害的，这远比漠然、散漫、慵懒地打发时间强。
　　——塞缪尔·斯迈尔斯

快乐是从艰苦中来的。只有经过劳作，经过奋斗得来的快乐，才是真快乐。不可能从天上掉下来一个快乐给你享受。而且快乐常常不是要等到艰苦之后，而是就在艰苦之中。——谢觉哉

3. 逆境——通往真理的第一条道路

人在逆境里比在顺境里更能坚持不屈。　　——雨果

逆境要么使人变得更加伟大，要么使人变得非常渺小。困难从来不会让人保持原样的。　　——皮尔

伟人在逆境中得到欢乐，如同英勇的士兵从战斗胜利中获得喜悦一样。
　　——塞涅卡

人在身处逆境时，适应环境的能力实在惊人。　　——卡耐基

一切幸福都并非没有烦恼，而一切逆境也绝非没有希望。　　——培根

气度狭小就被逆境驯服，宽宏大量则足以把逆境克服。　　——雨果

没有经历逆境的人不知道自己的力量。　　——琼森

在某一段时间里，我们的逆遇也可能成为我们的特色之一。　　——弥尔顿

如果斗争只是在有极顺利的成功机会的条件下才着手进行，那么创造世界历史就太容易了。　　——马克思

逆境考验朋友。　　——普·绪儒斯

逆境有一种科学价值。一个好的学者是不会放弃这种机会来学习的。
　　——爱默生

犹如黑夜之于星星，逆境会给人带来荣光。　　——爱·扬格

怜悯是一个人遭受厄运而引起的，恐惧是这个遭受厄运的人与我们相似而

引起的。　　　　　——亚里士多德

灾难是真理的第一程。　——拜伦

不管怎样困难，不要求人怜悯。

——柏拉图

山重水复疑无路，柳暗花明又一村。　　　　　　——陆游

一个人要先经过困难，然后踏进顺境，才觉得受用、舒服。　——爱迪生

伟大的心胸，应该表现出这样的气概——用笑脸来迎接悲惨的厄运，用百倍的勇气来应付一切的不幸。

——鲁迅

逆境是通往真理的第一条道路。

——拜伦

走红运比遭厄运更需要伟大的品质。　　　　——拉罗什富科

不少幸运儿在背兴时才发现了自己。　　　　——霍·史密斯

逆境造就人才，而顺境却埋没人才。　　　　　　——贺拉斯

逆境可以使人变得聪明，尽管不能使人变得富有。　　——托·富勒

患难困苦，是磨炼人格之最高学校。　　　　　——梁启超

困难，是动摇者和懦夫掉队回头的便桥；但也是勇敢者前进的踏脚石。

——爱默生

不因幸运而故步自封，不因厄运而一蹶不振。真正的强者，善于从顺境中找到阴影，从逆境中找到光亮，时时校准自己前进的目标。　　——易卜生

有困难是坏事也是好事，困难会逼着人想办法，困难环境能锻炼出人才来。　　　　　　——徐特立

开发人类智力的矿藏是少不了需要由患难来促成的。要使火药发火就需要压力。　　　　　——大仲马

风如马，任我跨；云如雪，随我踏；哪儿有困难，哪儿就是家！

——郭小川

种子不落在肥土而落在瓦砾中，有生命力的种子决不会悲观和叹气，因为有了阻力才能磨炼。　　——夏衍

一个人到了山穷水尽的地步，而能够自拔，才不算懦弱呵！　——徐悲鸿

我总设法把每桩不幸化为一次机会。　　　　　——洛克菲勒

一个人绝对不可在遇到危险的威胁时，背过身去试图逃避。若是这样做，只会使危险加倍。如果立即面对它毫不退缩，危险便会减半。　——丘吉尔

我认为挫折磨难是锻炼意志增加能力的好机会，讲到这一点，我还要对千方百计诬陷我者表示无限的感谢！

——邹韬奋

我们若已接受最坏的，就再没有什么损失。　　　　　　——卡耐基

遇难事如在深山遇虎豹，不能胆怯，要学武松，过得景阳冈，便可到家。　　　　　　——黄宾虹

我始终不愿抛弃我的斗争的生活，我极端重视由斗争得来的经验，尤其是战胜困难后所得的愉快。　——爱迪生

通向人类真正的伟大境界的道路只一条——苦难的道路。　——爱因斯坦

让我不要祈求免遭危难，只让我能大胆地面对它们。　　　　——泰戈尔

即使跌倒一百次，也要一百零一次地站起来。　　　　　　——张海迪

上天完全是为了坚强我们的意志，才在我们的道路上设下重重的障碍。
　　　　　　　　　　　——泰戈尔

没有战胜过困难、没有负过重负的人，不能成为真正的人。

　　　　　　——苏霍姆林斯基

无论多么强烈的痛苦，对于任何一个能够看出这痛苦给人带来非同一般的裨益的人，都会丧失效力。　——卢梭

只有在他感到欢喜或苦痛的时候，人才认识到自己；人也只有通过欢喜和苦痛，才学会什么应追求和什么应避免。　　　　　　　——歌德

一个人要是跌进水里，他游泳得好不好是无关紧要的，反正他要挣扎出去，不然就得淹死。　　——毛姆

痛苦留给的一切，请细加回味！苦难一经过去，苦难就变为甘美。

　　　　　　　　　　　——歌德

不幸，是天才的晋身之阶；信徒的洗礼之水；能人的无价之宝；弱者的无底之渊。　　　　　——巴尔扎克

每一个创伤都标志着向前进了一步。　　　　　——罗曼·罗兰

人和人之间，最可痛心的事莫过于在你认为理应获得善意和友谊的地方，却遭受了烦扰和损害。　——拉伯雷

超越自然的奇迹，总是在对厄运的征服中出现的。　　　　——培根

天空虽有乌云，但乌云的上面，永远会有太阳在照耀。　——三浦绫子

只要能挺过最难挨的时机，再来的危险就不那么可怕了。　——培根

勇气是身处逆境的光明。

　　　　　　　　——沃韦纳戈

好的运气令人羡慕，而战胜厄运则更令人惊叹。　　　　——塞涅卡

卓越的人一大优点是：在不利与艰难的遭遇里百折不挠。　——贝多芬

在高压下，在逆境中，最好的办法是不要闲着，要把你的愤怒和精力倾注到积极的工作上去。　——艾柯卡

无论做什么事情，只要肯努力奋斗，是没有不成功的。　——牛顿

虽有卓绝之才能，而无一心不乱之勤勉，百折不挠之精神者，不能立身也。　　　　　——亚历山大

要有明确的目标，不达目的不止的坚决精神，无坚不摧、攻无不克的性格。　　　　　　　　——列宁

具有伟大的梦想，出以坚决的信心，施以努力的奋斗，才有惊人的

成就。　　　　　　——马其顿

　　我有敢于入世的胆量，下界的苦味，我要一概承担。我要跟暴风雨奋斗，即使在破船中，也不张皇。
　　　　　　　　　　——歌德

　　我的那些最重要的发现是受到失败的启示而做出的。　　——戴维

　　一切事情都必然先经历过困难之后才会显得得心应手。——托马斯·富勒

　　不幸可以提供意想不到的可能，使人认识生活。　　——亨利希·曼

　　逆运也有它的好处，就像丑陋而有毒的蟾蜍，它的头上却顶着一颗珍贵的宝石。　　　　　——莎士比亚

　　在极度悲痛中丧失理智是危险的：它使人失去勇气，甚至失去重新振作的希冀。　　　　　　　——阿米尔

　　不是胜利便是苦难，如果是苦难，那么这苦难也是胜利，不过我没有什么特别的才能，不过喜欢寻根刨底地追究问题罢了。　　　——爱因斯坦

　　灵感，这是一个不喜欢拜访懒汉的客人。　　——车尔尼雪夫斯墓

　　一桩事业的完成需要的时间越长，就越有理由立刻动手去做。
　　　　　　——艾·丽·伏尼契

　　一切真正美好的东西都是从斗争和牺牲中获得的，而美好的将来也要以同样的方法来获取。——车尔尼雪夫斯基

　　天才就是无止境刻苦勤奋的能力。
　　　　　　　　　　——卡莱尔

　　困难只能吓倒懦夫懒汉，胜利永远

属于敢于攀登科学高峰的人。
　　　　　　　　　　——茅以升

　　不要回避苦恼和困难，挺起身来向它挑战，进而克服它。　——池田大作

　　任何困难都会向进取者低头。
　　　　　　　　　　——霍尔曼

　　当我们遭遇到困难而心灰意冷的时候，无论如何要保持冷静奋斗的心情。
　　　　　　　　——松下幸之助

　　请记住，环境越艰难困苦，就越需要坚定毅力和信心，而且，懈怠的害处也就越大。　——列夫·托尔斯泰

　　对着困难摇头，就无权在胜利面前点头微笑。　　　　——伏尔泰

　　困难和折磨对于人来说，是一把打向坯料的锤，打掉的应是脆弱的铁屑，锻成的将是锋利的钢刀。　——契诃夫

　　不必害怕海浪，但要注意自己航船上的漏洞。　　　　　——泰戈尔

　　伟大的人遇到了大灾大难，总可以在哲学里找到许多惊人的解脱。
　　　　　　　　　　——大仲马

　　苦难是人生的老师。——巴尔扎克

　　一切事的开头总是困难的。这句话，在任何一种科学上都是适用的。
　　　　　　　　　　——马克思

　　智谋出于急难，巧计出于临危。
　　　　　　　　　　——莎士比亚

　　勇士是在充满荆棘的道路上前行的。　　　　　　　——奥维德

　　对于一个努力奋斗的人来说，困难就在于既认可同时代长者的优点，而又

不让他们的缺点妨碍自己。 ——歌德

困难在很大程度上是懒惰造成的。
——塞·约翰逊

只有困难才能使人显出自己的本色。 ——爱比克泰德

困难会使伟人精神振奋。
——哈利法克斯

克服了的困难是胜利的机会。
——丘吉尔

许多事情想起来困难，做起来容易。 ——塞·约翰逊

遇到的困难越多，得到的荣誉也越大。 ——西塞罗

愚人常因把困难看得太容易而挫败，智者常因把容易看得太困难而一事无成。 ——柯林斯

强者不畏战争，不畏风暴，不畏困苦，他们希望"用铁一般坚硬的步伐去踏遍地狱"。 ——爱迪生

在一切有困难的交涉中，不可希冀一边下种一边收割；而应当对你所做之事妥为准备，好让它渐渐成熟。
——培根

我是活着的，我是幸福的，我的生命将是光明而美丽的。
——阿·托尔斯泰

人们最出色的工作往往是处于逆境的情况下做出的。 ——贝弗里奇

切莫垂头丧气，即使失去了一切，你还握有未来。 ——王尔德

只有从绝望中摆脱出来的人，才能够实现生气勃勃的真实的自我。
——伊藤隆二

生命是美丽的！我们不要老垂着头！勇敢地前进吧？ ——安徒生

卓越的人一大优点是：在不利与艰难的遭遇里百折不挠。 ——贝多芬

成功的秘诀是走向目的的坚持。
——迪斯雷利

急躁是愚者的弱点。——格拉西安

唯坚忍者始能遂其志。
——富兰克林

困难乃见才，不止将有得。
——欧阳修

人们的灾祸常成为他们的学问。
——伊索

困苦永远是坚强之母。
——莎士比亚

经过磨难的好事，会显得分外甘甜。 ——莎士比亚

困难是严正的老师。 ——伯克

只有亲身勇敢地斗争过的人，才会赞赏英雄。 ——歌德

每一种挫折或不利的突变，是带着同样或较大的有利的种子。——爱默生

尽可能少犯错误，这是人的准则；不犯错误，那是天使的梦想，尘世上的一切，都是免不了错误的。 ——雨果

最大的错误是认为你从来不犯错误。
——卡莱尔

人们最出色的工作往往在处于逆境

的情况下做出。思想上的压力，甚至肉体上的痛苦都可能成为精神上的兴奋剂。

——贝弗里奇

只有什么事也不干的人，才不至于犯错误，虽然这恰好是他最基本的错误。

——阿·托尔斯泰

有的人不犯错误，都是因为他从来不去做任何值得做的事。

——歌德

人的一生可能犯的最大错误，就是经常担心犯错误。

——哈伯德

我的生活经验使我深信，没有缺点的人往往优点也很少。

——林肯

机器上各个部件的摩擦力越小，它就越好使。然而生活恰恰相反，摩擦力越大，生活就越来越快地接近它的目的地，变得更加合理。

——高尔基

贫苦就如熔炉，伟大才智都会在其中炼得纯净和永不腐蚀，正如钻石那样，能够经受千锤百炼而不会粉碎。

——巴尔扎克

不幸是一所最好的大学。

——别林斯基

不经巨大的困难，不会有伟大的事业。

——伏尔泰

阻塞与障碍只是路上不可避免的休憩与困难。

——左拉

认识到困难或难题的存在，可能就是认识到知识上令人不满意的现状，它能够激励设想的产生，不具好奇心的人很少受到这种激励。

——贝弗里奇

困难增加心力，犹劳动增强身体。

——塞涅卡

平静的湖面，练不出精干的水手；安逸的环境显不出时代的伟人。

——列别捷夫

在逆境中希望顺利，在顺境中担心厄逆。

——奥古斯丁

逆境使我们变得更加聪明，顺境使是非变得含混不清。

——塞涅卡

在逆境中，好人自会表现出闪光的品质；而在顺境中，他的夺目光彩就会被隐没。

——爱·扬格

即使在人群中找出一百个能忍受逆境的人，也未必找得到一个能正确对待顺境的人。

——卡莱尔

人生的道路上常常有这样的情况：逆境使人有所建树。

——艾柯卡

故天将降大任于斯人也，必先苦其心志，劳其筋骨，饿其体肤，空乏其身，行拂乱其所为，所以动心忍性，曾益其所不能。

——孟子

烈火试真金，逆境试强者。

——塞涅卡

即使是最高尚的人，也难免陷入逆境之中。

——塞涅卡

逆境令人奋斗。

——陶行知

泰然自若是应付逆境的最好办法。

——普劳图斯

逆境可以使人变得聪明，尽管不能使人变得富有。

——托·富勒

要使整个人生都过得舒适、愉快，这是不可能的，因此人类必须具备一种能应付逆境的态度。

——罗素

任何事业的成功史中必有一段伤

心史。 ——邹韬奋

顺境的美德是节制，逆境的美德是坚韧，这后一种是较为伟大的德行。
——培根

顺境造就幸运儿，而逆境造就伟人。 ——小普林尼

气度狭小就被逆境驯服，宽宏大量则足以将逆境克服。 ——华盛顿

自愿的辛苦，使我们能较容易地忍受不自愿的辛苦。 ——德谟克利特

挫折就像一块石头，对于弱者来说，它是块绊脚石，让你却步不前；对于强者来说，却是块垫脚石，使你站得更高、看得更远。 ——巴尔扎克

苦难磨炼一些人，也毁灭另一些人。 ——富勒

任何教育都比不上灾难的教育。
——迪斯雷利

环境越艰难越会出聪明人，因为他要改变环境。 ——徐特立

超越自然的奇迹，总是在对厄运的征服中出现的。 ——培根

逆境总是有的，人生就是进击。
——冯定

不是胜利便是苦难，如果是苦难，那么这苦难也是胜利，不过是未来的胜利。 ——列夫·托尔斯泰

人们的灾祸常成为他的学问。
——伊索

失败也是我所需要的，它和成功对我一样有价值。只有在我知道一切做不好的方法以后，我才知道做好一件工作

的方法是什么。 ——爱迪生

人在逆境里比在顺境里更能坚持不屈，遭厄运时比交好运时更容易保全身心。 ——雨果

什么是路？就是从没路的地方践踏出来的，从只有荆棘的地方开辟出来的。 ——鲁迅

不幸可以提供意想不到的可能，使人认识生活。 ——亨利希·曼

4. 财富——在快乐中证明自身

以财为草，以身为宝。 ——刘向

一个男人的最好财富莫过于贤妻和健康。 ——傅勒

生活中最没用的东西是财产，最有用的东西是才智。 ——莱辛

以财事人者，财尽而交疏。
——李昉

有人天生有智慧，但他们就像生来富有的人们一样，由于忽视对财富的培植增益，由于欠上债务，最后可以变成乞丐，并且失去他们的名声。
——爱·扬格

贤而多财，则损其志；愚而多财，则益其过。 ——班固

财者，为国之命而万事之本。
——苏辙

财富是了不起的。因为它意味着力量，意味着闲暇，意味着自由。
——罗威尔

没有经济而全部独立就不可能有真

正的个人自由。饥饿和失业是产生专制的温床。
——F.D.罗斯福

人因为财富而变得高贵；富裕带来荣耀，富裕创造友谊；穷人到哪儿都是人下人。
——奥维德

财富的增长和闲暇的增加是人类文明的两大杠杆。
——迪斯雷利

强者必治，治者必强。富者必治，治者必富。强者必富，富者必强。
——商鞅

在某些情况下，金钱有助于一个人采取独立自主的立场，做出独立自主的决定。
——陀思妥耶夫斯基

凡治国之道，必先富民。
——管仲

一个人有责任去赚钱，但必须用诚实的方式。同样，一个人也有责任靠勤俭和节约去储存和增加金钱。
——西塞罗

财产有它的权利，也有它的义务。
——德拉蒙德

富贵是满意所不可缺少的要素。
——爱·扬格

货币显示出我们的力量。——萨特

人们就算不可能真的发财，心中也永远存有致富的欲望。
——魏斯曼

金钱是善仆，也是恶主。——培根

适度的钱瘾也许害处不是很大，一旦过度，总对健康不利。
——克拉伦斯·戴

获取你能获得的，保住你所拥有的；这就是能使你所有的铅变成金子的砥石。
——富兰克林

很难说究竟什么东西会带来幸福——贫穷和富裕都不能。
——金·哈伯德

自由产生财富，财富毁坏自由。
——劳埃德

为孩子们积聚太多的财富，只是一种借口，用以自欺欺人地掩饰自己的贪欲。
——德谟克利特

我在世界上认识到的唯一的罪过是贪婪；其他的一切罪过，不管叫什么名字，都无非是这种罪过的不同方式、不同程度的表现。
——佚名

鸟翼上系上了黄金，这鸟便永不能再在天空翱翔了。
——泰戈尔

口谈道德而心存高官，志在巨富。
——李贽

在财富聚集的地方，总是有形形色色的罪恶，这是因为，财富产生傲慢，傲慢创造不和，不和引向战争，战争导致贫困，贫困带来不幸与悲惨。因此，对那些富人们必须有严格的约束，他们获得的多，也应付出的多。
——马丁·路德·金

不义之财不会给人带来好运气。
——奥维德

施舍的手，就是敛财的手。
——约翰·雷

正如癌是一种肿瘤中最恶的一样，当人侵占旁人的财产时，也是一种最坏的占有。
——德谟克利特

贪婪的人必定也是焦虑的人：因为他生活在焦虑的状态下。在我看来，他

也就绝不会自由。　　——贺拉斯

赚钱并不是无用的事，但如果用不义的手段赚钱，则是最大的恶事。
　　——德谟克利特

莫要追求非分之财；非分之财等于灾难。　　——赫西奥德

贪婪的人不会是一个自由的人，也不会是一个幸福的人，而只能是被欲望驱使的奴隶。要想从贪婪所必然引起的痛苦中获利解脱与自由，就必须首先从幻想中觉醒。　　——弗洛姆

贪婪的人，为了追逐金钱利益而在世界各地疲于奔命，而不择手段，殊不知，死神已紧紧跟在他的背后。
　　——萨迪

人类一切赚钱的职业与生意中都有罪恶的踪迹。　　——爱默生

以富为是者，不能让禄；以显为是者，不能让名。　　——庄子

世上没有任何东西比金钱更能使人道德败坏。　　——索福克勒斯

所谓财产并不能创造人类道德价值和智能价值。对平庸的人只会成为堕落的媒介，但如果掌握在坚定正确的人的手中就会成为有力的千斤顶。
　　——莫泊桑

财富归根结底只是虚无的东西，所以应该抛开财富的意识生存，因此，不要根据利益得失，而要根据好坏来判断经营。　　——神林照雄

财富更要把你下到地狱里，比贫穷还要厉害不止十倍，财富连你的肉体都救不了。　　——萧伯纳

贫穷的伴侣是自由，束缚伴随着富裕。财富是人创造的，所以人富了以后难以摆脱人世的羁绊。　　——内村鉴三

巨额财富使人养尊处优，无求于人，但也有一种危险的倾向，它能使一个意志坚强、知识渊博的人变得怪癖、自负。
　　——萧伯纳

一切财富都是权力，因此权力定会用种种手段将财富确定无疑地据为己有。　　——埃德蒙·伯克

财富掌握在意志薄弱、缺乏自制、缺乏理性的人手中，就会成为一种诱惑和一个陷阱。　　——塞缪尔·斯迈尔斯

财富令人起敬，它是社会秩序最坚固的支柱之一。　　——罗曼·罗兰

毫无疑问，财产同自由一样，是人类的一项真正权利。　　——约翰·亚当斯

人们所努力追求的庸俗的目标——财产、虚荣、奢侈的生活，我总觉得都是可鄙的。　　——爱因斯坦

穷且益坚，不坠青云之志。
　　——王勃

巨大的财富对于一个不惯于掌握钱财的人，是一种毒害，它侵入他品德的血肉和骨髓。　　——马克·吐温

财富只有当它为人的幸福服务时，它才算作财富。　　——苏霍姆林斯基

林中多疾风，富贵多谀言。
　　——桓宽

乞丐并不羡慕百万富翁，尽管他们

一定会羡慕比他们乞讨得更多的乞丐。

——罗素

不贪便是富；不爱购置便是收入。

——西塞罗

恰当的比例对一切事物都是好的，不论豪富或赤贫在我看来都不好。

——德谟克利特

我们手里的金钱是保持自由的一种工具；我们所追求的金钱，则是使自己当奴隶的一种工具。——卢梭

诚实与聚积大量财富是不可调和的。

——甘地

所有超过个人应得的社会产品份额的财富，都是窃夺。

——巴贝夫

对不正当的获利的希望，是失利的开始。

——德谟克利特

你问富贵的适当界限是什么吗？所谓富贵，首先是必需的都有；其次是所需的皆够。

——塞涅卡

只有人们忘掉黄金时，黄金时代才到来。

——切斯特顿

好高骛远往往毁坏了本来已经不错的东西。

——莎士比亚

贪心好比一个套结，把人的心越套越紧，结果把理智闭塞了。

——巴尔扎克

对金钱的贪恋是一切罪恶的根源。

——勃特勒

我们可将财富比作海水，喝得越多，越是口渴，声名亦复如此。

——叔本华

发财有术，能叫沙子变金子。

——爱·扬格

财产是智力的产物，其追逐者需要的是清醒的头脑、准确的推理、敏捷的反应和必要的耐心。 ——爱默生

随着财富的增加，烦恼相伴而生，产生越来越多的渴求和贪欲。

——贺拉斯

贪婪的人，必定会葬身在用自己毕生索取的金钱而垒起的坟墓中。

——弗罗布

节约与勤勉是人类的两个名医。

——卢梭

把金钱奉为神明，它就会像魔鬼一样降祸于你。

——菲尔丁

财宝如火，你认为它是有用的仆人，但转瞬之间它就摇身变为可怕的主人。 ——托·卡莱尔

贫穷的人往往富于仁慈。——甘地

对财产先入为主的观念，比其他事更能阻止人们过自由而高尚的生活。

——罗素

财富并不是永久的朋友，但朋友却是永久的财富。 ——列夫·托尔斯泰

消除贫困的时候，我们会失去自己的财富。而拥有这笔财富，我们却会失去多少善心、多少美和多少力量啊。

——泰戈尔

金钱这种东西，只要能解决个人的生活就足够了；若是过多了，它会成为遏制人类才能的祸害。 ——诺贝尔

巨大的财富具有充分的诱惑力，足

以稳稳当当地起致命的作用，把那些道德基础并不牢固的人引入歧途。

——马克·吐温

无知和富有在一起，就更加身价大跌了。 ——叔本华

适可而止是最大的财富。

——豪厄尔

私有财产，财富的积累法则，竞争法则，所有这些都是人类经历的最高结果，是迄今为止社会结出最佳果实的土壤。 ——卡耐基

贫困固然不方便，但过富也不一定是好事，必然依靠自己的力量，谋求生活。 ——居里夫人

不义之财如同车轮上的尘埃，转瞬即逝。 ——高尔基

名气固然是好东西，可有谁不爱钱呢？ ——阿·托尔斯泰

金钱和时间是生活中的两个负担。拥有很多钱财，或拥有很多时间，却又不知如何使用的人，是最不幸的。

——塞缪尔·约翰逊

形成罪恶性根源的东西，并不是金钱本身，而是对钱的挚爱。——史密斯

不是自己的钱千万别用。

——杰弗逊

人不能光靠感情生活，人还靠钱生活。 ——罗曼·罗兰

翻遍了整个历史，我们没有看到一次金钱不起作用或遭到失败的事例。

——米·左琴科

金钱使人成为人，无钱头也抬不成。

——阿·巴巴耶娃

一个人活在世界上，不能只存有赚钱的思想。 ——松下幸之助

我们有钱的时候，用几个钱不算什么，直到没有钱，一个钱都有它的意味。 ——《集外集》

金钱就像第六感觉。没有它，其余的五种感觉也不能完全发生效用。

——毛姆

在历史上起了特殊作用的是金钱、爱情、阴谋、挫折，以及某些惊人的事件。 ——米·左琴科

金钱是一种有用的东西，但是，只有在你觉得知足的时候，它才会带给你快乐，否则的话，它除了给你烦恼和妒忌之外，毫无任何积极的意义。

——席慕蓉

金钱可以是许多东西的外壳，却不是里面的果实。金钱是被铸造出来的自由。 ——陀思妥耶夫斯基

人类一切赚钱的职业与生意中都有罪恶的踪迹。 ——爱迪生

金钱往往成为真正情义的障碍物。

——邹韬奋

爱钱的人很难使自己不成为金钱的奴隶。多数人在有了钱之后，会时时刻刻为保存既有的和争取更多的钱而烦心。他的生意越大，得失越重，越难以找回海阔天空的心境。 ——罗兰

金钱并不像平常所说的那样，是一切邪恶的根源，唯有对金钱的贪欲，即对金钱过分的、自私的、贪婪的追求，

才是一切邪恶的根源。　　——霍桑

金钱不是目的，而只是达到目的的一种手段。　　——撒切尔夫人

向人借钱，总恨不得对方慷慨解囊。归还欠债，偏偏心痛万分的居多。
　　——三毛

钱可以使人迷失本性。——谢觉哉

人类百分之七十的烦恼都跟金钱有关，而人们在处理金钱时，都往往意外地盲目。　　——卡耐基

不必忧虑资金短缺，该忧虑的是信用不足。　　——松下幸之助

金钱是一座无底的大海，荣誉、良心和真理都可能淹死在其中。
　　——柯斯勒

金钱能买到一条不错的狗，但是买不到它摇尾巴。　　——比林斯

富人很少拥有财产，而是财产拥有他们。　　——英格索尔

对金钱的贪求和享乐的贪求，促使我们成为它们的奴隶。也可以说，把我们的身心投入深渊。唯利是图，是一种痼疾，使人卑鄙；但贪求享乐，更是一种无耻、不可救药的毛病。——朗加纳斯

一个人的欲望如果只有追求金钱和权势，他便永不能获得满足，而不满足便不能快乐。　　——柏杨

理想的社会状态不是财富均分，而是每个人按其贡献的大小，从社会的总财富中提取应得的报酬。——亨·乔治

现在的时代崇拜的是金钱，现在的时代的上帝是金钱。为了得遂凌云志，人们必须有金钱，必须不惜一切代价去获得金钱。　　——王尔德

我坚信世界上没有任何财富能够帮助人类进步，哪怕财富是掌握在最忠实的劳苦者手中。一个人的伟大和纯洁仅见于他能带领我们走向崇高的思想境界和行为境界。金钱只能激起私欲，并不可避免地招致罪恶。　　——爱因斯坦

谁能想象出身上挂满了卡内基钱袋的摩西、耶稣或甘地吗？——爱因斯坦

贪得者，身富而心贫；知足者，身贫而心富；居高者，形逸而神劳；处下者，形劳而神逸。孰得孰失？孰幻孰真？达人当自辨之。　　——洪应明

任何巨大的财富，在最初积累的时候，往往是由一个很小的数量开始的。
　　——邓拓

崇拜财富是最丑陋的行为。
　　——安德鲁·卡内基

黄金是全部文明生活的灵魂，它既可以将一切归结为它的自由，又可以将自己转化为一切。　　——巴特勒

金钱有如肥料，撒下去才有用处。
　　——培根

既会花钱又会赚钱的人，是最幸福的人，因为他享受两种快乐。
　　——塞缪尔·约翰逊

盗贼尊重财产，但他们只希望将财产攫为己有，以便更好地尊重它。
　　——切斯特顿

金钱并不就是幸福，一个人即使贫穷也能幸福。　　——契诃夫

富足本来并不在数量的本身，而在取和分的比例。　　——哈代

钱是一种难以得到的可怕的东西，但也是一种值得欢迎的可爱的东西。
　　——亨利·詹姆斯

对某些人来说，金钱是社交界的入场券，也是教养的象征。　——比尔斯

凡事如在金钱利益上着眼，就难免在人情道义上有几分刻薄。
　　——罗曼·罗兰

所以金钱是与能力同义的：这不仅是因为它事实上能使我们获得我们要求的东西，而且尤其因为它代表了我的真实的欲望的权力。　　——萨特

在各个时代，各种情况下，金钱有时都是解决最最棘手的问题的唯一手段。　　——米·左琴科

金钱最公平，富人不快乐，穷人不快乐，不富不穷也不快乐。　——三毛

假使一个人不在金钱里埋葬自己，而能用理性支配金钱，这对于他是荣耀，对于别人也有益处！　——高尔基

金钱是万恶的东西，世界上所有的一些黑暗的现象，都是由于它在作祟。
　　——蒋光慈

钱是个可恶的东西，用它可以办好事，也可以做坏事。　——冈察洛夫

金钱如同恶人的友谊，又如同没有基础的建筑是不会长久的。
　　——伊本·穆加发

万恶的金钱破坏了一切关系。
　　——列夫·托尔斯泰

常人所欲在富，君子所贵在德。
　　——陆九渊

衡量一个人是高贵还是低贱，要看他具有什么样的品质，而不看他拥有多少财富。　　——比彻

钱财如粪土，仁义值千金。
　　——冯梦龙

买卖能带来金钱，友谊却几乎从不带来金钱。　　——奥斯丁

首先是崇高的思想，其次才是金钱；光有金钱而没有最崇高的思想的社会是会崩溃的。　——陀思妥耶夫斯基

那些虽然贫苦，却有充分的自由实现他们诚实的意志的人们是幸福的。
　　——莎士比亚

闪光的东西并不都是金子。
　　——莎士比亚

不为金钱左右的人最受崇敬。
　　——西塞罗

人类最宝贵的财富是希望。
　　——列夫·托尔斯泰

财富本是作消费用的，消费的目的在于荣誉和行善。　　——培根

任何个人财富都不能成为个人最终的生命价值。　　——培根

钱是世界上最重要的东西。它代表健康、力量、荣誉、慷慨和美丽。……金钱的力量不仅能使高贵的人雍容华贵，也完全可以使卑贱的人腐败的人堕落。　　——萧伯纳

那些相信只有财富才能证明自己的伟大和幸福，并使发财成为生命和

思想之目的的人，正是我们称之为市侩的人。

——马修·阿诺德

钱，钱，钱！你是怎样被盲目地崇拜，你是怎样被愚蠢地滥用。你就是健康，你就是自由，你就是力量。有钱人会向邪恶的魔鬼晃动自己的钱袋。

——查尔斯·兰姆

财富的价值取决于财主的思想。对于懂得如何支配它们的人，财富是福祉；而对于拙于利用它们的人，财富又成了祸根。

——忒壬斯

一个人会被财产压垮、腐化、毁灭、逼疯，或者得到新生，大体要看他求财的动机而定。

——佚名

大家都相信，财富会带来他曾经梦想的某一样东西。等事实证明不能的时候，这种人就会崩溃。他发现自己真正的喜好，追求的只是富足的虚构概念。

——魏斯曼

如果我们能够支配财富，我们将衣食丰盈、自由自在；如果我们被财富所支配，我们将真的穷到骨子里。

——埃·伯克

懂得赚钱才懂得花钱。

——乔·赫伯特

有钱的人不容易做到有节制，有节制的人也很难变得有钱。

——爱比克泰德

金钱的价值不在于占有，而在于使用。

——伊索

没有充实的心灵，财富只不过是丑陋的乞丐。

——爱默生

财富实际上是空的，它的价值存在于交换中，当它和我们不发生联系时就毫无用处。如果财富使它的所有者得以享受，这在聪明人看来并不值得向往和妒忌。的确，关于肉体的享受，金钱，既不能开辟一条通向幸福的道路，也不能阻挡痛苦的路途。

——塞缪尔·约翰逊

有的人生来就富贵，有的人努力取得了富贵，还有的则享有送上门来的富贵。

——莎士比亚

使用不当，利刃也会变钝。

——莎士比亚

任何一个与只顾赚钱的乌合之众为伍的民族是不能长期生存下去的。

——拉斯金

几乎任何一个人都知道怎样赚钱，但一百万人中没有一个知道该如何花钱。一旦他知道，他就挣不到钱了。

——梭罗

金钱是一种新的奴役形式，与旧的形式的区别仅仅在于它是非人化的，在主人和奴隶之间没有人的关系。

——罗素

5. 幸福—— 一个不断渴望的过程

使人幸福的不是体力，也不是金钱，而是正义和多才。——德谟克利特

幸福没有明天，也没有昨天，它不怀念过去，也不向往未来，它只有

现在。　　　　　　——屠格涅夫

快乐可依靠幻想，幸福却要依靠实际。　　　　　　——尚福尔

幸福与美不能长久联合在一起。
　　　　　　——歌德

幸福时代的到来，不会像睡了一宵就是明天那样。　　——布莱希特

为人类的幸福而劳动，这是多么壮丽的事业，这个目的有多么伟大！
　　　　　　——圣西门

幸福是在于为别人而生活。
　　　　　　——列夫·托尔斯泰

只有整个人类的幸福才是你的幸福。　　　　　　——狄慈根

只要你有一件合理的事去做，你的生活就会显得特别美好。——爱因斯坦

每一个人可能拥有的最大幸福是在全体人所实现的最大幸福之中。
　　　　　　——左拉

有研究兴趣的人是幸福的，能够通过研究使自己的精神摆脱妄念并使自己摆脱虚荣心的人更加幸福。
　　　　　　——拉美特利

如果我们不能建筑幸福的生活，我们就没有任何权利享受幸福；这正如没有创造财富就无权享受财富一样。
　　　　　　——萧伯纳

科学绝不是一种自私自利的享乐。有幸能够致力于科学研究的人，首先应该拿自己的学识为人类服务。
　　　　　　——马克思

当你幸福的时候，切勿丧失使你成为幸福的德行。　　——莫罗阿

强烈地希望幸福，就必须努力去追求。如果只是等待幸福自己来临，即使你把门窗大大地敞开，而表现出一种观望的态度，那所进来的将全部是悲哀。
　　　　　　——亚兰

幸福的概念是极不确定的，虽然人人皆欲得之，却无人能明确地、连贯地说出他所希望与企求的到底是什么。
　　　　　　——康德

幸福本身就是长期的忍耐。
　　　　　　——卡缪

人之幸福，全在于心之幸福。
　　　　　　——歌德

能把自己生命的终点和起点连接起来的人，是最幸福的人。　　——歌德

那些为大多数人带来幸福的人是最幸福的人。　　　　——马克思

我们只能享有我们所能理解的幸福。　　　　　　——梅特林克

把别人的幸福当作自己的幸福，把鲜花奉献给他人，把棘刺留给自己。
　　　　　　——巴尔德斯

幸福有它的两重性：一方面在于福至心灵，时来运至……另一方面也是最实际的方面，就是知足常乐地安度日常生活，这也就是说，头脑清醒，不干蠢事。　　　　　——冯塔纳

身强力壮的，固然是幸福；然而聪明智慧，还要幸福数倍！——克雷洛夫

世界上毫无幸福可言，但宁静和自由还有。　　　　　——普希金

世上的幸福并不可靠，无论出身高贵，无论如花似玉，无论权势和财富，无论什么也在劫难逃。 ——普希金

为了要活得幸福，我们应当相信幸福的可能。 ——列夫·托尔斯泰

只有在对美好事物的自觉追求中，才有真正的幸福。 ——高尔基

幸福只能降临到为它付出代价，并有毅力取胜的人的身上。 ——拉恩

人生只有一种确凿无疑的幸福——就是为别人而生活。

——列夫·托尔斯泰

在生活中，最大的幸福莫过于永远同自己所爱的人在一起。在一起——不知道孤独的痛苦。在困难的时候相亲相爱，相互支持，相互安慰，共享欢乐。

——贝·列·列昂尼多娃

只有认为自己是幸福的人，才能享受到幸福。 ——约翰逊

不欲求什么才是最大的幸福。

——苏格拉底

若要使人幸福，须减其欲望，莫增其所有。 ——塞内加

有两条路可以得到幸福，即消除欲望或增加财富。 ——富兰克林

谁不知足，谁就不会幸福，即使他是世界的主宰也不例外。——伊壁鸠鲁

我学到了寻求幸福的方法：限制自己的欲望而不是设法满足他们。

——弥尔顿

如果你能成功地选择劳动，并把自己的全部精神灌注到它里面去，那么幸福本身就会找到你。 ——乌申斯基

幸福，就在于创造新的生活。

——奥斯特洛夫斯基

幸福，显然一部分靠外界的环境，一部分靠一个人自己。 ——罗素

幸福不是鸟，自己飞不来。

——李岩

幸福绝不是别人赐予的，而是一点一滴在自己生命之中建筑起来的。

——池田大作

想不付出任何代价而得到幸福，那是神话。 ——徐特立

生命本身就是幸福。——费尔巴哈

幸福是生活美满的最好标志。

——亚里士多德

幸福是灵魂的一种香味，是一颗歌唱的心的和声，而灵魂的最美的音乐是慈悲。 ——罗曼·罗兰

你并不属于你自己，你属于这个宇宙，你永远也不清楚自己的重要性，但是倘若你能以个人的经验，为他人谋求最大的幸福，你即是展现自己的重要性了。 ——富勒

人永远不是现在幸福，而是即将幸福。 ——波普

真正个人幸福在于履行义务，对社会、政治和思想所尽的义务越多，个人就越幸福。 ——苏霍姆林斯基

只有希望中的幸福，才是最纯粹、最彻底、最完全的幸福。 ——安格尔

如果有一天，我能够对我们的公共利益有所贡献，我就会认为自己是最幸

福的人。
　　　　　　　　——果戈理

　　做好事的乐趣乃是人生唯一可靠的幸福。
　　　　　　　　——列夫·托尔斯泰

　　每一个人可能拥有的最大幸福是在全体人所实现的最大幸福之中。
　　　　　　　　——左拉

　　能够将感情与理智调配得当并使命运不能把它玩于指掌之间的人，是最幸福的人。
　　　　　　　　——亚里斯提卜

　　人生有个最低限度的幸福可以希冀，但谁也没权利存什么奢望：你想多要一点幸福，就得由你自个儿去创造，可不能向人家要求。——罗曼·罗兰

　　造福于人，无疑是千真万确的幸福。
　　　　　　　　——阿密埃尔

　　幸福绝不是别人赐予的，而是一点一滴在自己生命之中筑造起来的。人生中既有狂风暴雨，也有漫天大雪。只要在你心里的天空中，经常有一轮希望的太阳，幸福之光便会永远照耀你。
　　　　　　　　——池田大作

　　追求和向往美好的东西，是人类最宝贵的品质。每个自觉创造生活的人，都具有这种品质。一个人只有具备这种品质，他才能成为完全意义上的人，他才能受到周围人的尊敬和爱戴。
　　　　　　　　——B.柯什金

　　只有当我们为所有人的幸福而战斗时，我们才能够幸福。
　　　　　　　　——尼·卡赞扎基

　　也许，生活中没有哪一种幸福能像烈士的幸福那般完美无缺。
　　　　　　　　——欧·亨利

　　倘若我能给这个世界增添一分欢乐，那我就感到莫大的欣慰了。
　　　　　　　　——爱迪生

　　爱别人，就是爱那些使我们自己幸福的手段，因为我们发现我们的幸福与此相联系。
　　　　　　　　——霍尔巴赫

　　世界上有这样一些有福的人，他们把自己的痛苦化作他人的幸福；他们挥泪埋葬了自己在尘世间的希望，他却变成了种子，长出鲜花和香膏，为了孤苦伶仃的苦命人医治创伤。——斯陀夫人

　　幸福的人希望大家都幸福。
　　　　　　　　——雨果

　　幸福不表现为造成别人的哪怕是极小的一点痛苦，而表现为直接促成别人的快乐和幸福。照我看来，它在这一方面可以最为简明地表达为：幸福在于勿抗恶、宽恕和热爱他人。
　　　　　　　　——列夫·托尔斯泰

　　但愿你在家庭和社会中都能像太阳般地存在，而且具有一种恢宏的爱，不仅为自己的幸福，还能温情地守护并培植他人的幸福。　　——池田大作

　　在生活中我们常常会为一只不能目睹的手所颠覆，也常会为一种不能意想的妒忌所陷害。
　　　　　　　　——沈从文

　　如果幸福在于肉体的快感，那么就应当说，牛找到草料吃的时候，是幸福的。　　　　——赫拉克利特

　　将幸福置于行动中，犹如置于德行

与灵魂之外的事物中。灵魂的表现不在行动，而在智慧之中，在其自身的沉思活动之中；而这一点，唯独这一点，才叫作幸福。 ——普罗提诺

幸福的生活存在于心绪的宁静之中。 ——西塞罗

人是自身幸福的设计师。 ——弗·培根

没有任何东西像幸福那样容易变得衰老。 ——奥斯卡·王尔德

内向、宽厚和无私是幸福的三大要素。 ——马·阿诺德

幸福的生活在很大程度上必然是平静的生活，因为真正的快乐只能存在于恬静的气氛中。 ——罗素

幸福的大秘诀是：与其使外界的事物适应自己，不如使自己去适应外界的事物。 ——斯门尔特

没有美德就毫无真正的幸福可言。 ——卢梭

在这个世界上，对于人的幸福只能消极地看待，衡量的标准是：痛苦少的人就应当算是幸福的人了。 ——卢梭

切勿向不幸者夸耀你的幸福。 ——英国谚语

每个人都不像他自以为的那样幸福或不幸。 ——拉罗什富科

幸福并不在挥霍金币的房屋底下。 ——巴尔扎克

人生至高的幸福，便是感到自己有人爱；有人为你是这个样子而爱你，而进一步说，有人不问你是什么样子而仍一心爱你。 ——雨果

个人的幸福只是由全体的幸福造成，当大地上有一切人的幸福的位置时，就不会有嫉妒和憎恨了。 ——左拉

在我看来，凡是带给我们幸福的东西，我便称之为有用。世界上没有比冥想和幻思更使我们幸福，这正是现代人最易忘却的东西。 ——罗丹

幸福不在于对抗，而在于协调。 ——纪德

对于我，做一个战士是最大的幸福……一切个人问题都不如社会事业那样永久。 ——奥斯特洛夫斯基

幸福是会给予不怕劳动的人，或多于忘我劳动的人。 ——苏霍姆林斯基

在漫长的一生中，无论多苦，只要坚持下去，就会得到幸福。 ——大松博文

你想成为幸福的人吗？但愿你首先学会吃得起苦。 ——屠格涅夫

幸福是暴风雨中的搏斗，而不是月下弹琴、花下吟诗。 ——丁玲

一个人若不经历艰难险阻，没有体验紧张情感，就不会理解幸福。 ——苏霍姆林斯基

没有完全的独立，就没有完全的幸福。 ——车尔尼雪夫斯基

如愿便是幸福，满足便是幸福。 ——鲁迅

对于平凡的人来说，平凡就是幸福。 ——尼采

创造，或者酝酿未来的创造，这是

一种必要性；幸福只能存在于这种必要性得到满足的时候。 ——罗曼·罗兰

为自己的幸福活着的人，低劣；为别人的幸福活着的人，渺小；为大多数人的幸福活着的人，高尚。
——列夫·托尔斯泰

个人的幸福和大家的幸福是不能分离的。 ——恩格斯

要想自己成为幸福的人，就应当对别人关怀备至、体贴入微、赤诚相见。
——苏霍姆林斯基

我们在分给他人幸福的同时，也能正比例地增加自己的幸福。 ——边沁

全人类的最大幸福只有通过每个人的克己奉公才能得以实现。
——布尔沃·利顿

造福于人，无疑是千真万确的幸福。 ——阿米尔

遇到任何事情都不动摇的人是幸福的。 ——塞涅卡

人的生命是对幸福的追求。
——列夫·托尔斯泰

获得幸福的秘诀，并不在为追求快乐而竭尽全力，而是在竭尽全力之中寻到快乐。 ——纪德

只有在对美好事物的自觉追求中，才有真正的幸福。 ——高尔基

要争取幸福！不过要靠虔诚去争取。 ——史达尔

不论在哪里，自己的幸福要靠自己去创造、去寻觅。 ——哥尔斯密

强烈的希望幸福，就必须努力去追求。 ——亚兰

我有权利成为幸福的人。哪里有幸福就到哪里去寻找。 ——伊巴涅斯

如果人们学会了去追求他们自己的幸福，而不是他人的痛苦，它就能在明天实现。 ——罗素

常言说得好：追求大的幸福，连小的幸福也会丢失。——列夫·托尔斯泰

从日常琐事到乐于牺牲自己，在这一切事情中，幸福总是一种力量。
——三木清

求爱的人得爱；舍身友谊的人有朋友；殚精竭虑要创造幸福的人便有幸福。 ——莫罗阿

我自己是凡人，我只要求凡人的幸福。 ——彼特拉克

只有通过比较，人们才能感到幸福。 ——托马斯·沙德威尔

极端幸福和极端不幸的人们都会滋生一种冷酷无情的倾向。——孟德斯鸠

生活充实就是幸福。 ——爱默生

生活最高的奖赏、人生最大的幸运，就是有一种与生俱来的强烈爱好，使你可以在追求中赢得事业和幸福。
——爱默生

如果我们仅仅希望幸福，那很容易实现；但我们若希望比别人更幸福，就几乎总会感到困难，因为我们总把别人想象得比实际情形更加幸福。
——孟德斯鸠

最幸福的人只是受苦最少而已，最痛苦的人只是享乐最少而已。——卢梭

幸福的人就是善于享受自然的恩惠的人；不幸的人就是没有能力利用自然的恩惠的人。 ——霍尔巴赫

宇宙之间的节奏不知有多少种，幸福只是其中的一个节拍而已；人生的钟摆永远在两极中摇晃，幸福只是其中的一极；要使钟摆停止在一极上，只能把钟摆折断…… ——罗曼·罗兰

一个农夫和一个哲学家也许会同样满足，但却绝不可能同样幸福。幸福是由多种愉快的自我意识组合而成的。 ——塞缪尔·约翰逊

如果自己的愉悦完全掌握在别人手里，几乎没有人会感到幸福。 ——沃维纳格

幸福从来不像稳定那样受人欢迎。 ——格雷厄姆·格林

幸福犹如宗教，是一种神秘之物。幸福从不需要使之合理的阐述和说明。 ——切斯特顿

希望本身就是一种幸福，而且说不定是这个世界所能提供的最主要的幸福。 ——塞缪尔·约翰逊

描绘幸福就是削弱幸福。 ——司汤达

人类从来只有一种斗争，就是追求幸福的斗争，它存在于一切宗教与一切政府的深处。 ——左拉

幸福有益于健康，悲伤却能发展思维。 ——普鲁斯特

积爱成福，积怨成祸。 ——刘向

幸福就是至善。 ——亚里士多德

人格是大地之子最崇高的幸福。 ——歌德

无论帝王还是百姓，在自己家里能找到幸福的人为最幸福。 ——歌德

幸福寓于真正的工作里。 ——阿渥雷琉欧斯

遵照道德准则生活就是幸福的生活。 ——亚里士多德

最大的幸福在于我们的缺点得到纠正和我们的错误得到补救。 ——歌德

亲善产生幸福，文明带来和谐。 ——雨果

人类幸福的两大敌人是痛苦和无聊。 ——叔本华

使时间充实就是幸福。 ——爱默生

要等到一个人在幸运中结束他生命的时候，才可对说他是有福的。 ——埃斯库罗斯

幸福不在于占有畜群，也不在于占有黄金，它的居处是在我们的灵魂之中。 ——德谟克利特

我们更感兴趣的是：使他人相信我们是幸福的，而不是力图使我们自己感到幸福。 ——拉罗什富科

人的最佳生活方式是拥有尽可能多的快乐和尽可能少的痛苦。这是可以办得到的，只要你不从那些足以致命的事物中寻找快乐。 ——德谟克利特

一个人永远不会像他想象的那样痛苦，也不可能像他希望的那样幸福。 ——拉罗什富科

幸福在于趣味，而不在于事物。我

们幸福在于我们拥有自己的所爱，而不在于我们拥有其他人觉得可爱的东西。

——拉罗什富科

身为男儿，不能找出工作中包含的生活意义，应该说是最大的不幸。

——池田大作

我宁肯为我所爱的人的幸福而千百次地牺牲自己的幸福。 ——卢梭

人生在世，只有勤劳，发愤图强，用自己的双手创造财富，为人类解放事业——共产主义贡献自己的一切，这才是最幸福的。 ——雷锋

你想成为幸福的人吗？但你首先学会吃得起苦。 ——屠格涅夫

幸福的必不可少的条件就是信念。

——马卡连柯

当人达到目的或有保证达到目的时，一切辛苦都比休息更适意。

——德谟克利特

安得广厦千万间，大庇天下寒士俱欢颜。 ——杜甫

一个人有了远大的理想，就是在最艰苦的时候，也会感到幸福。

——徐特立

幸福越与人共享，它的价值越增加。 ——森村诚一

牛吃草，马吃料，牛的享受最少，出力最大，所以还是当一头黄牛最好。我甘愿为党、为人民当一辈子老黄牛。

——王进喜

人在履行职责中得到幸福，就像一个人驮着东西，可心头很舒畅。人要是没有它，不尽什么职责，就等于驾驶空车一样，也就是说，白白浪费。

——罗佐夫

即使自己变成了一撮泥土，只要它是铺在通往真理的大道上，让自己的伙伴们大踏步地冲过去，也是最大的幸福。 ——吴运铎

人类的一切努力的目的在于获得幸福。 ——罗·欧文

卓尔不群、洁身自好、知足常乐，这三者意味着真正的幸福。

——安格尔

创造幸福是我们至高无上的义务。

——史蒂文森

人是自己幸福的工匠。 ——梭罗

真正的幸福只有当你真实地认识到人生价值时，才能体会到。

——穆尼尔·纳素夫

愚昧从来没有给人们带来幸福；幸福的根源在于知识。 ——左拉

幸福是最珍贵的葡萄美酒，但对低级趣味的人来说，就味同嚼蜡了。

——史密斯

令人幸福的不是名声，而是能为他带来名声的东西；更正确地说，是他的气质及能力，为他造就了学术和德行上的名声，也令他真正幸福。——叔本华

人的幸福不是遗产，既不能留下，也不能继承。 ——苏霍姆林斯基

人的最大幸福是保持自我。

——艾拉斯谟

幸福是深刻的东西，要慢慢地刻在青铜铸成的心上。 ——雨果

德行和智慧是人生的真正幸福。

——柏拉图

在我们与我们所认为的幸福之间，从来就没有什么坦途可走。 ——拜伦

幸福是存在于将要获得它之前的艰苦之中。 ——大松博文

幸福只能降临到为它付出代价，并有毅力取胜的人的身上。 ——拉恩

一个人若不经历艰难险阻、没有体验过紧张情感，就不会理解幸福。

——苏霍姆林斯基

我们在人生的历程中，不管犯了多少过错，产生过多少误解，然而，在过错和误解的空隙之中，不正闪烁着幸福之光吗？ ——泰戈尔

幸福就在你眼前，但你必须经历一些考验才能得到它。 ——歌德

在人生的过程中，再没有比绝望和失意的时期更重要的了。不经过这样的时期而成长起来的嫩芽，的确是一帆风顺而幸福的，然而它的茎干是脆弱的，稍微刮一点风就会立刻折断而跌倒下去。 ——柳田谦十郎

比起那种一味用阴暗的前景使自己的生活乐趣失色的人来说，人们倒可以把一个经得住一切事变的人视为一个更幸福的人。 ——康德

真正的幸福只能来自一个丰富、坚强的内在精神世界。 ——德田虎雄

要想得到幸福，人们就得尽可能地学会他们渴望知道的东西，练就能给他们带来幸福的本领。 ——拉塞尔

6. 生死——为了生存而放弃生存

死而不亡者寿。 ——老子

民不畏死，奈何以死惧之。

——老子

道生一，一生二，二生三，三生万物，万物负阴而抱阳，冲气以为和。

——老子

人之生也柔弱，其死也坚强。草木之生也柔脆，其死也枯槁。故坚强者死之徒，柔弱者生之徒。 ——老子

出生入死。生之徒，十有三；死之徒，十有三；人之生，动之于死地，亦十有三。夫何故？以其生生之厚。

——老子

未知生，焉知死。 ——孔子

志士仁人，无求生以害仁，有杀身以成仁。 ——孔子

死生有命，富贵在天，君子敬而无失，与人恭而有礼，四海之内皆兄弟也。 ——孔子

生于忧患，死于安乐。 ——孟子

尽其道而死者，正命也；桎梏死者，非正命也。 ——孟子

鱼，我所欲也；熊掌，亦我所欲也。二者不可得兼，舍鱼而取熊掌者

也。生，亦我所欲也；义，亦我所欲也。二者不可得兼，舍生而取义者也。
　　——孟子

死生，命也。其有夜旦之常，天也。人之有所不得与，皆物之情也。
　　——庄子

方生方死，方死方生。　——庄子

善吾生者，乃所以善吾死也。
　　——庄子

人生天地之间，若白驹之过隙，忽然而已。　——庄子

生也死之徒，死也生之始，孰知其纪！人之生，气之聚也。聚则为生，散则为死。若死生为徒，吾又何患！故万物一也。　——庄子

生不如死，死不如生；来不知去，去不知来。　——列子

死并不是人生最大的损失，虽生犹死才是。　——卡曾斯

我们每个人只被赋予一次生命，只要这个生命还活着，我们就要更多、更好地肩负使命。　——武者小路实笃

人不应当害怕死亡，他所应害怕的是未曾真正地生活。　——奥里利厄斯

人生最美好的，就是在你停止生命时，也还能以你所创造的一切为人民服务。　——奥斯特洛夫斯基

当你解答了生命的一切奥秘，你就渴望死亡，因为它不过是生命的另一个奥秘。生和死是勇敢的两种最高贵的表现。　——纪伯伦

人活到七十五岁，总不得不时时想到死，我们不会因此而感到不安。太阳看起来好像是沉下去了，其实不是沉下去而是不断地辉耀着。　——歌德

人生只有一生一死，要生得有意义，死得有价值。　——邓中夏

在我们所有的缺点中最严重的就是轻视自己的生命。　——埃德蒙·伯克

谁怕死，谁就已经不再活着。
　　——左伊默

死是一切悲哀的结束。　——乔叟

死不过是感觉的休息，冲动之线的中断，心的满足，或非常集中的终止，为肉体得到解放。　——奥勒留

如果你把死亡看作朋友，你就应张罗款待他；如果你把死亡当作仇敌，你就要准备去战胜他。　——弗·夸尔斯

死是生命的重新开始。
　　——菲·贝利

死亡是一种新关系的前奏。
　　——列夫·托尔斯泰

死亡就是我们醒时所看见的一切，睡眠就是我们梦寐中所看到的一切。
　　——赫拉克利特

人固有一死，因而人们总是热爱后代。　——霍桑

对死亡的恐惧比死亡本身更可怕。
　　——赛勒斯

死亡算不了什么，没有充分地生活才是可怕的。　——雨果

死还有这一点：就是它打开名誉之门，熄灭妒忌之心。"生时受人妒羡的人死后受人爱。"　——培根

道德赐给我们的最大祝福便是轻视死。这方法使我们的生命得到一种温柔的清静，使我们感到它的甘美与纯洁的滋味，没有这一点，其他一切快乐也就全都熄灭。

——蒙田

人人必死无疑：干吗不快快活活地活呢？

——尼采

最幸福的人生莫过于实现了自己的雄心之后，平静地死去。 ——莫洛亚

死是令人伤心的事，而没有充分生活的死更是令人难以忍受的。

——弗洛姆

人只是到了坟墓的边缘才什么事都想通了。

——亨利·亚当斯

说到底，是对死的看法决定了我们在人生中所面临的所有问题的答案。

——哈马·舍尔德

死生，天地之常理，畏者不可以苟免，贪者不可以苟得也。 ——欧阳修

死亡是一个原则对另一个原则的胜利。

——巴尔扎克

人固有一死，或重于泰山，或轻于鸿毛。

——司马迁

死者倘不埋在活人心中，那就真正死掉了。

——鲁迅

从自然科学看来，死，不过是把我们从自然那里借来的财富还给自然罢了。 ——黄药眠

倘若你曾在生者中间像晨星那样辉耀，那么此刻在死者群里你便会似晚星闪烁。

——柏拉图

我离开这个人生就像是离开旅店而不是离开家，因为自然给我们的是一个暂居的客寓，不是久居的处所。

——西塞罗

死亡和离别之所以如此可怕，只因为它们是产生永恒和暂时的孤独的源泉。

——黄秋耘

人死之后留下善行才值得被称颂，没有人能带走自己一生经营的财富与盛名。

——蔡志忠

生命：一种不断地奋斗想获得更大的沉思的力量。

——萧伯纳

能将自己的生命长存于他人的记忆中，生命就因此增长许多。光荣是我们获得的新生命，它弥足珍贵，不亚于天赋的生命。

——孟德斯鸠

生命之后有更宝贵的生命；子孙后代的一片月桂叶比今生大批的月桂树更有价值。

——亚·史密斯

他的生命，就是从最强烈的乐曲中将激荡响亮的痛苦废除。

——兰波

谁不尊重生命，谁就不配有生命。

——达·芬奇

生命，是事物凭以保持其存在的一种力量。

——斯宾诺莎

我们的生命是无止境的，正如我们的视野是没有界限的一样。

——维特根斯坦

无数动物和植物天天都在消亡、死灭，沦为须臾即逝的牺牲品，但是，自然界凭借它那用之不竭的创造能力，一点也不少地又在别的地方造出了别的动

物植物，以填补所留下的空虚。

——康德

在宇宙的所有奖赏中，人类生命是最稀有的、最复杂的、最珍贵的。

——诺曼·卡曾斯

一个老年人如果能有广泛的兴趣，学会关心他人，使自己的生活汇入到整个世界的生活中去，他就会像一滴水归入大海，慢慢地忘记了自己的存在，最终，也不会再有对死的恐惧。——罗素

生命的用途并不在长短而在我们怎样利用它。许多人活的日子并不多，却活了很长久。

——蒙田

生和死是无法挽回的，唯有享受其间的一段时光。死亡的黑暗背景衬托出生命的光彩。

——桑塔亚那

痛苦和死亡是生命的一部分，抛弃它们就是抛弃生命本身。

——哈夫洛克·埃利斯

人生自古谁无死，留取丹心照汗青。

——文天祥

死亡使一个伟大的声音沉寂之后，他生前平淡无奇的话，都成了至理名言。

——白朗宁

懦夫在他未死之前，已经历多次死的恐怖了。

——恺撒

以死来鄙薄自己，出卖自己，否定自己的信仰，是世间最大的刑罚、最大的罪过。宁可受世间的痛苦和灾难，也千万不要走到这个地步。

——罗曼·罗兰

假如生命是无味的，我不要来

生；假如生命是有趣的，今生已是满足的了。

——冰心

让你的生命轻捷地在时间的边缘上跳舞，就像树叶尖端上的露水那样。

——泰戈尔

死亡只具有一种恐惧，那就是它没有明天。

——霍弗

人生的许多大困难，只要活着，没有什么是解决不了的。

——三毛

你热爱生命吗？那么就不要浪费时间，因为生命正是由时间组成的。

——富兰克林

谁能把生死置之度外，他就会成为新人。谁能战胜痛苦和恐惧，他自己就能成为上帝。

——陀思妥耶夫斯基

长寿未必是福，短寿未必是祸；活得长久而死得安详，才是真幸福。

——泰戈尔

我们要努力把一生好好地度过，等到死的时候，那就连殡仪馆的老板也会感到惋惜。

——马克·吐温

死不是死者的不幸，而是生者的不幸。

——伊壁鸠鲁

一件无价之宝，人人生而有之：那就是人的最后一口气。——马克·吐温

在战场上，你只能死一次；在政界里，你能死好多次。

——彼得

生命的全部奥秘在于为了生存而放弃生存。

——歌德

用不着费工夫考虑死亡，因为死亡无须我们帮忙就会想到我们。

——显克微支

要像对待生命的最后一天那样对待每一天。
——西塞罗

死亡是我们的朋友，不能取悦于他的人，永远得不到安逸。
——培根

死是一种古老的玩笑，可是他对每个人都是新鲜的。
——屠格涅夫

假如有人死、有人不死，那么死就是确实可怕的苦难了。
——拉布吕耶尔

死亡宛如诞生，都是隶属于生命的。正如走路需提起脚来，也需放下脚去。
——泰戈尔

死是伟大的终极的，它是生命的延续。
——劳伦斯

当你降生的时候，你在哭泣而周围的人们在欢笑。当你即将离开这个世界的时候，周围的人们在哭泣，但你应该微笑。
——泰戈尔

要多为活人想想，少为死人伤脑筋，因为死人有他们自己的天地。
——泰勒斯

考验一个人有无勇气，多半是看他敢不敢活，而不是看他敢不敢死。
——阿尔萨耶里

死亡本身并不可怕，可怕的倒是人死了还不知道为何而死和丧身何处。
——约·德莱顿

要抓紧学习，就好像你生命无限，来日方长；要珍惜生活，就好像你生命短暂，临近死亡。
——圣伊西多尔

死得及时是一种慰藉，何必惆怅；死得正当是一种义举，无须勉强。
——彼特拉克

人只有一死，而死得高尚的机会并不天天都有，只有心灵高尚的人才能得到它。
——兰姆

一切的一切集于一个实在的生命，无论一线光、一阵风、一张叶瓣，都不遗失，而成为存在的一部分。
——乔·拜伦

生存比寻死更需要勇气。
——梅·瑞狄斯

死者的美好德行倘能为每一个哀悼者深深怀念，他就堪称"永垂不朽"。
——托·哈代

人到临终的时候方才悟得人生的意义，在世一生，末了还是死道出了生之真谛。
——罗·勃朗宁

死者不为生者所忘——虽死犹生。
——托·坎贝尔

享尽了生活的福乐，人就该毅然决然地告别人生，像一个酒足饭饱的宾客辞宴离去一样。
——贺拉斯

倘使世界上的一切都不允许你高尚地活着，那么世上就没有一样东西会阻拦你高尚地去死。
——塞内加

整个生命就是通向死亡的旅行。既然如此，人死了又有什么稀奇？
——塞内加

岁月赐予我们生命的同时，就开始把它索回。
——塞内加

倘若你懂得如何利用生命，那么一生的时间是够长的。
——塞内加

死亡，如同降生一样，是大自然的奥秘。
——马可·奥勒利乌斯

死亡是感官印象的终止，是欲望系列的中断，是思想的散漫运动的停息，是对肉体服务的结束。

——马可·奥勒留

死亡现在是一切事物中最可怕的；因为它是结束，对于死亡来说，没有任何东西还可以看成好的或坏的。

——亚里士多德

光荣地死，胜过耻辱地生。

——伊索

人痛恨死是不公正的，因为死亡是抵御人间种种邪恶的最强大的工事。

——埃斯库罗斯

贤者既不厌恶生存，也不畏惧死亡。既不把生存看成坏事，也不把死亡看成灾难。贤者对于生命，正如同他对食品那样，并不单单选多的，而是选精美的；同样的，他享受时间也不是单单度量它是否长远，而是度量它是否最合意。

——伊壁鸠鲁

凡是在世时就将死置之度外能上能下的人，往往虽死犹生。——蒙田

如果我们永远不死，我们反而会成为不幸的人。当然，死是很痛苦的，但是，当我们想到我们不能永远活下去，想到还有一种更美好的生活将结束今生的痛苦，我们就会感到轻松的。如果有人允许我们在这个世界上长生不死，请问谁愿意接受这不祥的礼物？——卢梭

生活就像一个山坡。眼望着坡顶往上爬，心里会觉得很高兴，但一旦登上峰顶，马上就会发现，下坡路就在眼前。路走完了，死亡也就来了。上坡很慢，但下坡却很快。 ——莫泊桑

无所事事的人常因想到死亡而害怕，一旦投入紧急的行动，不管这个行动有多大危险，他们不再有工夫想到死亡。战场必定是人们最少想到死亡的场所之一，于是可以得出一个怪论：一个人的生命越充实，就越不怕失去它。

——阿兰

不去想它，然后坦然接受——这是对待死亡最好的方法。 ——帕斯卡尔

有三件大事人类都要经历：出生、生活和死亡。他们出生时无知无觉，死到临头，痛不欲生，活着的时候却又怠慢了人生。 ——拉布吕耶尔

对于一个知道如何生活的人来说，死神的名字是没有什么可怕的。

——爱默生

人生是真实的！人生是诚挚的！墓地并不是终点。 ——朗费罗

不论一个人有什么样的命运和名声，只要他死得伟大，那么他生前也一定是伟大的。

——爱·扬格

害怕死亡，并不是想永远活着，而是为实现人生的使命。

——武者小路实笃

只有在我们想活命的时候，死神才显示出恐怖的威势，当生命批准我们可以以死来解脱的时候，死神就变得无可奈何了。 ——武者小路实笃

使生如夏花之绚烂，死如秋叶之静美。 ——泰戈尔

死亡是辛劳与苦难之后的休息。

——西塞罗

死并不可怕，可怕的是死得可耻。

——米南德

我死的时候，不过死了一个过去。

——博尔赫斯

生命每天都在向死亡接近。

——菲德格斯

生者为过客，死者为归人。

——李白

当我们存在时，死亡对于我们还没有来，而当死亡时，我们已经不存在了。

——伊壁鸠鲁

生则光荣，死则成仁，唯上智者能之。

——瓦鲁瓦尔

在死亡面前，志士和浪子的待遇是一样的。

——荷马

一个人的死，与其说是他自己的事，不如说是他活着的亲友们的事。

——托马斯·曼

根据别人的意志去死，等于死两次。

——贺拉斯

死者的生命长存在生者的记忆中。

——西塞罗

肉体的死亡无所谓，惧怕的是灵魂的死亡。

——德富芦花

只有当一个人对自己的工作全力以赴的时候，他才能感觉到生的价值和死的意义。

——武者小路实笃

任何理解生命意义的人，决不会害怕死亡。

——小托·富勒

知识、爱情、权力——是完整的生命。

——阿米埃尔

全世界的人们都习惯于互相祝愿长寿，这并不意味着对生命意义的了解，而是更多地出自人类的天性，即求生意识。

——叔本华

生命，只要你充分利用，它便是长久的。

——塞内加

亲爱的朋友，所有的理论都是灰色的，而宝贵的生命之树常青。——歌德

重要的不是永恒的生命，而是永恒的活力。

——尼采

要真正体验生命，你必须站在生命之上！为此要学会向高处攀登！为此要学会俯视下方！

——尼采

我只有一次生命，而且它又相当短，我为什么在自己最不想做的事情上浪费我的生命呢？——布兰代斯

生理寿命只是一种进程而非"生命"，心理存在同样也不是生命。生命就是整个世界。——维特根斯坦

后其身而身先，外其身而身存。

——老子

知死必勇。——司马迁

有生者必有死，有始者必有终，自然之道也。——扬雄

壮心未与年俱老，死去犹能作鬼雄。

——陆游

一时人物风尘外，千古英雄草莽间。——萨都剌

生前富贵草头露，身后风流陌上花。

——苏轼

生当作人杰，死亦为鬼雄。

——李清照

男儿得死所，其重如山丘。

——屈大均

福寿康宁，固人之所同欲；死亡疾病，亦人所不能无。　　——程允升

生命不怕死，在死的面前笑着跳着，跨过了灭亡的人们向前进。

——鲁迅

生死本是一条线上的东西。生是奋斗，死是休息；生是活跃，死是睡眠。

——郭沫若

想到生的乐趣，生固然可以留恋；但想到生的苦趣，无常也不一定是恶客。无论贵贱，无论贫富，其时都是"一双空手见阎王"。　　——鲁迅

唯独革命家，无论他生或死，都能给大家以幸福。　　——鲁迅

生命是可爱的。但寒冷的寂寞的生，却不如轰轰烈烈的死。　——巴金

生为百夫雄，死为壮士规。

——王粲

日薄西山，气息奄奄；人命危浅，朝不虑夕。　　——李密

君子不为苟存，不为苟亡。

——陈寿

生有益于人，死不害于人。

——戴圣

河清不可俟，人命不可延。

——赵壹

有始者必有卒，有存者必有亡。

——葛洪

自古皆有死，莫不饮恨而吞声。

——江淹

士有忍死之辱，必有就事之计。

——范晔

吾不识青天高，黄地厚；唯见月寒日暖，来煎人寿。　　——李贺

蚌死留夜光，剑折留锋芒。

——邵谒

死生天地之常理，畏者不可以苟免，贪者不可以苟得也。　——欧阳修

一朝纩息定，枯朽无妍蚩。

——柳宗元

不以死生祸福累其心。——王安石

物之有成必有坏，譬如人生之有生必有死，而国之有兴必有亡也。

——苏轼

当我想到我正在学会如何去生活的时候，我已经学会如何去死亡了。

——达·芬奇

死的临近应当使我们成为哲学家。

——桑塔亚那

在大地中有过嘹亮的声音的生命，决不会在静寂的坟墓中立即泯灭的。

——莫洛阿

正像劳累的一天带来愉快的睡眠一样，勤劳的生命带来愉快的死亡。

——达·芬奇

每一有限的事物都要扮演的角色，就是趋向死亡。　　——康德

生命本身即具有死亡的种子。

——黑格尔

生命的悲剧不在于死亡的事实，而

在于我们的肌体虽然活着，但内心却已死亡。

——诺曼·卡曾斯

琐屑卑贱的事物把我们拖向死亡。

——诺贝尔

一个人的死，拯救了他人的生命，一个人的死有益于社会，一个人的死完成了他自己的义务。这些死比生命更有意义。

——武者小路实笃

死亡只不过是一种睡眠。

——莎士比亚

望见了海岸才溺死，是死得双倍凄惨。

——莎士比亚

死的惨痛大部分是心理上造成的恐怖，被我们践踏的一只无知的甲虫，它的肉体上的痛苦，和一个巨人在临死时所感到的并无异样。

——莎士比亚

生使一切人站在一条水平线上，死使卓越的人露出头角来。

——萧伯纳

动物也如我们一样会死；但是唯独我们知道自己必定会死，正是这一点使我们成其为人。

——亚·史密斯

不去想它，然后坦然接受——这是对付死亡最好的方法。

——帕斯卡

我们年过半百之后，生命之河的拐弯处袭来的每一次风雨，都告诉我们，我们的小舟正在接近的是瀑布。

——杰拉尔德·布瑞南

完美人生

历代的兴衰，人世的变幻，山川夷为平地，河流崛为高冈，似乎一切都可改变。人也一样，毛发会脱落，容颜会衰老，信念会动摇，人的一生也会倏然而过。

人生的路坎坷不平，总要经受一次次折腾，保持必胜的信仰，平和的心态，向上的勇气，切实的行动，才有希望到达辉煌的顶点。每个人出身不同，遭受的苦难多少大不一样。把苦难看作磨炼意志，成就本事的好机会，所有的问题都会迎刃而解。不论步履轻松或沉重，都要一步一步地走完生命的历程。当然，我们不能杞人忧天、作茧自缚，把痛苦强加在自己身上。人生失意时，把旅行当作反思的途径，在旅行中释然。人生百态，百态人生，关键是走好人生的每一步，千万不可南辕北辙、渐行渐远。

7. 青春——不耐久藏的东西

青春是在它即将逝去的时候最具魅力。
——塞涅卡

青春是一本太仓促的书。
——席慕蓉

青春是唯一值得拥有的东西。
——王尔德

以青春之我，创造青春之家庭，青春之国家，青春之民族，青春之人类，青春之地球，青春之宇宙，资以乐其无涯之生。
——李大钊

人生与其说是外在的克服，不如说是内在的前进，与其说是目的的完全达成，不如说是力的觉醒与集中。
——奥铿

一个民族的年青一代人要是没有青春，那就是这个民族的大不幸。
——赫尔岑

有了钱，在这个世界上可以做很多事，但无法用来赎买青春。——雷蒙德

噢，我的飘忽的青春！我感谢你给我的欢乐，那忧郁，那可爱的痛苦，那狂飙、喧哗和宴欢，为了你带来的一切礼物，我感谢你。
——普希金

青春是有限的，智慧是无穷的，趁短短的青春，去学习无穷的智慧。
——高尔基

青春——这是无法挽回的。美丽——那优美的灵魂像影子一般来了不

去。然而这两个东西是火焰也是风暴。

——德莱塞

时乎时乎不再来，青春光阴贵如金。

——臧克家

青春应该怎样度过？有的如同烈火，永远照耀别人；有的却像荧光，甚至也照不亮自己。不同的生活理想，不同的生活态度，决定一个人在战斗中站的位置。

——吴运铎

年轻朋友，让青春发出光和热吧，为人民发光发热的青春才是美丽的。

——秦牧

得到智慧的唯一办法，就是用青春去买。

——杰克·伦敦

青春应该是一头醒智的狮，一团智慧的火！醒智的狮，为理性的美而吼；智慧的火，为理想的美而燃。

——哥白尼

少年人不会抱怨自己如花似玉的青春，美丽的年华对他们来说是珍贵的，哪怕它带有各种各样的风暴。

——乔治·桑

有许多人是用青春的幸福作成功的代价的。

——莫扎特

莫让青春虚度在昨天创作的呻吟中，莫把希望寄托在明天的幻想上。

——纪伯伦

青年人持久地处于一种类似陶醉的状态中，因为青春时代是甜蜜的，而且是在成长中。

——亚里士多德

啊！青春，青春！或许你美妙的全部奥秘不在于能够做出一切，而在于希望做出一切。

——屠格涅夫

真正的青春、贞洁的妙龄的青春，周身充满了新的血液，体态轻盈而不可侵犯的青春，这个时期只有几个月。

——罗丹

没有青春的爱情有何滋味？没有爱情的青春有何意义？

——拜伦

青春啊，难道乐于始终囚禁在狭小圈子里？你得撕破老年的蛊惑人心的网。

——泰戈尔

青春这玩意儿真是妙不可言，外部放射出红色的光辉，内部却什么也感觉不到。

——萨特

青春即使在痛苦之中也闪耀着它的华彩。

——雨果

所谓青春，就是心理的年轻。

——松下幸之助

青春是人生最快乐的时光，但这种快乐往往完全是因为它充满着希望，而不是因为得到了什么或逃避了什么。

——托·卡莱尔

如果你浪费了自己的年华，那是挺可悲的。因为你的青春只能持续一点儿时间，很短的一点儿时间。——王尔德

青春是诗歌丰收的季节，而老年则更适宜哲学上的收获。——叔本华

青春是美丽的，但一个人的青春可以平庸无奇，也可以放射出英雄的火光；可以因虚度而懊悔；也可以用结结实实的步子，走到辉煌壮丽的成年。

——魏巍

青春啊，永远是美好的，可是真正

的青春，只属于这些永远力争上游的人，永远忘我劳动的人，永远谦虚的人！ ——雷锋

人世间，比青春再可宝贵的东西实在没有，然而青春也最容易消逝。最可宝贵的东西却不甚为人所爱惜，最易消逝的东西却在促进它的消逝。

——郭沫若

青春如初春，如朝日，如百卉之萌动，如利刃之新发于硎，人生最宝贵之时期也。青年之于社会，犹新鲜活泼细胞之在身。 ——陈独秀

青春——人的一生中最美好的年岁。它是一个人的生命含苞待放的时期，生机勃发；朝气蓬勃，这意味着进取，意味着上升，蕴含着巨大希望的未知数。 ——岑桑

青春是人生之花，是生命的自然表现。 ——池田大作

大胆的想象，不倦的思索，一往直前的行进，这才是青春的美，青春的快乐，青春的本身。 ——郭小川

青春的美丽与珍贵，就在于它的无邪与无瑕，在于它的可遇而不可求，在于它的永不重回。 ——席慕蓉

青春之所以美好，就因为它能追求！青春之所以幸福，就因为它有前途！ ——叶辛

当青春的光彩渐渐消逝，永不衰老的内在个性却在一个人的脸上和眼睛上更加明显地表露出来，好像是在同一地方住久了的结果。 ——泰戈尔

青春是多么可爱的一个名词！自古以来的人都赞美它，希望它长在人间。

——丰子恺

一个人不论活多大年纪，最初的二十年是他一生中最长的一半。

——萨迪

啊，青春，青春，你什么都不在乎，你仿佛拥有宇宙间一切的宝藏，连忧愁也给你安慰，连悲哀也对你有帮助，你自信而大胆。 ——屠格涅夫

没有人会感觉到，青春正在消逝；但任何人都会感觉到，青春已经消逝。

——小塞涅卡

少年时期的放浪是晚年的汇票，大约在三十年后，即可加上利息支付。

——科尔顿

青春时期的任何事情都是考验。

——史蒂文森

百金买骏马，千金买美人；万金买高爵，何处买青春? ——屈原

白日莫闲过，青春不再来。

——林宽

白发无凭吾老矣！青春不再汝知乎？年将弱冠非童子，学不成名岂丈夫。 ——俞良弼

青年是革命的柱石。青年是革命果实的保卫者，是使历史加速向更美好的世界前进的力量。 ——宋庆龄

青春岂不惜，行乐非所欲。

——文天祥

青春并不是生命中一段时光，它是心灵上的一种状况。它跟丰润的面颊、

殷红的嘴唇、柔滑的膝盖无关。它是一种沉静的意志，想象的能力，感情的活力，它更是生命之泉的新血液。

——辛尼加

一个人的青春时期一过，就会出现像秋天一样的优美的成熟时期。这时，生命的果实像熟稻子似的在美丽的平静的气氛中等待收获。

——泰戈尔

充满了精神的青春，是不会那么轻易消失的。

——卡洛萨

青春远比年轻人想象的更为长久。

——迪亚娜夫人

青春是人们最美妙的季节，然而它又是何等短暂，当你撕去日历上的一页，便会预感到青春的花朵凋落了一瓣。 ——鲁特夫拉·木塔里甫

青春是美妙的，挥霍青春就是犯罪。

——萧伯纳

人生最大悲痛莫过于辜负青春。

——薄伽丘

你不能同时又有青春又有关于青春的知识。因为青春忙于生活，而顾不得去了解；而知识为着要生活，而忙于自我寻求。 ——纪伯伦

在青春的世界里，沙砾要变成珍珠，石头要化作黄金……青春的魅力，应当叫枯枝长出鲜果、沙漠布满森林……这才是青春的美，青春的快乐，青春的本分！ ——郭小川

青春时代是一个短暂的美梦，当你再醒来时，它早已消失得无影无踪了。

——莎士比亚

肉体可以衰老，心灵可以缺残，而青春——连青春的错误都是充满魅力的。 ——张承志

如果说青春也有缺点，那就是它消失得太快。 ——詹·拉·洛威尔

我们的一切损失均可补救，我们的任何痛苦都可安慰，但当青春之梦作别的时候，它从我们心上把一些东西带走，并且永远也不会回头。

——理·斯托达德

春天是自然界一年里的新生季节；而人生的新生季节，就是一生只有一度的青春。 ——西塞罗

乐观的人永葆青春。 ——拜伦

白日莫空过，青春不再来。

——拜伦

青春之所以幸福，就因为它有前途。 ——果戈理

生活赋予我们一种巨大的和无限高贵的礼品，这就是青春；充满着力量，充满着期待、志愿，充满着求知和斗争的志向，充满着希望、信心的青春。

——奥斯特洛夫斯基

假如青春是一种缺陷的话，那也是我们太快就会失去的缺陷。——罗威尔

春色着人如酒。 ——秦观

青春是为一生奠定基础的时期。

——池田大作

要紧的事情是别浪费你的青春和元

气。现在是工作的时候了。——契诃夫

青春不是肉体上的年轻。青春应该还具有无穷的希望、不尽的理想。这些理想和希望不断沸腾，在轮转，在跃动！——松下幸之助

谁勇敢地接受过青春之火的洗礼，谁就毫不惧怕晚年的严寒冰霜。

——兰多

青春在人的一生中只有一次，青年时代要比其他任何时代更能接受高尚的和美好的东西。谁能把青春保持到老年，不让自己的心灵冷却、变硬、僵化，谁就是幸福的人。——别林斯基

青春是无酒的醺醉。——歌德

青春一去不复返，事业一纵永无成。——勃朗宁

人生难得是青春，要学汤铭日日新。但嘱加鞭须趁早，莫抛岁月负双亲。——袁玉冰

明智的人绝无重返青春的奢望。

——斯威夫特

青春须早为，岂能长少年？

——孟郊

题诗寄汝非无意，莫负青春取自惭。——于谦

谁虚度年华，青春就要褪色，生命就会抛弃他们。——雨果

丝染不复白，鬓白无重黑；努力爱青春，一失不再得。——施润章

失去信心的青春是一朵枯萎的花朵。——佚名

没有和青春的丧失同等重大的丧失。——殷格罗

即使是在艰苦的情况下，青春仍然是美好的！——王蒙

我们的一切损失均可补救，我们的任何痛苦都可安慰，但当青春作别的时候，它从我们心上把一些东西带走，并且永远也不会回头。——桑塔亚那

要爱惜自己的青春！世界上没有再比青春更美好的了，没有再比青春更珍贵的了！青春就像黄金，你想做什么，就能成什么。——高尔基

人类的历史在显示出事实之前，通常会在生命的最深处发出预告，而测量天候的最敏感指标，便是青春。

——罗曼·罗兰

一生最好是少年，一年最好是青春，一朝最好是清晨。——李大钊

无所事事——对一个感情热烈的年轻人是很大的危险。

——车尔尼雪夫斯基

你们所多的是生力，遇见深林，可以夷成平地的；遇见旷野，可以栽种树木的；遇见沙漠，可以开掘井泉的。

——鲁迅

青春是人生最有价值的东西，不可任其过去。——张闻天

青年的朝气，是社会可宝贵的东西，没有它不能前进；老年人的经验、持重，也是可宝贵的东西，没有它社会没有基础。——谢觉哉

只要春风吹到的地方，到处是青春的野草。

——臧克家

只要人心中有了春气，秋风是不会引人愁思的。

——冰心

青春的精神是点铁成金的奇异的宝石。

——泰戈尔

一个人年轻的时候年轻，固然有福，可是把自己的青春保持到进入坟墓为止，那就更加百倍地有福。

——契诃夫

谁能保持得永远的青春，就是最伟大的人。

——郭沫若

迟到的青春是持久的青春。

——尼采

青春是一种不可思议的伟大力量。它催发着青年人的躯体，启迪着他们的智慧，同时，它也灌输着热烈的感情和坚强的理智。

——李准

当我们为一去不复返的青春叹息时，我们应该考虑将来的衰老，不要到那时再为没有珍惜壮年而悔恨。

——拉布吕耶尔

青春是块原料，迟早要制作成形。

——莎士比亚

青春时期的任何事情都是考验。

——史蒂文森

青春的辞典里没有失败这个字眼。

——英顿

滥用青春胜于虚度青春。

——乔治·库特林

人人都有惊人的潜力，要相信你自己的力量与青春，要不断地告诉自己："万事全赖于我。"

——纪德

青春是一个普通的名称，它是幸福美好的，但它也充满着艰苦的磨炼。

——高尔基

年年都有一个春天，春天去了能回还。人生只有一度青春，青春去了不复返。

——艾青

要获得理智，须付出昂贵的代价，它必须以青春为代价。

——拉法耶特夫人

超乎一切之上的一件事，就是保持青春朝气。

——莎士比亚

青春是玫瑰花环，老年如荆棘王冠。

——佚名

青春是一个斜坡。

——雨果

寻常的山花凋谢了，还会再开。而我们的青春却一去不复返。——王尔德

有了金钱可以在这世界做很多事，唯有青春却无法用钱购买。——莱曼特

青春应当是鲜红的，永远地鲜红——生命只属于这样的人。——杨沫

当你还年轻，你会认为青春永无止境；但最长的一天也有它的黄昏，而你一生只能享受一次青春，它一去永不复返。因此，请把它当作春天一样地利用，在它里面应尽力为漫长及快乐的一生耕耘及播种。

——刺里

假如说，人生是一串金色的环链，那么青春就是这串环链上熠熠发光的绿宝石；假如说，人生是一组春意盎然的

山脉，那么青春就是它们引以骄傲的珠峰。

——佚名

8. 自由——你愿为自由抛什么

时间限制了我们，习惯限制了我们，谣言般的舆论让我们陷于实际，让我们在白昼的魔法中闭目塞听不敢妄为。

——史铁生

我们手里的金钱是保持自由的一种工具。

——卢梭

纪律是自由的第一条件。

——黑格尔

个人的自由，以不侵犯他人的自由为自由。

——穆勒

凡是不给别人自由的人，他们自己就不应该得到自由，而且在公正的上帝统治下，他们也是不能够长远地保持住自由的。

——林肯

不要过分地醉心放任自由，一点也不加以限制的自由，它的害处与危险实在不少。

——克雷洛夫

自由不是无限制的自由，自由是一种能做法律许可的任何事的权利。

——孟德斯鸠

不能制约自己的人，不能称之为自由的人。

——毕达哥拉斯

人们往往把任性也叫作自由，但是任性只是非理性的自由，人性的选择和自决都不是出于意志的理性，而是出于偶然的动机以及这种动机对感性外在世界的依赖。

——黑格尔

自由不仅为滥用权力而失去，也为滥用自由而失去。

——麦奇生

如果自由流于放纵，魔鬼就乘机侵入。

——华盛顿

自由的目的是为他人创造自由。

——马拉默德

正义和自由互为表里，一旦分割，两者都会失去。

——富尔克

自由应是一个能使自己变得更好的机会。

——加缪

道德是自由的保卫者。——斯米茨

放肆的生活，不是自由的生活。

——佚名

甘心做奴隶的人，不知道自由的力量。

——贝克

放弃基本的自由以换取苟安的人，终归失去自由，也得不到安全。

——富兰克林

生命诚可贵，爱情价更高，若为自由故，二者皆可抛。

——裴多菲

爱情只有当它是自由自在时，才会叶茂花繁。认为爱情是某种义务的思想只能置爱情于死地。

——罗素

给别人自由和维护自己的自由，两者同样是崇高的事业。

——林肯

立脚点上求平等，于出头处谋自由。

——陶行知

爱神和其他诸神一样，也是自由自在的。

——乔叟

爱情是自由自在的，而自由自在的爱情是最真切的。

——丁尼生

要解放孩子的头脑、双手、脚、空间、时间，使他们充分得到自由的生活，从自由的生活中得到真正的教育。

——陶行知

自由之于人类，就像亮光之于眼睛，空气之于肺腑爱情之于心灵。

——英格索尔

真正的自由属于那些自食其力的人，并且在自己的工作中有所作为的人。

——罗·科林伍德

不在宪法规定的自由中，不可避免地会出现腐败现象。 ——吉本

财富可以成为一件宝物，因为它意味着权力，意味着安逸，意味着自由。

——詹·拉·洛威尔

思想的自由就是最高的独立。

——费斯克

对于工作的严肃态度，高度的正直，形成了自由和秩序之间的平衡。

——罗曼·罗兰

智慧是唯一的自由。 ——塞内加

为了享有自由，我们必须控制自己。 ——任尔夫

没有自由的秩序和没有秩序的自由，同样具有破坏性。

——西奥多·罗斯福

一个人只要宣称自己是自由的，就会同时感到他是受限制的。如果你敢于宣称自己是受限制的，你就会感到自己是自由的。 ——歌德

9. 人生——一座大舞台

人生是患难与欢乐所组成。

——陶行知

没有奋争，人生便寂寞难忍。

——莱蒙托夫

人生是一种外语：所有的人都发不准它的音。 ——克里斯托弗·莫利

只有一种成功——能以你自己的生活方式度过你的一生。

——克里斯托弗·莫利

只有放弃个人永生的信念，承认死是必然，才能促使少年去思考人生的意义，考虑如何度过一生。永生的人就不必着急，不必考虑自我实现，无限长的生命是没有具体价值的。 ——科恩

你要活得随意些，你就只能活平凡些；你要活得辉煌些，你就只能活得痛苦些；你要活得长久些，你就只能活得简单些。 ——席慕蓉

人活一辈子都要建设人生，失掉建设的人生，没有不垮台的。

——池田大作

人生的道路虽然漫长，但紧要处常常只有几步，特别是当人年轻的时候。我爱人生，所以我愿像一个狂信者那样投身到生命的海里去。 ——柳青

据说没有经历贫穷、爱情和战争的人，就没有充分尝到人生的甘与苦。

——欧·亨利

人生是一间医院。在那儿，每个病

人都着魔似的一心想调换床位。

——波德莱尔

一个人应当摒弃那些令人心颤的杂念，全神贯注地走自己脚下的人生之路。 ——史蒂文森

我之谓生存，并不是苟活；所谓温饱，并不是奢侈；所谓发展，也不是放纵。 ——鲁迅

我们依靠羡慕、希望和爱活着。

——华兹华斯

人生从来不像意想中那么好，也不像意想中那么坏。 ——莫泊桑

人生是战斗，也是过客暂时投宿的旅舍。 ——马可·奥勒利乌斯

任何人都得去经历人生的一切阶段；思想与年龄必得同时演化。有些德行和智慧是与肉体的衰老相关联着的，没有一种说辞能够把它教给青年。

——莫洛亚

人往往在悲叹之中，才能领略到人生的深奥；置身绝境，才可以体验到社会的真滋味。 ——松下幸之助

如果没有任何目的，如果我们只是为了活而活，那活着大可不必。

——列夫·托尔斯泰

路是脚踏出来的，历史是人写出来的。人的每一步行动都在书写自己的历史。 ——吉鸿昌

要真正体验生命，你必须站在生命之上。 ——尼采

等到自私的幸福变成了人生唯一的目标之后，人生就会变得没有目标。

——罗曼·罗兰

自己活着，就是为了使别人过得更美好。 ——雷锋

人生就是苦恼。所以人一出娘胎，开口第一声就是哭。绝没有一见天日，就大笑的。哭先于笑，是人生的途径。笑不过是偶尔的表示而已。 ——宣永光

无中不能生有，无缝的石头流不出水来。谁不能燃烧，就只有冒烟——这是真理。 ——奥斯特洛夫斯基

何为生？生就是不断地把濒临死亡的威胁从自己身边抛开。 ——尼采

人生的一切变化、一切魅力、一切美都是由光明和阴影构成的。

——列夫·托尔斯泰

人生不是一种享受，而是一桩十分沉重的工作。 ——列夫·托尔斯泰

太如意的生活便是平凡的生活。

——茅盾

人生不是一支短短的蜡烛，而是一支由我们暂时拿着的火炬，我们一定要让它燃得十分光明灿烂，然后交给下一代的人们。 ——萧伯纳

人生最有趣的事情，就是送旧迎新，因为人类最高的欲求，是在时时创造新的生活。 ——李大钊

对我来说，人生既没有美丽，也没有罗曼史。人生就是原来的面目。因此，我预备以原来的面目接受人生。

——萧伯纳

我的人生哲学是工作，我要揭示大

自然的奥秘，并以此为人类造福。我们在世的短暂的一生中，我不知道还有什么服务比这种服务更好的了。

——爱迪生

人生本来就是一种广义的艺术。每个人的生命史就是他自己的作品。

——朱光潜

生活真像这杯浓酒，不经三番五次的提炼呵，就不会这样可口。

——郭小川

作为一个人，要是不经历过人世上的悲欢离合，不跟生活打过交手仗，就不可能懂得人生的意义。 ——杨朔

人生是跋涉，也是旅行；是等待，也是相逢；是探险，也是寻宝；是眼泪，也是歌声。

——汪国真

我的人生正是：使事业成为喜悦，使喜悦成为事业。 ——罗素

一个尝试错误的人生，不但比无所事事的人生更荣耀，并且更有意义。

——萧伯纳

负着空虚的负担，在严威和冷眼中走着所谓人生的路，这是怎样可怕的事啊！ ——鲁迅

世上只有一个真理，便是忠实人生，并且爱它。 ——罗曼·罗兰

人生应该如蜡烛一样，从顶燃到底，一直都是光明的。 ——萧楚女

冬天已经到来，春天还会远吗？

——雪莱

没有比人生更艰难的艺术了，因为其他的艺术或学问，到处都有老师。

——塞涅卡

人一生在我看来就是一个长途旅行。 ——纪德

人生在世，并非遂己所愿，而是尽己所能。 ——米南德

人，只能自己改变自身，并以自身的改变来唤醒他人。 ——雅斯贝尔斯

人都是在探险中航行的发明家。

——爱默生

要想人生过得有意义，唯一的办法就是高瞻远瞩放眼量。

——威·埃·钱宁

人的一生就是进行尝试，尝试得越多，生活就越美好。 ——爱默生

人生就是意志与青春结伴，勤奋同壮年联袂，智慧和老人相随。

——纪伯伦

爱是阳光，恨是阴影，人生是光影的交错。 ——朗费罗

人生乃是一面镜子，在镜子里面认识自己。 ——尼采

人生是一系列挫折和失败的冒险。

——哈代

人生是一匹马，轻快而健壮的马。人，要像骑手那样大胆而细心地驾驭它。 ——海塞

人生不过是一座大舞台。 ——培根

人的一生是短暂的，但如果卑劣地过这短暂的一生，就太长了。

——莎士比亚

谁若游戏人生，他就一事无成；谁不能主宰自己，便永远是一个奴隶。

——歌德

我们要把人生变成一场科学的梦，然后再把梦变成现实。 ——居里夫人

充满着欢乐与斗争精神的人们，永远带着欢乐，欢迎雷霆与阳光。

——赫胥黎

为了在生活中努力发挥自己的作用，热爱人生吧。 ——罗丹

当一个人用工作去迎接光明，光明很快就会来照耀着他。 ——冯学峰

过去属于死神，未来属于你自己。

——雪莱

生是死的开始，生为死而存在，死是终极，又是开端。既是分离又是密切地自我结合，死完成了还原。

——诺瓦里斯

世间的活动，缺点虽多，但仍是美好的。 ——罗丹

从人在地球上出现时起，死亡的过程便已开始，是该明白这一真理的时候了。意识到此生不虚，可以消除对死亡的恐惧；忠诚走过的生活道路，会给人一个安宁的结尾。 ——高尔基

人的一生可能燃烧也可能腐朽，我不能腐朽，我愿意燃烧起来！

——奥斯特洛夫斯基

社会犹如一条船，每个人都要有掌舵的准备。 ——易卜生

人生的游戏不在于拿了一副好牌，而在于打好手中的坏牌。 ——莱斯利

人生的价值，并不是用时间，而是用深度去衡量的。——列夫·托尔斯泰

人生颇富机会和变化。人最得意的时候，有最大的不幸光临。

——亚里士多德

人只有献身于社会，才能找出那短暂而有风险的生命的意义。

——爱因斯坦

生活只有在平淡无味的人看来才是空虚而平淡无味的。

——车尔尼雪夫斯基

埋骨何须桑梓地，人生无处不青山。 ——毛泽东

我们最好是把自己的生命看成前人生命的延续，是现在共同生命中的一部分，同时也是后人生命的开端。

——华罗庚

人生的确是无常的，不过人生的可爱处多半也就在这无常中。——李霁野

人生的路本来是满布着荆棘，但是成功者会用希望之光照亮他的旅途，用忍耐的火来烧净那些荆棘。

——茅盾

人生要不厌倦，必须要有连续目标的追求。 ——佚名

从私字的分泌物中摄取不到真正的人生价值。 ——佚名

强者向人们揭示的是确认人生的价值，弱者向人们揭示的却是对人生的怀疑。 ——佚名

在一个人生命的初始阶段，最大的危险就是：不冒风险。 ——佚名

它是权衡一个人身心价值的天平，是轻是重，是强是弱，在它面前，都免不了要受到公正的评判。
——佚名

美丽，庄严，强大，这里有活跃的人生。
——王统照

人生绝非缥缈的梦幻，在人生的原理里洒多少汗珠，就会有多少收获。对辛勤的耕耘者来说，人生永远是可爱的。
——佚名

要时常听、时常想、时常学习，这才是人生真正的生活方式。什么事也不抱希望，什么事也不学的人，没有生存的资格。
——佚名

人生像一张洁白的纸，全凭人生之笔去描绘。玩忽纸笔者，白纸上只能涂成一摊胡乱的墨迹；认真书写者，白纸上才会留下一篇优美的文章。
——佚名

人生短暂而会衰老，要尽量毋负人生。
——佚名

在无限的时间河流里，人生仅仅是微小又微小的波浪。
——郭小川

人生不得行胸怀，虽寿百岁，尤为夭也。
——何良俊

让我们像流星一样吧，不管人生的时光多么短促，都应该放射出你或弱或强的光辉。
——佚名

不去经验人生，只立在人生旁边叹息痛恨人生之无意义的人，也是我们青年的大敌。
——张闻天

死生一事付鸿毛，人生到世方英杰。
——秋瑾

人生其实是学会淡漠痛苦，抓住幸福时刻的艺术。
——赵鑫珊

人生的艺术化就是人生的情趣化。
——朱光潜

人的生命期——少年、青年、壮年和老年——各领二十载风骚。
——毕达哥拉斯

没有希望的人生不算人生，没有未来的人生最空虚。
——池田大作

人生犹如一本书，愚蠢者草草翻过，聪明人细细阅读。为何如此？因为他们只能读它一次。
——保罗

不能像在逆境中那样在顺境中持重，是一个人脆弱的表现。——西塞罗

一个人的理想越崇高，生活越纯洁。
——伏尼契

真理可能在少数人一边。
——柏拉图

在缺乏教养的人身上，勇敢就会成为粗暴，学识就会成为迂腐，机智就会成为逗趣，质朴就会成为粗鲁，温厚就会成为诌媚。
——洛克

你在街上的表现就能够说明你的整个教养。
——亚米契斯

成功的最佳捷径是让人们清楚地知道，你的成功符合他们的利益。
——拉布吕耶尔

一时的成就是以多年的失败为代价而取得的。
——罗·勃朗宁

努力不懈的人，会在人们失败的地方获得成功。——海格门斯顿

勤劳工作、诚恳待人是迈向成功的唯一途径。这与没有尝过辛苦，而获得

成功的滋味迥然不同。不下功夫，却能成功，根本是不可能的事情。

——松下幸之助

世界上的事没有绝对成功，只有不断进取。

——巴尔扎克

成功的意义应该是发挥了自己的所长，尽了自己的努力之后，所感到的一种无愧于心的收获之乐，而不是为了虚荣心或金钱。

——罗兰

冒险的步骤通常会有成功的结局。

——显克微支

我不能为你提供获取成功的公式，但我可以为你提供获取失败的公式，这就是：试图让所有的人都满意。

——斯沃普

有一点缺陷有一点遗憾的人生，是有味道的人生。有一点怪异有一点风险的命运，是有意思的命运。——刘心武

人生是一部地地道道的罗曼史，当人们勇敢地对着浪漫的生活时，它便会生发出远比任何虚构都要充满快乐的想象。

——爱默生

所谓人生，是一刻也不停地变化着的，就是肉体生命的衰弱和灵魂生命的强大、扩大。

——列夫·托尔斯泰

当歌德年迈时，他这样描写人生的各阶段：儿童是现实主义者，青年是理想主义者，成年人是怀疑论者，而老年人是神秘主义者！

——勒纳德·利维古特

十岁时被点心、二十岁被恋人、三十岁被快乐、四十岁被野心、五十岁被贪婪所俘虏。人，到什么时候才能只追求睿智呢？

——卢梭

在漫长的人生旅途中，有时要苦苦撑持暗无天日的境遇；有时却风光绝顶，无人能比。

——松下幸之助

成功的人生一开始是观众，接着是演员，最后是后台老板，失败的人生反其道行之。

——李敖

不经历感情的青春、战斗的成年和思考的晚年，生活就不会是十全十美的。

——布伦特

人生一世，总有些片段当时看着无关紧要，而事实上却牵动了大局。

——萨克雷

无论在哪儿，人生都是一样，要忍受的多，可享受的少。

——塞缪尔·约翰逊

人生是伟大的宝藏，我晓得从这个宝藏里选取最珍贵的珠宝。

——显克微支

胜利和眼泪！这就是人生！

——巴尔扎克

以嘲弄的眼光看待人生，是最颓靡的。

——罗斯福

踏上人生的途径吧。前途很远，也很暗。然而不要怕。不怕的人的面前才有路。

——鲁迅

在坎坷的人生道路上，大概可哭的事比可笑的事多。——石评梅

领略人生，要如滚针毡，用血肉之躯去遍挨遍尝，要他针针见血！

——冰心

人生在世，绝不能事事如意。反正，遇见了什么失望的事情，你也不必灰心丧气；你应当下个决心，想法子争回这口气来才对。我也就是这个办法。

——马克·吐温

对我来说，人生不是什么"短暂的烛光"。人生就是一支由我此时此刻举着的辉煌灿烂的火把，我要把它燃烧得极其明亮，然后把它递交给后代的人们。

——萧伯纳

逆境总是有，人生就是进击。

——冯定

人生最大的快乐不在于占有什么，而在于追求什么的过程。 ——班廷

人生之要事在于确立伟大的目标与实现这目标的决心。 ——歌德

人生是一场无休、无歇、无情的战斗，凡是要做个够称为人的人，都得时时刻刻向无形的敌人作战。

——罗曼·罗兰

人生的意义就在于人的自我完善。

——高尔基

在人生的前半部分，有享乐的能力而无享乐的机会；在人生的后半部分，有享乐的机会而无享乐的能力。

——马克·吐温

人生不论是长还是短，如果和永恒相比就等于无。 ——勃朗特

人生所有的欢乐是创造的欢乐：爱情、天才、行动——全靠创造这团烈火迸射出来。 ——罗曼·罗兰

人生来是为行动的，就像火光总向上升腾，石头总往下坠落。——伏尔泰

人生的价值，是由人自己决定的。

——卢梭

我们的人生随我们花费多少努力而产生多少价值。 ——莫里亚克

人生似乎只有与事物发生关系时才实在。 ——奥铿

短暂的人生不允许我们在企望中消磨时光。 ——贺拉斯

人生的本质就在于运动，安逸宁静就是死亡。 ——帕斯卡

最美好的人生途径就是创造价值。

——池田大作

如果没有一点自傲，人生将毫无乐趣。 ——佚名

人生中最大的快乐，莫过于做到别人认为你不能做的事。 ——佚名

人生至要之事是发现自己，所以有必要偶尔与孤独、沉思为伍。——南森

人生就像解方程，运算的每一步都无关大局，但对最终求解都是必要的。

——冯定

人生如逆水行舟，不进则退。

——佚名

人生本来就是一个大舞台，每个人都是演员，都在扮演一个角色。

——佚名

人生最大的痛苦是谁也不需要他。

——佚名

奋斗就是生活，人生只有前进。

——巴金

人生每一寸时刻都应该有它高尚的目的。

——高尔基

没有思想的人生，就像没有舵的船。

——池田大作

人生行路就是连续不断地跌倒。

——佚名

人生好像一盒火柴，严禁使用是愚蠢的，滥用则是危险的。

——芥川龙之介

人生的大悲剧不是人们死亡，而是他们不再爱人。

——毛姆

人生的三大不幸是：接连不断的极端贫困，使希望破灭的极端忧郁，使灵魂空虚的极端无知。

——马卡姆

欲了解人生只能向后追溯；但是要度过人生则应向前瞻望。

——祁克果

悲哀是人生的一种短暂的痛苦，而沉沦于悲哀之中则铸成人生的大错。

——迪斯雷利

人生如同日记，每人都想记下自己的经历。但当他把记好的日记和他的誓言进行比较时，心情是何等谦卑啊。

——巴里

人生太短暂了，事情是这样的多，能不兼程而进吗？

——爱迪生

人生在世最大的难题，就是不胡说八道而活着。

——陀思妥耶夫斯基

人生并不是以金钱为对象，因为我们的对象是人群。

——普希金

谁踏踏实实地看待人生，谁就能将人生看透。

——阿诺德

人生须知负责任的苦处，才能知道有尽责的乐趣。

——梁启超

人生价值的大小是以人们对社会贡献的大小而制定。

——向警予

在人生的路上，将血一滴一滴地滴过去，以饲别人。虽自觉渐渐瘦弱，也以为快活。

——鲁迅

人生有两大目的：一是得到想要的东西；二是享受得到的东西。只有最聪明的人才能达到第二个目的。

——史密斯

人生的目的，在于发展自己的生命，可是也有为发展生命必须牺牲生命的时候。

——李大钊

人生富贵驹过隙，唯有荣名寿金石。

——顾炎武

人生在世，不出一番好议论，不留一番好事业，终日饱食暖衣，无所用心，何自别于禽兽？

——苏辙

人生芳秽有千载，世上荣枯无百年。

——谢枋得

人生处世，应当匡救时局的艰危，以实现自己的抱负，怎么能为柴米油盐等家庭琐事了此一生呢？

——秋瑾

一个人最伤心的事情无过于良心的死灭，一个社会最伤心的现象无过于正义的沦亡。

——郭沫若

人生像攀登一座山，而找山寻路，却是一种学习的过程，我们应当在这过

程中，学习笃定、冷静，学习如何从慌乱中找到生机。　　——席慕蓉

人生的意义在于付出而不是索取。
　　——张洁

人生就像爬坡，要一步一步来。
　　——丁玲

用乐观的音符抹去秋思，人生就是一支欢快的歌。　　——佚名

童年是一场梦，少年是一幅画，青年是一首诗，壮年是一部小说，中年是一篇散文，老年是一部哲学。人生各个阶段都有特殊的意境，构成整个人生多彩多姿的心身的历程。　　——丁思逸

青年衰老的心说："人生不过是荷叶上的一颗露珠。"老人年轻的心说："人生在伟大的事业里永存。"
　　——佚名

求乐的人生观，才是自然的人生观、真实的人生观。我们应该顺应自然，立在真实上，求得人生的光明，不可陷入勉强、虚伪境界，把真正人生都归于幻灭。　　——李大钊

人在一生当中的前四十年，写的是正文，在往后的三十年，则不断地在正文中加添注释。　　——叔本华

人生失去了科学、艺术和哲学，失去了爱情，那会是什么样的人生啊，那是沙漠人生。　　——赵鑫珊

人的一生只是一刹那。所以我们要珍惜它，在世一天就要过好一天，切莫虚度了年华。　　——歌德

衡量人生的标准是看其是否有意义，而不是看其有多长。——普鲁塔克

人生无非是等和忍的交替。有时是忍中有等，绝望中有期待。到了一无可等的时候，就最后忍一忍，大不了是一死，就此彻底解脱。　　——周国平

顺境也好，逆境也好，人生就是一场对种种困难无尽无休的斗争，一场以寡敌众的战斗。　　——泰戈尔

人生中，有两条道路是畅通的，一条通向理想，一条通向死亡。——席勒

人生之目的，为尽义务而来。
　　——蔡元培

平庸的生活使人感到一生不幸，波澜万丈的人生才能使人感到生存的意义。　　——池田大作

人生读来几乎像一首诗，它有自己的韵律和节奏，也有生长和腐败的内在周期。　　——林语堂

10. 价值——用生命来衡量

生命本身迫使我们建立价值；当我们建立起价值，生命本身才会通过我们的评价。　　——尼采

真正的价值并不在人生的舞台上，而在我们扮演的角色中。　　——席勒

保守主义比较肯坦白地承认别人的价值；改革比较倾向于支持推进自身的价值。　　——爱默生

和其他所有的东西一样，一个人是否举足轻重，在于他自身的价值；也就

是说，在于他能发挥多大的作用。

——霍布斯

无论一个人的天赋如何优异，外表或内心如何美好，也必须在他的德行的光辉照耀到他人身上发生了热力，再由感受他的热力的人把那热力反射到自己身上的时候，才能体会到他本身的价值的存在。　　——莎士比亚

对青年一代来说，关键是要考虑到他们何时才能找到确定的方向和为之献身的参照系。　　——弗洛姆

如果人要对人的价值持有信心的话，他必须了解他自己，他必须了解他的本性是否有向善和生产性的能力。

——弗洛姆

一个人对社会的价值首先取决于他的感情，思想和行动对增进人类利益有多大作用。我们就根据他在这方面的态度，说他是好的还是坏的。

——爱因斯坦

仁爱只是一个人的真正价值在他人眼中反映出来的东西。　　——爱默生

当你感到一切人都需要你的时候，这种感情就会使你有旺盛的精力。

——高尔基

思想活跃而又怀着务实的目的去进行最现实的任务，就是世界上最有价值的事情。　　——歌德

人一生的贡献，所作所为的意义和价值，比人们的预料更多地取决于心灵的生活。　　——马丹·杜·加尔

一个社会，如果不首先考虑每个人

的道德价值，就只配受到蔑视和反抗。

——马丹·杜·加尔

只要活着，就应该做一些有益的事，从中领悟到生命的价值。能够自如地延展精神世界的人，值得我们尊敬。

——武者小路实笃

真正有价值的东西不是出自雄心壮志或单纯的责任感，而是出自对人和对客观事物的热爱和专心。——爱因斯坦

人若喜爱你自己的价值，你就得给世界创造价值。　　——歌德

对于我来说，生命的价值在于设身处地替人着想，忧他人之忧，乐他人之乐。　　——爱因斯坦

人生的价值，即以其人对于当时时代所做的工作为尺度。　　——徐玮

假如社会不重视个人的价值，那就等于赋予个人以敌视社会的权利。

——高尔基

一个人的价值唯有与他人相照，才能衡量出来。　　——尼采

一个人若是以自己的标准来衡量自身的价值感或者塑造自己，那是十分惹人厌憎的。　　——尼采

要探索人生的意义，体会生命的价值，就必须去追寻能使自己值得献出生命的某个东西。　　——武者小路实笃

只有为他人而生活的生命才是值得的。　　——爱因斯坦

人生之价值，视其事业而不在年轻。　　——蔡元培

一个人的价值，应该看他贡献什

么，而不应看他取得什么。

——爱因斯坦

至于我，生来就是为公众利益而劳动，从来不想去表明自己的功绩。唯一的慰藉，就是希望在我们的蜂巢里，能够看到我自己的一滴蜜。——克雷洛夫

个体本身不能独立于其他个体，也不能孤立于其他个体。 ——柏格森

一个人，若不和其他人一道组成社会，则无法获得精神、道德、物质上的生存。 ——勒鲁

只有当个体的生存历程与人类的生存历程合二为一，个体才能参与历史行程中的人类发展。 ——马斯洛

人是最名副其实的社会动物，不仅是一种合群的动物，而且是只有在社会中才能独立的动物。 ——马克思

个人主义，在历史的某时期中有它的价值，但在现在的世界里，我所需要的是社会的，而不是个人的幸福的观点。 ——罗素

人的本质并不是单个人所固有的抽象物。在其现实性上，它是一切社会关系的总和。 ——马克思

一个社会只有一直使自己是开放的才能一直是开放的。人也只有同别人一起使社会保持开放才能始终是开放的。

——莫里斯

由于正义，人对人来说是上帝，而不是狼。 ——培根

随着个人的时代的到来，关于社会对公民的责任的观念也在发生变化。社会的新责任是酬劳有主观能动性的人。

——奈斯比特·阿伯迪妮

每个人都应确立一个思想，即自己对这个社会是有用的。 ——大松博文

互惠是一种交叉关系，凡是在交换中的东西，都应该在某种形式上相比较，都应有同一的尺度，这一尺度就是使用，它把一切联系起来。

——亚里士多德

众之所助，虽弱必强；众之所去，虽大必亡。 ——文子

只有在集体中，个人才能获得全面发展其才能的手段，也就是说，只有在集体中才可能有个人自由。

——马克思、恩格斯

当人在孤身独处时，个人的利益几乎成了唯一的动力；而当个人处于集体中时，这种个人利益简直是不起眼的。可以说，个人具有的道德标准是由集体建立的。 ——弗洛伊德

只有在整体的内部才承认个人价值。 ——奥铿

不管一个人的力量大小，他要是跟大家合作，总比一个人单干能发挥更大的作用。 ——塞缪尔·巴特勒

一个人怎样才能认识自己呢？绝不是通过思考，而是通过实践。尽力去履行你的职责，那你就会立刻知道你的价值。 ——歌德

衡量一个人是高贵还是低贱，要看他具有什么样的品质，而不看他拥有多少财富。 ——比彻

人生最有价值的就是最好地发展人的最高能力和使较高的功能支配较低的功能。

——包尔生

最值得高度珍惜的莫过于每一天的价值。

——歌德

只有经历过人生的辛劳才知道人生的真价。

——歌德

人生里有价值的事，并不是人生的美丽，却是人生的酸苦。

——哈代

我们往往在享有一件东西的时候，一点也看不到它的好处；等到失掉它以后，却会格外夸张它的价值。

——莎士比亚

人生最终的价值在于觉醒和思考的能力，而不只在于生存。

——亚里士多德

生存本身就是一种价值判断。进行呼吸就是进行着判断。 ——加缪

人的一生犹如一块铁，如果使用它，它就会磨出光泽；如果不用它，它就会把铁侵蚀。 ——苏霍姆林斯基

当我们到达终点时，再请你们评判我们的努力到底有多大价值。

——罗曼·罗兰

有时候一个人为不花钱得到的东西付出的代价最高。 ——爱因斯坦

我们不应该根据一个人的卓越品质来判断他的价值，而应根据他对这些品质的运用来判断他的价值。

——拉罗什富科

一个人的真正价值，首先决定于他在什么程度上和在什么意义上从自我解

放出来。 ——爱因斯坦

为了让个人服从，整体就得获得大势力。时代越往后推移，势力越大，就越须共同活动。 ——奥铿

在某种场合，一个集体的品格要高于构成它的那些个人的品格；而且，唯有集体才能产生高度的无私和献身精神。 ——弗洛伊德

以天下为己任。 ——孙中山

人的真正价值是在逆境中放射光辉。 ——池田大作

所谓人生价值，是一种如何生存的质量问题。 ——铃木健二

人的价值表现在心灵上。

——高尔基

11. 信仰——后天养成的价值观

享有特权而无力量的人是废物。受过教育而无影响的人是一堆一文不值的垃圾。有些人在知识道德宗教信仰方面受过教养，但没有成为社会上行善的积极力量，这些人就对不起为培育和供养他们而花费的代价。如果他们也算是基督徒，他们就犯了因伪装而受尊敬的罪。他们本应成为世上的盐，而盐的首要责任应当有盐味。

——亨利·范·戴克

无限相信书籍的力量，是我的教育信仰的真谛之一。 ——苏霍姆林斯基

支配战士行动的是信仰。他能够

忍受一切艰难痛苦，而达到他所选定的目标。
——巴金

忠诚可以简练地定义为对不可能的情况的一种不合逻辑的信仰。——门肯

推崇真理的能力是点燃信仰的火花。
——苏霍姆林斯基

年轻时代是培养、希望及信仰的一段时光。
——拉斯金

信仰是心中的绿洲。
——哈·纪伯伦

没有信仰，则没有名副其实的品行和生命；没有信仰，则没有名副其实的国土。
——惠特曼

敌人只能砍下我们的头颅，决不能动摇我们的信仰！因为我们信仰的主义，乃是宇宙的真理！ ——方志敏

爱情是种宗教，信奉这个宗教比信奉旁的宗教代价高得多；并且很快就会消失，信仰过去的时候像一个顽皮的孩子，还得到处闯些祸。 ——巴尔扎克

信念是由一种愿望产生的，因为愿意相信才会相信，希望相信才会相信，有一种利益所在才会相信。
——斯特林堡

以死来鄙薄自己，出卖自己，否定自己的信仰，是世间最大的刑罚，最大的罪过。宁可受尽世间的痛苦和灾难，也千万不要走到这个地步。
——罗曼·罗兰

理智本身是一种信仰。它是一种确定自己思想和现实之间关系的信仰。
——切斯特顿

没有了希望，一个人就不能维持他的信仰，保守他的精神，或保全他的内心纯洁。
——巴尔扎克

当信仰丧失了，荣誉也失去了的时候，这人等于死了。 ——惠蒂尔

英雄主义是在于为信仰和真理而牺牲自己。
——列夫·托尔斯泰

痛苦，在人的成长过程中是多么崇高而又神秘莫测呀！没有痛苦就没有诗歌，每一首诗几乎都是由一份高兴、一份希望和两份痛苦所组成的！只有痛苦才能在生命中给你留下深深的印象。那萌发出冷气的祈祷的、湿润的泪痕就是人们称之为信仰、希望和仁慈这三个高尚姊妹的母亲。啊，痛苦，让诗人都赞美你吧！
——大仲马

没有哪个胜利者信仰机遇。
——尼采

五花八门的粉饰，滔滔不绝的雄辩，不过是冒充强烈信仰的无动于衷的卖弄辞藻而已。 ——司汤达

想喝水时，仿佛能喝下整个海洋似的——这是信仰；等到真的喝起来，一共也只能喝两杯罢了——这是科学。
——契诃夫

除了知识和学问之外，世上没有任何其他力量能在人的精神和心灵中，在人的思想想象见解和信仰中建立起统治和权威。 ——培根

信仰有异于迷信，若坚信信仰甚至于迷信，则无异于破坏信仰。
——帕斯卡

信仰和迷信是截然不同的东西。

——帕斯卡

我愿意在我最困难的地方锤炼我的信仰；因为相信那些寻常和可见的对象并非信仰，只是劝告。 ——布朗

怀疑与信仰，两者都是必需的。怀疑能把昨天的信仰摧毁，替明天的信仰开路。

——罗曼·罗兰

信仰是个鸟儿，黎明还是黧黑时，就触着曙光而讴歌了。 ——泰戈尔

信仰不是一种学问。信仰是一种行为，它只在被实践的时候才有意义。

——罗曼·罗兰

人是为了某种信仰而活着。

——克莱尔

对于我们来说，生活中必须有，也应该有某种人生信仰。它偶尔用一句话、一场梦、一种表情或一个事件向我们传递一种令人振奋的消息。

——蒙哥马利

信仰是没有国土和语言界限的，凡是拥护真理的人，就是兄弟和朋友。

——亨利希·曼

你有信仰就年轻，疑惑就年老；有自信就年轻，畏惧就年老；有希望就年轻，绝望就年老；岁月使你皮肤起皱，但是失去了热忱，就损伤了灵魂。

——卡耐基

在理论的政治的认识上，站稳着脚步，才不至于随时为某些现象或谣言而动摇自己的革命信仰！ ——方志敏

相信就是强大，怀疑只会抑制能力，而信仰就是力量。 ——佚名

人活着，总得有个坚定的信仰，不光是为了自己的衣食住行，还要对社会有所贡献。 ——张志新

创造力来源于不同事物的意外组合。使差异最显著的最佳方法是把不同年龄、有不同文化和不同信仰的人掺杂在一起。 ——尼古拉·尼葛洛庞帝

强烈的信仰会赢取坚强的人，然后又使他们更坚强。 ——佚名

信仰，是人们所必需的。什么也不信的人不会有幸福。 ——雨果

我了解你们的种族。它是由绵羊组成的。他们给少数人统治着，很少或者从来没有给多数人统治过。他们压抑了自己的感情和信仰，跟随着一小撮拼命喊叫的人。有时候那喊叫的人是对的，有时候是错；可是那没关系，大伙儿总是因为你们永远并且始终是少数人的奴隶。从来没有一个国家，在那里大多数的为心坎里是忠于任何这种制度的。

——马克·吐温

年轻时代是培养习惯、希望及信仰的一段时光。 ——罗斯金

每个人的精神上都有几根感情的支柱，对父母的、对信仰的、对理想的、对知友和爱情的感情支柱。无论哪一根断了，都要心痛的。 ——柳青

信仰是精神的劳动；动物是没有信仰的，野蛮人和原始人有的只是恐怖和疑惑。只有高尚的组织体，才能达到信仰。

——契诃夫

爱情、希望、恐惧和信仰构成了人性，它们是人性的标志和特征。

——勃朗宁

12. 童年——进入天堂的钥匙

儿童是父母行为映照之镜。

——斯宾塞

儿童之于世界，犹如树叶之于森林。

——朗费罗

男孩子是所有野兽中最难驯服的。

——柏拉图

使儿童从善的最好方法，是使他们快乐。

——王尔德

从儿童时代看出成人，犹如清晨看出一日。

——弥尔顿

儿童第一步走向邪恶，大抵是由于他那善良的本性被人引入歧途的缘故。

——卢梭

童年原是一生最美妙的阶段，那时的孩子是一朵花，也是一颗果子，是一片朦朦胧胧的聪明，一种永远不息的活动，一股强烈的欲望。 ——巴尔扎克

没有儿童的地方就没有幸福。

——史文朋

童年时代是生命在不断再生过程中的一个阶段，人类就是在这种不断的再生过程中永远生存下去的。 ——萧伯纳

举杯祝贺那个无忧无虑的黄金般的孩提时代，它就像冬夜里的星星、五月的晨露。

——奥·霍姆斯

儿童喜欢尘土，他们的整个身心像花朵一样渴求阳光。 ——泰戈尔

在所有的人当中，儿童的想象力最丰富。 ——麦考莱

永远是独一无二不可替代的事物：这是童年的回忆。 ——杜伽尔

幼儿比如幼苗，必须培养得宜，方能发芽滋长。 ——陶行知

幸福的时代，谁会拒绝再体验一次童年生活。 ——拜伦

童年是理智的睡眠期。 ——卢梭

儿童的情形，便是将来的命运。

——鲁迅

夫童心者，真心也，若以童心为不可，是以真心不可也。夫童心者，绝假纯真，最初一念之本心也。若失却童心，便失却真心，失却真心，便失却真人。人而非真，全不复有初矣。

——李贽

我们的孩子是生命的火花，它将放射出照亮许多世纪的火焰。——高尔基

幼儿教育实为人生之基础。

——陶行知

如果你不首先培养活泼的儿童，你就绝不能教出聪明的人来。 ——卢梭

儿童在学校之所以毫无差别，全是强制的结果。一毕业，这种强制立即告终。

——霍威尔

儿童是人类最珍贵的天然资源。

——胡佛

我常想如果没有儿童，这个世界将变得怎样抑郁，而没有老人则会怎样缺乏人情味。

——柯勒律治

13. 青年——生命的盛年

青年的思想越被榜样的力量所激动，就越会发生强烈的光辉。

——法捷耶夫

青年长于创造而短于思考，长于猛干而短于讨论，长于革新而短于守成。

——培根

青年之字典，无"困难"之字，青年之口头，无"障碍"之语；唯知跃进，唯知雄飞，唯知本其自由之精神，奇僻之思想，锐敏之直觉，活泼之生命，以创造环境，征服历史。

——李大钊

青年的敏感和独创精神，一经与成熟的科学家丰富的知识和经验相结合，就能相得益彰。 ——贝弗里奇

趁年轻少壮去探求知识吧，它将弥补由于年老而带来的亏损。智慧乃是老年的精神养料，所以年轻时应该努力，这样年轻时才不致空虚。——达·芬奇

青年之文明，奋斗之文明也，与境遇奋斗，与时代奋斗，与经验奋斗。故青年者，人生之王，人生之春，人生之华也。 ——李大钊

我们是青年，不是畸人，不是愚人，应当给自己把幸福争过来。

——屠格涅夫

青年时的失误比成年时的凯旋或老年时的成功更为可取。——迪斯雷利

青年，性格如同不羁的野马，藐视既往，目空一切，好走极端。勇于革新而不去估量实际条件和可能性，结果常因浮躁而改革不成却招致意外的麻烦。

——培根

青年时期是豁达的时期，应该利用这个时期养成自己豁达的性格。

——罗素

青年人敏锐果敢，但行事轻率却可能毁坏大局。 ——培根

一个年轻人，心情冷落下来时，头脑会变得健全。 ——巴尔扎克

我认为青年不应当为虚荣而生；要以自己赤裸裸的身姿在社会中昂首阔步，要拿出全部的力量，在人生的道路上坚定地走到底。 ——池田大作

青年，在任何困厄的处境中都有站起来的力量！ ——池田大作

年轻人的热情、才华和攻击精神，总比老一辈的更为有力。 ——蒙森

年轻人啊，在你还十分柔和的心灵上打上真理的烙印。 ——卢梭

你们这些生在今日的人，你们这些青年，现在轮到你们了，踏在我们的身体上面向前吧。但愿你们比我们更伟大、更幸福。 ——罗曼·罗兰

最不会叹息的是最年轻的人，是有时间调整生活的人。 ——杜伽尔

一个人要去占领自己的生活，最好年轻时就开始。 ——海塞

没有向上心，青年不能叫青年。"向上"二字就是青年的别名。青年的特点也在此。 ——池田大作

青年不应当是问国家给了我什么？

而是要问：自己为国家做了什么？自己要怎样才更有益于国家？自己为国家的利益做出了多少贡献？　——胡志明

无论哪个时代，青年的特点总是怀抱着各种理想和幻想。这并不是什么毛病，而是一种宝贵的品质。凡是一个意志坚定和理想健全的人，绝不能没有幻想。　——加里宁

几乎所有的伟业都是由青年人创造的。　——迪斯雷利

青年应该放责任在自己身上，向前走，把革命的伟力扩大！　——鲁迅

青年需要有理想，有梦想，这是青年的特权。　——池田大作

孩子们，不要害怕现实，不要向现实低头，你们来到这世界，不是为了要服从老朽的东西，而是要创造新的、有理智的、光辉的东西。　——高尔基

青年人的大部分生活充满希望；希望代表未来，而回忆代表过去。

　　——亚里士多德

勇敢产生在斗争中，勇气养成在每天对困难的顽强抵抗中。我们年轻人的箴言是：勇敢、顽强、坚定，排除万难。　——奥斯特洛夫斯基

青年是人类最庄严、最活跃的队伍。在一切革命发动中，打先锋的都是青年。　——加里宁

每个人在青年时代都认为自从有了他，世界才开始，一切都是专为他而存在的。　——歌德

一个人在二十岁上，对世界的想法以及对他可能在这个世界上产生的影响的想法，胜过了别的一切。——司汤达

创造一切非凡事物的那种神圣的爽朗精神，总是同青年时代和创造力联系在一起的。　——歌德

一个年轻时只顾自己的人，将会变成一个非常吝啬的人，老来便是一个无可救药的守财奴。　——豪斯

年轻人要有老年人的特质，老年人应有年轻人的精神。　——海明威

青年人满身都是精力，正如春天的河水那样丰富。　——拜伦

青年是多么美丽！发光发热，充满了彩色与梦幻，青春是书的第一章，是永无终结的故事。　——朗费罗

青年时代太放纵就会失去心灵的滋润，太节制就会变成死脑筋。

　　——圣堤布福

不经风雨，长不成大树；不受百炼，难以成钢。迎着困难前进，这也是我们革命青年成长的必经之路。有理想有出息的青年人必定是乐于吃苦的人。

　　——雷锋

勇气是青年人最漂亮的装饰。

　　——雷马克

标志时代的最灵敏的晴雨表是青年人。　——罗曼·罗兰

理智可以制定法律来约束感情，可是热情激动起来，就会把冷酷的法令蔑

弃不顾；年轻人是一头不受拘束的野兔，会跳过老年人所设立的理智的藩篱。　　　——莎士比亚

每一种新的认识都可以使年轻人精神振奋，只要一旦受到某种感情的鼓舞，他就可以从中取之不尽，这正是青春的意义。　　　——茨威格

年轻的同志们，你们要在这方面更加努力地工作，用你们朝气蓬勃的青春力量来建设灿烂的新生活。　——列宁

青年的特点是富于创造性、想象力，纯洁而灵活。这似乎是得之于神助的。然而，热情炽烈而情绪敏感的人往往要在中年以后方能成事，少年老成、性格稳健的人则在青春时代就可成大器……　　　——培根

斗争的生活使你干练，苦闷的煎熬使你醇化；这是时代要造成青年为能担负历史使命的两件法宝。　——茅盾

畅谈理想

夜行的飞机靠的是灯塔，世人的生活离不开理想。理想是人生的支柱，理想是事业成功的伴侣。

有人因理想而奋斗，有人因追逐理想而失足。到达理想的彼岸本就是一种坚持的过程，只是我们有时会因急功近利而走所谓的捷径，最终毁于投机。成年人的世界容不得半点脆弱。疲惫到难以坚持时，背后的理想在召唤我们，继续咬牙前行；生病到难以忍受时，心中的理想在激励我们，继续蹒跚而行。每一步，可能是血泪，却也会有令自己感动的瞬间成就。大多时候，希望每个人的理想都会实现，只是交给时间。愿每个人经得起考验，耐得住寂寞，受得起挫折。原本，有些理想就是需要历经千帆，才能实现。

14. 志向——有志者事竟成

一个人如果胸无大志，即使再有壮丽的举动也称不上是伟人。
　　　　　　　　——拉罗什富科

身可危也，而志不可夺也。
　　　　　　　　——戴圣

不恤年之将衰，而忧民之有倦。
　　　　　　　　——徐干

心不清则无以见道，志不确则无以立功。　　　　　——林逋

雄心壮志是茫茫黑夜中的北斗星。
　　　　　　　　——勃朗宁

不飞则已，一飞冲天；不鸣则已，一鸣惊人。　　　——司马迁

君子之所取者远，则必有所待；所就者大，则必有所忍。　——苏轼

立志在坚不在锐，成功在久不在速。　　　　　——张孝祥

业无高卑志当坚，男儿有求安得闲？　　　　　——张耒

仁人志士所植立，横绝地维屹天柱。　　　　　　——文天祥

志小不可以语大事。　——陆九渊

丈夫生有四方志，东欲入海西人秦。安能龌龊守一隅，白头章句浙与闽。　　　　　　——刘过

一息尚存，此志不容稍懈。
　　　　　　　　——程元升

品卑由于无志，无志由于识低。
　　　　　　　　——申居郧

有志不在年高，无志空活百岁。
　　　　　　　　——佚名

男儿志兮天下事，但有进兮不有止，言志已酬便无志。 ——梁启超

面歧路者有行迷之虑，仰高山者有飞天之志。 ——傅玄

夫学者不患才不及，而患者志不立。 ——《晋书》

丈夫生世能几时，安能蹀躞垂羽翼！ ——鲍照

志不强者智不达，言不信者行不果。 ——墨子

丈夫为志，穷当益坚，老当益壮。 ——马援

老当益壮，宁移白首之心；穷且益坚，不坠青云之志。 ——王勃

夫夷以近，则游者众；险以远，则至者少。而世之奇伟、瑰怪、非常之观，常在于险远，而人之所罕至焉。故非有志者不能至也。 ——王安石

最大的罪过莫过于自暴自弃。 ——程颐

少年心事当拿云，谁念幽寒坐呜呃。 ——李贺

人若志趣不远，心不在焉，虽学无成。 ——张载

古之成大事者，不唯有超世之才，亦有坚忍不拔之志。 ——苏轼

人之学也，不志其大，虽多而何为？ ——苏辙

立志用功如种树然，方其根芽，犹未有干，及其有干，尚未有志不立，天下方可成之事。 ——王守仁

燕雀安知鸿鹄之志哉！ ——司马迁

人敬能自立志，则圣贤豪杰何事不可为？何必借助于人！ ——曾国藩

有志者事竟成也。 ——范晔

治天下者，必先立其志。 ——程颢

没有雄心壮志的人，他们的生活缺乏伟大的动力，自然不能盼望他们会有杰出的成就。 ——华罗庚

慷慨丈夫志，可以耀锋芒。 ——孟郊

青年应立志做大事，不可立志做大官。 ——孙中山

老骥伏枥，志在千里；烈士暮年，壮心不已。 ——曹操

夫英雄者，胸怀大志，腹有良谋，有包藏宇宙之机，吞吐天地之志者也。 ——曹操

贫不足羞，可羞是贫而无志；贱不足恶，可恶是贱而无能。 ——吕坤

没有志向的青年，就像断线的风筝，只会在空中东摇西晃，最后必然丧失前程。 ——罗曼·罗兰

壮志与热情是伟业的辅翼。 ——歌德

立志是一件很重要的事情。工作随着志向走，成功随着工作来，这是一定的规律。 ——巴斯德

抱负永远是一种欢乐，是一种如地产一般可靠的财产。 ——罗伯特·史蒂文生

最穷的是无才，最贱的是无志。 ——福楼拜

朝着一定目标走去是"志"，一鼓

作气中途绝不停止是"气"，两者合起来就是"志气"，一切事业的成败都取决于此。

——卡耐基

一个人追求的目标越高，他的才力就发展得越快，对社会就越有益；我确信这也是一个真理。

——高尔基

筑台阶不站在最高层，就不能继续筑得更高；灯必须照得远一点，人才能迈开步。

——徐特立

那些出类拔萃的人正是在生活的早期就清楚地辨明了自己的方向，并且始终如一地把他们的能力对准这一目标的人。

——布尔沃·利顿

大丈夫志在四方。　　——冯惟敏

志不立，天下无可成之事，虽百工技艺，未有不本于志者。志不立，如无舵之舟，无衔之马，漂荡奔逸，终亦何所底乎？

——王守仁

确定目标，即意味着为了达到目标必然要把自己逼近艰难困苦的境地中去；不能确定目标，则意味着他是没有这种勇气的人。

——德田虎雄

人云百年树人，我知终身树志。志在何方，终身见之；志在何事，终身行之；志可有节，困难试之；志可有价值，大评议之。志为立身之本，事业之本，人生要有意义，志在脑中不可须臾辞也。

——申耀东

志向是天才的幼苗，经过热爱劳动的双手培育，在肥田沃土里将成长为粗壮的大树。不热爱劳动，不进行自我教育，志向这棵幼苗也会连根枯死。确定

这个志向，选好专业，这是幸福的源泉。

——苏霍姆林斯基

世界上的万事万物，特别是我所佩服、惊异、欣赏的一切事物，都在"志气"两个字的"统率"之中。

——秦兆阳

没有志向的人，就好比没有动力的船，只能随波逐流。

——魏琼

人不论志气大小，只要尽力而为，矢志不渝，就一定能如愿以偿。

——乔·赫伯特

如果你志在最高处，那么即使滞留在第二高处甚至第三高处，也并不丢脸。

——西塞罗

各存愚公之愿，即可移山；共怀精卫之心，不难填海。

——蔡锷

少年立志要远大，持身要谨严。立志不高，则溺于流俗；持身不严，则入于匪辟。

——张履祥

有心之人，即立志之坚者也，志坚则不畏事不成。

——任弼时

士之所以能立天下之事者，以其有志而已。

——朱熹

吾志所向，一往无前，愈挫愈奋，再接再厉。

——孙中山

不积跬步，无以至千里；不积小流，无以成江海。

——荀子

合抱之木，生于毫末；九层之台，起于垒土；千里之行，始于足下。

——老子

夫志当存高远，慕先贤，绝情欲，弃凝滞，使庶几之志，揭然有所存，恻

然有所感；忍屈伸，去细碎，广咨问，除嫌吝，虽有淹留，何损于美趣，何患于不济。若志不强毅，意不慷慨，徒碌碌滞于俗，默默束于情，永窜伏于凡庸，不免于下流矣！　　——诸葛亮

非才无以济其志，非志无以辅其才。　　　　　　　——朱熹

有志者，事竟成，破釜沉舟，百二秦关终属楚；苦心人，天不负，卧薪尝胆，三千越甲可吞吴。　——蒲松龄

夫学须静也，才须学也，非学无以广才，非志无以成学。　——诸葛亮

哀莫大于心死，而人死亦次之。

——庄子

一个人是否有足够的"志气"，直接决定事情的成败。我们只要不放弃自己的愿望，不改变自己的初衷，在自己认为最合适的事情上面去求发展，就自然会有成功的一天。　——罗兰

立志、工作、成就，是人类活动的三大要素。立志是事业的大门，工作是登堂入室的旅程。这旅程的尽头有个成功在等待着，来庆祝你的努力结果。

——巴斯德

面对悬崖峭壁，一百年也看不出一条缝来，但有斧凿，得进一寸进一寸，得进一尺进一尺，不断积累，飞跃必来，突破随之。　　　——华罗庚

坚硬优质的钢条，是经过千锤百炼而成的；瑰丽美观的贝壳是经过水冲日曝而得的。我们的意志和毅力也必须在火热的斗争中接受严峻的考验，去接受长期的锻炼。只有这样才能使自己在困难面前，永远热情奋发、斗志昂扬。　　　——加里宁

志气这东西是能传染的，你能感染着笼罩在你的环境中的精神。那些在你周围不断向上奋发的人的胜利，会鼓励激发你作更艰苦的奋斗，以求达到如像他们所做的样子。　　　——斯蒂文

学者须先立志。今日所以悠悠者，只是把学问不曾做一件事看，遇事则且胡乱恁地打过了，此只是志不立。

——朱熹

当我们在一些难关面前停顿下来的时候，他总是说："你会把它弄好的！凭你的聪明，这点小事是难不倒你的！"而我们往往就因为父亲这句话，奇迹似的把本来弄不好的东西弄好，对本来视为畏途的工作发生兴趣。

——罗兰

富贵不能淫，贫贱不能移，威武不能屈，此之谓大丈夫。　——孟子

确定个人志向，选好专业，这是幸福的源泉。　——苏霍姆林斯基

目光远大的人应当将自己的每一个愿望摆好位置，然后逐一地去实现它。

——拉罗什富科

任何有成就的历史人物莫不是从勤学苦练中得来的。　　——郭沫若

人不论志气大小，只要尽力而为，矢志不渝，就一定能如愿以偿。

——乔·赫伯特

向上看，别向下看；向前看，别向

后看。　　　　　　　——赫尔

山高自有客行路，水深自有渡船人。　　　　　——吴承恩

在一切大事业上，人在开始做事前要像千眼神那样视察时机，而在进行时要像千手神那样抓住时机。　——培根

最弱的人，集中其精力于单一目标，也能有所成就。反之，最强的人，分心于太多事务，可能一无所成。　　　　　　　　——卡莱尔

雄心壮志是茫茫黑夜中的北斗星。　　　　　　——勃朗宁

对于一个有思想的人来说，没有一个地方是荒凉偏僻的。在任何逆境中，她都能充实和丰富自己。　——丁玲

一个人必须经过一番刻苦奋斗的生活，才会有些成就。　——安徒生

要做一个健全的人，至少需要有高等的常识、冷静的头脑、锐密的观察、忍耐的精神。　　　　——茅盾

生活中最明智的是专心一意，最愚蠢的是半途而废。人贵在有志，而不在于志大志小。凡是能消除我们一份稚气、使我们定下心来做一份诚实的工作的事情，都是有意义的。　——爱默生

要向大的目标走去，就得从小的目标开始。　　　　　——列宁

当一个人感到有一种力量推动他去翱翔时，他是决不应该去爬行的。
　　　　　　——海伦·凯勒

志正则无不可用，志不持则无一可用。　　　　　　——王夫之

走得最慢的人，只要他不丧失目标，也比漫无目的地徘徊的人走得快。
　　　　　　　　——莱辛

贫而懒惰乃真穷，贱而无志乃真贱。　　　　　　——罗丹

为了迎合风向而改变自己见解的人，我们认为是糟糕的、卑鄙的、毫无信念的人。　——杜勃罗留波夫

追求科学需要特殊的勇敢。
　　　　　　　——伽利略

如果一个人不知道他要驶向哪个码头，那么任何风都不会是顺风。
　　　　　　　——小塞涅卡

没有雄心壮志的人，他们的生活缺乏伟大的动力，自然不能盼望他们会有杰出的成就。　　——华罗庚

一个没有原则和没有意志的人就像一艘没有舵和罗盘的船一般，他会随着风的变化而随时改变自己的方向。
　　　　　　　——斯迈尔斯

黄金时代在我们的前面，不是在我们的后面。　　　　——西蒙

人最凶恶的敌人，就是他的意志力的薄弱和愚蠢。　　——高尔基

信念之所以宝贵，只是因为它是现实的，而绝不是因为它是我们的。
　　　　　　　——别林斯基

志向不过是记忆的奴隶，生气勃勃地降生，但却很难成长。——莎士比亚

不闻大论，则志不宏；不听至言，则心不固。　　　　——傅玄

非淡泊无以明志，非宁静无以

致远。　　　　　　——诸葛亮

　　弃燕雀之小志，慕鸿鹄以高翔。

　　　　　　　　　　——姚思廉

　　志在富贵，则得志便骄纵，失志则便放旷与悲愁而已！　　——程颐

15. 理想——旅行的路线

　　世界上最快乐的事，莫过于为理想而奋斗。哲学家告诉我们"为善至乐"的乐，乃是从道德中产生出来的，为理想而奋斗的人，必能获得这种快乐，因为理想的本质就含有道德的价值。

　　　　　　　　　　——苏格拉底

　　英雄失去理想，蜕作庸人，可厌地夸耀着当年的功勋；庸人失去理想，碌碌终身，可笑地诅咒着眼前的环境。

　　　　　　　　　　——流沙河

　　人需要理想，但是需要人的符合自然的理想，而不是超自然的理想。

　　　　　　　　　　——列宁

　　人生的最高理想是为人民谋利益。

　　　　　　　　　　——德莱塞

　　理想是世界的主宰。　　——霍兰

　　如果能追随理想而生活，本着正直自由的精神，勇敢直前的毅力，诚实不自欺的思想而行，则定能臻于至善至美的境地。　　　　　——居里夫人

　　如果他不是十足的庸人，他就要，而且应该有理想。　　　——列宁

　　进步是目的，理想是标准。

　　　　　　　　　　——雨果

　　把理想运用到真实的事物上，便有了文明。　　　　　　——雨果

　　生活好比旅行，理想是旅行的路线。失去了路线，只好停止前进了。生活既然没有目的，精力也就枯竭了

　　　　　　　　　　——雨果

　　在理想的最美好的世界中一切都是为最美好的目的而设。　——伏尔泰

　　人生最高之理想，在求达于真理。

　　　　　　　　　　——李大钊

　　一个人有了远大的理想，就是在最艰苦困难的时候，也会感到幸福。

　　　　　　　　　　——徐特立

　　革命理想，不是可有可无的点缀品，而是一个人生命的动力，有了理想，就等于有了灵魂。　——吴运铎

　　一个人有了崇高的伟大的理想，还一定要有高尚的情操。没有高尚的情操，再崇高、再伟大的理想也是不能达到的。　　　　　　　——陶铸

　　进化是永远继续不断的，理想是不熄的光明。　　　　——德莱塞

　　一个有高尚情操的人，一定是一个有崇高理想的人。　——陶铸

　　生活中没有理想的人，是可怜的人。　　　　　　——屠格涅夫

　　暂时的是现实，永生的是理想。

　　　　　　　　——罗曼·罗兰

　　理想是指路明灯。没有理想，就没有坚定的方向；没有方向，就没有生活。　　　　——列夫·托尔斯泰

　　人类的心灵需要理想甚于需要

物质。　　　　　　——雨果

毫无理想而又优柔寡断是一种可悲的心理。　　　　　　——培根

有人说：理想是理想，未必能实现。我以为理想必能实现，不能实现的是梦想。　　　　——宫崎滔天

志向是一件很重要的事情。工作随着志向走，成功随着工作来，这是一定的规律。　　　　　　——巴斯德

确定了人生目标的人，比那些彷徨失措的人，起步时便已领先几十步。有目标的生活，远比彷徨的生活幸福。没有人生目标的人，人生本身就是乏味无聊的。　　　——桃乐丝·卡耐基

对人类来说，没有比为使命而活着更可贵的了；同时也没有比不知为何生存更为空虚的了。没有使命感，没有目的，便彷徨于人生的路上。

　　　　　　　　　　——池田大作

理想之路无止境。——柴可夫斯基

一个人年轻的时候需要有一个幻想，觉得自己参与着人间伟大的活动，在那里革新世界。　　——罗曼·罗兰

人类总有一种理想，一种希望。虽然高下不同，必须有个意义。——鲁迅

可能，有了理想，生活才变得这样甜蜜；可能，正因为有了理想，生活才显得如此宝贵……　　——艾特玛托夫

人类只有在实现自己美好理想的过程中才能前进。　——季米里亚捷夫

生活不能没有理想。应当有健康的理想，发自内心的理想，来自本国人民的理想。　　　　——季米特洛夫

理想如星辰——我们永远不能触到，但我们像航海者一样，借星光的位置而航行。　　　　　　——史立兹

没有理想，即没有某种美好的愿望，也就永远不会有美好的现实。

　　　　——陀思妥耶夫斯基

没有理想，就达不到目的；没有勇气，就得不到东西。　——别林斯基

人的活动如果没有理想的鼓舞，就会变得空虚而渺小。

　　　　——车尔尼雪夫斯基

谁有生活理想和实现的计划，谁便善于沉默，谁没有这些，谁便只好夸夸其谈。　　　——埃尔温·斯特里

理想必须要人们去实现它。这就不但需要决心和勇敢，而且需要知识。

　　　　　　　　　　——吴玉章

我相信我们应该在一种理想主义中去找精神上的力量，这种理想主义要能够不使我们骄傲，而又能够使我们的希望和梦想放得很高。　——居里夫人

理想使你微笑地观察着生活；理想使我倔强地反抗着命运。理想使你忘记鬓发早白；理想使你头白仍然天真。

　　　　　　　　　　——流沙河

人的理想志向往往和他的能力成正比。　　　　　　——约翰逊

理想并不是一种空虚的东西，也并不玄奇；它既非幻想，更非野心，而是

一种追求完美的意识。——莎菲德拉

一切都靠一张嘴来谈理想而丝毫不实干的人，是虚伪和假仁假义的。

——德谟克利特

每个人都有一定的理想，这种理想决定着他的努力和判断的方向。就在这个意义上，我从来不把安逸和快乐看作是生活目的本身——我叫它猪栏的理想。——爱因斯坦

现实是此岸，理想是彼岸。中间隔着湍急的河流，行动则是架在河上的桥梁。——克雷洛夫

一个人的理想越崇高，生活越纯洁。——伏尼契

人有了物质才能生存，人有了理想才谈得上生活。你要了解生存与生活的不同吗？动物生存，而人则生活。

——雨果

否定理想的人可能容易找到，不过他是把卑鄙当作美好。——歌德

理想是一种特殊的阳光，没有阳光的赋予生命的作用，地球会变成石头。

——萨尔蒂科夫

在成名的道路上，流的不是汗水而是鲜血，他们的名字不是用笔而是用生命写成的。——居里夫人

如果一个人的头上缺少一颗指路明星——理想，那他的生活将会是醉生梦死的。——苏霍姆林斯基

失去的年华如同落花流水，一去不返。因此，在人生的旅途中，首先要确定目标，它能给人带来勇气和力量，鼓舞和激励人去为之奋斗。人类的成功之奥秘，就在于有明确的目标和必胜的信心。——B.柯什金

心是无论如何必须有所依恋的；如果一无依傍，它就活不了。

——罗曼·罗兰

必须在生活中寻求支柱！要是没有这个支柱，即使没有疑问，生活也会过腻烦的。——冈察洛夫

我仍然相信：理想能够拯救世界。只有在人们不再怀抱理想的时候，灾难才会降临。——斯特兹·特克尔

生命是一张弓，那弓弦是梦想。

——罗曼·罗兰

进化是永远继续不断的，理想是不会熄灭的光明。——德莱塞

理想就是进步在不断前进中所追求的坚定不移的范本。——雨果

梦想就是创造，希望就是召唤。制造幻想就是促成现实。——雨果

夺走了普通人生活的幻想，也就等于夺去了他的幸福。——易卜生

在生活中，最可怜的是一辈子没有理想、信念，行动不坚决、果断，总怕别人说长道短，随波逐流。

——池田大作

灵魂如果没有确定的目标，它就会丧失自己。因为，俗语说得好，无所不在等于无所在。——蒙田

理想就像星星——尽管我们永远到不了那儿，但我们却像水手一样，靠它们来指引航向。——舒尔茨

没有崇高的理想就没有伟大的目标。　　　　　——张治中

理想失去了，青春之花也便凋零了，因为理想是青春的光和热。
　　　　　——罗曼·罗兰

理想不抛弃苦心追求的人，只要不停止追求，你们就会沐浴在理想的光辉之中。　　　　　——巴金

缺乏理想的现实主义是毫无意义的，脱离现实的理想主义是没有生命的。　　　　　——罗曼·罗兰

理想使现实透明，美好的憧憬使生命充实，而人类也就有所寄托，使历史随岁月延续于无穷。　　——柯灵

人者，理想之动物也。人生之目的在于实现其理想。　　　　——杨昌济

人生中，有两条道路是畅通的，一条通向理想，一条通向死亡。——席勒

人的生命是生活在不断的理想和希望里。　　　　　——柯蓝

对于人生，理想是不可缺少的。但理想只有当它"完整无缺"时，才是理想。　　　——列夫·托尔斯泰

信念，理想，是使人苦斗的精神支柱和力量。　　　　——苏叔阳

理想，能给天下不幸者以快乐！
　　　　　——高尔基

我们应该在每个人的心里激起美好的理想，这种理想将成为每个人的指路明灯，成为召唤他们前进的火光。
　　　　——苏霍姆林斯基

追求理想是一个人进行自我教育的最初的动力，而没有自我教育就不能想象会有完美的精神生活。
　　　　——苏霍姆林斯基

一个精神生活很充实的人，一定是一个很有理想的人，一定是一个很高尚的人，一定是一个只做物质的主人而不做物质的奴隶的人。　　——陶铸

一个没有受到献身精神所鼓舞的人，永远不会做出什么伟大的事情来。
　　　　——车尔尼雪夫斯基

扼杀了理想的人才是最恶的凶手！
　　　　　——罗曼·罗兰

忠实于理想——这是崇高而又有力的一种感情。　　　　——伏契克

伟大的理想只有经过忘我的斗争和牺牲才能胜利实现。　——乔万尼奥里

美满的人生，是在使理想与现实两者切实吻合。　　　　——劳伦斯

我们如果没有理想，我们的头脑将陷于昏沉；我们如果不从事劳动，我们的理想又怎样实行？　　——陈毅

一个人追求的目标越高，他的才能就发展得越快，对社会就越有益，我确信这也是一个真理。　　——高尔基

理想是世界上最快乐的事。
　　　　　——苏格拉底

远大的理想，造就伟大的人物。
　　　　——安东尼·罗宾斯

理想使忠厚者常遭不幸；理想使不

幸者绝处逢生。平凡的人因理想而伟；大有理想就是一个"大写的人"

——流沙河

一个人过去或现在的情况并不重要，将来想要获得什么成就才最重要。

——乔治·韦尔曼

每个人的生命都是一条小船，理想是小船的风帆。 ——张海迪

无论是人类还是民族，如果没有崇高理想就不能生存。

——陀思妥耶夫斯基

失去了人生的浩大志向，智慧也就成了受伤的一种私人玩物。——余秋雨

现在，大家都为了电冰箱、汽车、房子而奔波追逐、竞争，这是我们这个时代的特征。但是也有不少的人，他们不追求这些物质的东西，他们追求理想和真理，得到了内心的自由和安宁。 ——爱因斯坦

人需要理想，但是需要人的符合自然的理想，而不是超自然的理想。

——列宁

光辉的理想像明净的水一样洗去我心灵上的尘垢。 ——巴金

一个人的世界观如果不正确，纵然有志向，这个志向即使实现了，也不会对社会的发展有贡献，而且还会成为社会的毒害。 ——董必武

一种理想，就是一种动力。

——罗曼·罗兰

当自然剥夺了人类用四肢爬行的能力时，又给了他一根拐杖，这就是理想！ ——高尔基

人人会走路，但不一定能走上正路。人人都有理想，但不同的理想会引向不同的路。光明的路只有一条，那是靠崇高的理想来照亮的。 ——蓝翎

我是一个有理想的人，不愿一生无所作为，做一个无聊的人。不多学些东西，我就不舒服。 ——张海迪

人在必然世界里有一个有限之极，在希望的世界里则有一个无限之极。

——泰戈尔

生活的理想需要广博的哲理。

——泰戈尔

理想是事实之母。 ——叶圣陶

理想的书籍是智慧的钥匙。

——列夫·托尔斯泰

青年的理想并非属于自己，理想应当是属于人民的。为个人的前途是没有意思的，是没有出息的。 ——张海迪

很多的人，分不清理想与梦想的不相同。理想，是一种可能实现也可能不实现的观念。而梦想，可以想得天花乱坠，随人怎么想，要实现起来，大半是不成的。 ——三毛

理想对于我来说，具有一种非凡的魅力。 ——奥斯特洛夫斯基

而正是这种理想才能使一个人怀着较之秘密的爱情更甜蜜、更幸福、更令人心醉的狂喜去珍摄、维持、保护一项抽象的财富。 ——托马斯·曼

理想的人物不仅要在物质需要的满足上，还要在精神情趣的满足上得

到表现。　　　　——黑格尔

世界上总有人抛弃了理想，理想却从来不抛弃任何人，给罪人新生，理想是灵魂的仙草；唤浪子回头，理想是慈爱的母亲。　　　　——流沙河

让你的理想高于你的才干，你的今天有可能超过昨天，你的明天才有可能超过今天。　　　　——纪伯伦

神圣的工作在每个人的日常事务里，理想的前途在于一点一滴做起。

　　　　——谢觉哉

16. 信念——灵魂的抗菌剂

随着信念的指示做事情，事无论大小，我都会感到喜悦。　　——巴金

如果一个人没有精神支柱，他就要受到世界的束缚。　　　　——高尔基

在荆棘道路上，唯有信念和忍耐才能开辟出康庄大道。　——松下幸之助

智慧是做事用的，对于灵魂来说，靠的是信仰。　　　　　——高尔基

您不能失去信仰，不能因为怀疑而毁灭那伟大的爱。　　　　——高尔基

信念是在黎明前的黑暗中已感觉到光明的鸟。　　　　　　——泰戈尔

居于一切力量之首、成为所有一切的源泉的是信仰。而要生活下去就必须有信仰。　　　　——罗曼·罗兰

一个正直人应该靠信仰活着。

　　　　——塞缪尔·巴特勒

你们不会获得自由，除非你们已被至高无上的信仰所俘虏。

　　　　——玛丽安娜·穆尔

每个人总不免有所迷恋，每个人总不免犯些错误，不过在进退失据，周围的一切开始动摇的时候，信仰就能拯救一个人。　　——马明·西比利亚克

真正使许多人不顾艰难险阻和危险聚集在一起的原因，是因为他们有许多泾渭分明的共同信仰、共同偏见、共同偏爱、共同恐惧、共同希望和理想。

　　　　——房龙

以利益为主的阵营老是会动摇的，但以信念为主的是分化不了的。

　　　　——巴尔扎克

怀疑并不是信念的对立面，而是信念的一个组成部分。　　——蒂利希

这种信念的力量是神奇的，它可以使千千万万的老弱信徒和衰弱的年轻人毫不迟疑、毫无怨言地从事那种艰苦不堪的长途跋涉，毫不懊悔地忍受因此而来的痛苦。　　　　——马克·吐温

如果一个人有足够的信念，那么他就能创造奇迹。　　　——佚名

朝好的方向去，只有一条道路，这就是信仰。它指引着灵魂，它是人类的最大的发明、最大的力量。

　　　　——阿卜杜拉·侯赛因

发明家全靠了不起的信心支持，才有勇气在不可知的天地中前进。

　　　　——巴尔扎克

信仰并不是虔诚的同义词。

　　　　——卡尔·巴思

不要害怕生活。坚信生活的确值得去生活，那么你的信念就会有助于创造这个事实。 ——威廉·詹姆斯

我一天也没有追求权力，因为在我生命的黎明时刻，我就发现我的力量发自我自己的内心深处，来自我对幸福、正义和美好的绝对信念。

——安瓦尔·萨达特

幸福必不可少的条件就是信念，就是正确地生活下去，就是并不在暗地里隐藏着卑鄙、懦弱、狡猾、陷害以及任何一种其他的败行。 ——巴卡连柯

人只要有一种信念，有所追求，什么艰苦都能忍受，什么环境也都能适应。 ——丁玲

一个人的活动，如果不是被高尚的思想所鼓舞，那它是无益的、渺小的。

——车尔尼雪夫斯基

我们应该赞美岩石的坚定，我们应该学习岩石的坚定，我们应该对革命有着坚强的信念。在民主革命的战争年代应该如此，在社会主义革命和建设的年代更应该如此。 ——陶铸

信仰是人生的动力。

——列夫·托尔斯泰

深信不疑对于真理是比谎言更危险的敌人。 ——尼采

支配战士行动的力量是信仰，他能够忍受一切艰难、痛苦，而这是他所选定的目标。 ——巴金

应该用信念去向感官和心灵的一切自私报仇，要抛弃个人，为永恒的思想服务。

——罗曼·罗兰

由大智中产生大勇，由理解中加强信心，才是最坚毅的大勇与最坚强的信心。 ——邹韬奋

人有没有信念并非取决于铁链或任何其他外在的压力。 ——托·卡莱尔

宁无知，勿有错；没有信念的人比有错误信念的人更接近真理。

——杰弗逊

信念只有在积极的行动之中才能够生存，才能够得到加强和磨炼。

——苏霍姆林斯基

如果信念的热力不能使心灵感到温暖，那一定谈不上什么幸福。

——冈察洛夫

勇敢和必胜的信念常使战斗得以胜利结束。 ——恩格斯

信念是储备品，行路人在破晓时带着它登程，但愿他在日暮以前足够使用。 ——柯罗连科

通向真正信仰的道路，是要经过无信仰的沙漠才会达到的。 ——高尔基

每人都有足够的余力去实现自己的信念。 ——歌德

信仰是人类认识自己智慧的力量的结果，这种信仰创造英雄，却并不创造而且将来也不会创造上帝。——高尔基

最可怕的敌人，就是没有坚强的信念。 ——罗曼·罗兰

如果把人生比之为杠杆，信念则好像是它的支点，具备这个恰当的支点，

才可能成为一个强而有力的人。

——薄一波

人没有信仰，就成了行尸走肉。

——契诃夫

喷泉的高度不会超过它的源头；一个人的事业也是这样，他的成就绝不会超过自己的信念。 ——林肯

由百折不挠的信念所支持的人的意志，比那些似乎是无敌的物质力量具有更大的威力。 ——爱因斯坦

信仰在于心连心地拥抱世界，在于不满足于感觉的灰尘。——罗曼·罗兰

我的信念是把最好的留着别说。

——惠特曼

信念不是到处去寻找顾客的产品推销员，它永远也不会主动地去敲你的大门。 ——赵鑫珊

信仰不是逢场作戏，不是作为形式上的信仰，而是生平一贯地作为精神支柱的信仰。 ——池田大作

最坚强的意志，产生于最坚强的信念和对新生活的向往。 ——柯蓝

信念这强烈的精神搜索之光照亮了道路，虽然凶险的环境在阴影中潜行，我却无所畏惧地走向魔林……

——泰戈尔

试图强迫一个人公开声明接受一种他所反对的信仰，不但是不道德和不合法的，而且也是愚蠢和荒谬的。

——茨威格

一个人的信仰或许可以被查明，但不是从他的信条中，而是从他惯常行为所遵循的原则中。 ——萧伯纳

我有一个信念：事业虽有大小之别，但只要去做，就一定会成功。

——松下幸之助

信念最好能由经验和明晰的思想来支持。 ——爱因斯坦

我相信，信仰是我们一切思想的先行者，否定信仰，即等于反对我们一切创造力的精神源泉。 ——卓别林

思想会有反复，信念坚定不移，事实一去就不复返。 ——歌德

坚强的人才会认真走完自己想走的路程。 ——罗兰

17. 追求——吾将上下而求索

人往往异想天开，竭力追求得不到的东西，干办不到的事。结果不是后悔，就是苦恼。 ——谢德林

活着却没有目标，是非常可怕的。

——契诃夫

敢于走前人没有走过的路的拓荒者，永远是不朽的。——武者小路实笃

伟大的热情能战胜一切，因此我们可以说，一个人只要强烈地坚持不懈地追求，他就能达到目的。 ——司汤达

物质上无止境的追求，其结果是对个人价值无止境的否定。 ——罗兰

前途并不属于那些犹豫不决的人，而是属于那些决定之后，就不屈不挠、不达目的誓不罢休的人。

——罗曼·罗兰

只见汪洋时就以为没有陆地的人，不过是拙劣的探索者。　——培根

只有执着追求并从中得到最大快乐的人，才是成功者。　——梭罗

有不少人，他们不追求那些物质的东西，他们追求理想和真理，从而得到了内心的自由和安宁。　——爱因斯坦

强者不自勉，或死而泯灭与无闻；弱者能自力，则必有称于后世。

　　　　　　　　——欧阳修

一个崇高的目标，只要不渝地追求，就会成为壮举；在它纯洁的目光里，一切美德必将胜利。——华兹华斯

世上一切真正有益的东西无一不是智者通过正确的追求所得到的。

　　　　　　　　——伯克

一个人常常由这个思想引出那个思想，因而远离了他所追求的正确目标，第二个思想往往减少第一个思想。

　　　　　　　　——但丁

路漫漫其修远兮，吾将上下而求索。　——屈原

不满是向上的车轮，能够载着不自满的人类，向大道前进。　——鲁迅

对精神的追求和对物质的追求都是永无止境的。但是脱离了前者的后者，是虚空、堕落；脱离了后面的前者，是虚假、倒退。　——陈祖芬

人生就是行动、斗争和发展，因而不可能有什么固定不变的目标，人生的欲望和追求决不会停止不动。

　　　　　　——弗兰克·梯利

世间的任何事物，追求时候的兴致总要比受用时候的兴致浓烈。

　　　　　　　　——莎士比亚

时代环境全部迁流，并且进步，而个人始终如初，毫无长进，这才谓之"落伍者"。　——鲁迅

天地万物都在追求自身的独一无二的完美。　——泰戈尔

如果人感受不到对幸福的渴望，他就不会感到自己是一个活着的人；没有幸福的欲望，人就无法生存。

　　　　　　——列夫·托尔斯泰

缺乏进取精神的民族意味着堕落。唯有开拓和竞争，才能立于不败之地。

　　　　　　　　——怀特

不要为过去的时间叹息！我们在人生的道路上，最好的办法是只向前看，不要回头。　——罗兰

只要持续地努力，不懈地奋斗，就没有征服不了的东西。　——塞内尔

我们，我们活着！岁月是我们的，而活着的人就应该有所追求！——席勒

我们的一切追求和作为都是一个令人厌倦的过程。做一个不识厌倦为何物的人该有多好！　——歌德

人们往往忽略在眼前的事物，而一味渴求远在天边的东西。——小普林尼

如果你掌握了审时度势的艺术，在你的婚姻、你的工作以及你与他人的关系上，就不必去追求幸福和成功，他们会自动找上门来。　——阿瑟·戈森

如果你们不努力上进，超过一般

人，那么你们只有落在别人后边。

——泰戈尔

生活的目的在于自我完善，而灵魂不死的完成，则是人生唯一目的。

——列夫·托尔斯泰

不断让自己有新思想、新计划，使自己有新的发挥，生活才不至于平淡无聊，生命的价值也才能充分地显现。

——罗兰

对真理和知识的追求并为之奋斗，是人的最高品质之一，尽管把这种自豪喊得响的往往是那些努力最小的人。

——爱因斯坦

为了高尚的目标，多大的代价我也愿付出。 ——罗曼·罗兰

让整个一生都在追求中度过吧，那么在这一生里必定会有许许多多顶顶美好的时刻。 ——高尔基

唯一持久的幸福是耐心、热烈地去追求真理。 ——罗曼·罗兰

比海洋更广阔的是天空，比天空更广阔的是胸怀。 ——雨果

假如上帝把真理交给我，我将谢绝这份礼物，而宁愿自己费力去把它找到。 ——莱辛

18. 希望——心灵的灯塔

我们经常保持旧的记忆和新的希望。 ——毛姆

在走向人生这个征途中，最重要的既不是财产，也不是地位；而是在自己胸中像火焰一般熊熊燃起的一念，即"希望"。 ——池田大作

希望是热情之母，它孕育着荣誉，孕育着力量，孕育着生命，一句话，希望是世间万物的主宰。 ——普列姆昌德

当没有希望的时候，也就没有忍耐。 ——塞缪尔·约翰逊

为了取得前进的力量，我们就必须怀抱达到一个乐土的希望。

——列夫·托尔斯泰

伟大的希望造就伟大的人物。

——托马斯·富勒

我们生命中最宝贵的时光都用来期待未来。 ——哈兹里特

我不敢断言一根稻草是否曾救活过溺水者，但我明白仅仅朝那根稻草看一眼就足以中止绝望。因为事实上我们是易冲动的生物，而不是易绝望的生物。

——约瑟夫·康拉德

希望价值连城。 ——托马斯·富勒

希望本身就是一种幸福，而且说不定是这个世界所能提供的最主要的幸福。 ——塞缪尔·约翰逊

一个人对于前途必须抱有很大的希望，如对前途无望，世界上就没有努力工作的人了。预想明天的幸福，能安慰今天的不幸；为了来年的快乐，才忍受今年的痛苦。 ——福泽渝吉

希望的灯一旦熄灭，生活刹那变成了一片黑暗。 ——普列姆昌德

希望是全人类共有的东西，即使是不名一文的乞丐也有。 ——泰勒斯

希望你们年青的一代，也能像蜡烛为人照明那样，有一分热，发一分光，忠诚而忠实地为人类伟大的事业贡献自己的力量。

——法拉第

人类最可宝贵的财富是希望，希望减轻了我们的苦恼，为我们在享受当前的乐趣中描绘出乐趣的远景。

——伏尔泰

希望在任何时刻都是一种支撑生命的安全力量。

——莎士比亚

只有那些永远躺在坑里，从不仰望高处的人，才会掉到坑里去。

——黑格尔

我的希望是想确定因为我生活在这世界上，才使这世界变得好了些。

——林肯

能马上实现的希望催人行动起来，不能马上实现的希望则像麻醉剂一样起着安神的作用。

——霍弗

是什么力量使一个因船难而落水的水手，在看不到陆地的情况下，赤手空拳地在海里挣扎？是希望。——奥维德

当你的希望一个个落空，你也要坚定、要沉着！

——朗费罗

希望是一个令人悦意的相识者，但却不是一个可靠的朋友；虽然它可做行程中的旅伴，但却不能做一个会计师。

——哈里柏顿

希望是坚韧的拐杖、忍耐的旅行袋，携带它们，人可以登上永恒之旅途。

——罗素

我希望世界在我去世的时候，要比我出生的时候更美好。

——萧伯纳

能够永远把希望放在将来的人，总是有福的。

——茅盾

希望和耐心是每个人的救命药。灾难临头时，它们是最可靠的依赖、最柔软的椅垫。

——罗·伯顿

一切的和谐与平衡、健康与健美、成功与幸福，都是由乐观与希望的向上心理产生与造成的。——华盛顿

人生包含两部分：一部分是过去，是一场梦；一部分是未来，是一个希望。

——金斯利

幸运的不是始终去做你所希望做的事而是始终希望达到你所做的事情的目的。

——列夫·托尔斯泰

生活于愿望之中而没有希望，是人生最大的悲哀。

——但丁

要学孩子们，他们从不怀疑未来的希望。

——泰戈尔

寄托有时便是断送。 ——雨果

希望与忧虑是分不开的，从来没有无希望的忧虑，也没有无忧虑的希望。

——拉罗什富科

黑夜无论怎样悠长，白昼总会到来。

——莎士比亚

绝望不仅夸大了我们的痛苦，而且也夸大了我们的虚弱。 ——沃维纳格

最有把握的希望，往往结果终于失望；最小希望的事情，反会出人意料地成功。

——莎士比亚

一个最困苦、最微贱、最为命运所屈辱的人，只要还抱有希望，便可无所

恐惧。　　　　　　　　——荷马

　　如果一个人的愿望都得到了满足，这对他并无益处。　——赫拉克利特

　　一粒珍珠是痛苦围绕着一粒沙子所建造起来的庙宇。是什么愿望围绕着什么样的沙砾，建造起我们的躯体呢？

　　　　　　　　　　　　——纪伯伦

　　希望是附丽于存在的，有存在，便有希望，有希望，便有光明。——鲁迅

　　只要有生命就会有希望；只要有希望就会有欢乐。　——查尔斯·里德

　　希望就是我们自己。　——A.内图

　　希望总是告诉我们，明天将更美好。　　　　　　——提布卢斯

　　希望中的快乐是不下于实际享受的快乐的。　　　　——莎士比亚

　　没有希望的地方就没有奋斗。

　　　　　　　——塞缪尔·约翰逊

　　希望——不平静的人生海洋上空的一颗明星。　——保·穆·詹姆斯

　　生活便是活命，尽管它有可怕的地方，可是它仍然强有力，就是因为它带着永恒的希望！　　　——左拉

　　希望，用这希望的盾，抗拒那空虚中的暗夜的袭来。　　　——鲁迅

　　一个没有希望并意识到没有希望的人就不再属于未来了。

　　　　　　　——阿尔贝·加缪

　　希望是永久的喜悦。它像人们拥有的土地那样，每年有收益，是取之不尽的可靠财产。　　——史蒂文森

　　一个无所希望而事事畏惧的头脑是很可怜的。　　　　　——培根

　　不论前途如何，不管会发生什么事情，我们都不失去希望：希望是一种美德。　　　　　　——雨果

　　一个人对于前途必须抱有很大的希望，如对前途无望，世界上就没有努力工作的人了。预想明天的幸福，能安慰今天的不幸；为了来年的快乐，才忍受今年的痛苦。　——福泽谕吉

　　绝大多数人活在世上，就是因为世上存在着希望。　——索福克勒斯

　　希望是一种对于未来光荣的预期。

　　　　　　　　　　　　——但丁

　　不要灰心失望，甚至不要对你从来也不灰心失望这么一个事实而感到灰心失望。　　　　　　——卡夫卡

　　希望——给贤者以活力，诱骗自命不凡和逍遥自在的人，因为两者都会轻易相信希望的许诺。　　——佚名

　　我们的生活建立在期待之上。

　　　　　　　　　　——三木清

　　希望是恋人的手杖，带着它前行，可以对抗自觉绝望的思想。

　　　　　　　　　　——莎士比亚

　　上帝为了补偿人间诸多烦恼事，给了我们希望和睡眠。　——伏尔泰

　　幸运的不是始终去做你所希望做的事而是始终希望达到你所做的事情的目的。　　　——列夫·托尔斯泰

幸运并非没有许多的恐惧与烦恼；厄运也并非没有许多的安慰与希望。

——培根

希望是人在逆境中的救星。

——米南德

强大的勇气，崭新的意志——这就是希望。

——路德

强烈的希望，比任何一种已实现的快乐对人生具有更大的激奋作用。

——尼采

希望会使你变得年轻，因为希望和青春是同母所生。

——雪莱

没有了希望，一个人就不能维持他的信仰，保守他的精神，或保全他的内心纯洁。

——巴尔扎克

希望之桥就是从"信心"这个字开始的——而这是一条把我们引向无限博爱的桥。

——安徒生

只有能够实现的希望才能产生爱，只有希望才能保持爱。

——奥维德

因悲哀的重压而消沉了的心，哪怕遇到一丝希望也会亮堂起来。

——布恩

希望一旦萌生，就会久久萦绕心头；虽说她是个可望而不可即的天命，但能时时给人以欣慰。

——奥维德

生活失去了希望，就不再是生活；它的名副其实的名字就该是磨难。

——阿米尔

太阳不灭，生活的希望就不绝。

——玉外纳

今天的希望幻灭了，另一个希望又随着明天的到来而萌芽。

——狄更斯

19. 抱负——挑战自己无能的愤怒

在这个平凡的世界，我们最需要的不见得是英雄，而是那种真真切切、实实在在，可以不忠于世俗，却无负自己良心的人。

——刘墉

人的一切痛苦，本质上都是对自己的无能的愤怒。

——王小波

谁给我一滴水，我便回报他整个大海。

——华梅

自己不能胜任的事情，切莫轻易答应别人，一旦答应了别人，就必须实践自己的诺言。

——华盛顿

君子在下位则多谤，在上位则多誉；小人在下位则多誉，在上位则多谤。

——柳宗元

你若要喜爱你自己的价值，你就得给世界创造价值。

——歌德

君子赠人以言，庶人赠人以财。

——荀子

时间会刺破青春表面的彩饰，会在美人的额上掘深沟浅槽；会吃掉稀世之珍！天生丽质，什么都逃不过他那横扫的镰刀。

——莎士比亚

如果我们想交朋友，就要先为别人做些事——那些需要花时间、体力、体贴、奉献才能做到的事。

——卡耐基

原谅敌人要比原谅朋友容易。

——狄尔治夫人

古之君子如抱美玉而深藏不市，后之人则以石为玉而又炫之也。

——朱熹

愿每次回忆，对生活都不感到负疚。
　　　　　　　　——郭小川

君子不镜于水，而镜于人。镜于水，见面之容；镜于人，则知吉与凶。
　　　　　　　　——墨子

两个人交谈，一个人可以洗耳恭听。但是，三个人则无法互谈这人世最严肃而应深究的事。
　　　　　　　　——爱默生

对人不尊敬，首先就是对自己的不尊敬。
　　　　　　　　——惠特曼

一个人的真正伟大之处就在于他能够认识到自己的渺小。
　　　　　　　　——保罗

心灵纯洁的人，生活充满甜蜜和喜悦。
　　　　　　——列夫·托尔斯泰

真正的人生，只有在经过艰苦卓绝的斗争之后才能实现。
　　　　　　　　——塞涅卡

我是你的，我的祖国！都是你的，我的这心、这灵魂；假如我不爱你，我的祖国，我能爱哪一个人？——裴多菲

自我控制是最强者的本能。
　　　　　　　　——萧伯纳

对自己的痛苦敏感，而对别人的痛苦极其麻木不仁，这是人性的可悲的特色之一。
　　　　　　　　——池田大作

对别人的意见要表示尊重，千万别说："你错了。"
　　　　　　　　——卡耐基

勿以恶小而为之，勿以善小而不为。唯贤唯德，能服于人。——刘备

那些背叛同伴的人，常常不知不觉地把自己也一起毁灭了。——伊索

要使别人喜欢你，首先你得改变对人的态度，把精神放得轻松一点，表情自然，笑容可掬，这样别人就会对你产生喜爱的感觉了。——卡耐基

改造自己，总比禁止别人来得难。
　　　　　　　　——鲁迅

性痴，则其志凝；故书痴者文必工，艺痴者技必良。世之落拓而无成者，皆自谓不痴者也。——蒲松龄

我们应该不虚度一生，应该能够说："我已经做了我能做的事。"
　　　　　　　　——居里夫人

我们是国家的主人，应该处处为国家着想。
　　　　　　　　——雷锋

一个人应当一次只想一件东西，并持之以恒，这样便有希望得到它。但是我却什么都想，结果是什么也抓不着。每次我都发现，当一个所追求的东西唾手可得时，我正在追求别的东西。
　　　　　　　——安德鲁·加德

有谦和、愉快、诚恳的态度，而同时又加上忍耐精神的人，是非常幸运的。
　　　　　　　　——塞涅卡

我们为祖国服务，也不能都采用同一方式，每个人应该按照资禀，各尽所能。
　　　　　　　　——歌德

求人帮助的时候，求穷人比求富人容易。
　　　　　　　　——契诃夫

先相信自己，然后别人才会相信你。
　　　　　　　——罗曼·罗兰

成名的艺术家反为盛名所拘束，所

以他们最早的作品往往是最好的。

——贝多芬

夫君子之行，静以修身，俭以养德，非淡泊无以明志，非宁静无以致远。

——诸葛亮

人生最终的价值在于觉醒和思考的能力，而不只在于生存。

——亚里士多德

我们应该注意自己不用语言去伤害别的同志，但是，当别人用语言来伤害自己的时候，也应该受得起。

——刘少奇

锦城虽乐，不如回故乡；乐园虽好，非久留之地。归去来兮。

——华罗庚

宿命论是那些缺乏意志力的弱者的借口。

——罗曼·罗兰

作为一个人，要是不经历过人世上的悲欢离合，不跟生活打过交手仗，就不可能懂得人生的意义。

——杨朔

凡是有良好教养的人有一禁诫：勿发脾气。

——爱默生

我一向憎恶为自己的温饱打算的人。人是高于温饱的。

——高尔基

对于要检查别人心灵的人，柏拉图要求他具备三样东西：知识、仁慈、胆量。

——蒙田

如果幸福在于肉体的快感，那么就应当说，牛找到草料吃的时候是幸福的。

——赫拉克利特

人生就是学校。在那里，与其是幸福，毋宁是不幸才是好的教师。因为，

生存是在深渊的孤独里。——海德格尔

真正的学者真正了不起的地方，是暗暗做了许多伟大的工作而生前并不因此出名。

——巴尔扎克

对人要和气，但不要狎呢。

——莎士比亚

人生是没有毕业的学校。——黎凯

为真理而斗争是人生最大的乐趣。

——布鲁诺

好脾气是一个人在社交中所能穿着的最佳服饰。

——都德

无论你怎样地表示愤怒，都不要做出任何无法挽回的事来。——培根

我们现在必须完全保持党的纪律，否则一切都会陷入污泥中。——马克思

少而好学，如日出之阳；壮而好学，如日中之光；老而好学，如秉烛之明。

——刘向

人生是短促的，这句话应该促醒每一个人去进行一切他所想做的事。虽然勤勉不能保证一定成功，死亡可能摧折欣欣向荣的事业，但那些功业未遂的人，至少已有参加行伍的光荣，即使他未获胜，却也算战斗过。——约翰逊

我们唯一不会改正的缺点是软弱。

——奥斯特洛夫斯基

骐骥一跃，不能十步；驽马十驾，功在不舍；锲而舍之，朽木不折；锲而不舍，金石可镂。——荀子

习惯是一条巨缆——我们每天编结其中一根线，到最后我们最终无法弄断它。

——梅茵

人生是一场赌博。不管人生的赌博是得是损，只要该赌的肉尚剩一磅，我就会赌它。
——罗曼·罗兰

与其皱着眉头送人一件贵重礼品，不如面带笑容送人一件小礼物。
——佚名

我是炎黄的子孙，理所当然地要把所学到的知识，全部献给我亲爱的祖国。
——李四光

不惜牺牲自由以图苟安的人，既不配享受自由，也不配获得安全。
——富兰克林

高尚的风度！多可怕的东西！风度乃是创造力的敌人。
——毕加索

有真道德，必生真胆量。凡怕天怕地怕人怕鬼的人，必是心中有鬼，必是品行不端。
——宣永光

我从多话的人那里学到静默，从偏狭的人那里学到了宽容，从残忍的人那里学到了仁爱，但奇怪的是我对于这些老师并不感激。
——佚名

一身报国有万死，双鬓向人无再青。
——陆游

多听，少说，接受每一个人的责难，但是保留你的最后裁决。
——莎士比亚

沉默较之言不由衷的话更有益于社交。
——蒙田

人生就像弈棋，一步失误，全盘皆输，这是令人悲哀之事；而且人生还不如弈棋，不可能再来一局，也不能悔棋。
——弗洛伊德

在你发怒的时候，要紧闭你的嘴，免得增加你的怒气。
——苏格拉底

不要企图永远活下去，你不会成功的。
——萧伯纳

如烟往事俱忘却，心底无私天地宽。
——陶铸

路是脚踏出来的，历史是人写出来的。人的每一步行动都在书写自己的历史。
——吉鸿昌

贤者能自反，则无往不善；不贤者不能自反，为人子则多怨，为人父则多暴。
——袁采

我们活着不能与草木同腐，不能醉生梦死，枉度人生，要有所作为！
——方志敏

思而后行，以免做出蠢事。因为草率的动作和言语，均是卑劣的特征。
——毕达哥拉斯

哪怕置身天国，如果没有一个伴侣相陪而独身漫游于那些伟大而神圣的天宫间，也是并不令人愉快的。
——阿西塔斯

最本质的人生价值就是人的独立性。
——布迪曼

凡事只要看得淡些，就没有什么可忧虑的了；只要不因愤怒而夸大事态，就没有什么事情值得生气的了。
——屠格涅夫

谁若想在困厄时得到援助，就应在平日待人以宽。
——萨迪

如果我们把每个人的不幸堆成一堆由大家均分，大多数人都会甘愿接受一

份，欣然离去。　　——苏格拉底

你在两个仇人之间说话要有分寸，以免他们和好后你将无地自容。
　　——萨迪

人世间没有比互相竭尽全心、互相尽力照料更加快乐的了。　——西塞罗

习惯不加以抑制，不久它就会变成你生活上的必需品了。　——奥古斯丁

不良的习惯会随时阻碍你走向成名、获利和享乐的路上去。
　　——莎士比亚

人喜欢习惯，因为造它的就是自己。　　——萧伯纳

受惠的人，必须把那恩惠常藏心底，但是施恩的人则不可记住它。
　　——西塞罗

习惯，我们每个人或多或少都是它的奴隶。　　——高汀

容易发怒，是品格上最为显著的弱点。　　——但丁

人若是太幸运，则不知天高地厚，也不知自己能力究竟有多少；若是太不幸，则终其一生皆默默无闻。——富勒

不要对一切人都以不信任的眼光看待，但要谨慎而坚定。——德谟克利特

你要记住，永远要愉快地多给别人，少从别人那里拿取。　——高尔基

工作就是人生的价值，人生的欢乐，也是幸福之所在。　——罗丹

倦怠乃人生之大患，人们常叹人生短暂，其实人生悠长，只是由于不知它的用途。——维尼

对快乐的感受有逊于对痛苦的感受。　　——李维

应当在朋友正是困难的时候给予帮助，不可在事情无望之后再说闲话。
　　——伊索

心胸开阔：不要为令人不快的区区琐事而心烦意乱、悲观失望。
　　——富兰克林

对一个尚未成熟的少年来讲，坏的伙伴比好的老师起的作用要大得多。
　　——伊索

头可断，肢可折，革命精神不可灭。壮士头颅为党落，好汉身躯为群裂。　　——周文雍

砍头不要紧，只要主义真。杀了夏明翰，还有后来人。　——夏明翰

在行进时，也时时有人退伍，有人落荒，有人颓唐，有人叛变，然而只要无碍于进行，则越到后来，这队伍也就越成为纯粹、精锐的队伍了。——鲁迅

不患不能柔，惟患不能刚；惟刚斯不惧，惟刚始有为。　——罗学瓒

革命就像火一样，任凭大雪封山，鸟兽藏迹，只要我们有火种，就能驱赶严寒，带来光明和温暖。　——杨靖宇

我们应该赞美岩石的坚定。我们应该学习岩石的坚定。我们应该对革命有着坚强的信念。　　——陶铸

支配战士的行动的是信仰。他能够忍受一切艰难、痛苦，而达到他所选定的目标。　　——巴金

革命理想，不是可有可无的点缀品，而是一个人生命的动力，有了理

想，就等于有了灵魂。　——吴运铎

几个苍蝇咬几口，决不能羁留一匹英勇的奔马。　　　——伏尔泰

决定一个人的一生，以及整个命运的，只是一瞬之间。　　——歌德

节食比绝食更难。饮食适量需要头脑清醒，而滴水不进只需死硬的意志。

——苏多·麦克纳波

由于热切地想要躲避过错，我们却常常更易陷入荒谬。　——贺拉斯

生气的时候，开口前先数到十，如果非常愤怒，先数到一百。——杰弗逊

人就个人而言终有一死，就整体而言则是不朽的。　　——艾普利亚

一个人应养成信赖自己的习惯，即使在最危急的时候，也要相信自己的勇敢与毅力。　　　——拿破仑

始吾于人也，听其言而信其行。今吾于人也，听其言而观其行。——孔子

单是说不行，要紧的是做。

——鲁迅

我们必须有恒心，尤其要有自信力！我们必须相信我们的天赋是要用来做某种事情的，无论代价多么大，这种事情必须做到。　　——居里夫人

为了争取将来的美好而牺牲了的人，都是一尊石质的雕像。——伏契克

信念是由一种愿望产生的，因为愿意相信才会相信，希望相信才会相信，

有一种利益所在才会相信。

——斯特林堡

最可怕的敌人，就是没有坚强的信念。　　　　——罗曼·罗兰

不奋苦而求速效，只落得少日浮夸，老来窘隘而已。　——郑板桥

巨大的建筑，总是由一木一石叠起来的，我们何妨做做这一木一石呢？我时常做些零碎事，就是为此。——鲁迅

空谈之类，是谈不久，也谈不出什么来的，它始终被事实的镜子照出原形，拖出尾巴而去。　　——鲁迅

将来胜利之日，我们可能活着，可能已死去，但我们的纲领是永存的，它将使全人类获得解放。——李卜克内西

追上未来，抓住它的本质，把未来转变为现在。　——车尔尼雪夫斯基

未来是光明而美丽的，爱它吧，向它突进，为它工作，迎接它，尽可能地使它成为现实吧！——车尔尼雪夫斯基

不参加变革社会的斗争，理想永远是一种幻影。　　　——吴运铎

人类的一切努力的目的在于获得幸福。　　　　　——欧文

过于求速是做事上最大的危险之一。　　　　　——培根

一个不注意小事情的人，永远不会成功大事业。　　——卡耐基

我们的斗争和劳动，就是为了不断地把先进的思想变为现实。——周扬

少说些漂亮话，多做些日常平凡的

事情……　　　　　　——列宁

每个人都知道，把语言化为行动，比把行动化为语言困难得多。

——高尔基

使生活变成幻想，再把幻想化为现实。　　　　　　——居里夫人

要成就一件大事业，必须从小事做起。　　　　　　——列宁

谁为时代的伟大目标服务，并把自己的一生献给了为人类兄弟而进行的斗争，谁才是不朽的……

——涅克拉索夫

宁要好梨一个，不要烂梨一筐。积极肯干和忠心耿耿的人即使只有两三个，也比十个暮气沉沉的人强。

——列宁

判断一个人，不是根据他自己的表白或对自己的看法，而是根据他的行动。　　　　　　——列宁

无论就字面来说，还是就实际情况来说，幸福都是神圣的起源和基础。

——狄慈根

战士是永远追求光明的，他并不躺在晴空下面享受阳光，却在暗夜里燃起火炬，给人们照亮道路，使他们走向黎明。　　　　　　——巴金

每一点滴的进展都是缓慢而艰巨的，一个人一次只能着手解决一项有限的目标。　　　　　　——贝弗里奇

对一个人来说，所期望的不是别的，而仅仅是他能全力以赴和献身于一种美好事业。　　　——爱因斯坦

把希望建筑在意欲和心愿上面的人们，二十次中有十九次都会失望。

——大仲马

神圣的工作在每个人的日常事务里，理想的前途在于一点一滴做起。

——谢觉哉

事业常成于坚忍，毁于急躁。

——萨迪

发扬美德

一个人的美德是由人生观决定的，是一个人对人生目的和意义的根本看法和态度。在社会生活和家庭生活中，要做到家庭里讲孝德、社会中讲公德、职业上讲道德。这"三德"是建立文明社会和正常社会秩序的基本条件。

我们曾自信，我们的民族尊而又尊、贵而又贵。一朝发现自己的弱点，又觉得丑陋得不能再丑陋，我们的美德也黯然了。其实不必，辩证地分析自己，分析我们民族的实际，挑出我们的弱点，沉淀出我们的长处，树立更高尚的品格和美德，那样，我们的民族会更加文明。

20. 美德——不朽的名誉

不患位之不尊，而患德之不崇；不耻禄之不伙，而耻智之不博。——张衡

每一个人对于在朋友身上所要求的美德及良好品格，都可开列出一张长长的清单；但很少有人将这些美德在自己身上培植。
——爱迪生

人不能像走兽那样活着，应该追求知识和美德。
——但丁

丧失了财富，可以说没丧失什么；丧失了健康，等于丧失了某种东西；但当丧失品德时，就一切都丧失了。
——约翰生

生命短促，只有美德能将它流传到辽远的后世。
——莎士比亚

一个人的美德不应由他特殊的行动来衡量，而应由他日常的品行来衡量。
——巴斯卡

一切违反人性的不自然的美德，勉强的自我牺牲，大半只是一种空想，实际上是不可能的。
——赫尔岑

美德是意志的行动，是一种增加生活中质量的习惯。它能建立、加强和显示个性。
——卡瑞尔

真理和美德是艺术的两个密友。你要当作家，当批评家吗？请做一个有德行的人。
——狄德罗

我们为子孙打算的时候，必须记住美德是不遗传的。
——佩恩

美德是高尚的，但美德需要付出和给予。
——乔安山

不朽的名誉，只存在于美德之中。
——彼特拉克

自尊心是一种美德，是促使一个人不断向上发展的原动力。——毛姆

道德的最大秘密就是爱，或者说，

就是逾越我们自己的本性，而融入与旁人的思想、行为或人格中存在的美。

——雪莱

对一个人的评价，不可视其财富出身，更不可视其学问的高下，而是要看他真实的品德。　　——培根

品行是一个人的内在，名誉是一个人的外貌。　　——莎士比亚

我们必须在爱之中成长，为此我们必须不停地去爱、去给予，以非凡的爱去做平凡的事。　　——特雷莎

没有伟大的品格，就没有伟大的人，甚至也没有伟大的艺术家、伟大的行动者。

——罗曼·罗兰

爱远方的人很简单，而爱与我们同住或就住在隔壁的人却不太容易。爱得从一个人身上开始。　　——特雷莎

道德的基础，不是对个人幸福的追求，而是对整体的幸福，即对部落、民族、阶级、人类的幸福的追求。

——孟德斯鸠

道德是人们行为的规范和准则，是有客观是非、善恶标准的。它是不成文的法律，但又不同于法律。它主要靠教育、靠公共舆论、靠人们的自觉认识。

——茅以升

人要学会忍耐，也要有一身正气，碰到公正有理之事时，要据理力争，以正压邪，而不能丧失一个人的人格。

——乔治·韦尔曼

只有担负起对社会的责任才能使一个企业卓尔不群。　——约翰·史密斯

任何人都应该懂得：人格是一生最重要的资本。　　——乔治·韦尔曼

只要把自爱之心扩大到爱别人，我们就可以把自爱变为美德。

——艾伦·弗罗姆

美德和恶习都会通过接触传给他人。　　　　　　　　——伯克

崇高的美德不是等待获得自由，而是为自由而战斗。　——卡赞扎基斯

美德可能会遇到攻击，但决不会受到伤害；非正义的力量能使它震动，但却无法使它屈服。　　——弥尔顿

美德一无所有，它的价值就在于它自身。　　　　　　——塞涅卡

对孩子的责任感是一切美德的基础。　　　　　　　　——西塞罗

幸福存在于美德之中，因为美德是这样一种心理状态，它倾向于使整个生活完全和睦。　　　——芝诺

光凭美德就足以得到幸福。

——柏拉图

美德本身也需要限制。

——孟德斯鸠

德行是每一生物特殊可能性的展现；就人而言，是表现出最富有人性的状态。　　　　　　——弗洛姆

德行是灵魂的力量。　——卢梭

德行是由常做正当的事情学来的。

——夸美纽斯

德行的实现是由行为，不是由文字。　　　　　　——夸美纽斯

德行是正常的意志力量，它有助于保护和发展人的精神生活。——包尔生

德行比人情世故更难获得。

——洛克

一种美德的幼芽、蓓蕾，这是最宝贵的美德，是一切道德之母，这就是谦逊；有了这种美德我们会其乐无穷。

——加尔多斯

美德像是一块绝妙无比的宝石，最好不要用金子或其他装饰品去打扮它。

——培根

仅有美德是不够的，因为美德犹如一门艺术，应当加以运用。——西塞罗

培养美德就意味着抛弃罪恶。

——塞涅卡

尽管美德中含有天性所赐的某些优点，教育却能使它们变得更加完美。

——昆体良

避开恶行就是美德；最高的智慧就是摆脱愚蠢。——贺拉斯

美德整个的或部分的是智慧。

——苏格拉底

美德是心灵的一种特性，它与人的天性、节制和理智是分不开的。

——西塞罗

事物有过度、不及和中间，美德的本性就是恰得中间。——亚里士多德

美德乃是一种和谐，正如健康、全善和神一样。——毕达哥拉斯

只有美德才是通往平静生活的唯一途径。——玉外纳

幸福和欢乐是主要的美德，但实行这一美德，并不是最容易的事。

——弗洛姆

美德是世间最美好、最有价值的财产。——普卢塔克

谦卑、慷慨、贞洁、温顺、节制、友爱、勤奋，是与七种罪恶相对的七种美德。——麦卡弗里

忘我就是快乐。因而我要把别人眼睛所看见的光明当作我的太阳，别人耳朵所听见的音乐当作我的乐曲，别人嘴角的微笑当作我的快乐。

——海伦·凯勒

德可以分为两种。一种是智慧的德，另一种是行为的德。前者是从学习中得来，后者是从实践中得来的。

——亚里士多德

道德是永存的，而财富每天在更换主人。——普鲁塔克

道德的根本，是自制心和克己心，使自身的本能服从全体。——费希特

装饰对于德行也同样是格格不入的，因为等待是灵魂的力量。——卢梭

一个具有健康道德的人，无论年轻还是年老，无论他怎样名扬四海，他都不会骄傲。——肖洛霍夫

如果我早晚要死去，做点善事也是值得的。——斯蒂芬·霍金

一切道德品质中，善良的本性在世界上是最重要的。——罗素

没有公民道德，社会就会灭亡；没有个人道德，他们的生存也就失去价值。在此，对于一个美好的世界来说，

公民道德和个人道德是同样必要的。

——罗素

没有良好的教养，没有牢固的知识，没有丰富的智力素养和多方面的智力兴趣，要把一个人提高到道德尊严感的高度是不可思议的。

——苏霍姆林斯基

声望再高的人也无法完全实现自己的生活准则；德行再好的人也必须避免罪恶。

——林肯

最为自由人所珍爱的是那些美德——爱好真理、以工作为荣、献身国家。美德不论是在最卑微的人或是在最高尚的人的生活中，都同样是珍贵的品质。

——德怀特·艾森豪威尔

在商业道德这事情上头，还是老传统好，有信用才成。

——包玉刚

如果我们选择只为追求金钱及权力，而牺牲人类高尚情操的话，则一切进步及财富的创造都变得没有意义。

——李嘉诚

认为价值观念和个人道德无足轻重，不仅限制了公民们的自由，而且也消减了我们社会的效率和治理能力。

——莱恩哈德·摩恩

始终不渝地忠实于自己和别人，就具备了伟大才华的最高贵品质。

——歌德

一切美德都是由于放弃自我而成的。

——歌德

本人生平宗旨，对大众有利之事，能力所及，不遗余力以赴，绝不为名，绝不欲宣扬。事情办妥后，内心已感快慰。

——李嘉诚

一个有远大理想、道德高尚的人，必然会举止端庄，言谈谦和，仪表朴素、整洁，必然会自觉遵循社会道德，公而忘私，助人为乐。

——高士其

诚恳和尊重是语言美的内在因素，讲究语言美，能使人变得更高尚、更纯洁。

——高士其

一个人最伤心的事情无过于良心的死灭。

——郭沫若

革命的道德不是从天上掉下来的，它是从日常的坚持不懈的斗争和锻炼中发展巩固起来的，正如宝石越磨越亮，黄金越炼越纯一样。

——胡志明

怀有道德心的人，自然有股洗涤人们的心灵的力量。 ——武者小路实笃

并不是金钱与财产使一个人有价值，人的价值是以他的品德来评断的。

——辛尼加

最高的道德就是不断为人民服务，为人类的爱而工作。

——甘地

甚至在我们的欢乐中，恶习也会刺痛我们；但美德却能使我们在痛苦中得以安慰。

——科尔顿

患难可以试验一个人的品格；非常的境遇方才可以显出非常的气质。

——莎士比亚

做一个正直的人，就必须把灵魂的高尚与精神的明智结合起来。任何一个在自己身上结合了这两个不同的自然赠品的人，都是以公共利益作为行动指南

的。这种利益是人类一切美德的原则。

——爱尔维修

我深信只有道德的公民才能向自己的祖国致以可被接受的敬礼。——卢梭

道德能帮助人类社会升到更高的水平，使人类社会摆脱劳动剥削。

——列宁

善心是善者的光荣所在；善心可使你永远快乐；善心能使你容忍百事，并使你居危而忘忧。　——托马斯

要乐于助人。对自己要节俭，对别人要慷慨。　——李嘉诚

一个发了财的人，不应该只顾一己的挥霍，也不应当守财奴，更没有必要把财产遗留给自己的子孙！应该为社会多做一些公益事业。把多余的钱分给那些残疾贫困的人。特别是要用在教育和医疗方面……

——李嘉诚

21. 修养——修其身而天下平

文化修养的目的在于增强和提高鉴赏那些最高尚、最深奥的事物的真和美的能力。　——波伊斯

修养的本质如同人的性格，最终还是归结到道德情操这个问题上。

——爱默生

君子之守，修其身而天下平。

——孟子

有文化教养的人能在美好的事物中发现美好的含义。这是因为这些美好的事物里蕴藏着希望。　——王尔德

对别人诉说自己，这是一种天性。因此，认真对待别人向你诉说他自己的事，是一种修养。　——歌德

道德修养所能达到的最高境界是：我们认识到应当控制自己的思想。

——达尔文

欲修其身者，先正其心；欲正其心者，先诚其意。　——《礼记·大学》

精神的教养，在幸运的人是用作装饰，而在不幸的人是用作庇护所。

——德谟克利特

性情的修养，不是为了别人，而是为自己增强生活能力。　——池田大作

虔诚不是目的，而是手段，是通过灵魂的最纯洁的宁静而达到最高修养的手段。　——歌德

一个人只要有耐心进行文化方面的修养，就绝不至于蛮横得不可教化。

——贺拉斯

人皆可以为尧舜。　——孟子

勿以小恶而不去、小善而不为。

——关羽

毋意，毋必，毋固，毋我。

——孔子

德之不修，学之不讲，闻义不能徙，不善不能改，是吾忧也。——孔子

要想有教养，就要去了解全世界都在谈论和思索的最美好的东西。

——马·阿诺德

教养是有教养的人的第二个太阳。

——赫拉克利特

多行无礼，必自及也。

——《左传》

平静的心灵，不会受到窘困或恐惧，无论在幸与不幸中，都以其独自的步伐，继续前进，宛如雷雨中的时钟。

——斯蒂文森

以我们一般人而言，最简便的修养方法是读书。 ——梁实秋

人必其自爱，然后人爱之；人必其自敬，然后人敬之。 ——扬雄

人之过误宜恕，而在己则不可恕；己之困辱当忍，而在人则不可忍。

——洪应明

在获得胜利之后而能克制自己的人，获得了双重的胜利。 ——培根

忍耐能化怯懦为力量，焦急却化力量为懦弱。

——科尔顿

修养将使人有能力维护他的意志，因为人是有意愿的生命体。 ——席勒

只有那些晓得控制他们的缺点，不让这些缺点控制自己的人才是强者。

——巴尔扎克

教养就是习惯于从最美好的事物中得到满足，而且知道为什么。

——范戴克

闹时练心，静时养心，坐时守心，行时验心，言时省心，动时制心。

——金缨

人的思想是可塑的；一个人如果每天观赏一幅好画，阅读某部佳作中的一页，聆听一支妙曲，就会变成一个有文化修养的人——一个新人。——罗斯金

每天反省有没有做出违背良心的事，有没有愧对他人？这是个人修养中最重要的事。 ——松下幸之助

如果通过修养达不到提高鉴赏力的目的，修养两字也就毫无意义了。

——波伊斯

人须有自信之能力，当从自己良心上认定是非，不可以众人之是非为从违。 ——章太炎

微笑乃是具有多重意义的语言。

——施皮特勒

关心公益事业应当是每个有相当教养的人所共同的事情。

——列夫·托尔斯泰

不要把痰吐在井里，哪天你口渴的时候，也要上井边来喝水的。

——克雷洛夫

太阳上的黑斑就让它存在吧，而人却不应该有污点！ ——阿·巴巴耶娃

不尊重别人的自尊心，就好像一颗经不住阳光的宝石。 ——诺贝尔

如果不学好治理自己，就会陷入灭亡的深渊。 ——池田大作

啊，有修养的人多快乐！甚至别人觉得是牺牲和痛苦的事，他也会感到满意、快乐；他的心随时都在欢跃，他有说不尽的欢乐。 ——车尔尼雪夫斯基

我们现在进修，目标是在社会的善，方法是向社会实际活动，是靠团结的力量，靠做事的磨炼，来促进修养的功夫，衡量修养的成绩。

——杨贤江

既不能妄自菲薄，也不盲目自夸。

——鲁迅

一个人必须把他的全部力量用于努力改善自身，而不能把他的力量浪费在任何别的事情上。——列夫·托尔斯泰

只有不够聪明的人才批评、指责和抱怨别人。但是，善解人意和宽恕他人，需要修养和自制的功夫。

——卡耐基

道德的本分是在于修身，修身而有益于文明，只是偶然的美事。企图依靠假设的事物来支配一切，可以说是极大的错误。人生在世不能以独善其身为满足。

——福泽谕吉

人生有时颇感寂寞，或遇到危难之境，人之心灵却能发出妙用，一笑置之，于是又轻松下来，这是好的，也可看出人之度量。

——林语堂

性急则欲速，欲速则躐等，欲速躐等则终无所得。

——谭嗣同

有教养的人或受过理想教育的人，不一定是个博学的人，而是个知道何所爱何所恶的人。——林语堂

心的陶冶、心的修养和锻炼是替美的发现和体验做准备。——宗白华

富贵人不肯从宽，必招横祸；聪明人不肯从厚，必夭天年。——吴少贤

清旷的襟怀和高远的想象力未必定须由对月而养成，把仰望的双眼移到地面，同样可以收到修养上的效益，而且更见切实。——叶圣陶

宏则希望远大，毅则艰苦卓绝，百折不回。青春修养，果能做宏毅二字，成功者盖十之八九也。

——陈独秀

强烈的求知欲和求美欲发展下去就是修养。

——贝内特

一个真正的伟人其第一个考验就是谦让。

——罗斯金

求取知识，锻炼能力，讲究生活的意义跟实践，这些项目可以说称为修养。无论处于什么时代，修养都是需要的。遇到社会大转变的时代，修养尤其不能马虎，不然就不能适应，不能在大众之中尽显个人的本色。——叶圣陶

人不自爱，则无所不为；过于自爱，则一无所为。——吕坤

指责旁人没有教养的人，表明其本身同样的缺乏教养。——普鲁塔克

百年养不足，一日毁有余。

——王安石

拖延时间为所有压制恼怒的最好方式。

——柏拉图

名誉和美德是灵魂的装饰，要没有它，那肉体虽然真美，也不应该认为美。

——塞万提斯

君子不可以不修身。——子思

要使人成为真正有教养的人，必须具备三个品质：渊博的知识、思维的习惯和高尚的情操。知识不多，就是愚昧；不习惯于思维，就是粗鲁和蠢笨；没有高尚的情操，就是卑俗。

——车尔尼雪夫斯基

修养之于心地，其重要犹如食物之于身体。——西塞罗

克服自己欲望的人比征服敌人的人更为勇敢，因为最艰难的胜利是战胜自我的胜利。　　——亚里士多德

永远不要因承认错误而感到羞耻，因为承认错误也可以解释为你今天更聪敏。　　——马罗

一个真正伟大的人是从不关注他的名誉高度的。　　——肯比斯

22. 善良——灵魂最美的音乐

大量善行可能出于严厉，更多的是出于爱，但最多的还是出于清晰的了解和无偏见的公正。　　——歌德

任何行为都不可能源于纯粹的乐善好施。人类的仁慈总是混合着虚荣、利益和其他一些动机。

　　——塞缪尔·约翰逊

善良的品格同美有着不可分割的联系。　　——苏霍姆林斯基

善良即是历史中稀有的珍珠，善良的人便几乎优于伟大的人。　　——雨果

凶恶每"战胜"一次善良就把自己压缩了一次，因为它宣告了自己的丑恶。善良每败于凶恶一次，它就把自己弘扬了一次，因为它宣扬了自己的光明。　　——王蒙

没有单纯、善良和真实，就没有伟大。　　——列夫·托尔斯泰

对于心地善良的人来说，付出代价必须得到报酬，这本身就是一种侮辱。美德不是装饰品，而是美好心灵的表现形式。　　——纪德

生活中的善越多，生活本身的情趣也越多。二者水乳交融，相辅相成。

　　——列夫·托尔斯泰

根据心灵的基本原则，人类是能够为了善本身而追求善的。　　——雪莱

大凡善良的人总喜欢把人往好处想，总是把人想得比实际上更好，总爱夸大他们的好处。对于这样的人来说，以后的幻灭是很难过的，在他们觉得自己负有责任时就更难过了。

　　——陀思妥耶夫斯基

善良人一生的精华，便是他那些无可称道而又不记在心上的小小的仁爱的行为。　　——华兹华斯

真有才能的人总是善良的，坦白的、爽直的，决不矜持。

　　——巴尔扎克

善良——这是天才者的伟大品质之一。　　——安格尔

灵魂最美的音乐是善良。

　　——罗曼·罗兰

对于丑恶没有强烈的憎恨的人，也不会对于美善有强烈的执着。——茅盾

善与恶是同一块钱币的正反两面。

　　——罗曼·罗兰

一切恶出于自私，而通于一切之善者就在于不自私，以至舍己而为公。

　　——梁漱溟

善良的东西、美好的东西，能达到一种极致。在一定的时代，在一定的环境，可以达到极致。　　——孙犁

义务与良心——这些道德情操是人区别于动物的最重要之点。

——苏霍姆林斯基

没有善良——一个人给予另一个人的真正发自肺腑的温暖——就不可能有精神的美。 ——苏霍姆林斯基

有善有恶是知，审美辨恶是格，为善去恶是致。 ——宋教仁

在一切道德品质之中，善良的本性在世界上是最需要的。 ——罗素

凡是能够促进人类向上发展的，都是美的，都是善的，也都是诗的。

——艾青

善良是优秀的品性，但不能过分，不然就变得愚钝了。一切不能因善良而失去原则。 ——一凡

一个热情的人，尤其青年，过火是免不了的；只要心地善良、正直、胸襟宽，能及时改正自己的判断，不固执己见，那就好了。 ——傅雷

人类先天就要有一种对善美的追求，对生命的歌颂和对造物者的佩服。越是善良的灵魂，越是对造物者有至高的敬意。 ——罗兰

如果"善"有原因，它就不再是善。如果"善"有它的结果，那也不能称为"善"，"善"是超乎因果联系的东西。 ——列夫·托尔斯泰

善良的感情和情感的修养是人道精神的中心。 ——苏霍姆林斯基

善是社会的功利性，善的批判以人民的利益为准则。 ——艾青

善与恶在川流中是混杂的。但是，每个人都在他的生活过程中改造自己的血液。 ——罗曼·罗兰

不知道善意不一定就不能为善。善不是一种学问，而是一种行动。

——罗曼·罗兰

善良与品德兼备，有如宝石之于金属，两者互为衬托，益增光彩。

——萧伯纳

认为美就是善，这完全是一种错觉。

——列夫·托尔斯泰

善是精神世界的太阳。 ——雨果

美与善是不可分割的，因为二者都以形式为基础；因此，人们通常把善的东西也称赞为美的。

——托马斯·阿奎那

善良——人所固有的善良，这些东西唤起我们一种难以摧毁的希望，希望是光明的，人道的生活终将苏醒。

——高尔基

只有人生之善可能进入美的结构中。 ——乔治·桑塔耶纳

真正善的人不仅有行善的愿望，而且有行善的行动。 ——弗兰克·梯利

只有善行，才会为你带来声誉。

——萨迪

真实的善是每个人的心灵所追求的，是每一个人作为他一切行为的目的的。 ——柏拉图

正是因为做了好事，人才变成了好人，我认为这一点是最确实无疑的。

——卢梭

善良的园地你越多施肥浇水，那里的花草树木就越能蓬勃地滋长。

——弥尔顿

善良的性情对于一个人来说比知识、金钱和荣誉更宝贵。 ——比彻

信任别人的善良，实在是自己的善良的明证。 ——蒙田

我的故乡是世界，我的信仰是行善。 ——潘恩

行一件好事，心中泰然；行一件歹事，衾影抱愧。 ——申涵光

善心是善者的光荣所在；善心可使你永远快乐；善心能使你容忍百事，并使你居危而忘忧。 ——托马斯

凡是使生命扩大而又使灵肉健强的一切，便是善良；凡是使生命减缩而又加以危害和压榨的一切，便是坏的。

——杰克·伦敦

善良，不管怎么说，是基于原谅和宽恕过失的。我们在对待自己，以及对待生活中的一般交际和事务时，善良都要求我们要公正。 ——爱迪生

人生至善，就是对生活乐观，对工作愉快，对事业兴奋。 ——布兰登

善良的行为有一种好处，就是使人的灵魂变得高尚了，并且使它可以做出更美好的行为。 ——卢梭

善恶的区别，在于行为的本身，不在于地位的有无。 ——莎士比亚

世界上最美丽、最高贵、最伟大的事情，莫过于报善和惩恶。 ——大仲马

不会有一个善良、正直的人愿去做窃夺别人劳动果实的盗贼，更不会在享受"赃物"的时候反而感到幸福。

——魏巍

如果心中藏有善意，它一定会流露。 ——托马斯·富勒

感人肺腑的人类善良的暖流，能医治心灵和肉体的创伤。 ——罗佐夫

善的源泉是在内心，如果你挖掘，它将汩汩地涌出。 ——奥勒利乌斯

23. 真诚——力量的象征

一个诚挚、热心，为着光明而斗争的人，不能够不是刻苦而负责的。

——鲁迅

真实与朴实是天才的宝贵品质。

——斯坦尼斯拉夫斯基

哪怕你身居高官显位，享尽荣华富贵，只要有虚饰，就绝对体味不到真正的幸福。 ——池田大作

即使那些行为并不坦白正直的人也会承认坦白正直地待人是人性的光荣，而真假相混则有如金银币中杂以合金一样，也许可以使那金银用起来方便一点，但是把它们的品质却弄贱了。

——培根

始终不渝地忠实于自己和别人，就能具备最伟大才华的最高贵品质。

——歌德

坦率要求在每一个思想里都坦率，不欺骗任何人，尤其在自己相信的事上不欺骗自己。可是坦率并不苛求我们去

做办不到的事，它要求我们永远而且只是按照我们相信的事去行动。

——罗曼·罗兰

真诚是使一个人伟大的基本力量，它使一个人的缺点或过失也变得能被原谅。

——罗兰

真诚才是人生最高的美德。

——乔叟

最可爱的人是心地单纯的人，谁也比不上他们。多交朋友主要不是靠头脑灵活，而是靠心地善良、单纯，性格热情、坦率，对这一点我深信不疑。

——奥古斯丁

真正的真诚必然伴随着平等。平等是友爱的唯一可靠的基础，而友爱又给平等的感情增添更美丽的光彩。

——葛德文

只有真诚的人才会成为独创者。

——托卡莱尔

美好的东西时常是由于它的真诚。

——傅雷

许多誓言不一定可以表示真诚，真心的誓言只要一个就够了。

——莎士比亚

对人的热诚和照顾，应看作安慰，不应看成义务。 ——菊池宽

我希望我将具有足够的坚定性和美德，借以保持所有称号中我认为最值得羡慕的称号：一个诚实的人。

——乔治·华盛顿

如同是性格的唯一的基础那样，深

邃的真诚也是才能的唯一基础。

——爱默生

对友情唯一的考验，还是长久不变的真诚。 ——柯蓝

最真诚的慷慨就是欣赏。

——歌德

真诚是一种心灵的开放。

——拉罗什富科

我这颗心，对一颗开诚相见的心，是极易流露的，对诡计和狡诈却要关上大门。 ——卢梭

在人与人的交往中，忠实、真诚、正直对于人的幸福而言是至为重要的。

——富兰克林

真正打动人心的是认真二字、是真诚二字。 ——池田大作

生命之最在于交流；成功之最在于自信；理解之最在于真挚。——爱默生

精诚所至，金石为开。——范晔

人与人之间最大的信任是精诚相见。 ——培根

世间最纯粹、最暖人胸怀的乐事，恐怕莫过于看见一颗伟大的心灵对自己开诚相见。 ——歌德

真实是我们所拥有的最有价值的品性。有效地使用它吧。——马克·吐温

向真实前进的道路是严肃而险峻的。 ——弥尔顿

生活中，谅解可以产生奇迹，谅解可以挽回感情上的损失，谅解犹如一个火把，能照亮由焦躁、怨恨和复仇心理铺就的道路。 ——穆尼尔·纳素夫

正确的道路，乃是那条要求你在个人利益上做出最大牺牲、对别人有最大好处的道路。——夏洛蒂·勃朗特

每一个有坏处的人都有他值得人同情和原谅的地方。——罗兰

在我们中间，谁最能容忍生活中的幸福和忧患，我认为就是受了最好教育的人。——卢梭

要知道，爱找别人阴暗面的人，自己也常常失掉光芒。——高尔基

你要是一点都不考虑别人，你就无法快乐地度过一生。——萧伯纳

只有相互让步，生活才能在社会中继续下去。——塞缪尔·约翰逊

任何人的错误我都可以原谅，唯独不能原谅我自己的。——普卢塔克

心胸的豁达能够修补专事诽谤的恶舌。——荷马

即使开始时怀有敌意的人，只要抱着真实和诚意去接触，就一定能换来好意。——池田大作

在我们对后代说"诚实为上上策"之前，我们必须使世界变得诚实。——萧伯纳

"老实作风"就是脚踏实地、不占便宜。——徐特立

不知道并不可怕和有害。任何人都不可能什么都知道，可怕的和有害的是不知道而假装知道。——列夫·托尔斯泰

以为人人都正直，那是愚蠢的；以为根本没有正直的人，尤其愚蠢。——约翰·亚当斯

要公正，因为公平能维系着人类；要和善，因为慷慨暖人心窝；要宽厚，因为你周围的人跟你一样脆弱；要谦逊，因为傲慢伤害每一个人的自爱心。——霍尔巴赫

对自己忠实，才不会对别人欺诈。——莎士比亚

女人的诚实出自她对名声的珍惜和对内心宁静的渴求。——拉罗什富科

"老实"就是不自欺欺人，做到不欺骗人家容易，不欺骗自己最难。——徐特立

当信用消失的时候，肉体也就没有生命了。——大仲马

真正的伟人常常是平凡的，他们的行为既不做作，也不虚饰。——克雷洛夫

对一个人来说，最重要的是说真话，然而，真话却十分容易被人歪曲得不成样子。——菲德鲁斯

我宁愿以诚获得一百名敌人的攻击，也不愿以伪善获得十个朋友的赞扬。——裴多菲

青年人应当不伤人，应当把各人所得的给予各人，应当避免虚伪与欺骗，应当显得恳挚悦人，这样学着去行正直。——夸美纽斯

诚实是力量的一种象征，它显示着一个人的高度自重和内心的安全感与尊严感。——艾琳·C.卡瑟拉

我不愿卖弄任何东西，只想真实地表现自我，表现我的本来面目。

——蒙田

诚实而无知，是软弱的、无用的；然而有知识而不诚实，却是危险的、可怕的。

——约翰逊

我希望自己有足够的运气和美德来保持我认为是所有头衔中最令人羡慕的品质——一个"老实人"的品质。

——华盛顿

当一个人是一个真正的人的时候，他不应当在大言不惭和矫揉造作之间保持等距离。既不夸夸其谈，也不扭捏取宠。

——雨果

欺人只能一时，而诚实却是长久之策。

——约翰·雷

想做老实人，什么时候开始都不迟。

——塞内加

恐怕我们先得让世人都诚实，然后才能问心无愧地对我们的孩子说：诚实是上策。

——萧伯纳

对己能真，对人就能去伪，就像夜晚接着白天，影子随着身形。

——莎士比亚

空口说白话，眼饱肚中饥。

——冯梦龙

老实人之老实，在于不说假话；聪明的老实人，则话要说得准，不但内容准，而且时机、方式和分寸都要讲究，不随便说。

——徐懋庸

虚伪永远不能借它生长在权力中而变成真实。

——泰戈尔

坦白是诚实与勇敢的产物。

——马克·吐温

没有什么手段比说谎更下贱、更可怜、更卑鄙了。

——杰弗逊

蒙蔽是不能长久的。

——鲁迅

捣鬼有术，也有效，然而有限，所以以此成大事者，古来无有。

——鲁迅

诚挚坦然的态度比处处防范他人的态度有益得多。

——罗杰斯

我们应该顺应自然，立在真实上，求得人生的光明，不可陷入勉强、虚伪的境界，把真正人生都归幻灭。

——李大钊

一个诚实的人，不论他有多少缺点，同他接触时，心情会感到清爽。

——池田大作

你在个人生活或工作当中，可能由于诚实而丢掉某些你想要的东西。但是，在漫长的人生旅途中失掉一次应有的回报算不了什么。

——艾琳·C.卡瑟拉

墨写的谎言，决掩不住血写的事实。

——鲁迅

天天作伪是最苦恼的事情，老老实实是最愉快的事情。

——邹韬奋

伟大人格的素质，重要的是个诚字。

——鲁迅

伟大的诚实是雄辩的利斧。

——罗曼·罗兰

诚实的人必须对自己守信，他的最后靠山就是真诚。

——爱默生

我要求别人诚实，我自己就得诚实。　　——陀思妥耶夫斯基

诚实的人从不为自己的诚实而感到后悔。　　——托·富勒

走正直诚实的生活道路，必定会有一个问心无愧的归宿。　　——高尔基

被人揭下面具是一种失败，自己揭下面具是一种胜利。　　——雨果

最能深测人类天性中的恶德和美德的人，就是老老实实地研究过他们自己的人。　　——巴尔扎克

你的良知在说什么？——你要成为你自己。　　——尼采

对他人的公正就是对自己的施舍。　　——孟德斯鸠

人——要保持自己真正的面目。　　——易卜生

完全忠实于自己，丝毫不隐瞒自己，这是一道很好的练习题。　　——弗洛伊德

忠诚需要完完全全的真实。　　——夏尔丹

痛苦也有它的庄严，能够使俗人脱胎换骨。要做到这一步，只要做人真实就行。　　——巴尔扎克

美如果有真来添加光辉，它就会显得更美、更美多少倍！　　——莎士比亚

真正的魅力是真诚的自我表露。……当你把自己独有的一面显示给别人，魅力就随之而来。　　——索菲娅·罗兰

老老实实最打动人心。　　——莎士比亚

人心恶假贵重真。　　——白居易

生活中最催人断肠的，莫过于相处不真诚。　　——卡耐基

夫高论而相欺，不若忠论而诚实。　　——王符

诚实，像我们所有的节操一样，应当分成消极的与积极的两类。消极的诚实便是西卜女人那一种，在没有发财的机会时，她是诚实的。积极的诚实是每天受着诱惑而毫不动心的，例如收账员的诚实。　　——巴尔扎克

君子坦荡荡，小人长戚戚。　　——孔子

不诚则有累，诚则无累。——杨时

诚实者既不怕光也不怕黑暗。　　——托马斯·富勒

本性流露永远胜过豪言壮语。　　——莱辛

生活是欺骗不了的，一个人要生活得光明磊落。　　——冯雪峰

人性的尊严与光荣不在精明而在诚实。　　——蒙森

质朴却比巧妙的言辞更能打动我的心。　　——莎士比亚

政治上采取诚实态度，是有力量的表现；政治上采取欺骗态度，是软弱的表现。　　——列宁

诚实比一切智谋要好，而且它是智谋的基本条件。　　——康德

诚无垢，思无辱。　　——刘向

勇敢产生于斗争中，勇气是在每次对困难的顽强抵抗中养成的。

——奥斯特洛夫斯基

勇气是一个个处于逆境中的光明。

——华福纳格

造化既然在人间造成不同程度的强弱，也常用破釜沉舟的斗争，使弱者不亚于强者。

——孟德斯鸠

赴汤火，蹈白刃，武夫之勇可能也；克己自胜，非君子之大勇，不可能也。

——杨时

如果你是懦者，你自己乃是你最大的敌人；但如果你是勇者，你自己乃是最大的朋友。

——富兰克林

为其所应为，这样的人才是勇敢的。

——列夫·托尔斯泰

大胆是取得进步所付出的代价。

——雨果

大多灵敏人都是在运用力量时已经太晚的时候，才埋怨缺乏力量。

——卢梭

懦夫一生数死，丈夫终死一遭。

——莎士比亚

在劳动和创造的领域里，不要担心大胆鲁莽和奋不顾身。

——高尔基

人们常常是通过软弱而达到坚强，通过怯懦而达到勇敢。——拉罗什富科

真正勇敢的人，应当能够智慧地忍受最难堪的屈辱，不以身外的荣辱介怀，用息事宁人的态度避免无谓的横祸。

——莎士比亚

没有诚实何来尊严？——西塞罗

坦白是使人心地轻松的妙药。

——斐斯泰洛齐

只有对自己有信心的人才能忠于别人。

——弗洛姆

常常对别人不诚恳的人，最后对自己也不会诚恳。

——拉罗什富科

一个人决不应为自己在坦率上所犯的错误感到后悔。——亨利·詹姆斯

诚实和勤勉，应该成为你永久的伴侣。

——富兰克林

诚实是人生的命脉，是一切价值的根基。

——德莱塞

谁告诉我真话，即使他的话里藏着死亡，我也会像听人家恭维我一样听着他。

——莎士比亚

说真话是一种义务，而且这对他们也是更有利的。

——德谟克利特

诚实是最好的政策。——富兰克林

世界上没有比说真心话更困难的事了，但也没有比阿谀奉承更容易的事。

——陀思妥耶夫斯基

诚实的人哪怕是得罪人，也会讲真话。

——威·哈兹里特

除非你的话能给人以安慰，否则最好保持沉默；宁可因为说真话负罪，也不要说假话开脱。

——萨迪

难听的实话胜过动听的谎言。

——尤·邦达列夫

你必须对你自己忠实；正像有了白昼才有黑夜一样，对自己忠实，才不会对别人欺诈。

——莎士比亚

一清如水的生活，诚实不欺的性

格，无论在哪个阶层里，即便心术最坏的人也会对之肃然起敬。——巴尔扎克

24. 责任——对要做的事情充满的一种爱

人生须知负责任的苦处，才能知道尽责任的乐趣。 ——梁启超

一个人若是没有热情，他将一事无成，而热情的基点正是责任心。

——列夫·托尔斯泰

高尚、伟大的代价就是责任。

——丘吉尔

尽管责任有时使人厌烦，但不履行责任，只能是懦夫，不折不扣的废物。

——刘易斯

每个人都被生命询问，而他只有用自己的生命才能回答此问题；只有以"负责"来答复生命。因此，"能够负责"是人类存在最重要的本质。

——维克多·弗兰克

每一个人都应该有这样的信心：人所能负的责任，我必能负；人所不能负的责任，我亦能负。如此，你才能磨炼自己，求得更高的知识而进入更高的境界。 ——林肯

责任就是对自己要求去做的事情有一种爱。 ——歌德

天下兴亡，匹夫有责。——顾炎武

凡是我受过他好处的人，我对于他便有了责任。 ——梁启超

真正进步的人决不以"孤独""进步"为己足，必须负起责任，使大家进步，至少使周围的人都进步。

——邹韬奋

我们不是为自己而生，我们的国家赋予我们应尽的责任。 ——西塞罗

要使周围的一切都大放光彩，自己也应该像蜡烛那样燃烧。 ——高尔基

人能尽自己的责任，就可以感觉到好像吃梨喝蜜似的，把人生这杯苦酒的滋味给抵消了。 ——狄更斯

我的职责是要我说出我认为公平的合乎人道的话。无论这会使别人喜欢或厌恶，那不是我的事情。我知道文字一旦发表了就会自动流传。我充满希望地把它们播种在血腥的泥土中。收获的季节会来到的。 ——罗曼·罗兰

我们的使命是照亮整个世界，熔化世上的黑暗，找到自己和世界之间的和谐，建立自己内心的和谐。——高尔基

精神不是任何人的仆从。我们才是精神的仆从。我们没有别的主子。我们生存着是为了传播它的光明，捍卫它的光明，把人类中一切迷途的人们集合在它的周围。 ——罗曼·罗兰

当一个作家深切地感到自己和人民的血肉联系的时候，这就会给他以美和力量。 ——高尔基

我们的地位向上升，我们的责任心就逐步加重。升得越高，责任越重。权力的扩大使责任加重。 ——雨果

坚毅而崇高的思想方式，能够使一个人建立起生活目的和认识自己的生活

职责。　　　　——列夫·托尔斯泰

为责任而责任的事，我们是从没有干过的，干的只不过是能使人感到满意的那种责任。　　——马克·吐温

责任感常常会纠正人的狭隘性，当我们徘徊于迷途的时候，它会成为可靠的向导。　　——普列姆昌德

谢谢火焰给你的光明，但是不要忘了那掌灯的人，他自己坚忍地站在黑暗中呢。　　　　　　——泰戈尔

世界上有两种人，一种人，虚度年华；另一种人，过着有意义的生活。在第一种人眼里，生活就是一场睡眠，如果这场睡眠在他看来，是睡在既柔和又温暖的床铺上，那他便心满意足；在第二种人眼里，可以说，生活就是建立丰功伟绩……人就在这个功绩中享到自己的幸福。　　　　　——别林斯基

只为家庭活着，这是禽兽的私心；只为一个人活着，这是卑鄙；只为自己活着，这是耻辱。——奥斯特洛夫斯基

古之成大事者，不唯有超世之才，亦必有坚忍不拔之志。　　——苏轼

抱负是高尚行为成长的萌芽。
　　　　　　　　　　——英格利希

为真理而斗争是人生最大的乐趣。
　　　　　　　　　　——布鲁诺

一个人要发现卓有成效的真理，需要千百个人在失败的探索和悲惨的错误中毁掉自己的生命。　——门捷列夫

对奴隶，我们只当同情，对有反抗的奴隶，尤当尊敬。　　——闻一多

我只觉得我是献身给我的国家。这种全心全意的贡献里面，竟有着如此巨大的愉快。我已经切切实实懂得了，为什么人们能在彻底的自我牺牲中，获得无上的喜悦。　　　　　——泰戈尔

子曰：士不可以不弘毅。任重而道远，仁以为己任，不亦重乎？死而后已，不亦远乎？　　　　——孔子

我的生命，我的理智，我的光明，只是为烛照人类而具有的。我对于真理的认识，是用以达到这目标的才能，这才是一种火，但它只是生活在我内心的光明中，把它在人类面前擎得高高的，使他们能够看到。　　——托尔斯泰

如果一个国家的所有成员都忽视法律，这一事实就足以使这个国家解体和毁灭。　　　　　　——斯宾诺莎

爱国主义深深扎根于人的本能和情感之中。爱国之情则是放大了的孝心。
　　　　　　　　　　——菲尔德

我们为祖国服务，也不能都采用同一方式，每个人应该按照资禀，各尽所能。　　　　　　　——歌德

对一个人来说，所期望的不是别的，而仅仅是他能全力以赴和献身于一种美好事业。　　——爱因斯坦

我们是国家的主人，应该处处为国家着想。　　　　　　　——雷锋

人类的一切努力的目的在于获得

幸福。 ——欧文

责任可以让我们将事做完整，爱可以让我们将事情做好。 ——佚名

改造自己，总比禁止别人来得难。 ——鲁迅

如果做某事，那就把它做好。如果不会或不愿做它，那最好不要去做。 ——列夫·托尔斯泰

要使一个人显示他的本质，叫他承担一种责任是最有效的办法。 ——毛姆

我睡着时梦见生活是美人，我醒来时发现生活是责任。 ——胡适

"用什么料，充什么菜。"假如是一个萝卜，就力求做个水多肉脆的萝卜；假如是棵白菜，就力求做一棵瓷瓷实实的包心好白菜。 ——杨绛

每天务必要做一点你所不愿意做的事情，这是一条宝贵的准则，他可以使你养成认真尽责的习惯。 ——马克·吐温

一切责任的第一条：不要成为懦夫。 ——罗曼·罗兰

人一旦受到责任感的驱使，就能创造出奇迹来。 ——门肯

在我们这个国家作为一个好国民，第一条件是他要能够并愿意凡事尽责，全力以赴。 ——西奥多·罗斯福

上天从没有赋予一个人任何权力，若非同时让他肩负相对的责任。 ——赫罗德·约翰逊

责任趋向于有能力担当的人。 ——艾尔伯·哈柏德

承受个人生命责任的意愿即是自尊自重的泉源。 ——珍·迪迪安

每一项公民权都对应着一项公民责任。 ——爱迪森·海因斯

一个人做他所要做的——无论任何所要承受的结果，无论任何阻难、危险与压力——这即是人类道德之本。 ——约翰·肯尼迪

不要问你的国家能为你做什么，要问你能为你的国家做什么。 ——约翰·肯尼迪

位卑未敢忘忧国。 ——陆游

先天下之忧而忧，后天下之乐而乐。 ——范仲淹

春蚕到死丝方尽，蜡炬成灰泪始干。 ——李商隐

这个社会尊重那些为它尽到责任的人。 ——梁启超

先生不应该专教书。他的责任是教人做人；学生不应该专读书，他的责任是学习人生之道。 ——陶行知

我们的使命是照亮整个世界，熔化世上的黑暗。 ——莎士比亚

人总是背负着自己的祖国和自己的憎恨到处走的。 ——巴尔扎克

天才如果袖手旁观，即使他优美出众，也仍是畸形的天才。没有爱的天才是种怪物。 ——莎士比亚

我们应该在自己身上燃起理性的火光，使蒙昧无知的人们可以看见我们。 ——高尔基

歌咏人心，纵使只涉及一个人，只

涉及人群中最微贱的一个，也得熔冶一切歌颂英雄的诗文于一炉，制成一部优越成熟的英雄赞。　　——雨果

天才理应飞向天国，真正的诗人有责任唤醒世人，慎择那最崇高的灵境。

——普希金

人生只有一种确凿无疑的幸福——就是为别人而生活。

——列夫·托尔斯泰

声名是一座活动的桥梁，可以令人飞渡深渊。鼓起您的雄心来，那是应该的。我相信您有卓越雄伟的能力，但您施展的时候，与其为了我，毋宁为了大众的幸福；您只会在我眼里更伟大。

——巴尔扎克

必须时刻准备抛弃一切属于我们自个儿的东西：财产，荣誉，工作，幸福，爱情乃至于生命……

——罗曼·罗兰

要散布阳光到别人心里，先得自己心里有阳光。　　——罗曼·罗兰

要理解人，而且还要热爱他们。

——罗曼·罗兰

如果人们不爱他的人民，那是最卑微的。　　　　——罗曼·罗兰

技师、医生、教师、画家与作家，就其本身的使命来说，都应该为人民服务。　　——列夫·托尔斯泰

一切在于人，一切为了人。

——高尔基

我把小小的礼物留给我所爱的人——大的礼物留给所有的人。

——泰戈尔

人越是能够将心比心，他就越是真正的人。这个真理不仅是主观价值，而且表现在我们生活的每个方面。

——泰戈尔

勇敢些！让我们来献身。献身给善、献身给真、献身给正义。——雨果

有才之士开导人，却一生贫困潦倒；有德之人为了大家的利益而做出牺牲，却一直缄口不言。　——巴尔扎克

男性的第一魅力是责任感。

——余秋雨

25. 谦虚——美德的护卫

谦逊，是那偏僻的山崖中的泉眼，所有的崇高美德都是由此潺潺流出的。

——莫尔

放谦虚点。自己把自己捧得太高，摔下来可会粉身碎骨。　　——萨特

在谦虚里包含着一个人的道德力量和纯洁，而吹牛则表现了一个人的渺小和无知。　　——帕乌斯托夫斯基

对骄傲的人不要谦逊，对谦逊的人不要骄傲。　　　　——杰弗逊

当你意识到自己是个谦虚的人的时候，你马上就已经不是个谦虚的人了。

——列夫·托尔斯泰

切莫轻信过度谦虚的人，尤其对方摆出讽刺他自己的态度时，更不能骤然相信。因为，这种谦虚的背后，八成隐

藏了强烈的虚荣心和功名心。

——希尔泰

在骄傲自大和虚伪的谦逊之间，我宁愿选择骄傲。骄傲至少能有所成就，而虚伪的谦虚却无所作为。

——弗兰克·劳埃德·怀特

谦逊可以使一个战士更美丽。

——奥斯特洛夫斯基

蜜蜂从花中吸蜜，离开时频频道谢。浮夸的蝴蝶却相信花是应该向它道谢的。

——泰戈尔

一个人在受到赞扬而不是受到责备之后仍能保持谦虚，那才是真正的谦虚。

——让·保·里克特

扶危周急，固为美事；能不自夸，则其德厚矣。

——《史典·愿林集》

能虚心接受人家的意见，能虚心去请教他人，才能集思广益。

——松下幸之助

当我们最大为谦卑的时候，便是我们最近于伟大的时候。

——泰戈尔

无论在什么时候，永远不要以为自己已知道了一切。

——巴甫洛夫

果子的事业是尊贵的，花的事业是甜蜜的，但是，让我们做叶的事业吧，叶是谦逊的，专注地垂着绿荫。

——泰戈尔

一知半解的人，多不谦虚；见多识广有本领的人，一定谦虚。——谢觉哉

对于自己不满足，是任何真正有天才的人的根本特征。

——契诃夫

我不配做一盏明灯，那么就让我来做一块木柴吧。

——巴金

钻研然后知不足，虚心是从知不足而来的。

——华罗庚

真正的虚心，是自己毫无成见，思想完全解放。

——邓拓

善于吸取来自各方面的思想，问题不在于是谁提出答案，而在于什么是对的什么是错的。

——布朗尼科夫斯基

虚伪的谦虚，仅能博得庸俗的掌声，而不能求得真正的进步。

——华罗庚

科学的自负比起无知的自负来还只能算谦虚。

——斯宾塞

虚假的谦让一出现，真正的谦让就即时消亡。

——马克·吐温

谦逊不仅是一种装饰品，也是美德的护卫。

——鲁迅

人生在世应当谦逊，丝毫不要轻人傲世，不要自我夸耀。

——高尔基

一滴水只有放进大海里才永远不会干涸，一个人只有当他把自己和集体事业融合一起的时候才能最有力量。

——雷锋

一个真认识自己的人，就没法不谦虚。谦虚使人的心缩小，像一个小石卵，虽然小，而极结实。结实才能诚实。

——老舍

虫被踩后蜷缩起来，这是明智的，它借此减少了重新被踩的概率。用道德的语言叫：谦恭。

——尼采

如果一个人不过高地估计自己，他

就会比他自己所估计的要高得多。

——歌德

好说己长便是短，自知己短便是长。

——申居郧

一切真正的和伟大的东西，都是纯朴而谦逊的。——别林斯基

白云谦逊地站在天之一隅。晨光给他戴上了霞彩。——泰戈尔

青蛙也许会叫得比牛更响，但是它们不能在田里拉犁，也不会在酒坊里牵磨，它们的皮也做不出鞋来。

——纪伯伦

假如一个人一开始就谦虚地承认，他也不是无懈可击的，那么听他再评断你的过失，也许就不那么难以入耳了。

——卡耐基

真正的谦虚只能是对虚荣心进行了深思以后的产物。——柏格森

无论在什么时候，永远不要以为自己已经知道了一切。——巴甫洛夫

人不可有傲气，但不可无傲骨。

——徐悲鸿

尺有所短，寸有所长；物有所不足，智有所不明。——屈原

河床越深，水面越平静。

——莎士比亚

我们的骄傲多半是基于我们的无知！——莱辛

大勇若怯，大智若愚。——苏轼

若想要得到好评，就不要过分地罗列自己的优点。——帕斯卡

不炫耀自己本领的人才是真有本领。——拉罗什富科

过分地谦虚，是对于自然的一种忘恩负义。相反地，一种诚挚的自负却正象征着一个美好伟大的心灵。

——拉美特利

做点好事，待人要仁慈、宽厚，总之，用你的谦虚来避免厄运吧。

——巴尔扎克

谦虚对才华无奇的人来说只是一种诚实，对才华绝顶的人来说是一种虚伪。——叔本华

谦逊基于力量，高傲基于无能。

——尼兹

在日常生意上，以谦虚的态度，去倾听顾客的看法，只要持之以恒，必定会大发利市。——松下幸之助

谦逊是深埋在地下的甜根，一切神圣的美德都从那里萌发。——托·穆尔

我们应该谦虚，因为你我都成就不了多少。我们都只是过客，一世纪以后都会完全被遗忘。生命太短促，不能大谈自己微小的成就来叫人厌烦，且让我们鼓励别人多谈吧！——卡耐基

由虚心产生出来的是公平，没有偏见。——冯至

微少的知识使人骄傲，丰富的知识则使人谦逊，所以空心的禾穗高傲地举头向天，而充实的禾穗则低头看着大地，看着它们的母亲。——达·芬奇

不满足是向上的车轮。——鲁迅

一分钟一秒钟自满，在这一分一秒间就停止了自己吸收的生命和排泄

的生命。　　　　　——徐特立

谦虚其心，宏大其量。——王守仁

为人第一谦虚好，学问茫茫无尽期。　　　　　　——冯梦龙

历览古今多少事，成由谦虚败由奢。　　　　　　——陈毅

伟大不过是谦虚的别名。
　　　　　　　　——洪堡德

人越谦虚越高尚；水越流动越低下。——比哈利拉尔·德沃德特

对自己的不谦虚，是任何真正有天才的人的最根本的特征之一。
　　　　　　　　——契诃夫

成绩对于谦虚的人来说，是进步的基石；对于骄傲的人来说，是后退的起因。　　　　　——佚名

在成绩和荣誉面前，往往有两种态度：一种是沾沾自喜，夜郎自大，故步自封；另一种是谦虚谨慎，头脑清醒，再接再厉，继续前进。因此，荣誉对于一个人，特别是青年人，确是一种考验。　　　　　——佚名

谦虚是不可缺少的品德。
　　　　　　　——孟德斯鸠

只有坚强的人才谦虚。——赫尔岑

善良和谦虚是永远不应令人厌恶的两种品德。　　　——斯蒂文森

美丽只有同谦虚结合在一起，才配称为美丽。没有谦虚的美丽，不是美丽，顶多只能是好看。——塞万提斯

伟人多谦虚，小人多骄傲。太阳穿一件朴素的光衣，白云却披了灿烂的裙裾。　　　　　——泰戈尔

伟大的人是绝不会滥用他们的优点的，他们看出他们超过别人的地方，并且意识到这一点，然而绝不会因此就不谦虚。他们的过人之处越多，他们越认识到他们的不足。　——卢梭

谦虚的人，快来，让我拥抱你们！你们使生活温和动人。你们自以为一无所有，可是我说你们拥有一切。你们想不使任何人感到惭愧，其实，大家面对着你们都感到惭愧。　——法朗士

谦虚的学生珍视真理，不关心对自己个人的颂扬；不谦虚的学生首先想到的是炫耀个人得到的赞誉，对真理漠不关心。思想史上载明：谦虚几乎总是和学生的才能成正比例，不谦虚则成反比。　　　　——普列汉诺夫

真正的科学家不可能不是谦虚的，因为他做出的事情越多，他就看得越清楚；还有更多的事情没有做。

　　　　　　　　——法朗士

不谦虚的话只能有这个辩解，即缺少谦虚就是缺少见识。——富兰克林

免去一切乞丐式的谦虚，因为我相信自己对科学的伟大事业还能做出小小的贡献。　——约瑟夫·狄慈根

大多数的科学家，对于最高级的形容词和夸张手法都是深恶痛绝的，伟大的人物一般都是谦虚谨慎的。

　　　　　　　　——贝弗里奇

人应该谦虚，不要让自己的名字像水塘上的气泡那样一闪就过去了。

——契诃夫

真正的谦虚，为最高的美德，也即一切美德之母。 ——丹尼生

谦虚的人并不希望别人夸奖，尽管人们常常夸奖他。骄傲的人时时想叫别人夸奖，但除了在别人面前夸耀自己外，再也没有第二个人夸奖他。

——加里宁

谦虚是对不完善或有缺点的默认。

——博克

劳谦君子，万民服也。

——《周易·谦》

贤者任重而行恭，知者功大而辞顺。 ——《战国策·赵策》

反听之谓聪，内视之谓明，自胜之谓强。 ——司马迁

高尚和慷慨，下贱和鄙吝，谦虚和聪慧，骄傲和愚蠢，也就一定要表现在神色和姿势上，不管人是站着还是在活动。 ——伊·安·克雷洛夫

谦虚的目的是为了正确看待自己；一个人如果令人费解地把自己贬得太低，就不能称其为谦虚了。

——查·斯珀吉翁

谦虚是映照功德的烛光。

——亨·菲尔·丁

谦虚者对自己的功绩从来都是闭口不谈的。 ——小乔治·科尔曼

人越是高贵，对自己的评价就越是谦虚。 ——查·斯珀吉翁

26. 正直——君子坦荡荡

一个人对待以个人或以集体形式出现的敌人和反对者的态度是对他正直品质的真正检验。 ——包尔生

如果能追随理想而生活，本着正直自由的精神、勇敢向前的毅力、诚实不自欺的思想而行，则定能臻于至美至善的境地。 ——居里夫人

对待工作的严肃态度，高度的正直，形成了自由和秩序之间的平衡。

——罗曼·罗兰

正义是我们从千百年的颠沛中学来的，是在战争、瘟疫、饥荒、地震及其他天灾之后学到的。

——阿卜杜拉·侯赛因

受苦并不是恶，因为忍耐可以战胜一切。世界上共有一个善，那就是正义。 ——屠格涅夫

武器，只要有钱，敌我都能买到。正义也是这样，只要加上理由，敌我都可以使用。 ——芥川龙之介

做人应该正直，而且有帮助亲友的义务。有时候应该连自身都不顾惜。

——屠格涅夫

对任何人，都要拿正直的眼光看他；一条狗向你扑过来，也要这样，这样它就退后了…… ——高尔基

离开了正直和信任，就没有爱情，没有友谊。 ——普里烈扎耶娃

生活是欺骗不了的，一个人要生活得光明磊落。 ——冯雪峰

正直的人是一切人中最不为不安所苦者，不正直的人永远为不安所苦。

——伊壁鸠鲁

做一个圣人，那是特殊情形；做一个正直的人，那却是为人的正轨。你们尽管在歧路徘徊、失足、犯错误，但是总应当做个正直的人。——雨果

正直的人最吃力的工作是经常把最难消除的恶念从人类的灵魂上消除出去。

——雨果

你如果真正是一个善良而正直的人，那么，当你行仁守义的时候，永远不会遇到伤害。——柏拉图

喜欢炫耀与爱好正直，这两者是很难结合在一个灵魂之内的。——卢梭

正直的人必须和正直的人为伍，因为谁能够那样刚强，不受诱惑呢？

——莎士比亚

要正直地生活，别想入非非！要诚实地工作，才能前程远大。

——陀思妥耶夫斯基

我大胆地走着正直的道路，绝不有损于正义与真理而谄媚和敷衍任何人。

——卢梭

正直意味着有勇气坚持自己的信念。这一点包括有能力去坚持你认为是正确的东西，在需要的时候义无反顾并能公开反对你确认是错误的东西。

——阿瑟·戈森

人类之所以充满希望，其原因之一就在于人们对正直具有一种近于本能的识别能力而且不可抗拒地被它所吸引。

——阿瑟·戈森

聪明正直者为神。——柳宗元

正直无私，扬眉吐气；我不怕人，人皆敬我，就是天堂快乐之境。

——戚继光

人之生也直，罔之生也幸而免。

——孔子

一个真实的人也是正直的人。他不论在生活上还是言论上，都与自身相一致，不夸大也不缩小。——亚里士多德

人要正直，因为在其中有雄辩和德行的秘诀，有道德的影响力。

——阿密埃尔

做一个正直的人，就必须把灵魂的高尚与精神的明智结合起来。

——爱尔维修

正直者心胸总是坦荡，不仁者常充满极度混乱。——伊壁鸠鲁

正直的人是神创造的最高尚的作品。——蒲柏

正直是最好的策略。——塞万提斯

我能确保正直，却不能保证没有偏见。——歌德

你若正直，不要怕人诽谤。

——萨迪

给人幸福的不是身体上的好处，也不是财富，而是正直和谨慎。

——德谟克利特

27. 节俭——俭以养德

奢侈总是跟随着淫乱，淫乱总是跟随着奢侈。 ——孟德斯鸠

侈则多欲。君子多欲则贪慕富贵，枉道速祸。 ——司马光

爱俭朴限制了占有欲。 ——孟德斯鸠

君子忧道不忧贫。 ——孔子

贫而无谄，富而无骄。 ——子贡

侈而惰者贫，而力而俭者富。 ——韩非

不念居安思危，戒奢以俭；斯亦伐根而求木茂，塞源而欲流长也。 ——魏徵

历览前贤国与家，成由勤俭破由奢。 ——李商隐

奢者狼藉俭者安，一凶一吉在眼前。 ——白居易

谁在平日节衣缩食，在穷困时就容易渡过难关；谁在富足时豪华奢侈，在穷困时就会死于饥寒。 ——萨迪

克勤于邦，克俭于家。 ——《尚书·大禹谟》

俭，德之共也；侈，恶之大也。 ——《左传·庄公二十四年》

礼，与其奢也，宁俭；丧，与其易也，宁戚。 ——《论语·八佾》

罔游于逸，罔淫于乐。 ——《尚书·大禹谟》

惟日孜孜，无敢逸豫。 ——《尚书·君陈》

饱食终日，无所用心，难矣哉！ ——《论语·阳货》

千里之行，始于足下。 ——《老子·六十四章》

俭节则昌，淫佚则亡。 ——《墨子·辞过》

自暴者不可与有言也，自弃者不可与有为也。 ——《孟子·离娄上》

劳苦之事则争先，饶乐之事则能让。 ——《荀子·修身》

强本节用，则天不能贫。 ——《荀子·天论》

衣食者，人之生利也，然且犹尚有节；葬埋者，人之死利也，何独无节？ ——《墨子·节葬》

家有千金之玉，不知治，犹之贫也。 ——韩婴

垂大名于万世者，必先行之于纤微之事。 ——陆贾

日计之不足，而岁计之有余。 ——刘安

君子富，好行其德；小人富，以适其力。 ——司马迁

量入以为出。 ——戴圣

奢未及侈，俭而不陋。 ——张衡

处逸乐而欲不放，居贫苦而志不够。 ——王充

人一能之，已百之；人十能之，已千之。 ——《礼记·中庸》

不以隐约而弗务，不以康乐而加思。 ——曹丕

历观古今，以约失之者实寡，以奢

失之者盖众。　　　——陆云

人生在勤，不索何获。　——范晔

天下事以难而废者十之一，以惰而刻者十之九。　　　　——颜之推

节用储蓄，以备凶灾。　——范晔

非其身力，不以衣食。　——韩愈

业精于勤，荒于嬉。　　——韩愈

孜孜矻矻，死而后已，孜孜，勤谨不放松；矻矻，勤奋不懈怠。——韩愈

锄禾日当午，汗滴禾下土。谁知盘中餐，粒粒皆辛苦。　　——李绅

十年磨一剑。　　　　　——贾岛

奢者心常贫，俭者心常富。
　　　　　　　　　　　——谭峭

量入以为出，上足下亦安。
　　　　　　　　　　　——白居易

千淘万漉虽辛苦，吹尽狂沙始到金。　　　　　　——刘禹锡

一人知俭一家富，天者知俭天下富。　　　　　　　——谭峭

栽培剪伐须勤力，花易凋零草易生。　　　　　　——苏舜钦

由俭入奢易，由奢入俭难。
　　　　　　　　　　　——司马光

豪华尽出成功后，逸乐安知与祸双？　　　　　　　——王安石

成人不自在，自在不成人。
　　　　　　　　　　　——罗大经

俭约，所以彰其美也。——司马光

人常咬得菜根，则百事可为。
　　　　　　　　　　　——朱熹

俭则常足，常足则乐而得美名，祸咎远矣；侈则常不足，常不足则忧而得訾恶，福亦远矣。　　——田况

只要功夫深，铁杵磨成针。
　　　　　　　　　　　——祝穆

平生不学口头禅，脚踏实地性虚天。　　　　　　　——王柟

从来好事天生俭，自古瓜儿苦后甜。　　　　　　　——白朴

坐吃山空，立吃地陷。——秦简夫

不受苦中苦，难为人上人。
　　　　　　　　　　　——秦简夫

惟俭可以助廉，惟恕可以成德。
　　　　　　——《宋史·范纯仁传》

不患不富，患不知节。——张居正

常将有日思无日，莫待无时想有时。　　　　　　　——张居正

俭则约，约则百善俱光；侈则肆，肆则百恶俱纵。　　——吕坤

技工于习，事成于勉。——宋懋澄

富贵本无根，尽从勤里得。
　　　　　　　　　　　——冯梦龙

忧勤是美德，太苦则无以适性怡情；淡泊是高风，太枯则无以济人利物。　　　　　　　——洪应明

事不可易成，名不可易得，福不可易享。　　　　　　——徐祯稷

药石一时苦，饧饴后日灾。
　　　　　　　　　　　——陈确

当人达到目的或有保证能达到目的

116 ｜ 名言佳句

时，一切辛苦都比休息更适意。

——赫拉克利特

谁不想沦为双目晶莹的饥汉，谁就应该积蓄；因为只有不嫌少，日积月累，钱才能由少变多。 ——赫西奥德

知道什么时候该花钱，什么时候该节约，你就不必整天忙忙碌碌，也就永远不会变成穷光蛋。 ——托·富勒

任意的浪费必然导致令人苦恼的匮乏。 ——托·富勒

不聚小钱的人永远得不到大钱。

——查理二世

生活要讲俭朴，免得落个贫穷潦倒的结局；许多细账加起来往往是一笔可观的财富。 ——罗·赫里克

节俭是哲学家的基石。

——托·富勒

勤俭固然是好事，但该慷慨的还得慷慨。因为勤俭可以避免不必要的开支，慷慨可以让这些钱去为手头拮据的人谋利。没有慷慨的勤俭会使人贪得无厌；没有勤俭的慷慨会使人挥金如土。

——佩恩

挣了钱却不知道节省的人只能劳累终生。 ——切斯特菲尔德

财迷精心致力于积聚他自己诚然享受不到的钱物，这是不可思议的；浪子挥金如土去追逐他断然不应奢求的富贵，这不也是不可思议的吗？——蒲柏

如果你的孩子懂得积攒东西，你千万别去泼冷水；把一分分钱攒起来，而不是用来买蛋糕，这样的孩子至少不

是馋嘴子。
——塞缪尔·约翰逊

节俭是一门艺术，它能使人最大限度地享用生活。热爱节俭是一切美德的根本。
——萧伯纳

傻瓜随随便便花掉一分钱，聪明人却把它攒起来。 ——富兰克林

获取你能获取的，保住你所拥有的；这就是能使你所有的船变成金子的砥石。
——富兰克林

对从未享受过的奢侈品，人们可以没有，但一旦得到之后，人的本性决定了他不可能自愿将其放弃。

——哈里勃尔顿

与其大手大脚临了向人乞讨，不如省吃俭用而求终年暖饱。——富兰克林

管家犹如治国，需要很多学问，但从中人们也能学到很多知识。

——爱默生

在创业时期中必须靠自己打出一条生路来，艰苦困难即此一条生路上必须之途径，一旦相遇，除迎头搏击外无他法，若畏缩退避，即等于自绝其前进。

——邹韬奋

幼稚不可免，困难不可怕，最最重要的是脚踏实地地学习，勤修苦练，持之以恒。 ——夏衍

当一个人用工作去迎接光明，光明很快就会来照耀着他。 ——冯雪峰

勤能补拙是良训，一分辛苦一分才。 ——华罗庚

清贫、洁白朴素的生活，正是我们

革命者能够战胜许多困难的地方。

——方志敏

科学有险阻，苦战能过关。

——叶剑英

榜上无名，脚下有路。——严文井

潜藏于自身的奢侈、愚昧和邪念是我们斗争的大敌。 ——西塞罗

守财并不比聚财轻松，因为后者靠的是运气，而前者则要求有本领。

——奥维德

节俭中蕴藏着一切美德。

——西塞罗

当囊空如洗时才开始节约就为时太晚了。 ——塞内加

节约是避免不必要开支的科学，是合理安排我们财富的艺术。——塞内加

保住一件东西和搞到一件东西同样费劲。 ——乔叟

28. 爱国——天下兴亡，匹夫有责

热爱祖国，这是一种最纯洁、最敏锐、最高尚、最强烈、最温柔、最有情、最温存、最严酷的感情。一个真正热爱祖国的人，在各个方面都是一个真正的人。 ——苏霍姆林斯基

为了国家的利益，使自己的一生变为有用的一生，纵然只能效绵薄之力，我也会热血沸腾。

——果戈理

为祖国倒下的人，他的死是光荣的。 ——荷马

黄金诚然是宝贵的，但是生气勃勃、勇敢的爱国者却比黄金更为宝贵。

——林肯

真正的爱国主义不应该表现在漂亮话上，而应该表现在为祖国谋福利、为人民谋福利上。 ——杜博罗留波夫

我重视自己的祖国，甚于自己的生命和我所珍爱的儿子。 ——莎士比亚

人类最高的道德是什么？那就是爱国心。 ——拿破仑

宁做流浪汉，不当亡国奴。

——丰子恺

爱国是文明人的首要美德。

——拿破仑

真理决不能和祖国分开。这两种事业是合二为一的。 ——罗曼·罗兰

科学没有国界，但科学家有祖国。

——巴斯德

再没有比保卫祖国的和平与庄严更为普通更为正当的事业了。 ——蒙田

谁不属于自己的祖国，那么他就不属于人类。 ——别林斯基

我们的祖国是我们所有人共同的生身父母。 ——西塞罗

爱祖国，为祖国的前途而奋斗，是时代赋予我们的神圣职责。——苏步青

锦绣河山收拾好，万民尽做主人翁。 ——朱德

我唯一的遗憾是，我只有一个生命奉献给祖国。
————内森·黑尔

对于所有有良心的人来说，祖国是多么可亲啊！
————伏尔泰

一个人只要热爱自己的祖国，有一颗爱国之心，就什么事情都能解决。什么苦楚，什么冤屈都受得了。
————冰心

能够献身于自己祖国的事业，就是牺牲生命，也在所不惜，这就是报国的大义。
————福泽谕吉

蓬勃、勇敢的爱国者却比黄金更为宝贵。
————卡尔·桑德堡

一个人，只有热爱、珍惜并尊重自己祖先积累和保存下来的一切东西，才可能成为一个真正的爱国主义者。
————米哈尔科夫

只有热爱祖国，痛心祖国所受的严重苦难，憎恨敌人，这才给了我们参加斗争和取得胜利的力量。
————阿·托尔斯泰

我是你的，我的祖国！都是你的，我的这心这灵魂；假如我不爱你，我的祖国，我能爱哪一个人？————裴多菲

爱国主义的力量多么伟大呀！在它面前，人的爱生之念，畏苦之情，算得是什么呢！在它面前，人本身也算得是什么呢！————车尔尼雪夫斯基

愿得此身长报国，何须生入玉门关。
————戴叔伦

力争使祖国变得更加美好的人才是最爱国的。
————英格索尔

常思奋不顾身，而殉国家之急。
————司马迁

我愿用我生命的全部，从事研究科学，来贡献给生育我栽培我的祖国和人民。
————巴甫洛夫

为祖国而死，那是最美的命运啊！
————大仲马

有一种荣誉堪称罕见的最高荣誉，即为祖国的利益不怕危险、不惜捐躯。
————培根

我无论做什么，始终在想着，只要我的精力允许我的话，我就要首先为我的祖国服务。
————巴甫洛夫

在我所从事的艺术上，我的功绩虽微不足道，我心中对祖国的热爱却永远强烈；而我热诚地希望，在我力所能及的范围内，为了祖国的光荣而有所作为。
————威尔第

我很幸福，因为我能用自己的艺术、自己的社会活动为我们伟大的人民，为我们可爱的祖国服务。
————肖斯塔科维奇

一个民族不仅通过它所造就的人，也通过它给予荣誉的人和它所铭记的人展示自己。
————约翰·肯尼迪

每一个伟大人物的历史意义，是以他对祖国的功勋来衡量，他的人品是以

他的爱国行为来衡量。

　　　　　　——车尔尼雪夫斯基

　　连祖国都不爱的人，是什么也不会爱的。　　　　　　——拜伦

　　祖国的尊严高于一切，人民的利益重于一切，为了祖国和人民，我愿意献出一切。　　　　　　——刘成乾

　　我们要把心灵里的美丽的激情献给祖国。　　　　　　——普希金

　　祖国重于生命，是我们的母亲，我们的土地。　　　　　　——居里夫人

　　我死国生，我死犹荣，身虽死精神长生，成功成仁，实现大同。

　　　　　　——赵博生

　　国人无爱国心者，其国恒亡。

　　　　　　——李大钊

　　祖国！只要你有祖国，你就有财富，你就有力量，大家都需要你。

　　　　　　——冈察尔

　　祖国，这个字眼包含着多少魅力啊！她是指引巡礼者的明星，使之免于跌进深渊。　　　　——里·帕尔玛

　　我们生活中最宝贵的，就是祖国、亲爱的人民、可爱的国家。

　　　　　　——苏霍姆林斯基

　　爱国主义深深扎根于人的本能和感情之中。爱国之情则是放大了的孝心。

　　　　　　——戴·达·菲尔德

　　那些背弃祖国、投奔异邦的人，既不受异邦人的尊敬，又为同胞所唾弃。

　　　　　　——伊索

29. 奉献——毫不利己，专门利人

　　芸芸众生，孰不爱生？爱生之极，进而爱群。　　　　　　——秋瑾

　　生活中的主要意义不是你做什么，而是你为别人做什么。　　——勃朗琼

　　我没有别的东西奉献，唯有辛劳、泪水和血汗。　　——温·丘吉尔

　　人只有献身于社会，才能找出那短暂而又有风险的生命的意义。

　　　　　　——爱因斯坦

　　历史把那些为了广大的目标而工作，因而使自己变得高尚的人看作伟大的人；经验则把使最大多数人幸福的人称赞为最幸福的人。　　——马克思

　　如果人仅仅为自己劳动，也许他能够成为著名的学者、伟大的智者、卓越的诗人，但是他永远也不能成为真正完善和真正伟大的人。　　——马克思

　　你不只从生活中汲取，还要向生活贡献。　　　　　——巴士卡里雅

　　一棵树怎么样，要看它的果实；一个人怎么样，要看他的贡献。只有猪和各种其他动物才认为，活着就是全部的事业。可对一个人来说，活着是为了行动、做事和为人民造福！

　　　　——格里戈里·麦登斯基

　　人最宝贵的是生命。生命只有一次。人的一生应当这样度过：当回忆往事的时候，他不会因为虚度年华而悔

恨，也不会因为碌碌无为而羞愧；在临死的时候，他能够说："我的整个生命和全部精力，都已经献给了世界上最壮丽的事业——为人类的解放而斗争。"

——奥斯特洛夫斯基

记住：人们的生活动力是思想信仰和社会利益。 ——亚·索尔仁尼琴

在人生的服务中，牺牲成为美德。

——爱因斯坦

要找出来我值多少，那是别人的事情。主要的是能够献出自己。

——屠格涅夫

我们的生命是天赋的，我们唯有献出生命，才能得到生命。 ——泰戈尔

我每天上百次地提醒自己：我的精神生活和物质生活都依靠着别人（包括生者和死者）的劳动，我必须尽力以同样的分量来报偿我所领受了的和至今还在领受着的东西。 ——爱因斯坦

上天生下我们，是要把我们当作火炬，不是照亮自己，而是普照世界；因为我们的德行倘不能推及他人，那就等于没有一样 ——莎士比亚

一个人光溜溜地到这个世界来，最后光溜溜地离开这个世界而去，彻底想起来，名利都是身外物，只有尽一人的心力，使社会上的人多得他工作的裨益，是人生最愉快的事情。——邹韬奋

我觉得，只有人类在由衷的感谢下生出的报效之心，才是地球上最美好的东西。 ——武者小路实笃

我所以坚持我们的贡献，我所以一

再坚持我们的贡献，那是因为，只有这种看法，才能在世界上有权利赢得人类的同情。 ——罗丹

人需要一颗牺牲自己私利的心。

——屠格涅夫

对人来说，最大的欢乐、最大的幸福是把自己的精神力量奉献给他人。

——苏霍姆林斯基

无论动物、植物或是没有生命的物质，上天赋予的生命，就是要为人类的繁荣、和平与幸福而奉献。

——松下幸之助

拯救不幸者，造福于社会—— 作为社会存在的人，自然人同此心。具有这种社会自觉性的人，才是名副其实的现代人。 ——池田大作

人类牺牲的价值，有比生命还要贵重的，就是真理和名誉。 ——孙中山

人们向命运要求的是幸福、成功、富裕，但是，最富有的不是那些收获最多的人，恰恰相反，是那些把自身慷慨地贡献给别人的人。 ——列昂诺夫

在花中采蜜，是蜜蜂的娱乐；但将蜜汁送给蜜蜂，也是花的快乐。

——纪伯伦

贤明的人首先关心的是大家的利益，然后才是个人的利益，因为每一种利益都属于整个的人类，而不属于其中的某一个人。 ——卢梭

我不能只要有所得，也要有所贡献。 ——罗斯福

我们来到世界上，是为生活增添我

们所能做的东西，而不是为了从生活中得到所能取走的一切。　　——奥斯勒

我们在严肃地追求人生理想的时候，爱，作为在价值背后给价值以支持、使价值得以实现的力量是不可缺少的。　　——今道友信

生命的用途并不在长短而在我们怎样利用它。许多人活的日子并不多，却活了很长久。　　——蒙田

人的生命是有限的，可是，为人民服务是无限的，我要把有限的生命，投入到无限的为人民服务之中去。

——雷锋

奉献乃是生活的真实意义。假如我们在今日检视我们从祖先手里接下来的遗物，我们将会看到什么？他们留下来的东西，都是他们对人类生活的贡献。

——阿德勒

如果有一天，我能够对我的公共利益有所贡献，我就会认为自己是世界上最幸福的人了。　　——果戈理

当你往前走的时候，要一路撒下花朵，因为同样的道路你决不会再走第二回。　　——欧文

你们在开始一天生活的时候应该提醒自己去爱他人，应该努力去发现世间美好的事物，那么，从外界的反映中，你将发现一个可爱的自我。假如在你即将离开人世的时候，身边没有一个人紧紧握住你的手，这说明你在一生中未曾伸出友爱之手去帮助他人。

——巴斯凯利亚

人心公则如烛，四方上下，无所不照。　　——薛文清

给予是能使人产生优越感的。

——雨果

我更需要的是给予，不是收受。

——泰戈尔

你自己和你所有的一切，倘不拿出来贡献于人世，仅仅一个人独善其身，那实在是一种浪费。　　——莎士比亚

一个人无论有着什么奇才异能，倘若不把那种才能传达到别人的身上，他就等于一无所有。　　——莎士比亚

人当活在真理和自我奉献里。

——庞陀彼丹

在人生的黄昏时，一代不幸的人在摸索徘徊；有些人在斗争中死去；有些人堕入深渊；种种机缘，希望和仇恨冲击着那些被偏见束缚着的人；在那黑暗泥泞的道路上同样也走着那些给人点亮灯光的人，每一个头上举着火种的人尽管没有人承认他的价值，但他总是默默地生活着、劳动着，然后像影子一样消失。　　——普鲁斯

生命的多少用时间计算，生命的价值用贡献计算。　　——裴多菲

凡可以献上我的全身的事，决不献上一只手。　　——狄更斯

只要能培一朵花，就不妨做做会朽的腐草。　　——鲁迅

培养人是无偿的奉献。

——岛山芳雄

点燃蜡烛照亮他人者，也不会给自己带来黑暗。 ——杰弗逊

落红不是无情物，化作春泥更护花。 ——龚自珍

要做一个寒天送炭，在痛苦中送安慰的人。 ——巴金

我活在这世界上，不是为了自己的生命的，而是来保护世人的心灵的。

——雨果

埋在地下的树根使树枝产生果实，却并不要求什么报酬。 ——泰戈尔

真正的信仰是人们根据理智和知识，与他周围无限的生活所建立的一种关系，这种关系把他的生命同那无限结合在一起，并指导他的行动。

——艾尔默·莫德

我好像一头牛，吃的是草，挤出的是牛奶、血。 ——鲁迅

我甘愿当作"人梯"，让青年一代蹬着我的肩膀，攀登世界科学技术的高峰。 ——华罗庚

建立不是建造建筑，竖立雕像，或在神圣节日里表演悲剧。这种建立是奉献和赞美。 ——M.海德格尔

即使一颗流星，也要把光留给人间，把一切奉献给人民。 ——张海迪

只要我还在世一天，就要吐丝；但愿我吐的丝，能替人间增加哪怕一丝温暖。 ——朱光潜

造福人群，是一件光荣的事情，假如不但福利普及于更大多数的人，而且受惠者有更大的乐趣，那就被视为更可贵。譬如一个医生，假如他不但使许多人恢复了健康，而且治病时不会令人痛苦，而又使用可口药物，他就被视为更高明。

——特里西诺

正确的道路，乃是那条要求你在个人利益上做出最大牺牲，对别人有最大好处的道路。 ——夏洛蒂·勃朗特

人的价值存在于平凡事业之中，而且在日常生活中得到升华，它的凝聚点体现了一个人的全部人格、情操。

——铃木健二

个人的生命只有当它用来使一切有生命的东西都生活得更高尚、更优美时才有意义。生命是神圣的，也就是说它的价值最高，对于它，其他一切价值都是次一等的。 ——爱因斯坦

人类美的理想——这就是具有广阔、热情胸怀的人，这样的人能真正地爱人，对他们来说，爱——就意味着把自己丰富的心灵奉献给最可爱的人。

——苏霍姆林斯基

所谓英雄不是指那些为个人目的、为取得成就而进行斗争的人，而是指那些为整体，为生活本身进行斗争的人。谁逃避由于害怕孤独而引起的斗争，谁就是战胜者……只有诚实的人，才知道真正的英雄主义……世界上只有一种英雄主义，这就是要认识生活，而且还要热爱生活。

——茨威格

完善自我

　　静坐常思己过，闲谈莫论人非。人来源于自然，归于自然，生活在社会这个群体中，无时无刻都处于被别人评论中。每个人都有自己的见地，不可强求。我们不能改变别人，但我们能更好地完善自我。

　　自古以来，有多少豪人壮举，三过其门而不入的夏禹；三顾茅庐的刘备；成也萧何，败也萧何的萧何；明修栈道，暗度陈仓的韩信；长风破浪的宗悫……虽然不能名存千古，最起码尽善尽美，做个受欢迎的人。生活，是一本教科书，很多时候，身边的环境，并不尽如人意，在困境中更需要学会欣赏自己、坚信自己、肯定自己、鼓励自己，这样就会发现，其实生命将会焕发新的生机，让生命的每时每刻，都能做一个全新的自己、一个敢于挑战的自己、一个生命飞扬的自己。

30. 个性——日常生活的食盐

　　每个人都有三种特性：一种是他显露出来的，一种是他所具备的，另一种是他自以为拥有的。　　——卡尔

　　欲望加以训练便是个性的背景。
　　　　　　　　　　　　——洛克

　　个性是由境遇造出来的。用相同的材料，有人造出了宫殿，有人却建成了陋室。　　　　　　　　——刘易斯

　　一个人的个性应该像岩石一样坚固，因为所有的东西都建筑在它上面。
　　　　　　　　　　　　——屠格涅夫

　　没有个性，人类的伟大就不存在了。　　　　　　　　　——萨特

　　没有个性的文化是一种使人感到注定毁灭的悲剧性变化。——罗曼·罗兰

　　我谁也不模仿。我不会像奴隶似的跟着时尚走。我只要看上去就像我自己，非我莫属。　　——索菲娅·罗兰

　　个性就是差别，差别就是创造。
　　　　　　　　　　　　——爱迪生

　　玫瑰正因为有刺，才在阳光下尽情地开放。　　　　　　　——易卜生

　　一切都不曾重复，一切都独一无二。　　　　　　——龚古尔兄弟

　　一个人在描述他人的个性时，其自身的个性却暴露无遗。　　——李斯特

　　每个人都有他的隐藏的精华，和任何人的精华不同，它使人具有自己的气味。
　　　　　　　　　　——罗曼·罗兰

让个性充分发展，使现实在个人方面获得成长的要求，会使人类生活更丰盈、更鲜活。

——奥锉

"创造者风格"更倾向于与众不同地做事，而"适应者风格"更喜欢出类拔萃地做事。

——苏伦斯

拙劣的艺术家永远戴别人的眼镜。

——罗丹

只有当人感到自己已接受了赐予时，他才能自由地奉献自己的天赋。

——大卫·维斯各特

即使一个人天分再高，如果他不艰苦操劳，他不仅不会做出大的事业，就是平凡的成绩也不可能得到。

——柴可夫斯基

人在其智慧的深处具有一种独特的隐秘的感觉，即美的感觉，借助于它，人能领悟艺术。

——圣一桑

人，就是一条河，河里的水流到哪里都还是水，这是无异议的。但是，河有狭、有宽、有平静、有清澈、有冰冷、有浑浊、有温暖等现象，而人也一样。

——列夫·托尔斯泰

个人主义是一剂致命的毒药，而个性却是日常生活的食盐。

——亨·范戴克

为了想和别人一样而苦恼，是无济于事的。你是一个新人，在过去的历史里，没有和你完全相同的人存在。在今

后的世界上，也绝不会出现和你完全相同的人。

——卡耐基

模仿者是没有个性的，因为个性恰好在于思想方式的独创性，它的行为举止汲取的是由它自己所开辟的源泉。

——康德

对一个人来说，真正重要的不是他的背景、他的肤色、他的种族，或是他的宗教信仰，而是他的性格。

——尼克松

要测量一个人真实的个性，只需观察他认为无人发现时的所作所为。

——麦考莱

个性的造就由婴孩时代开始，一直继续到老死。　　——艾琳诺·罗斯福

天性的影响力大于教育。

——伏尔泰

你不能凭梦想形成自己的个性，你一定要千锤百炼为自己构成个性。

——夫鲁德

个性像白纸，一经污染，便永不能再如以前的洁白。　　——黑格尔

良好的个性胜过卓越的才智。

——爱迪生

人们生而平等，但又生来个性各有千秋。　　——弗洛姆

专心致志是个性的唯一基础，同样也是才干的唯一基础。　　——爱默生

教育的目的是培养人的个性。

——斯宾塞

个性的全面发展意味着精神丰富、道德纯洁和体魄完美在个性中的和谐的

结合。 ——赞科夫

个性的生活在社会中，好比鱼在水里，时时要求相适应。 ——瞿秋白

思想就是力量。个性的力量也是无比的。两者结合在一起，人就能创造出历史。 ——亨利·詹姆斯

作为个人来讲，只有发挥自己的个性，才能明确自己存在的理由，才会感到生活的意义。 ——大松博文

个性是一个人的最大的需要和最大的保障。 ——斯宾塞

知教育者，与其守成法，毋宁尚自然；与其求划一，毋宁展个性。 ——蔡元培

一个人的悲剧，往往是个性造成的；一个家庭的悲剧，更往往是个性的产物。 ——柏杨

假如世界上的人都是一样的脸，我必不愿见人。 ——冰心

不要无事讨烦恼，不作无谓的希求，不作无端的伤感，而是要奋勉自强，保持自己的个性。 ——德莱塞

每个人都有自己的特点，没有两个人一样：真是人跟人各异，石头跟石头不同。然而大家合在一起，就成了相互交织在一起的群英谱。 ——富尔曼诺夫

我们不必羡慕他人的才能，也不必悲叹自己的平庸；各人都有他的个性魅力。最重要的，就是认识自己的个性，而加以发展。 ——松下幸之助

31. 自我——走自己的路

说到底，人生是一场比赛。你必须取胜。 ——池田大作

只有那不惧艰险在风浪中英勇搏击的人，才能领悟大海的奥妙。

——朗费罗

我早已致力于我决心保持的东西。我将沿着自己的路走下去，什么也无法阻止我对它的追求。 ——康德

当学者被迫以事实和信念去迎合一个权威的教义的需要时，科学便被出卖了。 ——布·马林诺夫斯基

老的哲学说了解你自己，新的哲学说改进你自己。

——爱德华·乔治·布尔沃

每个人都应该坚持走他为自己开辟的道路，不被权威所吓倒，不受行时的观点所牵制，也不被时尚所迷惑。

——歌德

世界上最使我们感到羞耻的莫过于不能表现我们自身；最使我们感到骄傲和幸福的也莫过于想说和做我们自己要想、要说、要做的事。 ——弗罗姆

只讲自己不讲别人，只讲主观不讲客观，只讲内因不讲外因。 ——佚名

朋友是另一个自己。 ——西塞罗

社会就像一面镜子，你对它笑笑，它也不会对你愁眉苦脸。 ——董秀蕾

你爱蓝天，蓝天就为你享有；你爱鲜花，花儿就向你展现千姿百娇；你呼唤生活，生活就对你微笑；你为人世增

添光明，太阳就为你高照。——陈祖芬

我纵然是爱你，这对你有什么相干！　　——斯宾诺莎

我喜欢做今天的人。

——武者小路实笃

这个人很快乐，也只有他能快乐，因为他能把今天称之为自己的一天；他在今天里能感到安全，能够说："不管明天会怎么糟，我已经过了今天。"

——卡耐基

给你赞扬的人——在被赞扬的时候，只要想着，你并没有走在自己的路上，而是处在别人的路上。——尼采

一个人赚得了整个世界，却丧失了自我，又有何益？　　——耶稣

一个健全的头脑是既不能买到，也不能借到的。如果这也出售，我怀疑能够找到买主。但不健全的头脑却每天都在被人购买着。

——塞涅卡

危急之际，唯有专靠自己，不靠他人为老实主意。　　——曾国藩

他们把思考交付给他人，就不会走自己的路了。　　——弗兰西斯·培根

倘若你把整个世界弄到手，却丢了"自我"，那就等于把王冠扣在苦笑着的骷髅上。　　——易卜生

月亮虽好，但萤火虫更好。

——赵鑫珊

实际上，我们绝大多数人都有可能比现实中的自己更伟大。——马斯洛

在所有缺点中，最无可救药的是轻视我们自己。　　——蒙田

只要你不跪下，你永远不比别人矮。　　——杨蓉

生活里是没有旁观者的。

——伏契克

人就是人的上帝。

——开西里乌斯·斯塔里乌斯

天生我材必有用。　　——李白

我的脑子很简单，只有一个概念：我能成！我一定能学成。——袁世海

在人生舞台上，只有上帝和天使才能当观众。　　——弗兰西斯·培根

我应该比较而且应该超过的不是别人，正是我自己。　　——帕瓦罗蒂

最伟大的胜利——就是战胜自己。

——高尔基

成功靠运气，失败在自己。

——歌德

要用自己的脚走路。　　——爱默生

做自己的主人。　　——拿破仑

愿意的人，由命运领着走；不愿意的人，由命运拖着走。　　——塞涅卡

我们不可能改变整个世界，但却可以改变我们自己。　　——莫爱智

人，只怕自己倒，别人骂不倒。

——郭沫若

在世界上你只有一个敌人——就是你自己。　　——艾森豪威尔

尽量宽恕别人，而决不要原谅自己。　　——贺拉斯

你首先当原告，然后做法官，最后才做辩护师。有时候必须对自己严厉些。　　——塞涅卡

真正的救助还是自助。 ——尼采

整个自我应具备对立的能力。

——瓦雷里

走自己的路，让人家去说吧！

——但丁

唯有敢于孤独者，最强大，也最具
有挑战性。

——何新

32. 自尊——恢宏志士之气

恢宏志士之气，不宜妄自菲薄。

——诸葛亮

楚兰生于深林，不以无人而不劳；
君子修道立德，不以穷困而变节。

——子路

愿中国青年都摆脱冷气，只是向上
走，不必听自暴自弃者之流的话。

——鲁迅

懦弱愚蠢的人才好激动和大吵嚷，
聪明强干的人什么时候都应保持自己的
尊严。 ——谢尔盖·耶维奇

我们绝不去依附那些衣冠楚楚的伪
君子来保护自己的清白。 ——泰戈尔

若我们仅仅如困兽之于樊笼的无视
自身的价值，那太轻视自己了。

——贝纳勉特

任何人都不许轻视自己及其人生。

——奥铿

人受到震动有种种不同，有的是在
脊椎骨上，有的是在神经上，有的是在
道德感受上；而最强烈、最持久的则是
在个人尊严上。 ——高尔斯华绥

自暴自弃，是一条永远腐蚀和啃啮
心灵的毒蛇，它吸取着心灵的新鲜
血液，并在其中注入厌世和绝望的
毒液。 ——马克思

自重、自觉、自制，此三者可以引
致生命的崇高境域。 ——丁尼生

对人来说，最最重要的东西是
尊严。 ——普列姆昌德

最野蛮的是轻蔑自己。 ——蒙田

在战场上，一个人有时会战胜一千
个人，但能够战胜自己的人，才是最伟
大的胜利者。 ——尼赫鲁

每一个正直的人都应该维护自己的
尊严。 ——卢梭

如果你想受人尊敬，那么首要的一
点是你得尊敬你自己；只有这样，只有
自我尊敬，你才能赢得别人的尊敬。

——陀思妥耶夫斯基

谁自尊，谁就会得到尊重。

——巴尔扎克

自尊是我们保存之工具，它类似物
种永存的工具，它是必需的，它对我们
是可贵的，它给我们快乐，它必须隐藏
起来。 ——伏尔泰

任何人都应该有自尊心、自信心、
独立性，不然就是奴才。但自尊不是轻
人，自信不是自满，独立不是孤立。

——徐特立

产生自尊心的是理性，而加强自尊

心的则是思考。 ——卢梭

一个人的自尊自重是克服万恶的首要条件。 ——培根

没有自尊心的人是渺小的，自尊心——这是可以用来推动地球的阿基米德杠杆，但是同时，只有像骑手善于驾驭马那样善于控制自己的自尊心的人，才配得上人的称号。 ——屠格涅夫

无论是别人在眼前或者自己单独的时候，都不要做一点卑劣的事情：最要紧的是自尊。 ——毕达哥拉斯

我从未廉价出卖过自己。我从来都不用别人的标准来衡量自己。 ——索菲娅·罗兰

我宁愿一下子牺牲自己的生命，也不愿意把它减价为零。 ——巴尔扎克

任何人都厌恶受人摆布，被人驱使，而希望能自主行动；同时更盼望别人能尊重自己。 ——卡耐基

自尊，迄今为止一直是少数人所必备的一种德行。凡是在权力不平等的地方，它都不可能在服从于其他人统治的那些人的身上找到。 ——罗素

要让我们成名而顺应一些条件，我宁愿把希望成功的强烈愿望扼杀于襁褓之中，同时也克制住那正直的自豪和他哺养的纯洁：我宁愿放弃现实的利益而求得自尊。 ——罗曼·罗兰

自尊自爱，作为一种力求完善的动力，却是一切伟大事业的渊源。 ——屠格涅夫

责任感是自尊的天然伴侣。 ——阿纳托里·费迪

高度的自尊心不是骄傲、自大或缺乏自我批评精神的同义词。自尊心强的人不是认为自己比别人优越，而只是对自己有信心，相信自己能够克服自己的缺点。 ——科恩

自我尊重在人际交往和社会生活中极为重要。它可以增加一个人的应付能力和技巧，帮助一个人获得最大限度的力量。 ——朱利叶斯·法斯特

抱怨会有损尊严，我不怨天恨地。 ——何塞·马蒂

人们不必去维护尊严，而要让尊严去维护人。 ——爱默生

人应该谦逊，但不能自卑。 ——桃乐丝·卡耐基

自尊心是多数美德的源泉，而虚荣心几乎是所有恶德恶癖的源泉。 ——桑弗

自尊心是一个人品德的基础。若失去了自尊心，一个人的品德就会瓦解。 ——斯达尔夫人

一个人能否有成就，只看他是否具备自尊心与自信心两个条件。 ——苏格拉底

在影响学生的内心世界时不应挫败他们心灵中最敏感的一个角落——人的自尊心。 ——苏霍姆林斯基

自信心与自尊心是相辅相成的，没有自尊心的人，绝不会有自信心。 ——毛姆

自重是一个人可穿着的最华贵的衣饰，它能激起人们最高尚的情感。

——斯迈尔斯

没有自尊心的人，即近于自卑。

——莎士比亚

人的尊严可用一句话来概括：即他的信念比金钱、地位、权势，甚至比生命都更有价值。 ——海卡尔

自尊心是那样地对我们灌输嫉妒心。但它也经常起到缓和嫉妒心的作用。 ——拉罗什富科

我相信你，我的灵魂，但我绝不使别人向你屈尊，你也不应该对别人自低身份。 ——惠特曼

唯一真正的那种尊严，就是不会因他人的漠视而有所减损的尊严。

——哈利法克斯

不要让一个人去守卫他的尊严而应让他的尊严来守卫他。 ——爱默生

也许人类最真实的尊严就是能够轻视自我。 ——桑塔亚那

生命的尊严正是超越等价物的一切事物的基点。 ——池田大作

因自尊心受损而萌发的怒气是冥顽的，直到最终也减退不了半分。

——桑塔亚那

如果还有点自尊心，就不应该由于疏懒或者忠厚而置人身侮辱和诽谤于不顾。 ——普希金

自敬，则人敬之；自慢，则人慢之。 ——朱熹

一个自重的人恰似身着盔甲，任何东西都无法将它戳穿。 ——朗费罗

自尊心是进步之母，自贱心是堕落之源，故自尊心不可无，自贱心不可有。 ——邹韬奋

自尊并不是自我夸大，唯我独尊。自信也不是只信自己，固执己见，走向刚愎自用的道路上去；也不是专信别人，没有耳骨骼，没有定见，走向盲从逢迎的道路上去。 ——华盛顿

如果你不爱自己，你将永远不会去爱他人。一个人不可能完美无缺，但这并不等于说他无足轻重。每个人都有一些别人所不具备的东西。——巴斯克里

珍视思想的人，必然珍视自己的尊严。 ——苏霍姆林斯基

有人认为自卑感始于比较。但这种自卑感大多都不是理智地判断自己和他人在哪一点上，怎样不如他人，而是从茫然的比较中产生的。 ——宫城音弥

33. 自律——先自律然后人恒敬之

应该学会克制自己。克制，才能达到谅解，萌发友谊和感情。 ——范泽

以人为鉴，明白非常，是使人能够反省的妙法。 ——鲁迅

我憎恶那些拿了鞭子，专门鞭打别人的人们。 ——鲁迅

一个人太容易满足固然不行，太不知足而引起许多不现实的幻想也是不健全的。

——傅雷

自我批评，这是一所严酷的培养良心的学校。　　——罗曼·罗兰

要经常跟自己打官司。——谢觉哉

我的确时时解剖别人，然而更多的是更无情面地解剖我自己。　——鲁迅

反省是一面莹澈的镜子，它可以照见心灵上的脏污。
　　——高尔基

天下无万能的人，人贵有自知之明。
　　——邹韬奋

我们倒不怕承认自身的"弱"，越知道自身弱在哪里，越好在各人自己的岗位上来尽力加强它。　——闻一多

要找出时间来考虑一下，一天中做了些什么：是正号还是负号。假如是正号——很好。假如是负号，那就采取措施。　——季米特洛夫

哪怕对自己的一点小小的克制，也会使人变得强而有力。　——高尔基

有了自制力，就不会向人翻脸，或暴露出足以引起不幸的弱点来。
　　——莱特

轻财足以聚人，律己足以服人，贵宽足以得人，身先足以率人。
　　——高攀龙

自尊，自治，自制，只有这三者才能把自己引向最尊贵的王国。
　　——丁尼生

能约束自己的人，最有威信。
　　——塞涅卡

测量一个人的力量的大小，应看他的自制力如何。
　　——但丁

能自制的人，就是最强有力的人。
　　——塞涅卡

要进行严厉的自我克制，因为这种克制本身就可以作为人的一种精神上的寄托。
　　——泰戈尔

一个人不能永远做一个英雄，但一个人能永远做一个人。　——歌德

最有智慧的人常常假装做傻瓜。
　　——林语堂

能命令自己的人就很快能命令别人。
　　——希翰

我有一种本领，可以把我对许多事物的感觉深藏不露，但遇到我比平常更敏感的时刻，如果有人激怒了我，我就会比别的任何人爆发得更猛烈。
　　——贝多芬

人必自侮，然后人侮之。——孟子
人必其自敬也，然后人敬之。
　　——扬雄

正己然后可以正物，自治然后可以治人。
　　——岳飞

34. 自信——成功的第一秘诀

自信，这是一切伟大事业的创业者所必须具备的首要品质。
　　——塞缪尔·约翰逊

一定要有自信的勇气，才会有工作的勇气。　——鲁迅

信心是力量的源泉。
　　——卡尔·桑德堡

信心是强大的力量。一个人失掉信

心，那就一切都完了。——毕尔文采夫

自信是一种感觉，有了这种感觉，人们才能怀着坚定的信心和希望，开始伟大而光荣的事业。——西塞罗

自信是成功的第一秘诀。
——爱默生

充分自信、完全自给的人是最幸福的。——西塞罗

有了信心，你就会在你严肃的献身生活中找到乐趣。——泰戈尔

一切的美德都包含在自我信赖里。
——爱默生

不论什么人，倘若要活动，必须自信他的活动是重要的、有益的。
——列夫·托尔斯泰

我们要以信心充实自己，就像我们每天以食物充实自己一样。——马尔兹

没有信心，人什么也不能做，甚至连一步都动不了。一个人相信他能做好这种或那种事情的信心越强，那么他把事情做好的可信程度就越大。
——乌申斯基

从普遍和深刻的意义上说：人，作为历史的创造者，他的基本行为的目的是什么呢？那就是自我肯定，捍卫自己创立的思想，获得解释事实意义的自由。——高尔基

信心是行为的父亲。你只要相信你的目标，就可以说你已经走了一半的路程了。——鲁多夫·洛克尔

我们应该警惕这一点，应该对自己事前经过深思熟虑得到的结论有坚定不移的信心，使自己有力量去克服那些令人动摇的一时的印象。——克劳塞维茨

一个人如果要像领袖那样克敌制胜，就必须相信自己。如果要像领袖那样自找苦吃，就必须相信自己的事业。只有自己相信自己，才能说服别人相信自己。——尼克松

自信心就是自己看得起自己，要自尊。卑己而尊人是不好的，尊己而卑人也是不好的。谦虚，如果是卑己而尊人，就非常要不得。谦虚应该建永恒的美和永恒的幸福。——别林斯基

自信是英雄的本质。——爱默生

自信是走向成功之路的第一步，缺乏自信是失败的主要原因。
——莎士比亚

自信和希望是青年的特权。
——大仲马

只要你能够自信，别人也就会相信你。——歌德

要有自信，然后全力以赴——假如具有这种观念，任何事情十之八九都能成功。——威尔逊

一个人如果有了迅速的判断力和坚决的自信力，他的机会之多，远非那犹豫不决、模棱两可的人可比拟。
——俾斯麦

我们应该有恒心，尤其是要有自信心。必须相信自己是有能力的，而且要

不惜任何代价把这种能力发挥出来。

——博宾斯卡

"不能"这个词只有在愚人的字典里才有。

——拿破仑

假如现在你碰到无从着手的困难，你应下定决心投入其中，如此，你原本认为不可能的事，也会变得可能了。只要你完全相信自己的能力，势必水到渠成。

——卡耐基

凡事总要有信心，老想着"行"。要做一件事，先就担心着："怕不行吧？"那你就没有勇气了。——盖叫天

我们的生活都不容易，但是那有什么关系？我们必须有恒心，尤其要有自信心！我们必须相信，我们的天赋是用来做某些事情的，无论代价多大，这些事情必须做到。

——居里夫人

缺乏自信与缺乏知识是同床共枕，如胶似漆般紧紧拥抱在一起的。一个充满自信的人，事业总是一帆风顺的，而没有自信心的人，可能永远不会踏入事业的"门槛"，因为自信心是远见之子，是由知识哺育的。

——小克尼利厄斯·凡德比尔

能自立者必有骨也。 ——李贽

只有满怀自信的人，才能在任何地方都怀着自信沉浸在生活中，并实现自己的意志。 ——高尔基

首先要敢于相信自己——自己和自己的内脏！谁不相信自己，谁必永远说谎。 ——尼采

自暴者，不可与有言也；自弃者，不可与有为也。 ——孟子

自觉心是进步之母，自贱心是堕落之源，故自觉心不可无，自贱心不可有。 ——邹韬奋

妄自菲薄是一条毒蛇，它永远啮噬着我们的心灵，吮吸着其中滋润生命的血液，注入厌世和绝望的毒液。

——马克思

信心，好像是电池中的电流一样，最忌随意糟蹋和浪费。

——利德尔·哈特

35. 习惯——习惯成自然

习惯形成性格，性格决定命运。

——凯恩斯

习惯如果不加抗拒，很快变成必需品。

——奥古斯丁

习惯的锁链起初总是微小得令人难以发觉，最终又强大得令人难以砸断。

——塞·约翰逊

不断重复的行为很快就会形成习惯；而当习惯继续下去，它就逐渐地获得力量。起初它可能只像蜘蛛网，很易戳破，但如果不予抗拒，它很快像铁索似的绑着我们。 ——爱德华兹

人往往服从于习惯，而不管其是否合理与正确。 ——帕斯卡

习惯是我坚强有力的偶像，我们都得臣服于它。 ——亚兰

拖延的习惯最能损害和降低人们做

事的努力。　　　——马尔顿

一个人的后半辈子均由习惯组成，而他的习惯却是在前半辈子养成的。

——陀思妥耶夫斯基

习惯正如在树皮上刻字，随着树木的成长，文字也会扩大。——斯迈尔斯

改变好习惯比改掉坏习惯容易得多，这是人生的一大悲哀。　——毛姆

习惯是人生的主宰，人们应该努力求得好习惯。　　　——培根

习惯一旦培养成功之后，便用不着借助记忆，很容易地很自然地就能发生作用了。　　　——洛克

如果能自由地掌握习惯，在人生中可以大有作为。　　　——三木清

在恶习的包袱下，真不知有多少崇高的事业甚至杰出的人物遭到了失败与堕落。　　　——乌申斯基

人应当支配习惯，而绝不是习惯支配人。一个人，不能去掉他的坏习惯，那简直一文不值。——奥斯特洛夫斯基

在儿童时期没有养成思想的习惯，将使他从此以后一生都没有思想的能力。　　　——卢梭

充满良好习惯的生活，才是合于"自然"的生活。　　　——梁实秋

少成若天性，习惯如自然。

——孔子

事实上一切教育都归结为养成儿童良好的习惯，往往自己的幸福归于自己的习惯。　　　——约翰·洛克

好习惯是一个人在社交场中所能穿着的最佳服饰。　　　——苏格拉底

在处世之道上，习惯胜于格言。习惯是活生生的格言，变为本能，成为血肉。　　　——阿密埃尔

习惯像霜一样重，像生命一样根蒂固，特别沉重地遮在你的前面。

——华兹华斯

坏习惯起先是一个陌生的访客，后来是一个熟友，最后变为与工作一同破裂了。　　　——欧利文

道德败坏在习惯形成时就已开始了。习惯是铁锈，侵蚀着钢铁的灵魂。

——罗曼·罗兰

事实上，教育便是一种早期的习惯。　　　——林肯

从小给儿童一定的习惯，以使之养成——实在不是一件小事。

——亚里士多德

令儿女养成一种勤勉的习惯，胜于留给他们一大笔财产。　——惠特利

人类的习惯譬如树上的叶子，这一张落了那一张又生了。　——但丁

不良的习惯会促使你走向求名、盈利和享乐的路上去。　——莎士比亚

好的习惯越多，生活越容易，抵抗引诱的力量也越强。　——詹姆斯

紧张是一种习惯，轻松也是一种习惯。坏习惯可以改掉，好习惯可以建立。　　　——卡耐基

起初我们造成习惯，后来习惯造成我们。　　　——王尔德

习惯真是一种顽强而伟大的力量，它可以主宰人生。因此，人自幼年就应通过教育，去建立一种良好的习惯。

——叶圣陶

习惯可能会贬损最辉煌杰出的天才。　　　——贝多芬

36. 勇敢——勇者无畏

勇者并不是蛮勇之谓：凡见义不为为非勇，欺凌弱小为非勇，贪图便宜，使乖取巧，自私自利皆为非勇。

——郁达夫

胜者靠的是勇气而不是力量。

——高尔基

勇敢是智慧和一定程度教养的必然结果。　　——列夫·托尔斯泰

勇敢者是到处有路可走的。

——陀思妥耶夫斯基

应当惊恐的时刻，是在不幸还能弥补之时。在它们不能完全弥补时，就应以勇气面对它们。　——丘吉尔

勇气是衡量灵魂大小的标准。

——卡内基

在劳动和创造的领域里，不要担心大胆鲁莽和奋不顾身。　——高尔基

只要是行为正当，那么勇气会使你获得一切。　　　——贝多芬

在大胆的行为面前，议论和争辩显得如此的贫乏可怜。　——惠特曼

敢于正视现实是有胆量的表现。

——爱默生

英勇是一种力量，但不是腿部和臀部的力量，而是心灵和灵魂的力量，这力量并不存在于战马和武器的价值之中，而是存在于我们自身之中。

——蒙田

伟大的胸怀，应该表现出这样的气概：用笑脸来迎接悲惨的厄运，用百倍的勇气来应付一切的不幸。　——鲁迅

勇气是人类最重要的一种特质，倘若有了勇气，人类其他的特质自然也就具备了。　　　　　——丘吉尔

勇敢是智慧和一定程度教养的必然结果。　　——列夫·托尔斯泰

勇气很有理由被当作人类德行之首，因为这种德行保证了所有其余德行。　　　　　——丘吉尔

勇敢，世界就会让步。如果有时候你被它打败了，不断地勇敢再勇敢，它就会屈服。　　　——萨克雷

一个勇士的成功常常会激励一代人的勤勉和勇敢。　——茨威格

勇敢加技术，就战无不胜。

——朱德

没有勇气驶到看不见海岸的地方，就不可能发现新的海洋。　——纪德

一个有勇气的人，也就是满怀信心的人。　　　　　——西塞罗

勇气是美德立足的基石。

——斯蒂文森

失去财富固属损失，失去朋友是更大的损失，而失去勇气则是损失一切。

——塞万提斯

太胆小是懦弱，太胆大是鲁莽，勇敢是适得其中。　　——塞万提斯

在每一个艺术家身上都有一颗勇敢的种子。没有它，就不能设想会有才能。　　——歌德

我们应该不仅把那对敌人取得胜利的人看作勇敢的人，而且也把那对自己的欲望取得胜利的人看作勇敢的人。
　　　　　　　——赫拉克利特

勇敢寓于灵魂之中，而不单凭一个强壮的躯体。　　——卡赞扎基

第一次吃螃蟹的人是很可佩服的，不是勇士谁敢去吃它呢？螃蟹有人吃，蜘蛛一定也有人吃过，不过不好吃，所以后人不吃了。像这种人我们当极端感谢的。　　　　　——鲁迅

一支由驯鹿所率领的狮军，是绝不可能再是狮军的。　　——拿破仑

真正勇敢的人，应当能够智慧地忍受最难堪的屈辱，不以身外的荣辱介怀，用息事宁人的态度避免无谓的横祸。　　　　——莎士比亚

勇气如爱情，需要希望来滋养。
　　　　　　　　——拿破仑

在劳动和创造的领域里，不要担心大胆鲁莽和奋不顾身。　——高尔基

人们常常是通过软弱而达到坚强，通过怯懦而达到勇敢。——拉罗什富科

凡是知道在恐怖的和危险的情况中怎样使自己行动得很好的人是勇敢的人，而且不能这样做的人是懦夫。
　　　　　　　　——苏格拉底

只有鼓起勇气才是办法！凡是无法逃避的事情，如果光害怕、着急，那只能算是幼稚、软弱。　——莎士比亚

勇敢，这不是说没有畏惧，而是要克服畏惧；是人为了崇高目的而掌握着自己的本能及情感。　——凯洛夫

说真实自然须有极大的勇气的；假如没有这勇气，而苟安于虚伪，那也便是不能开辟新的生路的人。　——鲁迅

对于人们来说，没有比犹豫不决更为难以忍受的事情。只要决定已经做出，人们就没有其他选择。不管遭受什么艰难困苦，哪怕不幸就要落在自己头上，也要勇往直前。　——波里比阿

世上如果还有真要活下去的人们，就应该敢说，敢笑，敢怒，敢骂，敢打，在这可诅咒的地方击退那可诅咒的时代。　　　　　　——鲁迅

勇气是年轻人最漂亮的装饰。
　　　　　　　　——雷马克

勇敢是人类美德的高峰。
　　　　　　　　——普希金

勇气是一架梯子，其他美德全靠它爬上去。　　　　　——卢斯

英勇精神是向往崇高目标的人的财产。　　——福尔多乌西

37.耐心——信心与坚韧的较量持久战

耐心是一切聪明才智的基础。
　　　　　　　　——柏拉图

耐心和恒心总会得到报酬的。

——爱因斯坦

无论何人，若是失去耐心，就是失去灵魂。——培根

要有耐心！不要依靠灵感。灵感是不存在的。艺术家的优良品质，无非是智慧、专心、真挚、意志。——罗丹

耐心和持久胜过激烈和狂热。

——拉·封丹

耐心是高尚的秉性，坚韧是伟大的气质。——詹·拉·洛威尔

咬定青山不放松，立根原在破岩中。千磨万击还坚劲，任尔东西南北风。——郑板桥

哪有斩不断的荆棘？哪有打不死的豺虎？哪有推不翻的山岳？你只须奋斗着，猛勇地奋斗着；持续着，永远地持续着，胜利就是你的了。——邓中夏

顽强的毅力可以征服世界上任何一座高峰。——狄更斯

耐心是希望的艺术。

——活文纳洛斯

忍耐是痛的，但是它的结果是甜蜜的。——卢梭

坚持对于勇气，正如轮子对于杠杆，那是支点的永恒更新。——雨果

青山遮不住，毕竟东流去。

——辛弃疾

大雪压青松，青松挺且直。要知松高洁，待到雪化时。——陈毅

伟大人物的最明显标志，就是他坚强的意志，不管环境变换到何种地步，

他的初衷与希望仍不会有丝毫的改变，而终于克服障碍，以达到期望的目的。

——爱迪生

顽强的毅力可以征服世界上任何一座高峰。——狄更斯

在科学上面是没有平坦的大路可走的，只有那在崎岖小路的攀登上不畏劳苦的人，才有希望到达光辉的顶点。——马克思

就是有九十九个困难，只要有一个坚强的意志就不是困难。——杨根思

困难只能吓倒懦夫懒汉，而胜利永远属于敢于攀登科学高峰的人。

——茅以升

我每看运动会时，常常这样想：优胜者固然可敬，但那虽然落后而仍非跑至终点不止的竞技者，和见了这样竞技者而肃然不笑的看客，乃正是中国将来的脊梁。——鲁迅

谁没有耐心，谁就没有智慧。

——萨迪

伟大的工作，并不是用力量而是用耐心去完成的。——约翰逊

历史的道路不是涅瓦大街上的人行道，它完全是在田野中前进的，有时穿过尘埃，有时穿过泥泞，有时横渡沼泽，有时行经丛林。

——车尔尼雪夫斯基

胜利属于最坚忍的人。——拿破仑

胜利的道路是迂回曲折的。像山间小径一样，这条路有时先折回来，然后伸向前去；像山间小径一样，走这条路

的人需要耐心和毅力。累了就歇在路边的人是不会得到胜利的。　——尼克松

人生恰恰像马拉松赛跑一样……只有坚持到最后的人，才能称为胜利者。
　　　　　　　　　　——池田大作

伟大的作品不是靠力量，而是靠坚持来完成的。　　　　——约翰逊

我有两个忠实的助手，一个是我的耐心，另一个就是我的双手。——蒙田

要从容地着手去做一件事，但一旦开始，就要坚持到底。　——比阿斯

要看日出必须守到拂晓。
　　　　　　　　　　　——司各特

一个人如果做事没有恒心，他是任何事也就很难成功的。　——牛顿

毅力是永久的享受。　——布莱克

在下决心以前，犹豫也许是必要的。然而，一旦下了决心，就应该一直往前走。　　　　　——石对达三

做事是否快捷，不在一时奋发，而在能否持久。　　　　——培根

"不耻最后。"即使慢，驰而不息，纵令落后，纵令失败，但一定可以达到他所向往的目标。　——鲁迅

跛足而不迷路，能赶过虽健步如飞但误入歧途的人。　　——培根

不经一番彻骨寒，哪得梅花扑鼻香。　　　　　　　——宋帆

不要失去信心，只要坚持不懈，就终会有成果的。　——钱学森

才气就是长期的坚持不懈。
　　　　　　　　　　　——福楼拜

常常是最后一把钥匙打开了门。
　　　　　　　　　　　　——佚名

斧头虽小，但经多次劈砍，终能将一棵最坚硬的橡树砍倒。——莎士比亚

人的全部本领无非是耐心和时间的混合物。　　　　——巴尔扎克

一辈子有耐心去做一件事，这个世界诱惑太多，这也想做那也想做，多路出击，最后一事无成。能沉下心来耐住寂寞做好一件事，这么简单的道理，也是很多人不懂的。　　——佚名

38. 恒心——滴水穿石

慎终如始，则无败事。　——老子

希言自然。故飘风不终朝，骤雨不终日。　　　　　　　——老子

无欲速，无见小利。欲速则不达，见小利则大事不成。　——孔子

南人有言曰："人而无恒，不可以作巫医。"善夫！不恒其德，或承之羞。　　　　　　　——孔子

善人，吾不得而见之矣；得见有恒者，斯可矣。亡而为有，虚而为盈，约而为泰，难乎有恒矣。　——孔子

居之无倦，行之以忠。　——孔子

无恒产而有恒心者，惟士为能。若民，则无恒产，因无恒心。苟无恒心，放辟邪侈，无不为已。　——孟子

一日曝之，十日寒之，未有能生者也。　　　　　　　——孟子

掘井九仞，而不及泉，犹为废

井也。　　　　　　　　——孟子

冰冻三尺，非一日之寒。——佚名

行百里者半九十。　　——佚名

君子恒，其德贞。　——《易经》

耐心和恒心定会得到报酬的。

　　　　　　　　——爱因斯坦

没有坚强的毅力而想要取得轻易的成功的人，是决不能成就任何伟业的。

　　　　　　　　——埃利奥特

治学问，做研究工作，必须持之以恒，不怕失败。摔倒了，爬起来，想一想，再前进。　　　——华罗庚

一时的失误不会毁掉一个性格坚强的人。　　——车尔尼雪夫斯基

在一切有困难的交涉中，不可希冀一边下种一边收割；而应当对所做事妥为准备，好让它渐渐成熟。　——培根

四十年来画竹枝，日间挥写夜间思。冗繁削尽留清瘦，画到生时是熟时。　　　　　——郑板桥

字典里最重要的三个词汇，就是意志、工作、等待。我将要在这三块基石上建立我成功的金字塔。

　　　　　　　　——巴斯德

一日一钱，千日千钱。绳锯木断，水滴石穿。　　　　——班固

顽强的毅力可以克服任何障碍。

　　　　　　　　——达·芬奇

天下无难事，只怕有心人。天下无易事，只怕粗心人。　——袁枚

所有坚韧不拔的努力迟早会取得报

酬的。　　　　　　——安格尔

一个人如果做事没有恒心，他是任何事也做不成功的。

　　　　　　　　——牛顿

只要持续地努力，不懈地奋斗，就没有征服不了的东西。　——塞内加

过于求速是做事上最大的危险之一。　　　　　　——培根

取得成就时坚持不懈，要比遭到失败时顽强不屈更重要。——拉罗什富科

向着某一天终于要达到的那个终极目标迈步还不够，还要把每一步骤看成目标，使它作为步骤而起作用。

　　　　　　　　——歌德

只要持之以恒，知识丰富了，终能发现其奥秘。　　——杨振宁

正路并不一定就是一条平平坦坦的直路，难免有些曲折和崎岖险阻，要绕一些弯，甚至难免误入歧途。

　　　　　　　　——朱光潜

只要有恒心，好日子总会来临。

　　　　　　　　——维吉尔

忍耐和坚持虽是痛苦的事情，但却能渐渐地为你带来好处。　——奥维德

卓越的人一大优点是：在不利与艰难的遭遇里百折不挠。　——贝多芬

过于匆忙，也同迟缓一样，会导致可悲的结果。　　　——莎士比亚

告诉你使我达到目标的奥秘吧，我唯一的力量就是我的坚持精神。

　　　　　　　　——巴斯德

涓滴之水终可磨损大石，不是由于

它力量强大，而是由于昼夜不舍的滴坠。

——贝多芬

为学犹掘井，井越深土越难出，若不决心到底，岂得见泉源乎？

——张九功

不懈探究的人必然会有所发现。

——约·海伍德

坚持对于勇气，正如轮子对于杠杆，那是支点的永恒更新。——雨果

发现者，尤其是一个初出茅庐的年轻发现者，需要勇气才能无视他人的冷漠和怀疑，才能坚信自己发现的意义，并把研究继续下去。 ——贝弗里奇

绳可锯木断，水可滴石穿。苦干加巧干，坚持持久战。 ——郭沫若

理论彻底，策略准确。然后以排除万难坚定不移的勇气和精神向前干去，必有成功的一日。 ——邹韬奋

任何科学工作都是通过长期的考虑、忍耐和勤奋得来的。 ——达尔文

如果说我有什么贡献的话，那不是我的才能的结果，完全是勤勉的毅力的结果。 ——道尔顿

只有恒心可以使你达到目的，只有博学可以使你明辨世事。 ——席勒

艺术的大道上荆棘丛生，这也是件好事，常人都望而却步，只有意志坚强的人例外。 ——雨果

艺术家的一切自由和轻快的东西，都是用极大的压迫而得到的，也就是伟大的努力的结果。 ——果戈理

39. 兴趣——学习的动力

对工作有了浓厚的兴趣，遇到困难，才能顽强攻克，百折不回。

——童第周

唯有对外界事物抱有兴趣才能保持人们精神上的健康。 ——罗素

在任何行业中，走向成功的第一步，是对它产生兴趣。 ——奥斯勒

认为用强制的责任感就能增进观察和探索的兴趣，那是一种严重的错误。

——爱因斯坦

对一切来说，只有兴趣才是最好的老师，它远远超过责任感。

——爱因斯坦

成功的真正秘诀是兴趣。

——杨振宁

世间的任何事物，追求时的兴致总要比享用时候的兴致强烈。

——莎士比亚

天才就是强烈的兴趣和顽强的入迷。 ——木村久一

有重要的独创性贡献的科学家，常常是兴趣广泛的人。 ——贝弗里奇

自己感兴趣，是引起别人兴趣的首要条件。 ——维斯康特·约翰·莫里

全心全意地投入工作，要靠浓厚兴趣支持。 ——松下幸之助

哪里没有兴趣，哪里就没有记忆。

——歌德

没有强烈、入迷的兴趣，就没有科学家。 ——涅斯米扬诺夫

就我可能回忆的，我在学校时期的性格来说，其间对我后来发生好影响的，就是我有强烈的多样的兴趣，非常热爱使我感兴趣的东西。

——达尔文

如果你表现得"好像"对自己的工作感兴趣，那一点表现就会使你的兴趣变得真实，还会减少你的疲惫、你的紧张以及你的忧虑。 ——卡耐基

有两种好奇心，一种是出于兴趣，它使我们探索对我们有用的东西；另一种是出于好胜心，它使我们去探求别人所不知道的东西。 ——拉罗什富科

所有科学的进步，都在乎这好奇心。好奇心，就是趣。科学发明，就是靠这个趣字而已。哥伦布发现新大陆，科学家发现声光化电，都是穷尽至尽求知趣味使然的。 ——林语堂

人们在为自己的趣味辩护时往往最容易大动肝火。 ——爱默生

告诉我你喜欢什么，我就可以说出你是什么样的人。 ——拉斯金

对小事毫无兴趣的人常会对大事发生错误的兴趣。 ——拉斯金

培养出一种消遣嗜好。在没事可做的退休状态下，嗜好可以带来许多幸福，不管这个退休状态是自愿的或是被强迫的。 ——卡内基

志趣比一切人为的阻力都强。

——巴尔扎克

世上不存在毫无趣味的事，只有对一切都毫无兴趣的人。 ——切斯特顿

好奇是一个有创造力的知识分子身上固有和永久的特点之一。

——塞缪尔·约翰逊

任何形式的耽迷沉溺都是有害的，无论是酒精、吗啡还是空想。——荣格

好奇会克服恐惧，甚至比勇敢更有效。 ——詹姆斯·斯蒂芬斯

有则改之

《孟子·公孙丑上》中记载："子路，人告之以有过则喜。"意思是：别人对子路提出的批评意见、指出的缺点错误，子路持高兴和欢迎的态度。宋代陆九渊也曾讲，"闻过则喜，知过不讳，改过不惮"。意在劝诫人们，听到别人说自己有过错时应当高兴，知道自己的过失时应当不隐讳，改正自己的错误时应当毫不害怕。

有人说，你心里装什么就过什么样的生活，你就应该受什么样的环境制约。因此，你的未来是什么样，取决于你现在内心装的是什么，谁也决定不了你的未来，只有你自己能决定。当你知道这些道理之后，就要给自己的人生一个定位。

40. 奉承——面誉者，背必非

奉承者是一个在各方面都不如你，或者假装不如你的朋友。
——亚里士多德

人们的耳朵不能容纳忠言，谄媚却这样容易进去！——莎士比亚

奉承比憎恨更危险。——格拉西安

面誉者，背必非。——林逋

谄媚也可造成协调，但这种协调是借奴性的无耻的罪过或欺骗所造成的。
——斯宾诺莎

奉承使接受者和给予者两败俱伤。
——埃德蒙·伯克

多数人嘴上漂亮的言辞就像战士在假日里插在枪口上的玫瑰花。
——朗费罗

非我而当者，吾师也；是我而当者，吾友也；谄谀我者，吾贼也。
——荀子

宁愿做一朵篱下的野花，不愿做一朵受恩惠的蔷薇；与其逢迎献媚，偷取别人的欢心，毋宁被众人所鄙弃。
——莎士比亚

凡是对随便什么人都要逢迎的人，他除了自己以外，就随便什么都不会爱；凡是对一切都觉得满意的人，这个人就不会做出什么善事来，因为对邪恶不感到痛恨，就不可能有善。
——车尔尼雪夫斯基

朋友的赞美所带来的快乐始终比自我赞美所产生的快乐更加纯真，因为朋

友的称赞绝不会使你怀疑自己是否值得赞扬。
　　——爱德华·马什

奉承是一枚依靠我们的虚荣才得以流通的伪币。
　　——拉罗什富科

我们有时误认为自己憎恨奉承，但其实我们憎恨的只是奉承的方式。
　　——拉罗什富科

如果我们自己不奉承自己，那么他人的奉承是伤害不了我们的。
　　——拉罗什富科

拍马屁和恋爱一样，不容许有第三者冷眼旁观。
　　——钱锺书

41. 骄傲——骄傲使人落后

自满、自高自大和轻信，是人生的三大暗礁。
　　——巴尔扎克

念念不忘自己长处的人，会使别人想起他的短处。
　　——哈兹里特

骄傲自满是我们的一个可怕的陷阱；而且，这个陷阱是我们自己亲手挖掘的。
　　——老舍

最大的骄傲与最大的自卑都表示心灵的最软弱无力。
　　——斯宾诺莎

最刚愎自用的男人往往也是最轻信、最容易上当的。
　　——蒲柏

那些不了解别人的人总是自视很高。
　　——C.C.科尔顿

如果我们自己毫无骄傲之心，我们就不会抱怨别人的骄傲。
　　——拉罗什富科

一知半解的人，多不谦虚；见多识广有本领的人，一定谦虚。——谢觉哉

一个人感到羞愧的事情越多，他就越会受到别人的尊敬。
　　——萧伯纳

无论谁，在他接受用部属的鲜血、朋友的牺牲挣来的欢呼时，永远要记住谦卑。
　　——艾森豪威尔

人应该谦逊，但不能自卑。
　　——桃乐丝·卡耐基

谦卑是件难事。即使你的目标是谦卑，但那也不能保证在你实现这一目标时你就不会为此而感到自满。
　　——多布里

不要太鄙视自己，过分的自卑只是一种骄傲的表现。　　——卡瓦纳

一个人盲目的骄傲，他就像是一只没有烧好的罐子，只要给别的罐子用力一碰，它就会被碰得不能把原形保持。
　　——《五卷书》

骄傲者必将倾跌，因为骄傲走在前头，羞耻随后就到。　　——海伍德

骄傲犹如戴上头罩的苍鹰，只会翱翔于黑天之下，逞强于蒙昧之中，盲凌于乱云之上。　　——杨格

当我们大为谦卑的时候，便是我们最近于伟大的时候。　　——泰戈尔

大多数的科学家，对于最高级的形容词和夸张手法都是深恶痛绝的，伟大的人物一般都是谦虚谨慎的。

　　——贝弗里奇

一切真正的和伟大的东西，都是纯朴而谦逊的。　　　——别林斯基

好炫耀的人是明哲之士所轻视的；愚蠢之人所艳羡的；谄佞之徒所奉承的；同时他们也是自己所夸耀的言语的奴隶。　　　——培根

白云谦逊地站在天之一隅。晨光给他戴上了霞彩。　　　——泰戈尔

假如一个人一开始就谦虚地承认，他也不是无懈可击的，那么听他再评断你的过失，也许就不那么难以入耳了。
　　　——卡耐基

我认为，蠢材的特征是高傲，庸才的特征是卑鄙，真正品学兼优的人的特征是情操高尚而态度谦虚。
　　　——苏沃洛夫

真正的谦虚只能是对虚荣心进行了深思以后的产物。　　　——柏格森

我的座右铭是：人不可有傲气，但不可无傲骨。　　　——徐悲鸿

有了一些小成绩就不求上进，这完全不符合我的性格。攀登上一个阶梯，这固然很好，只要还有力气，那就意味着必须再继续前进一步。　　——安徒生

切忌浮夸铺张。与其说得过分，不如说得不全。　　——列夫·托尔斯泰

峣峣者易折，皎皎者易污。《阳春》之曲，和者必寡；盛名之下，其实难副。　　　——范晔

蠢材妄自尊大，他自鸣得意的，正好是受人讥笑奚落的短处，而且往往把

应该引为奇耻大辱的事，大吹大擂。
　　　——克雷洛夫

短不可护，护短终短；长不可矜，矜则不长。　　　——聂大年

构成我们学习的最大障碍是已知的东西，而不是未知的东西。——贝尔纳

不满足，是一个人或一个民族进步的第一步。　　　——王尔德

居高常虑缺，持满每忧盈。
　　　——佚名

人生大病，只是一"傲"字。
　　　——王守仁

一个骄傲的人，结果总是在骄傲里毁灭了自己。　　　——莎士比亚

啊！夸奖的话，出于自己口中，那是多么乏味！　　——孟德斯鸠

谦逊吧！这是一种最不会冒犯别人的骄傲。　　——米尔·勒纳尔

自负对人和艺术是一种毁灭。骄傲是可怕的不幸。　　——季米特洛夫

不骄方能师人之长，而自成其学。
　　　——谭嗣同

放荡功不遂，满盈身必灾。
　　　——张咏

饶舌攻耳；谦逊攻心。
　　　——罗伯特·索恩

凡过于把幸运之事归功于自己的聪明和智谋的人多半是结局很不幸的。
　　　——培根

满招损，谦受益。
　　　——《尚书·大禹谟》

骄傲的人喜欢见依附他的人或谄

媚他的人，而厌恶见高尚的人。……而结果这些人愚弄他，迎合他那软弱的心灵，把他由一个愚人弄成一个狂人。

——斯宾诺莎

上帝要谁灭亡，必先让他疯狂。

——佚名

人类会骄傲，这是人类的弱点。

——艾娣

骄傲在败坏之先，狂妄在跌倒之前。　——《圣经·旧约全书》

绝不要陷于骄傲。因为一骄傲，你们就会在应该同意的场合固执起来；因为一骄傲，你们就会拒绝别人的忠告和友谊的帮助；因为一骄傲，你们就会丧失客观标准。　——巴甫洛夫

有一个错误不可放过，那就是夸夸其谈的过分自信。宁肯谦虚些，但要扎实些。　——伏龙芝

炫耀自己的知识就等于看不见光明。　——本杰明·富兰克林

气忌盛，心忌满，才忌露。

——吕坤

42. 嫉妒——心灵上的肿瘤

嫉妒是一条毒蛇，它只能使你沉沦。　——刘心武

好嫉妒的人就像锈腐蚀铁那样，以自身的气质腐蚀自己。——安提斯德内

嫉妒是一种游荡的激情，它满街转悠，从不安居家中。　——培根

不要让嫉妒的蛇钻进你的心里，这条蛇会腐蚀你的头脑，毁坏你的心灵。

——亚米契斯

嫉妒是一个绿眼的妖魔，谁做了它的牺牲品，就要受它的玩弄。

——莎士比亚

没有一种理智的药饵可以把嫉妒治疗。　——莎士比亚

妒忌是条蛆虫，它会蛀蚀和毁害人。　——巴巴耶夫

一个有正当义愤的人，只在看到别人有不应得的昌盛时才感觉痛苦。而嫉妒的人则越过这限度，他看到任何人的昌盛都会痛苦。　——亚里士多德

妒忌者给别人带来的是烦恼，给他自己带来的却是痛苦。　——佩恩

如同钢铁被铁锈腐蚀一样，妒忌者被自己的激情消耗掉。　——安提西尼

生来就具有某些伟大品质的人的最可靠标志是生来就没有嫉妒。

——拉罗什富科

嫉妒比仇恨更难和解。

——拉罗什富科

一个十分杰出的功绩的标志是:那些最嫉妒它的人也不得不赞扬它。

——拉罗什富科

在一切的情欲中，嫉妒是最强求、最持久的。因为别的情欲的起因不过是偶尔有之的；因此昔人说得好："嫉妒永不休假"，因为它老是在这人或那人心上活动的。　——培根

憎恨是积极的不快，妒忌是消极的不快。所以妒忌很容易转化为憎恨，就

不足为怪了。　　——歌德

嫉妒——是心灵上的肿瘤。

　　　　　　　　——艾青

我们欣然折服古人，而对后人却并不如此。只有父亲才不妒忌儿子的才华。　　　　——歌德

妒忌是一切杰出人物必须偿付的税。　　　　——爱默生

我们的破灭的希望，流产的才能，失败的事业，受了挫折的雄心，往往积聚起来变为忌妒。　——巴尔扎克

当一个人没有和大家一起分享美味佳肴时，别人的好胃口在他看来总显得太过分。　　　　——纪德

在难免产生妒忌的地方，必须用它去刺激自己的努力而不阻挠对方的努力。　　　　——罗素

嫉妒也是人类本性的一部分，不管对它怎么轻视。　——普列姆昌德

妒忌的邪念会使所有男人和女人的行为变得十分残忍。

　　　——约瑟夫·布雷多克

嫉妒我的人在不知不觉之中颂扬了我。　　　　——纪伯伦

每个人的虚荣心是和他的愚蠢的程度是相等的。　——蒲柏

说一个人爱虚荣，那意思只是指他对自己在别人身上产生的影响感到高兴。而一个自高自大的人则以他在自己身上产生的影响为满足。——比尔博姆

虚荣是追求个人荣耀的一种欲望，它并不是根据人的品质、业绩和成就，而只是根据个人的存在就想博得别人的欣赏、尊敬和仰慕的一种愿望。所以虚荣充其量不过等于一个轻浮的漂亮女人。　　　　——歌德

嫉妒生于利欲，而不生于贤美。

　　　　　　　——黄道周

一个嫉妒的人就是一个贪婪的人。

　　　　　　　——雨果

嫉妒是幸运的敌人。

　　　　　——爱比克泰德

嫉妒是一种恨，此种恨使人对他人的幸福感到痛苦，对他人的灾殃感到快乐。　　——斯宾诺莎

不应忌妒天才人物，就像不应忌妒太阳一样。　　——邦达列夫

在嫉妒心重的人看来，没有比他人的不幸更能令他快乐，亦没有他人的幸福，更能令他不安。　——斯宾诺莎

有嫉妒心的人，自己不能完成伟大事业，便尽量去低估他人的伟大，贬抑他人的伟大使之与他本人相齐。

　　　　　　　——黑格尔

像空气一样轻的小事，对于一个嫉妒的人，也会变成天书一样坚强的确证；也许这就可以引起一场是非。

　　　　　　　——莎士比亚

失宠和妒忌曾经使天使堕落。

　　　　　　　——海涅

嫉妒是来自地狱的一块嘶嘶作响的灼煤。　　　　——菲·贝利

卑劣的人比不上别人的品德，便会对那人竭力诽谤。嫉妒的小人背后诽谤

别人的优点，来到那人面前，又会哑口无言。　　　　　——萨迪

事修而谤兴，德高而毁来。
　　　　　　　　　　——韩愈

无德之人常嫉他人之德。——培根

有才能往往比没有才能更危险；人们不可能避免遭到轻蔑，却更难不变成嫉妒的对象。　　　　——拿破仑

嫉妒是灵魂的偏见。　　——德莱顿

对心胸卑鄙的人来说，他是嫉妒的奴隶；对有学问、有气质的人而言，嫉妒却化为竞争心。　　　　——波普

凡是受过教育的人最终都会相信嫉妒是一种无知的表现。　　——爱默生

嫉妒是一种可耻的感情，人是应当信赖的。　　——列夫·托尔斯泰

嫉妒的人常自寻烦恼，这是他自己的敌人。　　　——德谟克利特

悲伤和失望引起愤怒；愤怒引起妒忌；妒忌引起恶毒；恶毒又再度引起悲伤；直到完成整个循环。　　——休谟

个人魅力

　　每个人身上或多或少都具备一定的个人魅力，而个人魅力是影响人脉的重要因素。想要让别人更好、更全面地认识你，就要充分地向别人展示你自己的个人魅力，个人魅力是介绍自己的最漂亮的名片。

　　一个人自身具有的人格魅力越大，在社会交往中建立起来的人际关系越好，他的朋友就越多，他在职场上的发展也会越来越顺畅。有些人生来就有与人交往的天赋，他们毫不费力便能获得他人的注意和喜爱。可有些人就是没有这种天赋，他们必须更加努力，才能获得别人的注意和喜爱，而获得善意的种种途径和方法，就是对人格的发展和培养。所以说，魅力就是人脉，左右成功的方向。

43. 人格——三岁看大，七岁看老的秘密

　　好人格是成功的基石。　——佚名

　　真正的领导能力来自让人钦佩的人格。
　　　　　　　　——拿破仑·希尔

　　只有集体和教师首先看到学生优点的地方，学生才能产生上进心。
　　　　　　　　——苏霍姆林斯基

　　美丽使你引起别人的注意，睿智使你得到别人的赏识，而魅力，却使你难以被人忘怀。　——索菲娅·罗兰

　　把自己的私德健全起来，建筑起"人格长城"来。由私德的健全，而扩大公德的效用，来为集体谋利益……
　　　　　　　　——陶行知

　　教师的人格就是教育工作者的一切，只有健康的心灵才有健康的行为。
　　　　　　　　——乌申斯基

　　一个成功者以最谦虚的态度来接受一个最忠诚的指导，这并不影响他的独立人格。但是你在接受指导之前，必须进行冷静的分析，千万别存有屈服感。
　　　　　　　　——麦尔顿

　　为了成功地生活，少年人必须学习自立，铲除埋伏各处的障碍，在家庭要教养他，使他具有为人所认可的独立人格。　——卡耐基

　　患难困苦，是磨炼人格之最高学校。　——梁启超

　　一个人必须剔除自己身上的顽固的私心，使自己的人格得到自由表现的权利。　——屠格涅夫

成人的人格的影响，对于年轻的人来说，是任何东西都不能代替的最有用的阳光。

——乌申斯基

我有我的人格良心，不是钱能买的。我的音乐，要献给祖国，献给劳动人民大众，为挽救民族危机服务。

——冼星海

假如有人出卖生命水，要别人以人格做代价，聪明人决不肯买；因为耻辱地活着不如光荣地死去。——萨迪

这个令人肃然起敬的"人格"观念，一面使我们从头注意到自己的行为同它有欠符合，并因此挫抑了我们的自负心，同时却使我们明白地看出了我们的天性的崇高；这个观念就是在极平常的人类理性方面也是自然发生、显而易见的。凡稍知廉耻的人不是有时会发现，他原来可以撒一次无伤大雅的谎，以便摆脱某种可厌之举。其或为其可爱可敬的友人求得某种利益，可是他却仅仅因为害怕暗自鄙弃，而毕竟不曾撒谎吗？一个正直的人只要废弃职责，原可摆脱某种惨境，而其所以能够不辞辛苦，坚持下去，不是由于他自觉到这样才可以身作则，维护人的尊严，加以尊崇，才可以内省不疚，不怕良心谴责吗？

——康德

"特殊的人格"的本质不是人的胡子、血液、抽象的肉体的本性，而是人的社会特质……——马克思

丧失人格的诗人比没有诗才而硬要写诗的人更可鄙、更低劣、更有罪。

——雨果

保持人格不仅靠功劳，也要靠忠诚。

——歌德

中国的文人，历来重气节。一个画家如果不爱民族，不爱祖国，就是丧失民族气节。画的价值，重在人格。人格——爱国第一。

——李苦禅

要是一个人的全部人格、全部生活都奉献给一种道德追求，要是他拥有这样的力量，一切其他的人在这方面和这个人相比起来都显得渺小的时候，那我们在这个人的身上就看到崇高的善。

——车尔尼雪夫斯基

读书在于造成完全的人格。

——英国谚语

一句话，教养又可称为"圆满的人格"。这就是说，从任何角度去观察，都可看到某种令人心旷神怡的东西，可以感动周围的人，还能有效地改善人之间的关系。我想，这就是教养的整体形象吧。

——池田大作

我凭人格发誓，我不懂这些女人！我就是不懂！她们怎么能成天价什么事也不干，光是混日子，生活的伴侣，却坐在那儿像个洋娃娃似的什么事也不干，专等机会跟丈夫吵架消愁解闷。

——契诃夫

我们爬得比别人高，人们完全可以允许；但如果我们不将自己的人格降到他们那么低，他们是永远不会原谅的。所以，人们对性格坚强的人，不能不怀

着几分仇恨和恐惧。对他们来说，别人过多的荣誉是对他们一种无言的指责，无论是活人还是死人，他们都不能宽恕。

——巴尔扎克

所谓思考，有两种类型，一种是始终以叙述的态度，与思考的对象保持一定的距离，从而对思考的对象进行分析；另一种则是像追求理想那样，尽可能缩小与对象的距离，努力争取使自己的人格成长为与其贴近甚至一致。关于爱的哲学必须是后种类型，即通过进行思考来唤起人格的成长。——今道友信

自重——人格天平上的砝码，质地越纯，价值越重。

——佚名

只有伟大的人格，才有伟大的风格。

——歌德

体操和音乐两个方面并重，才能够成为完全的人格。因为体操能锻炼身体，音乐可以陶冶精神。——柏拉图

做人要有人格，做官要有官德，做事要靠本事。

——郑培民

应当把荣誉当作你最高的人格的标志。

——牛顿

人格是信用的基础，逆境往往使人有所建树，人都有长处与短处，看人看长处短处不看。

——佚名

忍诉二字，古人格言，学者可以详思而致力。

——许名奎

44. 魅力—— 一种无形的美

魅力是为远处的赞美者而存在的。

没有任何场面比熊熊燃烧的火焰更壮观。

——塞缪尔·约翰逊

除了在身体健美上保持魅力之外，最重要的是在主观精神上保持魅力。

——陈超男

人生的一切变化、一切魅力、一切美都是由光阴和阴影构成的。

——列夫·托尔斯泰

这个人所拥有的内心世界的境界有多深和多广——这里有着人的魅力的最根本的因素。

——池田大作

什么叫魅力？它，可能是指一个人具有声望与感化力而言。——原一平

美貌和魅力原是两种要命的东西，幸而不是所有的美女全部有魅力，往往是相貌平常的女人反而倒有一种妩媚动人之处。

——马克·吐温

把白纸装订进书中有一种特殊的魅力，没有失去纯洁。依然闪耀着天真色泽的白纸总是比它被使用之后更美好。

——利希腾伯格

我生平的野心是，靠我的才能使你的魅力不朽，靠你的魅力使我的才能不朽。

——周国平

女人拥有唯一的本分——自身的魅力，其他一切都是模仿。

——菲茨杰拉德

魅力是女人的力量，正如力量是男人的魅力。

——蔼理斯

女性行为之美的魅力，其精髓在于情态的温柔。

——金马

魅力有一种能使人开颜、消怒，并

且悦人和迷人的神秘品质。——普拉斯

魅力是一种无形的美。

——索菲娅·罗兰

女人缺乏魅力是无饵的鱼钩。

——爱迪生

魅力通常是在智慧之中，而不是在容貌之中。——孟德斯鸠

魅力是女人身上开出的一种花朵。有了它你无须再有其他东西；缺少它，你就是东西再多也等同于无。

——詹·马·巴里

45. 气质——走进他人心灵的通行证

做一个杰出的人，光有一个合乎逻辑的头脑是不够的，还要有一种强烈的气质。——司汤达

男子要有刚强和自由勇敢的气质，哦！他更应该有些深藏。——歌德

女性的气质是妇女最优秀人品的集中表现。——苏霍姆林斯基

所谓男子气概是指亲切、慈爱的风度，它绝不是指肉质上的意念而言。

——萨迪

人之气质，由于天生，本难改变，唯读书可变化气质。欲求变之之法，总须先立坚卓之志。——曾国藩

人最宝贵的是保持自己本来的气质。

——河野一郎

时间能安慰我们，而人的气质能够抗拒痛苦的印象。——爱默生

一个人的态度和气质应使人近而敬之，而不要敬而远之，或近而轻之。

—— 一凡

气以实志，志以定言，吐纳英华，莫非情性。——刘勰

美只愉悦眼睛，而气质的优雅使灵魂入迷。——伏尔泰

气质之美与其说是来自内心的修养，不如说它是来自一种对美好事物的欣赏能力。这种欣赏力就使一个人的言谈举止不同流俗。——罗兰

山光水色的自然美，对人的气质神韵具有潜移默化的影响，常能使人在风度上于不知不觉间印上它们的影子。

——金马

多读一些书，让自己多有一点自信，加上你因了解人情世故而产生的一种对人对物的爱与宽恕的涵养。那时，你自然就会有一种从容不迫、雍容高雅的风度。——罗兰

风度的自然神韵，是灵肉一致的全息摄影。它鲜明、丰满，辐射着温热，发散着柔情。——金马

友善的言行、得体的举止、优雅的风度，这些都是走进他人心灵的通行证。——塞缪尔·斯迈尔斯

只要你具备了精神气质的美，只要你有这样的自信，你就会拥有风度的自然之美。——金马

美丽的相貌和优雅的风度是一封长效的推荐信。——伊莎贝拉

一个人的行为举止、风度仪表是展

现一个人外在魅力的主要方式之一。优雅的行为举止使人风度翩翩。

——塞缪尔·斯迈尔斯

高雅雍容的气质，主要是自我克制的表现。
——爱迪生

46. 礼貌——最高贵的感情

礼貌是一种回收有礼貌的尊重的愿望。
——拉罗什富科

良好的礼貌由微小的牺牲组成。
——爱默生

真正的礼貌就是克己，就是千方百计地使周围的人都像自己一样平心静气。
——蒲柏

礼貌是后天造就的好脾性，它弥补了天性之不足，最后演变成一种近似真美德的习惯。
——杰弗逊

人类只有在热情满怀时才显出真正的伟大。
——迪斯雷利

对伟人来说，没有什么能比礼貌和节制更合适的了。
——西塞罗

礼貌是儿童与青年所应该特别小心地养成为习惯的第一件大事。
——洛克

无礼是无知的私生子。
——塞·巴特勒

礼貌经常可以替代最高贵的感情。
——梅里美

有礼貌不一定总是智慧的标志，但是缺乏礼貌却一定会使人感到愚蠢。
——兰德

我觉得爱人的人应该重新学会流露自然感情，做到互相接触，互相握手、微笑，互相思念，而且互相关怀。
——巴士卡里雅

你要是看见朋友之间用得着不自然的礼貌的时候，就可以知道他们的感情已经开始衰落。
——莎士比亚

礼貌建筑在双重基础上：既要表现出对别人的尊重，也不要把自己的意见强加于人。
——霍夫曼斯塔尔

即使是和最亲密的朋友在一起，也要有礼貌；不然相互之间就会不知不觉地出现无礼的行为，相互之间也会发现存在某种程度的歧视。
——鲍斯威尔

有一种内在的礼貌，它是同爱联系在一起的。它会在行为的外表上产生出最令人愉快的礼貌。
——歌德

我才不稀罕表面的礼貌。请给我热烈的心、真实的诚意和欢乐的同情。
——萧伯纳

一个人应当用良好的礼貌来突出他特有的天性。人人都喜欢出人头地，但这不应当引起别人的讨厌。
——歌德

礼仪是微妙的东西。它既是人类间交际所不可或缺的，却又是不可过于计较的。如果把礼仪看得比月亮还高，结果就会失去人与人真诚的信任。在语言交际中要善于找到一种分寸，使之既直爽又不失礼。这是最难又是最好的。
——培根

生活里最重要的是有礼貌，它比最

高智慧，比一切学识都重要。

——赫尔岑

礼貌使有礼貌的人喜悦，也使那些受到人家礼貌相待的人们喜悦。

——孟德斯鸠

礼貌出自内心，其根源是内在的。然而，如果礼貌的形式被取消，它的精神与实质亦随之消失。——约翰·霍尔

礼貌是一种语言。它的规则与实行，主要从观察，从那些有教养的人们举止上去学习。

——洛克

良好礼仪的功用或目的只在使得那些与我们交谈的人感到安适与满足，没有别的。要能做到通过恰如其分的普通的礼节与尊重，表明你对他人的尊敬、重视与善意。这是一种很高的境界，要能做到这种境地，而又不被人家疑心你谄媚、伪善或卑鄙，是一种很大的技巧。

——洛克

一切礼仪，都是为了文饰那些虚应故事的行为，言不由衷的欢迎，出尔反尔的殷勤而设立的；如果有真实的友谊，这些虚伪的形式就该一律摈弃。

——莎士比亚

知识必须用礼貌来装饰并抚平它在世间的道路，没有它们，知识就像一颗硕大而粗糙的钻石，为了好奇与它实质上的价值而收置在书里固然好，但是琢磨之后却更为珍贵。——查里德菲尔

怀着善意的人，是不难以表达他对人的礼貌的。——卢梭

礼节要举动自然才显得高贵。假如表面上过于做作，那就丢失了应有的价值。——培根

要做一个襟怀坦白、光明磊落的人，不管是在深藏内心的思想活动中，还是在表露于外的行为举止上都是这样。

——温塞特

礼貌是教养的主要标志。

——格拉西安

一个人的礼貌就是一面照出他的肖像的镜子。——歌德

礼貌是最容易做到的事，也是最珍贵的东西！——冈察尔

礼貌之风为每一个人带来文明、温暖和愉快。——诺·文·虔尔

谁对待路人能像对待嘉宾那样彬彬有礼，谁就是世界公民。——培根

礼貌是人类共处的金钥匙。

——松苏内吉

大人物的礼貌是永远不会浪费的。

——塞缪尔·约翰逊

最好的礼貌是不要多管闲事。

——狄更斯

大多数年轻人，当他们粗鲁和没礼貌的时候，还以为这是很自然的。

——拉罗什富科

礼貌像只气垫：里面可能什么也没有，但是却能奇妙地减少颠簸。

——约翰逊

一个越是真正优秀的人，越会对他

人平易、有礼。一个对别人过分无礼的人，不但不能使自己显得优秀反而是在表明自己缺少教养。 —— 一凡

真正的诚恳朴实，就是最好的文化，也是真正的礼乐精神。而后天受到这些知识的熏陶，有时候过分雕琢，反而失去了人性的本质。 ——南怀瑾

礼让不费什么，而能得到一切。

——蒙塔鸠

一个人只要有耐心进行文化方面的修养，就绝不至于蛮横得不可教化。

——贺拉斯

决不要骄傲。因为一骄傲，你就会在应该同意的场合固执起来；因为一骄傲，你就会拒绝别人的忠告和友谊的帮助。 ——巴甫洛夫

文化修养的目的在于增强和提高鉴赏那些最高尚、最深奥的事物的真和美的能力。 ——波伊斯

47. 幽默——生活的大智慧

幽默带来悟力和宽容，冷嘲则带来深刻而不友善的理解。

——阿·雷普利尔

只要我们活着，我们就要保持幽默感。 ——爱因斯坦

幽默是多么艳丽的服饰，又是何等忠诚的卫士！它远远胜过诗人和作家的智慧，它本身就是才华，它能杜绝愚昧。 ——司各特

玩笑和幽默会给人带来快乐，而且常常可以产生巨大的作用。——西塞罗

生活中没有哲学还可以对付过去，然而没有幽默就只有愚昧的人才能生存。 ——普里什文

当你正提醒你夫人小心楼梯的时候，自己却摔了下来。这就是幽默。

——伯德

幽默的精髓是悟性。

——托·卡莱尔

风趣自能引起人们的欢迎，使一切区别都化为平等。庄严、学问、坚强的个性，全都不能抵挡好的风趣。

——爱默生

自由产生诙谐，诙谐也产生自由。

——让·保里希特

笑和幽默是只有人类才有的特权。

——池田大作

没有幽默滋润的国民，其文化必日趋虚伪，生活必日趋欺诈，思想必日趋迂腐，文学必日趋干枯，而人的心灵则必日趋顽固。 ——林语堂

幽默感就是分寸感。 ——纪伯伦

无论如何，笑总是一件好事。如果一根稻草能逗人发笑，它就成了一种制造幸福的仪器。 ——德莱顿

幽默是真正的民主。

——罗·安·约翰逊

幽默的灵魂是诚挚和庄严。

——王蒙

幽默如从天而降的温润细雨，将我们孕育在一种人与人之间友情的愉快与安适的气氛中。它犹如潺潺溪流或者照

映在碧绿如茵的草地上的阳光。

——林语堂

人生没有幽默，就像春天没有鲜花。

——池田大作

可以说，诙谐幽默是人们在社交场上所穿的最漂亮的服饰。 ——萨克雷

幽默并不一定都促人发笑，幽默更多的是发人思考。

——松林

幽默来自智慧，恶语来自无能。

——松林

幽默是藏身于笑话之后的严肃。

——约·韦斯

幽默本身的秘密源泉是欢乐，而不是悲伤。 ——马克·吐温

缺乏幽默感的人不能算是很完善的人。 ——柯尔律治

真正的幽默板着面孔，而周围的人们却围着它笑；虚假的幽默笑个不停，而周围的人们却板着面孔。——爱迪生

幽默的内在根源不是欢乐，而是悲哀。天堂里是没有幽默的。

——马克·吐温

一个成功的人，他能以幽默的情绪去对付失败。 ——潘恩

真正的幽默是属于这样一类作者的特性，他做出一副严肃认真的样子，一面却给事物抹上一层使人愉悦发笑的色彩。 ——亨利·霍姆

最幽默的作家使人发出几乎觉察不到的微笑。 ——尼采

在我们这个极度紧张的社会，任何过于严肃的东西都将难以为继。唯有幽默才能使全世界松弛神经而又不至于麻醉，给全世界以思想自由而又不至于疯狂。 ——贺拉斯

幽默是当代社会的润滑剂与解愁丸。 ——蔡文居

一盎司的幽默比一磅的证据，还有说服力。 ——欧文

幽默是双方都赢了，讽刺则有一方输了。 ——原野

幽默是一种酸、甜、苦、咸、辣混合的味道。它的味道似乎没有痛苦和狂欢强烈，但应说比痛苦和狂欢耐嚼。 ——王蒙

幽默的作用之一是在无法令人满意的情况下使人产生满意感。——周士林

在重大问题的决策上，诙谐要比一本正经更有效，也更轻松活泼。

——贺拉斯

幽默的人生观是真实的、宽容的、同情的人生观。 ——林语堂

48. 审美——高尚的情操

只要有热心和才能，就能养成一种审美的能力。有了审美的能力，一个人的心灵就能在不知不觉中接受各种美的观念，并且最后接受同美的观念相联系的道德观念。 ——卢梭

有多少人就有多少种审美观。

——贺拉斯

一个人自有一个人的审美观。

——蒙田

审美观念是随着修养而进步的，修养越深，审美程度越高。　——蔡元培

学生的审美发展具有多方面性：这里有文学，有造型艺术，还有音乐。而寓于一切之中，高于这一切的乃是生活！　——赞科夫

审美能力很大程度取决于一个人的文化水平和道德修养。

——苏霍姆林斯基

审美趣味不仅仅是一个人道德的一部分和道德的指标，而且就是道德的全部。对任何活的生物的第一个、最终一个和最切近的试探性问题就是："你所喜爱的是什么？"只要告诉我你喜爱的东西，我就能告诉你你是个什么样的人。　——罗斯金

审美发展和道德发展是密切联系的。对于美的欣赏可以使人变得高尚起来。美能唤起人的善良感情，如同情心、忠诚、爱、温柔等。感情会在人的行为中成为一种积极作用的力量。

——赞科夫

美只有在社会中才能引起兴趣。

——康德

仅停留在欣赏和理解的水平还不够，我们还需要体会和感受，这才是真正的美。　——伏尔泰

若是要把感性的人变成理性的人，唯一的路径是先使他成为审美的人。

——席勒

看两遍吧——如果你想获得一个正确的概念；只看一遍——如果你想获得一种美的感觉。　——阿米尔

每种最高艺术都以科学为依据。没有科学，既不能有完全美的创作，也不能有充分的欣赏。　——斯宾塞

最能直接打动心灵的还是美。美立刻在想象里渗透一种内在的欣喜和满足。　——艾迪森

对于我们的眼睛，不是缺少美，而是缺少发现。　——罗丹

真属于智者，美则属于一颗感情丰富的心；真和美原本具有不可分割的统一性。　——席勒

我们把美归结为质朴无华，实实在在，恰到好处。　——爱默生

社会的进步就是人类对美的追求的结晶。　——马克思

美的事物在人心中所唤起的感觉，是类似我们当着亲爱的人面前时洋溢于我们心中的那种愉悦。

——车尔尼雪夫斯基

美是在个别的、活生生的事物，而不是在抽象的思想。——车尔尼雪夫斯基

假如没有内在的美，任何外貌的美都是不完备的。　——雨果

美德有如宝石，最好是用素净的东西镶嵌。　——培根

名誉和美德是心灵的装饰，要没有它，那肉体虽然真美，也不应该认为美。　——塞万提斯

美的特点并非刺激欲望或把它点燃起来，而是使它纯洁化。　——库申

美的最高理想要在实在与形式尽量

完美的结合与平衡里才可找到。

——席勒

美貌只能迷住人的眼睛，美德才能打动人的心灵。 ——蒲柏

最朴素的往往最华丽，最简单的往往最时髦，素装淡抹常常胜过浓妆艳服。 ——莫洛阿

要评判美，就要有一个有修养的心灵。 ——康德

美，是从生命内部射出的光芒。

——库鲁拿

美与善是不可分割的，因为二者都以形式为基础；因此，人们通常把善的东西也称赞为美的。 ——阿奎那

美使我们与世界合成一体，崇高使我们凌驾于世界之上。 ——桑塔亚娜

我们固然不能说，凡是合理的都是美的，但凡是美的确实都是合理的，至少是应该合理的。 ——歌德

西施有所恶而不能减其美者，美多也；嫫母有所善而不能救其丑者，丑笃也。 ——葛洪

在一切创造物中间没有比人的心灵更美好的东西了。 ——海涅

美的东西是我们不顾任何利益而喜爱的东西。 ——康德

人都有爱美之心，追求美也是人类的本能之一。 ——柳青

真实包括道德，伟大包括美。

——雨果

美！这是用心灵的眼睛才能看到的东西。 ——茹贝尔

美是人自己从他的灵魂深处创造出来的。 ——高尔基

烦恼里含有美。我在影片里表现的一切，包括悲哀的或不悲哀的，都是为了想表达一点美。 ——卓别林

物质的美就是心灵的美的符号，心灵美就是精神的美与道德的美；美的统一性就是在这里。 ——库申

美与真是一回事。这就是说，美本身必须是真的。 ——黑格尔

人的外表的优美和纯洁，应是他内心的优美和纯洁的表现。——别林斯基

从美的事物中找到美，这就是审美教育的任务。 ——席勒

矫揉造作、失去真实的不是美，充满了富贵荣华的名利思想，也不是真美。 ——孟德斯鸠

必要的时候不妨把衣服穿得马虎一点，可是心灵必须保持整洁才行。

——马克·吐温

外表的美只能取悦于人的眼睛，而内在的美却能感染人的灵魂。

——伏尔泰

一切快感都是固有的和积极的价值，但绝不是一切快感都是审美的感知。 ——桑塔亚娜

善是真与美的特殊形式，是人类品行中的真和美。 ——柯伦泰

人并不是因为美丽而可爱，而是因为可爱而美丽。 ——列夫·托尔斯泰

只有唤起人类追求美的愿望，她才能获得美的本身。 ——邓肯

白玉不雕，美珠不文，质有余也。

——刘安

一个敏感的人，即使在最痛苦的时候也能找到美的因素。——阿尼克斯特

美，是人喜欢某种事物时的感受。美所带来的快乐是一种没有利害关系的、自由的快乐。 ——瓦西列夫

我们从那些由于劳动而变得粗黑的脸上看到全部人类的美。 ——马克思

世界上只有两个元素，美和真；美在情人的心中，真在耕者的臂里。

——纪伯伦

一切精美的东西都有其深沉的内涵。 ——李思特

应该学会把心灵的美看得比形体的美更可珍贵。 ——柏拉图

美是奇异的。它是艺术家从世界的喧嚣和他自身灵魂的磨难中铸造出来的东西。 ——毛姆

美好的东西和有用的东西同样有益，而且也许更有益。 ——雨果

一切之美皆形式之美也。就美之自身言之，则一切优美皆存于形式之对称变化及调和。 ——王国维

一切美的光是来自心灵的源泉：没有心灵的映射，是无所谓美的。

——宗白华

美的表现是和艺术家所能获得的思想力成正比例的。 ——库尔贝

要创造出真正的美必须具备巨匠的技艺。

——约·德莱顿

人不仅应当健康，而且应当俊美；而美又与健康、与机体的和谐发育不可分。 ——苏霍姆林斯基

体魄美是心灵美、精神美、道德美的标志，这个标志就是美的基础、美的根本、美的统一。 ——席勒

美是生活，而生活就应该是有色彩的。 ——车尔尼雪夫斯基

真正的美和真正的智慧一样，是非常朴素的。 ——高尔基

在真或善之上再加上一种稀有的光辉灿烂的情境，真或善就变成美了。

——狄德罗

充实的思想不在于言语的富丽，它引以自傲的是内容，不是虚饰。

——莎士比亚

没有美，艺术就不存在。——谢林

美丽只有同谦虚结合在一起，才配称美丽。没有谦虚的美丽，不是美丽，顶多只能是好看。 ——塞万提斯

哪里有美，哪里就有爱，大自然的造物总是相辅相成，它给你美貌，你便能获得爱情。 ——希斯

尽管我们走遍世界去找美，我们也必须随身带着美，否则就找不到美。

——爱默生

美是一种心灵的体操——它使我们精神正直，心地纯洁，情感和信念端正。 ——苏霍姆林斯基

为人处世

人这一辈子，先做人后做事，为人在先处世在后，只有把人做好了，处世做事才游刃有余。

对于一个人来说：人品重如山，良心比金贵。真正拥有好人品的人，有损品行的话从来不说，突破原则的事从来不做。不会为了一点钱财欺瞒他人；不会为了蝇头小利伤害朋友。这样的人，从来不把目光局限于利己的那部分，而是往更长远的方向去考虑，永远不会忽视他人的感受。任何本领都没有比良好的品格与态度更易受人欢迎，更易谋得高尚的职位。端正自己的人品，才能拥有好的人缘，才能赢得别人的信任与支持。为人处世是一个循序渐进、不断积累的过程。可以不伟大，但可以谦卑；可以不完美，但可以正直；可以不永恒，但可以坚守底线。

49. 待人——肯定别人的价值

不知道他自己尊严的人，他就完全不能尊重别人的尊严。 ——席勒

所有的人毫无例外都是为了美好的将来活着，所以一定要尊重每个人。
——高尔基

健全的心灵从来不肯冷言冷语伤人。 ——莫里哀

尊重人的尊严，这是一件多么干净、多么美好的事啊！ ——萨特宁

我们应该用我们希望朋友对待我们的方式去对待朋友。 ——亚里士多德

人与人之间的关系是微妙的，不容易相处好的。有时小小的关心照顾成了人与人之间的润滑剂；相反，有时由于一时出口不慎，也会伤了对方的感情。
——德田虎雄

人际关系是人与人之间的沟通，是用现代方式表达出《圣经》中"欲人施于己者，必先施于人"的金科玉律。
——卡耐基

凡是喜欢教训别人的人，自己最不愿受到别人的教训。 ——司各特

自己感觉痛苦之事切莫施之于他人。 ——瓦鲁瓦尔

只有肯定别人的价值，人们才会对你有恰当的评价。——昂苏尔·玛珂里

一个人比另一个人高贵之处就在于它能承认对方的价值。 ——史蒂文森

喜欢伤害别人的人，自己却容不得

任何伤害。 ——托马斯·富勒

内藏严明，外露愚昧，这是贤者的作风。 ——三木清

让人误认为你是无知的，往往是最大的睿智。 ——格拉西安

学会认识自己的最好方法，就是努力理解别人。 ——纪德

对一个有优越才能的人来说，懂得平等待人，是最伟大、最正直的品质。 ——里查·斯梯尔

高论而相欺，不若忠论而诚实。 ——王符

损己者，物爱之；厚己者，物薄之。 ——张良

疾病是欢乐付出的利息。 ——约翰·雷

最能克服憎恨的不是暴力，最能医治创伤的也不是复仇。 ——夏洛蒂·勃朗特

莫道是非终日有，果然不听自然无。 ——高明

凶恶是毒害我们生活的毒药。 ——车尔尼雪夫斯基

坏的和睦不如好的争吵。 ——高尔基

坏事只有在显得很美，藏起本相的时候。在披着美德的外衣的时候，才迷人吗？ ——契诃夫

当我们自以为在领头的时候，正是被人牵着走得最欢的时候。 ——拜伦

世间的事情，往往失之毫厘，就会造成莫大的差异。 ——莎士比亚

少量的邪恶足以勾销全部高贵的品质。 ——莎士比亚

人越是心高志大，就越免不了种种的小弱点。 ——狄更斯

面对邪恶和虚伪无动于衷，这是最可怕的。 ——苏霍姆林斯基

永远不要欺侮弱者！因为被欺侮的痛苦会激发复仇的欲望。 ——达·芬奇

我们必须警惕诱惑，尤其是在他一开始的时候。 ——托马斯

敌人只有一个，便是贪图享乐的自私自利，是它把生命的源泉吸干了、搅浑了。 ——罗曼·罗兰

最危险的敌人是阿谀奉承的人。 ——塔西佗

一旦羡慕浮世的荣华，便是跌在蜜里的苍蝇，永难自拔。 ——萨迪

世上决没有一个狡猾的人，能够狡猾得使人家不知道他是狡猾的。 ——约翰·洛克

赌博是贪婪之子、邪恶之兄、灾难之父。 ——华盛顿

为了天堂牺牲人生，等于捕雀而捉影。 ——雨果

疯狂的虚荣心是利己主义的根源。 ——乔治·桑

动辄发怒是放纵和缺乏教养的表现。 ——普鲁塔克

嫉妒是一种可耻的感情。 ——列夫·托尔斯泰

贪财是万恶之源。 ——乔叟

贪得无厌、纸醉金迷、听天由命，

这三者结合在一起，结果是产业荡光、道德丧尽。

——普希金

当欲望激荡的时候，人不可避免地要犯错误。

——歌德

弱小的敌人对你表示友好，往往只是蓄意成为你的强敌。

——萨迪

贪图享乐的人，必将在享乐中堕落。

——马洛

勿言人短。这不仅仅是道德，而且是处世的重要教训。

——森鸥外

50. 处世——世事洞明皆学问

结交淡如水，履道直如弦。

——杜淹

结交远小人，小人难姑息。

——孟郊

详交者不失人，而泛交者多后悔。

——葛洪

注意你的敌人，因为他们最先发现你的过失。

——亚里士多德

难得是诤友，当面敢批评。

——陈毅

与人交，推其长者，讳其短者，故能久也。

——孔子

有一些在推心置腹时所说的私房话，日后有被知己所用来作为武器的危险。

——罗曼·罗兰

处事须留余地。

——李叔同

为一件过失辩解，往往使这过失显得格外重大，正像用布块缝补一个小小的窟窿眼儿，反而欲盖弥彰一样。

——莎士比亚

对头脑正常的人来说，判断一个人当然不是看他的声明，而是看他的行为；不是看他自称如何如何，而是看他做些什么和实际是怎样一个人。

——恩格斯

太阳能比风更快地脱下你的大衣；仁厚、友善的方式比任何暴力更容易改变别人的心意。

——卡内基

有的人想的是他们朋友的缺点，这是不会有所得的。我经常注意的是敌人的优点，并且发现这样做大有好处。

——歌德

交朋友并影响别人意见的最稳妥的方法是，尊重对方的意见，让他能有重要感。

——卡耐基

做人应正直，而且有帮助亲友的义务。有时候应该连自身都不顾惜。

——屠格涅夫

我们常常原谅那些使我们厌烦的人，却不能原谅那些厌烦我们的人。

——拉罗什富科

处己以道爱人以礼；处己以道故其心公；爱人以礼故其情厚。——王崇庆

不是交情很深的人，不是喜欢听你个人往事的人。千万不要对他喋喋倾诉

自己的历史，这是一件令人讨厌的不识相的事情！

——邹韬奋

最高明的处世术不是妥协，而是适应。

——吉姆梅尔

处人不可任己意，要悉人之情；处事不可任己见，要悉事之理。

——吕坤

处身当记于薄，待人不妨于厚；责己不妨于厚，责人不妨于薄。——吕坤

俗语说"忠厚是无用的别名"，也许太刻薄一点罢，但仔细想来，却也觉得并非唆人作恶之谈，乃是归纳了许多苦楚的经历之后的警句。——鲁迅

处内以睦，处外以义，检身以正，交际以诚，行之道至矣。——林逋

我们是幸福或是不幸，全取决于我们与之相比的是些什么人。所以，最大最大的危险，就莫过于孤身独处了。

——歌德

不要背后议论，免得被人当作谣言的制造者。因为不说话是不会伤人的，而说长道短则会招惹是非。

——第·加图

没有人在生活中能不与别人碰撞。他不得不以各种方式奋力挤过人群，冒犯别人的同时，也忍受别人的冒犯。

——托·卡莱尔

人要尊重自己，就必须抱有一种信念：公平对待他的同胞。除非我比过去更能体谅愚昧的人，更能谨慎对待苦难的人，否则，我将责骂我自己是个大大不公的人。 ——夏洛蒂·勃朗特

戒之以祸，不若喻之以理；喻之以理，不若悟之以心。 ——吕洞宾

谦不以己能责人之不能。

——欧阳修

凡对于以真话为笑话的，以笑话为真话的，以笑话为笑的，只有一个办法：就是不说话。 ——鲁迅

无论如何，"流言"总不能吓哑我的嘴。 ——鲁迅

投机取巧或能胜利于一时，终究难立足于世界。 ——鲁迅

好听的话越讲越多，一旦过了头，就不可收拾；一旦成了习惯，就上了瘾，不说空话，反而日子难过。

——巴金

天才们无论怎样说大话，归根结底，还是不能凭空创造。 ——鲁迅

不要拿别人的不幸作为自己谈笑取乐的题目。 ——朱仲南

小人以己之过为人之过，每怨天而尤人；君子以人之过为己之过，每反躬而责己。 ——李叔同

因为你不愿自己永远被埋没，你才必须忍受暂时的被埋没。不要因为看不见收获而觉得不耐烦。 ——罗兰

一个时候，只能骂一个人，或一种人，或一派人，决不宜多树敌人。所以骂人的时候，万勿连累旁人，即使必须牵涉的人，你也要表示好意，否则回骂之声纷至沓来，使你无从应付。

——梁实秋

大言欺人者不可用。 ——蔡锷

遇棘手之际，须从耐烦二字痛下功夫。 ——蔡锷

推心置腹的谈话就是心灵的展示。

——温·卡维林

大话不宜讲得太早，否则，倘有记性，将来想起会脸红。 ——鲁迅

与其说处世像舞蹈，不如说它像摔跤。 ——马可·奥勒留

要打动别人的心，自己的行为就必须合于人情。 ——卢梭

51. 交际——心灵不再孤独

交际是人生一大乐趣。

——西·史密斯

知识使人变得文雅，而交际能使人变得完善。 ——托马斯·富勒

要散布阳光到别人心里，先得自己心里有阳光。 ——罗曼·罗兰

处世让一步为高，退步即进步的张本；待人宽一分是福，利人实利己的根基。 ——洪应明

热闹中着一冷眼，便省许多苦心思；冷落处存一热心，便得许多真趣味。 ——洪应明

社交犹如空气，人离不了它，但光靠它来维持生命也是不够的。

——桑塔亚那

比之处在一群愚蠢而讨厌的伴侣中，倒还不如独自一人更好些。

——蒙田

社交的作用在于：同伟大在一起也容易使自己成为伟大。 ——爱默生

主人的好客往往就体现在一盆火、一碗饭和一片安宁之中。 ——爱默生

孤独有时是最好的交际，短暂的索居能使交际更甜蜜。 ——弥尔顿

人事关系在社会上是一种资本，若要它经久，就不得不节用。

——列夫·托尔斯泰

过分了解或者过分不了解，同样妨碍彼此接近。 ——列夫·托尔斯泰

人的社交根本不是本能。也就是说，并不是为了爱社交，而是为了怕孤独。 ——叔本华

人类在相互的交往中寻求安慰、价值和保护。 ——培根

不加选择的应酬来往，只会导致时间的浪费和心性的庸俗化。

——夏洛蒂·勃朗特

即使你享受幸福，享尽荣华富贵，要是没人像你那样衷心替你高兴，怎能有莫大的快乐？同时，处在逆境时，如果没有人把它当作比你更沉重的重荷，必然更难以忍受。 ——西塞罗

承认自己也许会弄错，就能避免争论，而且，可以使对方跟你一样宽宏大

度，承认他也可能有错。　——卡耐基

一个人，若不和其他人一道组成社会，则无法获得精神、道德、物质上的生存。　——勒鲁

人的思维应当开放，应当面向自己所属的世界，但是又不应当盲目从众，人云亦云。因为一个社会如果无个性就会变成蚁群。　——科恩

社会交往可以陶冶人的情操。
　——华兹华斯

生活中最大的乐趣之一是交谈。
　——洛根·史密斯

交谈是建立良好的人际关系的基础，是促进人与人之间感情进一步融洽的润滑剂。　——铃木健二

不愿说理是固执，不会说理是傻瓜，不敢说理是奴隶。　——德拉蒙德

在交谈中，判断比雄辩更重要。
　——格拉西安

将自己的热忱与经验融入谈话中，是打动人的速简方法，也是必然要件。如果你对自己的话不感兴趣，又怎样期望他人感动？　——卡内基

倾听是我们抚爱别人的最好方式。最有效的倾听是把全部注意力集中在谈话者身上。　——詹姆斯

在受到溺爱便会忘形这一点上，所有的人都和孩子一样。因此，不应当对人宽厚，也不应当对人太优柔。
　——叔本华

毫不奇怪，我们所有的人都或多或少乐于跟平庸者打交道，因为那会使我

们心安理得；使我们产生一种与自己相同的人交往的舒适感觉。　——歌德

交际是人生的幸福。——莎士比亚

让贤士和智者结交，他们就会相互学习长处。　——托·杰弗逊

交际场上的高手一般不直截了当说出要说的字眼，而是含蓄地表达其意思。　——爱默生

我们所知道的最好、最可靠、最有效而又最无副作用的兴奋剂是社交。
　——爱默生

利益和需要是所有社交的根本。
　——爱尔维修

如果你是对的，就要试着温和地、技巧地让对方同意你；如果你错了，就要迅速而热诚地承认，这要比为自己争辩有效和有趣得多。　——卡耐基

心情愉快，是穿到社交界最好的衣裳之一。　——萨克雷

沉默较之言不由衷的话更有益于社交。　——蒙田

相熟的人表现出恭而敬之的样子总是叫人感到可笑。　——歌德

对那些不值得信任的人不要存有幻想。　——达·芬奇

你信任人，人才对你忠实。以伟大的风度待人，人才表现出伟人的风度。
　——爱默生

记住人家的名字，而且很轻易地叫出来，等于给别人一个巧妙而有效的赞美。　——卡耐基

打动人心的最高明的办法，是跟他

谈论他最珍贵的事物。——卡耐基

不尊重别人感情的人，最终只会引起别人的讨厌和憎恨。——卡耐基

请觉悟"与人共同生活"的重要性，常怀感恩的心，以不忘恩，不忽略感谢，尊重义气的心与人相交往。

——松下幸之助

社交的秘诀，并不在于讳言真实，而是在讲真话的同时也不激怒对方。

——荻原塑太郎

52. 守信——诚信是金

人与人之间最高的信任，无过于言听计从的信任。——培根

多语者寡信，自奉者少恩。

——诸葛亮

只有信用才会比才智更加深交情。

——拉罗什富科

假如想让人们对你的支持维持得长久，处理问题就不能随心。

——昂苏尔·玛阿里

为了恪守一个宏伟的诺言而去贡献毕生精力，对平庸之人是很难做到的。不过，我觉得，每一个人心里都应该有一个小小的诺言，如果将恪守小小诺言的无数人的力量汇集到一起，就会一步一步地在人类的历史上开辟出一条道路来。

——永井道雄

信用是难得易失的。费十年工夫积累的信用，往往由于一时一事的言行而失掉。

——池田大作

言忠信而行正道者，必为天下人所心悦诚服。

——瓦鲁瓦尔

誓言不一定尽如人意，但每个人都必须对誓言负责。——埃斯库罗斯

没考验就先别信任，因为笑里藏刀的事是常有的。——特烈维尔

君子之言，信而有征，故怨远于其身；小人之言，信而无征，故怨咎及之。——左丘明

老实人的憨相就是一张可靠的还账契约；所谓信用，就是如此。

——爱默生

在重大问题上，信任总是姗姗来迟。——奥维德

言而信，信在言前。令而化，化在令外。——尼采

做一个有信义的人胜似做一个有名气的人。——罗斯福

谁信任我们，谁就在给我们以教诲。——艾略特

人与人之间最大的信任是精诚相见。——培根

什么人都信任或什么人都不信任都是不对的。——塞内加

一个人必须遵守自己的诺言，甚至对魔鬼的诺言。——西·温塞特

信任是消除担心的基础。信任是力量，信任是动力。——穆尼尔·纳素夫

要有信。信人也要信己。人人有信才能够使自己和他人的独立自尊得以实现。——福泽谕吉

只有打算彼此开诚布公的人们之

间，才能建立起心灵上的交流。

——巴尔扎克

由于这种彼此间的互相猜忌，使任何人都没有方法可以使自身得到他所期望的安全与合理。　——斯宾诺莎

只有首先做到言出必行，你的话才有信用。　——昂苏尔·玛阿里

人生在世，如失去信用，就如同行尸走肉。　——乔·赫伯特

信言不美，美言不信。　——老子

有勇气的人都守约。　——高乃依

信用就像镜子，只要有了裂缝就不能像原来那样连成一片。　——阿密尔

虽说我不是国王，但处世对人，向来我说话算数，绝不食言。

——显克微支

实话是我们最宝贵的东西，我们节省着使用吧。　——马克·吐温

对人以诚信，人不欺我；对事以诚信，事无不成。　——冯玉祥

实话可能令人伤心，但胜过谎言。

——瓦·阿扎耶夫

辜负一个垂死的人的信任，用你们并不打算实现的诺言来陶醉他，这是卑鄙的。　——罗曼·罗兰

一个被人信爱的人所说的话，常常可以比尊长严师还更有影响。

——恽代英

在只能说谎与沉默两者来选择的时候，沉默也是好的。　——何其芳

朋友间故不妨诚实地发表自己的意见，但也要避开标榜的嫌疑。

——闻一多

一个忠诚朋友的快乐建议，及时的暗示或友善的劝告，可能给一个年轻人的生活开辟一条全新的道路。

——塞缪尔·斯迈尔斯

长期守信得来的信用，很可能只因为一次失信就人格破产。所以，爱惜信用的人一定谨慎行事，千万不可走错一步。　——松下幸之助

与人交往，待人以至诚，才能换取真挚的友谊。　——卡耐基

信用既是无形的力量，也是无形的财富。　——松下幸之助

人世间绝没有真恶的奸人而不为伪善的言论的。　——郭沫若

世间最骇世震俗之事莫过于"说老实话"。最滑稽可笑者亦莫过于"说老实话"。　——梁实秋

在两个互相利用的虚荣者中间，什么都可能有，唯独没有真诚。

——汪国真

和一个爱弄手段的人打交道，永远以自己的本来面目对付，他也不会用手段对付你，倒反会看重你的。——傅雷

意气之交，虽是真诚，总也失之太急。　——三毛

自称盗贼的无须防，得其反倒是好人；自称正人君子的必须防，得其反则是盗贼。　——鲁迅

人民不喜欢假话，哪怕多么装腔作势，多么冠冕堂皇的假话，都不会打动

人们的心。人人心中都有一架衡量语言的天平。　　　　　　　——艾青

"圆滑"是虚伪和怯懦的表现。我们不可能靠圆滑去获得朋友，更不可能靠圆滑去赢得成功。　　——罗兰

凡在小事上对真理持轻率态度的人，在大事上也是不足信的。

　　　　　　　　　　——爱因斯坦

53. 理解——心灵的桥梁

理解无疑是培育一切友情之果的土壤。　　　　　　　——威尔逊

观察和理解的乐趣是自然界赐予的最美好的礼物。　　——爱因斯坦

如果我们相互并不急于把自己放在与对方平等的地位，我们将彼此了解得更好。　　　　　　　　——歌德

理解一切便宽容一切。

　　　　　　　——罗曼·罗兰

彼此理解得越多，也就越容易加速友谊的进展。　　　　——秦瘦鸥

人们不会轻易就达到互相了解，即使有最美好的意愿和最善良的目的。

　　　　　　　　　　——歌德

没有两个人有可能真正完全地彻底了解对方，犹如阴阳、昼夜保持不即不离的关系。　　　　　　——海塞

一个人的理解力越强，就越能发现别人的新颖独到之处。　——帕斯卡尔

最卓越的东西，也常常是最难被人了解的东西。　　　　　——雨果

人们喜欢嘲笑自己难以理解的事物。　　　　　　　——多伊尔

理解并不能消除罪恶，但它肯定是有帮助的。因为人们能用它来对付一个可以理解的黑暗。　　——荣格

事实证明，有时最高的理解就是不理解。　　　　　——格拉西安

理解绝对是养育一切友情之果的土壤。　　　　　　　——威尔逊

我力求像一句名言所说的那样，不哭，也不笑，而是去理解。

　　　　　　　　——普列汉诺夫

应当细心地观察，为的是理解；应当努力地理解，为的是行动。

　　　　　　　　　——罗曼·罗兰

不能理解也就不能欣赏。

　　　　　　　　——莎士比亚

理解一个人的秘诀只有一种，那就是，莫急于对他下判断。——圣堤布福

有些人永不理解他们应要做的东西；就好像理性的眼睛生在背后，只能看后面的东西似的。——菲尔丁

有时候一个人只有在他死后才能被人理解，就像读一本好书一样，只有读完了最后一行，才能理解。——高尔基

其实，爱和理解并不能使人原谅，而只是使人容忍——对事实表示无可奈何的承认和接受。　——周国平

对于朋友，是不能要求太严，有时要能谅解，是朋友之道中很重要的一条。评价友谊，要和历史环境、时代气氛联系起来。

　　　　　　　　　　——孙犁

如果我曾经或多或少地激励了一些人努力，我们的工作曾经或多或少地扩展了人类的理解范围，因而给这个世界增添了一份快乐，那我也就感到满足了。

——爱迪生

54. 宽容——退一步海阔天空

既然太阳上也有黑点，"人世间的事情"就更不可能没有缺陷。

——车尔尼雪夫斯基

一句或两句体谅的话，对他人态度作宽大的了解，这些都可以减少对别人的伤害，保住他的面子。

——卡耐基

对于所受的伤害，宽恕比复仇更高尚，鄙视比雪耻更有气派。

——富兰克林

一个伟大的人有两颗心：一颗心流血，一颗心宽容。 ——纪伯伦

谅解也是一种勉励、启迪、指引，它能催人弃恶从善，使歧路人走入正轨，发挥他们的潜力。

——穆尼尔·纳素夫

我在生活的旅途中学会了容人，心中一直保持着对人的关心和尊重，这使我避免了一些重大的丑剧的发生。

——高尔基

爱所具有的力量不就是宽恕吗？换言之，由于它的调解，已经发生的事可得以挽回。倘非如此，它还有何益？

——威廉斯

最重要的宽容就是国家和社会对个人的宽容。 ——爱因斯坦

购买它的人只会是智力非常发达的人——这些人从思想上说是摆脱了不够开明的同伴们的狭隘偏见的人，看到整个人类具有广阔多彩的前景。——房龙

世界上最广阔的是海洋，比海洋更广阔的是天空，比天空更广阔的是人的心灵。

——雨果

惟宽可以容人，惟厚可以载物。

——薛瑄

宽容是荆棘丛中长出来的谷粒。

——普列姆昌德

没有宽宏大量的心肠，便算不上真正的英雄。 ——普希金

宽恕可以交友，当你能以豁达光明的心地去宽容别人的错误时，你的朋友自然就多了。 ——罗兰

和别人相处要学的第一件事，就是对于他们寻求快乐的特别方式不要加以干涉，如果这些方式并没有强烈地妨碍我们的话。 ——卡耐基

宽恕，对人说一句和气的好话，甚至对罪人也说句和气的好话，那是比生意要紧得远的，比财富也要紧得远的。

——契诃夫

越是自己有错的人越不肯宽恕别人，这是个规律。 ——博马舍

宽恕给予我们再度去爱的机会，又帮助我们敞开心怀，既能给予爱，又能接受爱。 ——约翰·格雷

人是一种会犯错的动物，也是一种

会做出不可靠之事的动物，努力挑剔的结果，每个人都成了虎豹豺狼。

——柏杨

人与人天天密切地接触，要互相付出代价的：要仅仅欣赏对方的优点，而不刺痛对方的缺点，也不被对方刺痛缺点，双方都需要有多方面的生活经验、理智和诚挚的热情。 ——冈察洛夫

只有从内心认识到平等发表各种见解的自由对人类的重要意义，由此产生的宽容才是唯一值得称赞的宽容，或者可以说是值得称为符合人类精神上最高道德标准的宽容。 ——约翰·穆勒

用谅解、宽恕的目光和心理看人、待人，人就会觉得葱茏的世界里，春意盎然，到处充满温暖、慈善、友爱、同情。 ——蔡文甫

为了使每个人都能表白他的观点而无不利的后果，在全体人民中，必须有一种宽容的精神。 ——爱因斯坦

宽容而不忘却，就如同把斧头埋在土里而把斧柄留在外面一样。

——巴斯克里

倘要完全的书，天下可读的书怕要绝无；倘要完全的人，天下配活的人也就有限。 ——鲁迅

谁能谅解人，谁就能拯救人。

——尤·邦达列夫

宽容产生的道德上的震动比责罚产生的要强烈得多。 ——苏霍姆林斯基

应当善于原谅弱点，甚至原谅恶习，应当善于同情，而不是善于严惩。

——罗佐夫

因为我们自己也有做各种错事的可能，所以更有原谅他人的必要。

——梁遇春

宽容意味着尊重别人的无论哪种可能有的信念。 ——爱因斯坦

谁承认了自己的罪过，谁就得到宽恕。 ——格林兄弟

宽宏大量是一种美德。它是由修养和自信、同情和仁爱组成的。一个宽宏大量的人快乐必多，烦恼必少。

——罗兰

从广博的意义讲，宽容这个词从来就是一个奢侈品，购买它的人只会是智力非常发达的人。 ——房龙

以恶报恶是不对的，最好饶恕别人。 ——陀思妥耶夫斯基

理解一切便宽容一切。

——罗曼·罗兰

只要一个人原谅了别人，他自己就是对的。 ——列夫·托尔斯泰

虽然整个社会都建立在互不相让的基础上，可良好的关系却是建筑在宽容相谅的基础上的。 ——萧伯纳

宽容与专横之争一直此起彼落，一方把宽容奉为人类最高美德，另一方却诋毁它是道德观念衰弱的产物。

——房龙

不要长久地仇恨任何人与事。这种心态——焚烧如同炼狱的苦痛，真正受到伤害的，只有自己。 ——三毛

天底下最容易的事莫过于责备人，只要一开口，就好像从悬崖上栽下来的飞车，停也停不了，刹也刹不住。

——柏杨

人生在世，度量放宽些，一切好歹都要容得；眼界放大些，一切高下都要包得。

——石成金

宽容的人最为性急，耐受力强的人最不宽容。

——贝尔奈

批评和争鸣正是宽容的一种表现。

——俞吾金

55.赞美——稀少而有价值的珍珠

在鼓掌喝彩的时候总会有一些噪声，即使是自己对自己喝彩。——尼采

我们赞扬或责备他人的依据，就是看谁为我们提供了更好的机会来表现我们的判断能力。

——尼采

夸奖，只能糟蹋一个人。就是很坚定的人，如果夸奖得他失去知觉了，也可以使他离开正路。

——奥斯特洛夫斯基

人们不需要让别人钦佩：他们都是一样的，都是平等的。重要的是他们做的事情。

——萨特

同意你讲的一切的人，不是傻瓜就是准备着要剥你的皮。 ——哈伯特

赞美令我羞愧，因为我暗自乞求得到它。

——泰戈尔

千万别先给人一番赞美，再立刻给他一顿批评。

——马克·吐温

公正的赞扬只是一张债券，而肉麻的奉承却是一份礼品。

——塞缪尔·约翰逊

对于一个高尚的人来说，在不恰当的地点，受到不恰当的人的赞美，是一种最大的恶意。 ——本·琼森

赞美使人陶醉于以往的成功，因而常常裹足不前。唯有永无止境的进取，才能不断地获得新的成功。

——阿瑟夫·阿迪生

善于作自我批评的人永远受到信任，而好往自己脸上贴金的人是决不会受到信任的。

——蒙田

称赞是生命短暂的热情，习惯了就变得有等于无。 ——爱迪生

时时用使人悦服的方法赞美人，是博得人们好感的好方法。记住，人们所喜欢别人加以赞美的事，便是他们自己觉得没有把握的事。 ——卡耐基

有时颂扬会被抛掷在无用之地；更有时候颂扬反而会激起疑心，甚至惹人讨厌，这是因为懂得颂扬而没有掌握颂扬的艺术的缘故。 ——卡耐基

对美的事物作似是而非的赞颂：这无异于侮辱。 ——安格尔

拒绝赞扬出自一种被别人赞扬两次的欲望。 ——拉罗什富科

只有少数明智的人才愿听逆耳的忠言，而不愿听那些言不由衷的赞扬。

——拉罗什富科

公开赞美别人的人，也会在暗中进

行诽谤。　　　　——托·富勒

赞扬，像黄金钻石，只因稀少而有价值。　　　　——塞缪尔·约翰逊

人之赞我，于我未加一丝；人之损我，于我未减一毫。　——佐久间象山

赞扬对高贵者是鼓励，对平庸者则是追逐的目标。　　　——科尔顿

我们总是爱赞扬我们的人而不爱为我们所赞扬的人。　　——萧伯纳

赞美能使好人变得更好，使坏人变得更坏。　　　　——托·富勒

即使好心的称赞，也必须恰如其分。　　　　　　　——培根

称赞会使好人更好，坏人更坏。
　　　　　　　　——赫胥黎

称赞不但对人的感情，而且对人的理智也起着巨大的作用。
　　　　　——列夫·托尔斯泰

言之者无罪，闻之者足以戒。
　　　　　　　　——子夏

人誉我谦，又增一美；自夸自败，还增一毁。　　　　——吕坤

赞美别人就是把自己放在同他一样的水平上。　　　　——歌德

明己之过难。　　　　——罗素

"大谋"由是观之，忍耐是有目的的。　　　　　　——林语堂

不能忍耐的结果，往往是不得不更长久的忍耐。　　　——汪国真

赞扬少数有学识的人，要比嘲笑多数无知识的人更重要。——塞万提斯

古人曾云：忍为众妙之门。事实上，对于人生种种不可躲避的灾祸和不可改变的苦难，除了忍，别无他法。
　　　　　　　　——周国平

宁有求全之毁，不可有过情之誉；宁有无妄之灾，不可有非分之福。
　　　　　　　　——李惺

赞美使人陶醉于以往的成功，因而常常裹足不前。唯有永无止境的进取，才能不断地获得新的成功。

　　　　　——阿瑟夫·阿迪生

我们爱听赞扬，但却配不上它；要想受之无愧，我们就必须热爱美德胜过热爱赞扬。
　　　　　　　　——彭威廉

仅为得到庸俗的赞美而抛弃诚实的人是得不偿失的。
　　　　　　　　——本·琼森

发掘女性潜力，以赞扬教育法为最佳方案，但不能一味地赞扬，也有必须训斥的时候。　　——樱井秀勋

人们给予理智、美丽和勇敢的赞扬增加了它们，完善了它们，使它们做出了较它们原先凭自身所能做的贡献更大的贡献。　　　——拉罗什富科

我们并非爱好赞扬，没有利益我们决不赞扬任何人。赞扬是一种精明、隐秘和巧妙的奉承，它从不同的方面满足给予赞扬和得到赞扬的人们。

　　　　　　　　——拉罗什富科

夸赞别人，是种很奇怪的经验，你夸赞别人越多，就会发现自己受惠也越多，世上几乎没有什么别的事能比这种经验更有趣。
　　　　　　　　——古龙

赞美是迷惑才能的美人鱼。

——诺贝尔

如果我们为人正直，工作勤奋，就会得到人们的称颂；然而得到自己的赞许却有百倍的意义。遗憾的是，得到自己的赞许的途径至今尚未找到。

——马克·吐温

谀言顺意而易悦，直言逆耳而触怒。 ——欧阳修

豁然大度，从谏如流。 ——班固

我宁可让人侮辱我的好诗，也不愿别人赞美我的坏诗。 ——雨果

对他人的评价耿耿于怀的人，受到赞扬就忘乎所以的人，受批评就怨恨对方的人，都容易做虚荣的俘虏。

——池田大作

称赞那不应称赞的和斥责那不应斥责的都很容易，但两者都表示一种坏的性格。

——德谟克利特

兼听则明，偏听则暗。——司马光

56. 尊重——越是没有人爱，越要爱自己

一个人如果心中没有企图，很少能被别人利用。 ——亦舒

无论怎么样，一个人借故堕落总是不值得原谅的，越是没有人爱，越要爱自己。 ——亦舒

生活将在种种友谊之中得到充实。爱他人，并为他人所爱，这就是生存的最大乐趣。 ——威·史密斯

大量的友谊使生命坚强。爱与被爱是生活中最大的幸福。

——西德尼·史密斯

友谊，那心灵的神秘的结合者！生活的美化者，社会的巩固者！

——罗伯特·布拉亥

既然我们都是凡人，就不如将友谊保持在适度的水平，不要对彼此的精神生活介入得太深。 ——欧里庇得斯

要这样生活：使你的朋友不致成为仇人，使你的仇人却成为朋友。

——毕达哥拉斯

纯贞的爱情之花，是在革命理想中孕育的，是在和睦互励中生长的，是在共同战斗中开放的。这种扎根于志同道合的爱情之花，狂风吹不谢，利剑砍不倒，牢笼关不住，烈焰烧不毁，它经得起任何考验。 ——章传家

朋友是生活中的阳光。——易卜生

友谊！你是灵魂的神秘胶漆；你是生活的甜料，社会性的联结物！

——罗·布莱尔

要热爱书，它会使你的生活轻松；它会友爱地来帮助你了解纷繁复杂的思想情感和事件；它会教导你尊重别人和你自己；它以热爱世界热爱人类的情感来鼓舞智慧和心灵。 ——高尔基

书，这是这一代对另一代人精神上的遗言，这是将死的老人对刚刚开始生活的年轻人的忠告，这是准备去休息的哨兵向前来代替他的岗位的哨兵的命令。 ——赫尔岑

但愿每次回忆，对生活都不感到负疚。

——郭小川

一个精神生活很充实的人，一定是一个很有理想的人，一定是一个很高尚的人，一定是一个只做物质的主人而不做物质的奴隶的人。

——陶铸

我们不得不饮食睡眠游玩恋爱，也就是说，我们不得不接触生活中最甜蜜的事情：不过我们必须不屈服于这些事物。

——约里奥·居里

假如生活欺骗了你，不要忧郁，也不要愤慨！不顺心的时候暂且容忍：相信吧，快乐的日子就会到来。

——普希金

生活真像这杯浓酒，不经过三番五次的提炼啊，就不会这样可口！

——郭小川

习惯是一种最糟糕的痼疾，因为它使人们接受任何的不幸，任何的痛苦，任何的死亡。出于习惯，人们可以与自己憎恶的人生活在一起，学会戴镣铐，忍受不公正和痛苦，以致对痛苦、孤独以及其他一切都逆来顺受。习惯是一剂最无情的毒药，因为它慢慢地、不声不响地潜入到我们的机体，并在不知不觉中滋长起来。当我们发现它时，机体的每个细胞都已与它相适应，每一个动作都受它的制约，已经没有任何药物能够治愈。

——奥里亚娜·法拉奇

我认为人生最美好的主旨和人类生活最幸福的结果，无过于学习了。

——巴尔扎克

除书本上的知识而外，尚须从生活的人生中获得知识。

——茅盾

人生的快乐和幸福不在金钱，不在爱情，而在真理。即使你想得到的是一种动物式的幸福，生活反正不会任你一边酗酒，一边幸福的，它会时时刻刻猝不及防地给你打击。

——契诃夫

如果容许我再过一次人生，我愿意重复我的生活。因为，我从来就不后悔过去，不惧怕将来。

——蒙田

人生至善，就是对生活乐观，对工作愉快，对事业兴奋。

——布兰登

一个人的价值不在于他现在的水平有多高，而是在于他是否能在生活中不停顿地前进。

——靳凡

生活的目标是人类美德和人类幸福的心脏。

——乌辛斯基

正因为有了理想，生活才变得这样甜蜜；正因为有了理想，生活才显得如此宝贵。因为，并不是任何理想都能如愿以偿！我将带着对生活的热爱，对生活的憧憬一直走下去，永远走下去。

——艾特玛托夫

在生活中是没有旁观者的。我爱生活，并且为它战斗。

——伏契克

生活中没有理想的人，是可怜的人。

——屠格涅夫

有理想的生活，即充满了公共利益，因而抱有高尚目的的生活，便是世界上最优美、最有趣的生活。

——加里宁

启发我并永远使我充满生活乐趣的

理想是真、善、美。 ——爱因斯坦

照亮我的道路，并且不断地给我新的勇气去愉快地正视生活的理想，是善、美和真。要是没有志同道合者之间的亲切感情，要不是全神贯注于客观世界——那个在艺术和科学工作领域里永远达不到的对象，那么在我看来，生活就会是空虚的。人们所努力追求的庸俗的目标——财产、虚荣、奢侈的生活——我总觉得都是可鄙的。
——爱因斯坦

我要扼住命运的咽喉，它妄想使我屈服，这绝对办不到。生活是这样美好，活它一千辈子吧！ ——贝多芬

生活最大的危险就是一个空虚的心灵。 ——葛劳德

生活之树是常青的。 ——歌德

人生活在希望之中，旧的希望实现了，或者泯灭了，新的希望的烈焰随之燃烧起来。如果一个人只管活一天算一天，什么希望也没有，他的生命实际上也就停止了。 ——莫泊桑

应该相信，自己是生活的战胜者。
——雨果

理想对我来说，具有一种非凡的魅力。我的理想……总是充满着生活和泥土气息。我从来都不去空想那些不可能实现的事情。 ——奥斯特洛夫斯基

我在自己的一生里也曾经历过被遗弃和背叛的痛苦。可是有一种东西却救了我：我的生活永远是有目的、有意义的，这就是为社会主义而奋斗。
——奥斯特洛夫斯基

57.交流——推心置腹的谈话

有该说话的时候，也有该沉默的时候。 ——卡克斯顿

人的思想应当开放，应当面向自己所属的世界，但是又不应当盲目从众，人云亦云；因为一个社会如果无个性就会变成蚁群。 ——科恩

交谈是建立良好的人际关系的基础，是促进人与人之间感情进一步融洽的润滑剂。 ——海明威

讲话，即交谈，必须在一种融洽的气氛中进行，使人从心里感到平等。
——铃木健二

推心置腹的谈话就是心灵的展示。
——温·卡维林

倾听是我们抚爱别人的最好方式。最有效的倾听是把全部注意力集中在谈话者身上。 ——詹姆斯

与人交谈一次，往往比多年闭门劳作更能启发心智。思想必定是在与人交往中产生，而在孤独中进行加工和表达。 ——列夫·托尔斯泰

讲话犹如演奏竖琴：既需要拨弄琴弦奏出音乐，也需要用手按住琴弦不让其出声。 ——霍姆斯

向随便什么人征求意见，叙述自己的痛苦，这会是一种幸福；可以跟穿越炎热沙漠的不幸者，从天上接到一滴凉

水时的幸福相比。　　——司汤达

生活中最大的乐趣之一是交谈。

　　　　　　　——洛根·史密斯

与任何娱乐相比，我更喜欢与一个朋友随意地交谈。　　——休谟

58. 帮助——一个好汉三个帮

真正的同志的团结是最牢固的，真正的同志的默契是最美丽的，真正的同志的激励是最使人感到温暖和壮胆的。

　　　　　　　　——池田大作

用建议的方法，容易让一个人改正错误，可以保持个人的尊严和自觉的重要性。　　　　　　——卡耐基

伸出你的手去援助别人，而不是伸出你的脚去绊倒他们。

　　　　　　——桃乐丝·卡耐基

有人问我们的行为会产生什么后果，能走多远而不致出错，我们应该欢迎他，把他当作朋友。　——泰戈尔

聪明人都明白这样一个道理，帮助自己的唯一方法就是去帮助别人。

　　　　　　　——埃·哈伯德

只有当你给你的朋友以某种帮助时，你的精神才能变得丰富起来。

　　　　　　——苏霍姆林斯基

应该尊重彼此间的相互帮助，这在社会生活中是必不可少的。

　　　　　　　　——高尔基

朋友彼此帮忙时所应注意的，就是以同情为根本，以了解为前提。

　　　　　　　　——梁漱溟

无论是朋友或是生人遭到了危险，我们都要大胆地承担下来，尽力帮助人家，根本不考虑自己要付出多大的代价。

　　　　　　　——马克·吐温

深厚友谊

物以类聚，人以群分。脾气相投，方能永以为好。

友谊好似衡量人与人之间关系的一把尺子，有了友谊，生命便会多姿多彩。朋友是一面镜子，能告诉你的得失，能使你明白对与错，正因为如此，你身边需要这么一些人，来帮助你，助你成熟和成功。友谊就是夜空中的一轮明月，使孤苦无依的人即刻获得心灵的慰藉；友谊就是春天里的一场细雨，使心灵枯萎的人特别感到情感的滋润；友谊就是一片照射在冬日的阳光，使饥寒交迫的人感到人间的温暖；友谊就是出现在沙漠的泉水，使面临绝境的人重新看到生活的希望。

59. 朋友——人之相知，贵相知心

乃知择交难，须有知人明。

——白居易

真正的朋友应该说真话，不管话多么尖锐。　——奥斯特洛夫斯基

朋友之间，有什么误会之处，应该当面讲清，不可以背地乱骂。反之假如发现某人有过错，应该当面加以规劝，另外再在背地夸赞他的优点。

——贝原益轩

每个人都可以和他结成朋友的人，不会是一个真正的好朋友。　——傅勒

他们并不为了友谊而互相要求一点什么，而是彼此为对方做一切办得到的事。　——别林斯基

为朋友死不难，难在找一个值得为他死的朋友。　——霍姆斯

布衣之交不可忘。　——李延寿

很多显得像朋友的人其实不是朋友，而很多是朋友的人并不显得像朋友。　——德谟克利特

真正的朋友是一个灵魂寓于两个身体，两个灵魂只有一个思想，两颗心的跳动是一致的。　——荷马

人之相知，贵相知心。　——李陵

你不要把那人当作朋友，假如他在你幸运时表示好感。只有那样的人才算朋友，假如他能解救你的危难。

——萨迪

朋友是另一个我。　——塞诺

与智者同行，必得智慧；与愚者做伴，必受亏损。　——大卫王

人类的最正当最伟大最普遍的关系

是朋友关系。 ——罗曼·罗兰

好朋友不必较量给别人看，更不必跟好朋友称好汉。 ——亨德里克·房龙

在哪里找到了朋友，我就在哪里重生。 ——泰戈尔

世界上最难寻觅而又最易失去的是朋友。 ——韦伯斯特

人生无友，恰似生命无太阳。 ——法朗士

没有朋友的人，只能是半个人。 ——卡西尔

什么是朋友？朋友就是你可以精诚相待的人。 ——弗·克兰

朋友一千个还太少，敌人一个也嫌多。 ——阿·巴巴耶娃

只有神仙与野兽才喜欢孤独，人是要朋友的。 ——梁实秋

情人，尤其是真心相爱的情人，必须同时也是朋友。 ——武者小路实笃

有了朋友，生命才显出它全部的价值；一个人活着是为了朋友；保持自己生命的完整，不受时间侵蚀，也是为了朋友。 ——罗曼·罗兰

两性朋友，关系一旦转化为爱情，最是两全其美。 ——三毛

有知心朋友就是一种幸福。 ——武者小路实笃

朋友有钱，我们需要他的钱；朋友有米，我们缺乏的是他的米。那时节，我们真正的需要就并非是朋友了。 ——钱锺书

能给你身心利益的人，未必就算朋友。 ——钱锺书

朋友是奢侈品。 ——李敖

一个人觉得有自己的朋友在身边，哪怕打仗都感到更带劲。 ——显克微支

朋友居五伦之末，其实朋友是极重要的一伦。 ——梁实秋

一个不是对我们有所求的朋友，才是真正的朋友。 ——哈伯特

能帮助人的朋友，应当猜透对方的思虑，在他尚未开口之前就帮助他。 ——莫罗阿

当我们从富翁沦为穷光蛋时，困境会告诉我们谁是知己，谁是势利小人。 ——德莱顿

远在天涯的朋友使世界变得如此广袤，是他们织成了地球的经纬。 ——梭罗

在这个世上，诚实的人最尊重、最珍视的莫过于真正的朋友，这种朋友可以说是另一个我。 ——皮尔梅

走红时朋友认识我们；遇到不幸时我们认识朋友。 ——约·柯林斯

交上了坏朋友的人，是难以得到世人的敬重的。 ——克雷洛夫

一个人总不可能跟所有的人生活在一起，因此，他也就不可能为每一个人而活着。若能真正认识到这个真理，各人就会极度地珍视自己的朋友…… ——歌德

倘有了同病相怜的朋友，天大的痛苦也会解去一半。 ——莎士比亚

那些忘恩的人，落在困难之中，是

不能得救的。
———伊索

朋友的每一次背信弃义都增加了几分我们对于金钱威力的依赖。

———威廉·申斯通

60. 友情——沙漠里的绿洲

友谊之路，是需要人一步一步走出来的；路上许多障碍，也是需要用自己的脚去踩平的。———袁鹰

真正的朋友不把友谊挂在口上，他们并不是为了友谊而互相要求一点什么，而是彼此为对方做一切办得到的事。———别林斯基

友谊，以互相尊重为基础的崇高美好的友谊，深切的同情。对别人的成就决不恶意、嫉妒，对自己培养一种集体利益高于一切的意识。

———奥斯特洛夫斯基

友谊能增进快乐，减轻痛苦。因为它能倍增我们的喜悦，分担我们的烦忧。———爱迪生

真正的友谊不是一株瓜蔓，会在一夜之间蹿将起来，一天之内枯萎下去。

———夏洛蒂·勃朗特

离开了正直和信任，就没有爱情，没有友谊。———普里烈扎耶娃

度尽劫波兄弟在，相逢一笑泯恩仇。———鲁迅

友谊不再增长的时候，它马上会开始下降。对于一个人的友谊总是不进则退，两者之间没有静止的平衡状态。———亨利·詹姆斯

友谊是联结两颗同类心灵的纽带，它们既被双方的力量联结在一起，又是独立的。———巴尔扎克

友谊是宁神药，是兴奋剂；友谊是大海中的灯塔，沙漠里的绿洲。

———冰心

保持友谊的最好办法是任何事情也不假手于他，同时也不借钱给他。

———木村久一

在智慧提供给整个人生的一切幸福之中，以获得友谊为重要。

———德谟克利特

人与人的友谊，把多数人的心灵结合在一起，由于这种可贵的联系，它是温柔甜蜜的。———奥古斯丁

人的生活离不开友谊，但要获得真正的友谊并不容易，它需要用忠诚去播种，用热情去灌溉，用原则去培养。

———奥斯特洛夫斯基

真正友谊的产物，只是一种渗透了你的身心的愉快，别无其他。

———钱锺书

如果不借钱的话，神圣的友情是非常甜蜜、非常牢固、非常忠诚而持久的，它可以终身不变。———马克·吐温

外倾性格的人容易得到很多朋友，但真朋友总是很少的；内倾者孤独，一旦获得朋友，往往是真的。———罗兰

友谊是使青春丰富多彩的、清纯的生命的旋律，是无比美丽的青春赞歌。

———池田大作

友谊是精神的默契，心灵的相通，美德的结合。
——彭威廉

可以看到每个人的长处，因此有权得到朋友们最真挚的友谊。——泰戈尔

友谊是灵魂的结合，这个结合是可以离异的，这是两个敏感、正直的人之间心照不宣的契约。——伏尔泰

友谊不是别的，而是一种以善意和爱心去连结世上一切神俗事物的和谐。
——西塞罗

友谊的支柱是尊敬与信赖之心，是永不背叛朋友的诚实，以及为了一个崇高的理想而共同冲破苦难的勇气。
——池田大作

单单一个有智慧的人的友谊，要比所有愚蠢的人的友谊还要有价值。
——德谟克利特

真正的朋友在精神方面的感应，和狗的嗅觉一样灵敏。他们能体会到朋友的悲伤，猜到悲伤的原因，老在心里牵挂着。——巴尔扎克

宝贵固然和友谊的好坏无关，但是贫穷却最能考验友情的真假。
——莎士比亚

真诚的友谊如同完好的健康，其价值往往只在失去之后才被意识到。
——科尔顿

友谊永远不能成为一种交易；相反，它需求最彻底的无利害观念。
——莫罗阿

友谊是天地间最可贵的东西，真挚的友谊是人生最大的一种安慰。
——邹韬奋

在真正的友谊中我是完美无缺的，我把自己奉献给我的朋友，而不是力图把他吸引过来。
——蒙田

人生得一知己足矣，斯世当以同怀视之。
——鲁迅

友谊在我过去的生活里就像一盏明灯，照耀了我的灵魂，使我的生存有了一点点光彩。
——巴金

友谊是忠实无私的誓约，友情既无条件，亦无动机。
——房龙

友谊永远是一个甜柔的责任，从来不是一种机会。
——佚名

友情好比一瓶酒，封存的时间越长，价值则越高；而一旦启封，还不够一个酒鬼滥饮一次。
——梁晓声

真正的友谊，无论从正反看都应一样，不可能从前面看是蔷薇，而从后面看是刺。
——吕克特

真正的友谊，是需要保持一定的距离的。有距离，才会有尊重；有尊重，友谊才会天长地久。
——尤今

友谊是两颗心真诚相待，而不是一颗心对另一颗心的敲打。
——鲁迅

万两黄金容易得，知心一个也难求！
——曹雪芹

最亲密的友谊和强烈的憎恨，是过于亲近的缘故。
——里瓦洛尔

"与朋友交，久而敬之。"敬也就是保持距离，也就是防止过分的亲昵。不过"狎而敬之"是很难的。最要注意

的是，友谊不可透支，总要保留几分。

——梁实秋

真正的友情中不存在丝毫的猜疑或利己之心。它与物质或肉体都毫无关系，而仅仅存在着心灵与心灵间的联系。

——池田大作

怀着共同的目的、共同的志向、共同前进的美丽的同志的爱和友谊，是世上不可取代的宝物。友谊虽然存在于爱之中，但其根本是信义，在困难的境遇中，才能考验出信义的真正价值。

——池田大作

友谊是宽容的，因为宽容而长久。

——罗兰

友谊往往是由一种两个人比一个人更容易实现的共同利益结成的，只有在相互满足时这种关系才是纯洁的。

——斯特林堡

没有自由就不会有友谊，友谊热爱自由的空气，它不愿意被关闭在狭小的围墙之内。

——彭威廉

大量的友谊使生命坚强。爱与被爱是生活中最大的幸福。

——西德尼·史密斯

我常说我靠友情生活，友情是我的指路的明灯。

——巴金

不要做对不起朋友的事，更不要做违背道义的事，道义应该大于友情，朋友应该重于自己。

——汪国真

最巩固的友谊是在共患难中结成的，正如生铁只有在烈火中才能锤炼成钢一样。

——查·科尔顿

我对人世还不能没有留恋。牵系着我的心的是友情，因为我有无数散处在各地的朋友。

——巴金

世上友谊本罕见，平等友情更难求。

——培根

既然我们都是凡人，就不如将友谊保持在适度的水平，不要对彼此的精神生活介入得太深。

——欧里庇得斯

如果对朋友或恩人的缺点经常不客气地指指点点，就说明对他们应有的感情已经不可能持久了。

——拉罗什富科

友谊是最纯粹的爱。它是爱的最高形式，它不要求任何东西，它没有任何条件。

——奥修

友谊和花香一样，还是淡一点的比较好，越淡的香气越使人依恋，也越能持久。

——席慕蓉

两颗伟大的心灵，一朝由感情或友情结合之后，全靠外界的刺激把他们的友谊不断地加强。

——巴尔扎克

友谊不但能使人走出暴风骤雨的感情世界而走向阳光明媚的晴空，而且能使人摆脱黑暗混乱的胡思乱想走入光明与理性的思考

——培根

正如真金要在烈火中识别一样，友谊必须在逆境里经受考验。——奥维德

在患难中结下的友谊是世界上最宝贵的东西。

——普劳图斯

得不到友谊的人将是终身可怜的孤独者。没有友情的社会，则只是一片繁华的沙漠。

——培根

友谊只能在实践中产生并在实践中

得到保持。　　——歌德

飞黄腾达的路上一定点缀着破碎的友谊。　　——威尔斯

重新恢复的友谊比那些没有断裂过的友谊需要更多的关心照料。

——拉罗什富科

应精心培育青春时代的友情，将其贯穿一生。　　——池田大作

友情本是超越障碍的翅膀，但它自身也会背负障碍的沉重。　　——余秋雨

友谊之光像磷火，当四周漆黑之际最为显露。　　——克伦威尔

友谊是瞬间开放的花，而时间会使它结果。　　——科策布

当穷神悄然进来，虚伪的友情就越窗仓皇而逃。　　——米尔

友谊的臂膀长得足以从世界的这一头伸到另一头。　　——蒙田

友谊是富于气息，片片花瓣都是飘溢着醉人芬芳的玫瑰。　　——霍姆斯

友情是点缀青春的最美丽的花朵。

——池田大作

能够保持牢固的友谊和持久的爱情，是心地善良和意志坚强的两大证明。　　——威·哈兹里特

爱情需要报答，而友谊却如同上帝一般：它给予，却从不索取任何代价。

——理·霍维

在爱情和友谊之中，别忘了彼此要相当相称。　　——克雷洛夫

友谊与爱情之间的区别在于：友谊意味着两个人和世界。然而，爱情意味着两个人就是世界。在友谊中一加一等于二；在爱情中一加一还是一。

——泰戈尔

友谊生于安全，幽密与细腻熨帖之中；爱情则生存于强力、快感与恐怖之中。　　——莫罗阿

友谊是无翼的爱情。　——拜伦

友谊往往导致爱情，而爱情却从不回归友谊。　　——查·科尔顿

友谊与爱情一样，只有生活在能够与之自然相处、无须做作和谎言的朋友中间，你才会感到愉快。

——安德烈·莫洛亚

爱情既是友谊的代名词，又是我们为共同的事业而奋斗的可靠保证。

——法拉奇

时间增进友谊，但削弱爱情。

——拉布吕耶尔

恋爱使人坚强，同时使人软弱，友情只使人坚强。　　——勃纳尔

是友人，必然相爱；是恋人未必永远和睦。所以友谊总是给人带来幸福，而爱情却常常带来痛苦。　——塞涅加

友谊是培养道德高尚的爱情学校，谁在青少年及少年的初期没有学会真正交朋友，谁就体会不到爱情的全部幸福。　　——苏霍姆林斯基

在友谊中，我们只看见那些可能不利于我们朋友的弱点。在爱情中，我们只注意那些会使我们自己遭受痛苦的不足。　　——拉布吕耶尔

真正的爱情不是靠一个男人和一个

女人之间盲目的利己的情欲就可以建立起来的，它必须建立在互相了解、友谊和温存的基础上。 ——拉福雷特

友谊是一个崇高的名字，是经过提炼的爱情。 ——森莉弗拉

爱情以爱情开始；而最笃诚的友谊只能转变成微弱的爱情。

——拉布吕耶尔

如果友谊一旦破坏了，连爱情也不能够再使它恢复。 ——《五卷书》

友谊的价值是能消除你爱情关系上的压力。 ——索菲娅·罗兰

友谊如同爱情，尽管它可以因短暂的分离而得到加深，但却会被久别摧残。 ——塞·约翰逊

大多数女人很少为友谊所动的原因是：当体验到爱情时，友谊就寡淡无味了。 ——拉罗什富科

友谊是一掷千金的大腹贾，爱情是一毛不拔的铁公鸡。 ——卢梭

经过细心培养的青年人易于感受的第一个情感，不是爱情而是友谊。

——卢梭

没有友谊的爱情是浅薄的。

——苏霍姆林斯基

真正的爱情十分罕见，而真正的友谊更加罕见。 ——拉罗什富科

61. 交友——君子之交淡如水

一生中交上一个挚友，也就可以称得上分外有福了。 ——托马斯·富勒

君子与君子以同道为朋，小人与小人以同利为朋。 ——欧阳修

为朋友的不幸而哭泣，为朋友的喜悦而欢欣，这种生命的共鸣，意味着向社会敞开的人格的真正形成。

——池田大作

我们结友谊，应当选择那些在危险时能够在我们旁边作为同盟的人。

——伊索

不信任自己的朋友比对朋友欺骗更可耻。 ——拉罗什富科

我情愿得到一个平凡可是诚实的朋友，胜过更多聪明的恶人。

——欧里庇得斯

重要的不在于你是谁生的，而在于你跟谁交朋友。 ——塞万提斯

交朋友的唯一办法是你自己要够朋友。 ——罗斯福

君子忌苟全，择交如求师。

——贾岛

全盛时期的朋友无价值。

——亚当斯

要想有好朋友，首先自己要成为别人的好朋友。 ——武者小路实笃

朋友与敌人同样危险。

——德·昆西

交友者，识人不可不真，疑心不可不去，小嫌不可不略。 ——魏禧

两个人相遇就像两种化学物质接触一样，假如有反应，双方都会起变化。

——卡尔·荣格

跟小人，只能成小事；跟大人，小

事可成大功。　　　——歌德

　　要做真正的知己，就必须互相信任。　　　——列夫·托尔斯泰

　　在确保终身幸福的所有努力中，最重要的是结识朋友。　　——伊壁鸠鲁

　　近朱者赤，近墨者黑。　——傅玄

　　推心置腹，人莫能间。——司马光

　　与愚人深交，不如与智者淡交。

　　　　　　　　　　　——瓦鲁瓦尔

　　应当在朋友最困难的时候给予帮助，不可在事情无望之后再说闲话。

　　　　　　　　　　　　　——伊索

　　谁喜欢什么样的朋友，谁就是什么样的人。　　　　　　——伊索

　　道不同，不相为谋。　——孔子

　　详交者不失人，而泛交者多后悔。

　　　　　　　　　　　　　——葛洪

　　久与贤人处则无过。　——庄子

　　与智慧人同行，必得智慧；和愚昧人做伴的，必受亏损。

　　　　　　　　　　——《旧约·箴言》

　　与善人居，如入兰芷之室，久而不闻其香，则与之化矣。与恶人居，如入鲍鱼之肆，久而不闻其臭，亦与之化矣。　　　　　　　　　——刘向

　　博弈之交不终日，饮食之交不终月，势利之交不终年，惟道义之交可终身。　　　　　　　　——金缨

　　行合趋同，千里相从；行不合趋不同，对门不通。

　　　　　　　——《淮南子·说山训》

　　以势交者，势倾则绝；以利交者，利穷则散。　　　　　　——王通

　　人生结交在终始，莫为升沉中路分。　　　　　　　——贺兰进明

　　君子以文会友，以友辅仁。

　　　　　　　　　　　　　——曾子

　　人生交契无老少，论交何必先同调。　　　　　　　　——杜甫

　　君子交有义，不必常相从。

　　　　　　　　　　　——郭遐叔

　　君子之交淡若水，小人之交甘若醴。　　　　　　　　——庄子

　　始交不慎，后必成仇。——申居郧

　　观其交游，则其贤不肖可察也。

　　　　　　　　　　　　　——管仲

　　以酒交友，与酒一样，仅一晚而已。　　　　　　　　　——罗高

　　过分了解或者过分不了解，同样妨碍彼此的接近。　——列夫·托尔斯泰

　　读书可以广智，宽恕可以交友。当你有机会读书的时候，请不要放弃读书的机会。当你能以豁达光明的心地去宽容别人的错误时，你的朋友自然就多了。　　　　　　　　——罗兰

　　得一知己，把你整个的生命交托给他，他也把整个生命交托给你。

　　　　　　　　　　——罗曼·罗兰

　　选择一条喜爱的思想路线很容易，但是创造一个由知心朋友构成的、称心的生活圈子却非常困难。　——高尔基

　　假使爱女人，应当爱及女人的狗。那么，真心结交朋友，应当忘掉朋友的过失。　　　　　　　　——钱锺书

事实上世界里还是有朋友的，不过虽然无需打着灯笼去找，却是像沙里淘金而且还需长时间地洗炼。——梁实秋

要么相信上帝，要么相信魔鬼，就是别又信上帝又信魔鬼。一个好的坏蛋比一个坏的正人君子强。——高尔基

呼朋引伴，要看自己的本钱。招蜂引蝶，甜蜜必然不够用。——三毛

交朋友时，要从彼此心性认识，做到深刻透达的地方才成。——梁漱溟

在成功中朋友认识我们，在逆境中我们了解朋友。——丘顿·柯林斯

为人一团和气，会交朋友，也许很快活，很有人情味，可是，对一流的人说来，就未免太浪费了。——李敖

人们完全不相同的时候，就成了朋友。——列夫·托尔斯泰

多和朋辈交游无疑是医治心病的良方。——泰戈尔

一个人在其人生道路中如果不注意结识新交，就会很快感到孤单。先生，人应当不断地充实自己对别人的友谊。——塞缪尔·约翰逊

有时候，化友为敌比化敌为友更重要。——李敖

沉默容易使人跟朋友疏远。热烈的诉说和自由则使人们互相接近。——巴金

有的人与人实在不该生在一起，可是却挤成一堆，互相做冤家。——李敖

稚气能找到真朋友，但也能上人家的当，受害。固然不必把人们都看成虎狼，但也切不可一下子就推心置腹。——鲁迅

朋友是不分国籍，不限年龄，不拘性别的；只要理想相同、兴趣相近、情感相洽、意气相投的人，都可以很坚固地联结在一起。——冰心

62. 团结——众志成城

聪明的人都明白这样一个真理：帮助自己的唯一方法就是去帮助别人。——埃·伯德

不管一个人多么有才能，但是集体常常比他更聪明和更有力。——奥斯特洛夫斯基

能产生这种"一致"的情形。而纪律就是秩序的基础，若是没有纪律和秩序，则绝不会有战胜的希望。——安东·亨利·约米尼

不管一个人的力量大小，他要是跟大家合作，总比一个人单干能发挥更大的作用。——塞缪尔·巴特勒

一个人只有当他把自己和集体事业融合在一起的时候才能最有力量。——雷锋

一堆沙子是松散的，可是它和水泥、石子、水混合以后，比花岗岩还坚韧。——王杰

个人之于社会等于身体的细胞，要一个人身体健全，不用说必须每个细胞都健全。——闻一多

一朵鲜花打扮不出美丽的春天，一个人先进总是单枪匹马，众人先进才能

移山填海。 ——雷锋

自己无论怎样"进步",不能使周围的人随着进步,这个人对于社会的贡献是极有限的,甚至可以说是等于零的!真正进步的人,绝不以"孤独""进步"为己足,必须负起责任,使大家都进步,至少使周围的人进步。

——邹韬奋

活着,为的是替整体做点事,滴水是有沾润作用,但滴水必加入河海,才能成为波涛。 ——谢觉哉

人民是土壤,它含有一切事物发展所必需的生命汁液;而个人则是这土壤上的花朵与果实。 ——别林斯基

天才并不是自生自长在深林荒野里的怪物,是由可以使天才生长的民众产生、生育出来的,所以没有这种民众,就没有天才。 ——鲁迅

在许多问题上我的说法跟前人大不相同,但是我的知识得归功于他们,也得归功于那些最先为这门学说开辟道路的人。 ——哥白尼

要是没有为数众多的可敬的观察家们辛勤搜集到的丰富资料,我的著作便根本不可能完成,即使写成了也不会在人们心目中留下任何印象。所以我认为荣誉主要应归功于他们。 ——达尔文

一个人要帮助弱者,应当自己成为强者,而不是和他们一样变成弱者。

——罗曼·罗兰

我不应把我的作品全归功于自己的智慧,还应归于除我以外向我提供素材的成千成万的事情和人物。 ——歌德

我们知道个人是微弱的,但是我们也知道整体就是力量。 ——马克思

科学家不是依赖于个人的思想,而是综合了几千人的智慧,所有的人想一个问题,并且每人做他的部分工作,添加到正建立起来的伟大知识大厦之中。

——卢瑟福

人家帮我,永志不忘;我帮人家,莫记心上。 ——华罗庚

我不如起个磨刀石的作用,能使钢刀锋利,虽然它自己切不动什么。

——贺拉斯

我们从别人的发明中享受了很大的利益,我们也应该乐于有机会以我们的任何一种发明为别人服务;而这种事我们应该自愿地和慷慨地去做。

——富兰克林

要求于人的甚少,给予人的甚多,这就是松树的风格。 ——陶铸

一致是强有力的,而纷争易于被征服。 ——伊索

善是促进团结之动力,恶乃制造分裂之祸害。 ——奥尔德斯·赫胥黎

一个社会,只有作为一个大家庭行动,而不是作为个别的个体行动时才有希望。 ——安瓦尔·萨达特

应该尊重彼此间的相互帮助,这在社会生活中是必不可少的。——高尔基

日光之下,置身于人群之中,是那么美好、和谐、信赖、朝气而且深沉,被人们裹进队伍里,受大家的鼓舞,随

人潮欢乐前进。　　——阿莱桑德雷

创造人的是自然界，启迪和教育人的却是社会。　　——别林斯基

人只有在人们中间才能认识自己。　　——歌德

个性和集体融合起来，不会失去个性，相反，只有在集体中，个性才能得到高度的觉醒和完善。　　——巴比塞

团结就有力量和智慧。没有诚意实行平等或平等不充分，就不可能有持久而真诚的团结。　　——欧文

一切使人团结的是善与美；一切使人分裂的是恶与丑。
　　——列夫·托尔斯泰

如果一个人被抛弃在一个孤岛上，他就不会专门为自己而去装饰他的小茅棚或是他自己，不会去寻花，更不会去栽花，用来装饰自己。只有在社会里，人才想到不仅要做一个人，而且要做一个按照人的标准来说是优秀的人。
　　——康德

假如人只能自己单独生活，只会考虑自己，他的痛苦将是难以忍受的。
　　——帕斯卡

若不团结，任何力量都是弱小的。
　　——拉·封丹

凡是经过考验的朋友，就应该把他们紧紧地团结在你的周围。
　　——莎士比亚

当你批评比你强的人时，不要徒费心思吹毛求疵，却要看到他们的伟大、坚强和聪明的地方，如果可能，还要向他们学习，赶上他们的各种各样的高度成就。　　——克雷洛夫

谁若与集体脱离，谁的命运就要悲哀。集体什么时候都能提高你，并且使你两脚站得稳。　　——奥斯特洛夫斯基

一个人只靠自己是存在不下去的，因此人总乐于参加一个集体。——歌德

人们在一起可以做出单独一个人所不能做出的事业；智慧、双手、力量结合在一起，几乎是万能的。
　　——韦伯斯特

个人如果单靠自己，如果置身于集体的关系之外，置身于任何团结民众的伟大思想的范围之外，就会变成怠惰的、与生活发展相敌对的人。
　　——高尔基

一个伟大人物是靠人类共同生活而生活的；他无法对世界的命运、对巨大的事件表示冷淡；他不能不理解当代的事件——这些事件一定会对他发生影响，不管采取的是什么形式。
　　——赫尔岑

谁要是蔑视周围的人，谁就永远不会是伟大的人。　　——左伊默

以为没有别人在自己什么都行的人，是非常错误的；以为没有自己别人什么都不行的人，那就更错误。
　　——拉罗什富科

个人离开社会不可能得到幸福，正如植物离开土地而被扔到荒漠上不可能生存一样。　　——列夫·托尔斯泰

浪漫爱情

　　真正的爱情，不是一见钟情，而是日久生情；真正的缘分，不是上天的安排，而是你的主动。

　　有人类的地方必有爱情，爱情不能脱离人而存在，爱情在人生命中固有，因人不同而有所差异，爱情是一种对新生世界的探索，是一种自我成熟的标志，是一个人开始认知自己的必行之路。我们颂扬爱情，应合乎人的天性，在人最美的天性中，爱情也将是最美的，远离人性之美的爱情，当然都是不完整的，也是缺憾的。

63. 恋爱——新鲜而刺激的旅程

　　她读了你的信而不愿回答你，那是她的自由，你只要使她继续读你的情书就是了。追求啊，不久你就会如愿以偿了。
　　　　　　　　　　——奥维德

　　恋爱是魔鬼、火、天堂、地狱。快乐和痛苦，悲伤和后悔都居住在那里。
　　　　　　　　　　——巴恩弗尔德

　　恋爱就像小孩一样，想要什么东西巴不得立刻就有。　　——莎士比亚

　　有人说，女人是用耳朵恋爱的。可男人如果会产生爱情的话，却是用眼睛来恋爱的。　　——奥斯卡·王尔德

　　人在恋爱的时候，开始总是骗自己，最后以欺骗他人结束。
　　　　　　　　　　——奥斯卡·王尔德

　　新的爱情最令人高兴，长久的爱情最伟大，而旧梦重温的爱情是世界上最温柔亲切的东西。
　　　　　　　　　　——哈代

　　恋爱是一个谜，它只活在人们的内心深处。　　——巴尔扎克

　　一朝离别，爱人的魔力更加强了。我们的心只记着爱人身上最可宝贵的部分。
　　　　　　　　　　——罗曼·罗兰

　　相爱而不能相见的人们，有千百种虚幻而真实的东西来骗走离愁别恨。
　　　　　　　　　　——雨果

　　恋爱能使生命燃烧，使生命充实。
　　　　　　　　　　——歌德

　　在一切伟大的人物中（无论是古人今人，只要是其盛名仍在人记忆中者），没有一个是在恋爱中被诱到热狂的程度者。因为伟大的事业抑制了这种软弱的感情。　　——培根

　　观察一个人，最好观察他怎样

恋爱。 ——高尔斯华绥

恋爱的真正价值在于强化一般性的生命力。 ——华莱理

谈恋爱是好的，但必须是真正的爱情，因为真正的爱情可以使一个人崇高。最不可容忍的是无耻的打情骂俏，它会使你堕落，陷入庸俗的氛围。 ——斯坦尼斯拉夫斯基

我一生从来不曾有过"恋爱至上"的看法。"真理至上""道德至上""正义至上"，这种种都应当作为立身的原则。恋爱不论在如何狂热的高潮阶段也不能侵犯这些原则。 ——傅雷

青年男女的恋爱，事先应要求严谨，事后应互相宽容。 ——福楼拜

恋爱不必多，但愿一爱就永恒。 ——海伍德

恋爱是一种生命力，人受了生命力的驱使而发扬恋爱的本能。 ——萧伯纳

恋爱的人总是要么一切都不怀疑，要么怀疑一切。 ——巴尔扎克

恋爱是对异性美所产生的一种心灵上的燃烧的感情。 ——萧伯纳

恋爱，是打开人世秘密之钥匙，有了恋爱之后才有了人世。 ——大井正

凡是思考恋爱是什么的人，他已经不会恋爱了。 ——柯杰夫

恋爱比结婚更令人感兴趣，就像小说比历史更有趣一样。 ——尚福尔

所谓恋爱，一言以蔽之，就是想占有爱恋者的一切的这种欲望。不仅仅是一部分，而是一切，是想把她的一切占为己有的冲动。爱情越炽烈，这种冲动就越强。 ——远藤周作

情人的吵架是不会长久的，撒过了娇，流过了眼泪，旁人还在着急的时候，他们自己却早已是没事人了。 ——冰心

只要生死相共，即是痛苦也成欢乐了。 ——罗曼·罗兰

恋爱就是一个偶然的机遇，有的人被爱神用箭射中，有的人却自己跳进罗网。 ——莎士比亚

恋爱是一场梦，直到结婚之时才清醒。 ——蒲柏

恋爱是感情上永恒的音乐，给青年人以彩芒，给老人以光辉。 ——史迈尔

一个恋爱着的人，可比魔鬼和天使更有力量，能够做到一切啊！ ——海泽

当我们在恋爱中时，总想尽量隐藏自己的缺点，这并不是由于虚荣的缘故，而是担心所爱的人会苦恼。真的，恋人们都想表现得像个上帝，而这和虚荣无关。 ——尼采

在恋爱中的人们，越是到处宣扬他们的爱情，他们的爱情越是靠不住。 ——莎士比亚

恋爱应当使生命增添活力，工作有干劲，同周围的人更加亲近，这才是它的真正的意义。 ——池田大作

恋爱除了给人在心理上的积极作用外，还可因男女双方情感上的交流及相互关怀而打破人与人之间的孤独和

疏离感。　　　　——弗洛伊德

一个人在恋爱的时候，是不需要别人指点的。　　——亨利·詹姆斯

没有一场深刻的恋爱，人生等于虚度一样。　　　　——罗曼·罗兰

一种真心的爱慕发出的时候，常常激起别人的爱慕。　　——但丁

所谓恋爱过程，实际上就是不断地调整、修养自己理想的过程，是你的理想与你寻找的客观对象相互适应的过程。　　——基尔·凯丝勒

结婚该不是恋爱死亡的日子，却是恋爱完成的日子。　——朱光潜

智慧因思虑而变得软弱，心灵因恋慕而痛苦异常。　——莎士比亚

失去了爱。你的生活就离开了轨道。　　　　　——拿破仑

恋爱使人们永远相亲相爱。懂得恋爱，人生的花苞才会开放。

　　　　——武者小路实笃

初恋是最美好的恋情，你风华正茂，她妩媚妖娆，整个世界都是你们的。　　　　　　——毛姆

恋爱之始，好像亲酿的葡萄酒发酵，而随着岁月的流逝，它将变得清澈而又平静。　　——安吉勒斯

恋爱是开启人生秘密的钥匙。如果抽掉了爱情，那么人生就会变得无色无味。　　——岛崎藤村

初恋，在现实中虽然没有结果，但在回忆中它却是朵永远不凋谢的花朵。

　　　　　——白石浩一

初恋是唯一的恋爱：因为在第二次恋爱中和经过第二次恋爱，恋爱的最高意义已失掉了。　　——歌德

在恋人的脑海里，他总是把自己的意中人摆动在这座金字塔的最高峰，把她看成从未有过的理想者，任何人都不能与之媲美。　　——瓦西列夫

凡是真实的爱，都是充满着热情的。其所以那样的充满热情，是因为在想象中始终存在着一个真正的或虚幻的完美的对象。　　——卢梭

在热恋中，世界上的万物都会在人的心目中失去其原有的面貌。一位毫不出众的女性会变得同维纳斯女神一样美妙绝伦、神采飘逸。

　　　　——尤里·留利柯夫

初萌的爱情看到的仅是生命，持续的爱情看到的是永恒。　——雨果

64. 择偶——众里寻他千百度

爱一个人就是希望他幸福。可是没有自由便没有幸福。

　　　　——车尔尼雪夫斯基

每一个配偶都应该关心对方更甚于关心自己，这是爱情和婚姻成功的唯一基础。　　　　——阿德勒

现代的男性不只需要一位貌美的妻子，更需要一位事业上的伴侣长相辅佐。　　　——康诺·高恩

一个真诚正直的女子是一种隐蔽的财富，她的存在带来巨大的好处且毫不

自矜。　　　　　——拉罗什富科

并不是每一个外表美好的人都有完美的心灵，因为品德在于内心，不在于外表。　　　　　——萨迪

有些人爱的是与自己相似的人，并且去寻求这种人；还有些人爱的是与自己相反的人，并且步其后尘。——歌德

假使夫妻两人都决心要保留个人的自由，真诚的爱情关系就没有实现的可能。这不是爱情。　　　——阿德勒

女人总是比男人更讲究物质。我们把恋爱看得很伟大，她们却总是很实际。　　　　——列夫·托尔斯泰

我们爱慕一个女子是爱她现在的样子，我们爱慕一个青年男子是着眼于他未来的前途。　　　　　——歌德

世界上有很多可爱的女人，但却没有一个完美的女人。　　　——雨果

体现在男性或女性身上的特殊的美，无不具有道德的魅力。——爱默生

看中了就不应太挑剔，因为爱情不是在放大镜下做成的。　——托马斯

爱的对象应该是品格端正的人，以及小有缺陷而肯努力上进的人，这才是应该保持的爱情，才是起于天上爱神的那种高尚优美的爱情。　——柏拉图

外貌只能炫耀一时，真美方能百世不殒。　　　　　　——歌德

我们之所以爱一个人，是由于我们认为那个人具有我们所尊重的品质。

　　　　　　——卢梭

追求爱情对象，应该想得更具体一些，因为爱情意味着爱慕对方的人品（性格）。　　　　——国分康孝

一个美丽的女人是一颗钻石，一个好的女人是一个宝库。　——萨迪

几千年来，女子喜爱强壮勇敢的男子，而男子看中漂亮温柔的女子。这几乎是双方亘古不变的共同理想。

　　　　　——奥·瓦西列夫

心灵的爱才是永恒的爱。

　　　　　　——果戈理

过分挑剔的女人常常不知道她们怎样地破坏了原来充满希望的爱情。

　　　　　——科耐尔·科文

65. 爱情——娇艳的红玫瑰

爱就是生的一种方式。——沈从文

爱情是人类整个感情世界中欲望最为强烈的一种情感。——尤·留里科夫

凡是可怜的、遭难的女子，她的心等于一块极需要爱情的海绵，只消一滴感情，立刻膨胀。　　——巴尔扎克

固执的热情，疯狂的爱，火焰燃烧了自己后还把另外一个也烧死，这爱情方是爱情。　　　　——沈从文

爱情的天平上如果放上了见异思迁的、情意浮动的砝码，就会失去幸福的平衡。　　　——穆尼尔·纳素夫

爱情应该是以忘我为前提的，并要为自己所爱的对象谋求幸福。——雪莱

你对一个人的了解，用一分钟的爱

情能比几个月的观察更有成绩……

——罗曼·罗兰

"爱"的确是奇妙的，有时很甜蜜，有时很痛苦，也有时很害怕——它不但能令人变成呆子，也能令人变成瞎子。

——古龙

爱情的好处不但在于我们使我们信任一个人，而在于信任我们自己。

——罗曼·罗兰

爱情是叹息吹起的一阵烟；恋人的眼中有它净化了的火星；恋人的眼泪是它激起的波涛。它又是智慧的疯狂，鲠喉的苦味，吃不到嘴的蜜糖。

——莎士比亚

我的观点是我的家庭好不容易过上了自己的生活，所以我得有意识让它远离外界的纷扰。 ——迈克尔·舒马赫

没有经历过爱情的人生是不完整的，没有经历过痛苦的爱情是不深刻的。 ——汪国真

表面上并不般配的爱情，往往和谐，因为产生这样的爱情，往往有比较深刻的内在原因；表面上般配的爱情，往往并不和谐，因为产生这样的爱情的原因，仅仅是因为般配。 ——汪国真

不要把爱情想的都是轰轰烈烈的，像罗密欧与朱丽叶这样的爱情多少年才有？平平淡淡是最好的，过你所习惯的那一种生活，而且这有时候要看缘分。

——姚明

爱情之中高尚的成分不亚于温柔的成分，使人向上的力量不亚于使人萎靡的力量，有时还能激发别的美德。

——伏尔泰

了解爱情的人往往因为爱情的升华而坚强了他们向上的意志和进取的精神。

——培根

一个人越是胸怀崇高的目标，他(她)对心爱人的感情就越丰富、越细腻、越温柔。 ——苏霍姆林斯基

爱情，如果不落实到穿衣、吃饭、数钱、睡觉这些实实在在的生活里去，是不容易天长地久的。 ——三毛

相思本是无凭语，莫向花笺费泪行。 ——晏几道

爱情，上帝的真髓，并不是为了轻薄欢娱，而是为了揭示人类的全部价值。 ——爱默生

爱欲是人的一种内在和渴望，它引导我们为寻求高贵善良的生活而献身。

——罗洛·梅

爱是一种心情，是要把所爱的对象置于自己的跟前、身边，希望自己与对方协同一体。 ——今道友信

爱情之所以有价值，是因为它促进了一切最大的快乐，诸如对音乐、高山、日出以及皓月当空的大海的欣赏。一个从未和自己所爱的女子一起欣赏过美好事物的人，便不能充分体会到这些事物具有的神奇魅力。 ——罗素

人类的天性由于爱情而格外敏感，因为是敏感的，所以会把自己最珍贵的部分贡献给所爱的事物。——莎士比亚

当你真正爱一个人的时候，你会忘

记了自己的苦乐得失，而只是关心对方的苦乐得失。　　——罗兰

人只应当忘记自己而爱别人，这样才能自己安静、幸福和高尚。

　　——列夫·托尔斯泰

爱情的快乐不能在激情的拥抱中告终。爱，必须有恒久不变的特质，要爱自己，也要爱对方。　　——波普尔

青年男子谁个不善钟情？妙龄女人谁个不善怀春？这是我们人性中的至神至圣。　　——歌德

真正的爱，在放弃个人的幸福之后才能产生。　　——列夫·托尔斯泰

爱一个人就是指帮助他回到自己，使他更是他自己。　　——梅尔勒·塞恩

在感情的世界里，尽管高山阻隔，情高意真的人自会是心有灵犀。

　　——茨威格

为了爱而想毁掉生活的意义是不明智的。应该懂得一旦大树倒下，爱情也就失去了其攀缘物。这样，两个人会在爱中毁掉对方。　　——罗曼·罗兰

爱情确实有一种高尚的品质，因为它不只停留在性欲上，而且显出一种本身丰富的高尚优秀的心灵，要求以生动活泼、勇敢和牺牲的精神和另一个人达到统一。　　——黑格尔

意见和感情的相同，比接触更能把两个人结合在一起。这样子，两个人尽管隔得很远，却也很接近。

　　——柴可夫斯基

真正爱的人没有什么爱得多爱得少的，他是把自己整个儿给他所爱的人的。　　——罗曼·罗兰

爱情是自私的玩意儿，只有在自私获得满足之后，才能表现出爱情的伟大。没有自私，便没有爱情。——柏杨

爱情是真实的，是持久的，是我们所知道的最甜也最苦的东西。

　　——夏洛蒂·勃朗特

爱不仅仅是生育本能和性欲，也是男女社会交往的一种形式，是生理、心理、美和道德的综合感受，真正的爱只有人类才有。爱情的持久、力量和美是与个人的一般道德水平分不开的。

　　——邓颖超

爱上某人不只是一种强烈的感情，还是一种决定、一种判断、一种承诺。

　　——弗洛姆

爱情里要是掺杂了和它本身无关的算计，那就不是真正的爱情。

　　——莎士比亚

能够更幸福而去做需要做的一切，并从这当中得到快乐。

　　——车尔尼雪夫斯基

真诚的爱情在奉献的时候最为丰富。如果认为这是牺牲的话。这已经不是真正的爱了。　　——盖尔贝

选择你所喜爱的，爱你所选择的。

　　——屠格涅夫

爱会发展，只要它是自由和自发的。如果认为爱是一种责任，它就会被消灭。　　——罗素

爱，不过是一种享受贪欲的和永不

满足的热望而已。　　——蒙田

爱情常常把人抽空，留下一具空躯壳，然后扬长而去。所以，聪明人始终对爱情有戒心，三思而后行，甚至于干脆不行。　　——周国平

爱是人性中最活泼、最美丽、最有生命力的因素，也是最矛盾、最痛苦、最不稳定的因素。　　——关鸿

爱情使一个人抛舍了自己的一半给爱人，又从爱人那里得到了新的一半。

　　——陈超南

这世界要是没有爱情，它在我们心中还会有什么意义，这就如一盏没有亮光的走马灯。　　——歌德

爱情也像海一样深沉，我给人的越多，我自己就越富，因为这两者都是没有穷尽的。　　——莎士比亚

真正的爱情是双方互相"无条件投降"。　　——福楼拜

爱情的代价就是如此，不能得到回报，就会得到一种深藏于爱的轻蔑，这是一条永恒的定律。由此可见，人们应当十分警惕这种感情。因为它不但会使人丧失其他，而且可以使人丧失自己本身。　　——培根

如果你没有感受到孤独和绝望，你是不会知道爱是怎么回事。

　　——克雷洛夫

爱情是一场决斗。如果你左顾右盼，你就完蛋了。　　——罗曼·罗兰

强烈的爱！它会使畜生变成人类，也会使人类变成畜生。　　——莎士比亚

66. 婚姻——身心的结合

两个帮手，彼此帮忙，是上等婚姻。　　——老舍

相互之间没有爱情的结婚，是充满杀机的结合。　　——池田大作

结婚不是互相凝视对方的眼睛，而是互相凝视共同的目标，共同前进。

　　——池田大作

婚姻必须首先出于依恋之情，如果您愿意，也可以说是出于爱情。如果有了这种感情，只有在这种情况下，婚姻才可以说是神圣的。

　　——列夫·托尔斯泰

同是一件婚事，一些人视之为儿戏，而另一些人，则视之为世界上最庄重的事情。　　——列夫·托尔斯泰

婚姻是两个人精神的结合，目的就是要共同克服人世的一切艰难、困苦。　　——高尔基

真正的婚姻结合，当然应该是直接的内心的结合，换句话说，就是该以恋爱为基础，而且该以恋爱为限界。

　　——陈望道

婚姻生活者，半睁眼半闭眼地生活也，天下没有十全十美的男女，如果眼睛睁得太久，或用照妖镜照得太久，恐怕连上帝身上都能挑出毛病。——柏杨

一个女人，当她对她的丈夫失去敬意时，这婚姻就已经不能维持了。

　　——琼瑶

男女的结合，不重在仪式的如何

严肃，应全以恋爱为基础。无恋爱的婚姻，不管它是"百年偕老"，也不过是长期的奸淫。 ——陈望道

没有真正的爱情的婚姻，是一个人堕落的起点。 ——海明威

婚姻有如鸟笼子，鸟想进笼子并不绝望，但已经入笼子的鸟，想要飞出笼子，那可是绝望了。 ——蒙田

夫妻间的爱情是平等的，因为他们相互的要求是平等的。 ——泰戈尔

婚姻是一种重担，它的解决需要我们做出许多的努力和创造活动，不是身心健康的人是很难负起这个重担的。 ——阿焦勒

新婚的人从对方获得的那种快乐，仅仅是婚姻的开头，绝不是其全部意义。婚姻的全部含义蕴藏在家庭生活中。 ——列夫·托尔斯泰

只要两人性情快活、谦虚朴实，日子再苦，也没有怨言。 ——高尔基

只要妻子有兴趣，可以给予丈夫在书本上得不到的知识。很多成功的伟人，都曾从妻子处得到过教益。 ——桃乐丝·卡耐基

所谓幸福的婚姻，就是指从结婚起一直到死亡止，绝对没有一时一刻沉寂的长期甜言蜜语。 ——莫罗阿

我不仅把婚姻描写为一切结合之中最甜蜜的结合，而且描写为一切契约之中最神圣不可侵犯的契约。 ——卢梭

夫妻生活中最可贵的莫过于真诚、信任和体贴。 ——穆尼尔·纳素夫

如果我们在结婚之后仍然能保持爱情的甜蜜，那么我们在地上也等于进了天堂。 ——卢梭

妻子的爱情是克己的，但结果却俘获了丈夫的心。 ——池田大作

多少妇女为了孩子的利益，强迫自己忍受不顺心的婚姻。 ——罗曼·罗兰

幸福的婚姻不仅需要交流思想，也要感情交流，把感情关在自己心里，也就把妻子推到自己的生活之外了。 ——奥斯汀

婚姻中的结合或是由于同情，或是由于征服。 ——艾略特

结婚之前，你的双眼要睁得大大的，结婚之后不妨半闭起来。 ——培根

在浩瀚的人海中，没有一个完全的女人，同样也没有一个完全的男人，两个不完全的人结合在一起就是婚姻。所以，结婚的目的应当是生活向完整的境界迈进。 ——藤本义一

在婚姻中，每个人都要付出代价，同时也要收回点什么。这是供求规律。 ——罗曼·罗兰

婚姻是要联合两个完整的独立个体，不是一个附和，不是一个退路，不是一种逃避或一项弥补。 ——西蒙娜·德·波伏瓦

婚姻绝非如罗曼蒂克的人们所想象的那样，而是建筑于一种本能上的制度，且其成功的条件不独要有肉体的吸引力，且也得要有意志、耐心、相互地接受和容忍。 ——莫罗阿

婚姻的价值并不是以它给予了多少快乐或以它所持续的时间长短为标准。　　——纳赛尔

婚姻中的爱应该是一个美梦的达成，不该如它通常那样，是一个结束。　　——卡尔

要是人们在自己的婚姻生活中感受不到欢乐和温馨，他们就要到另一个地方去寻求爱的满足。　　——国分康孝

以爱情为基础的婚姻，乃是人间无可比拟的幸福。　　——梁实秋

既然婚姻可以实现它的可能性，丈夫和妻子都必须明白，无论法律如何规定，他们在自己的私生活中必须是自由的。　　——罗素

婚姻的悲剧，如同其他许多悲剧一样，在于一个人所看到的对方的一切并非全部都是事实。　　——莫洛亚

婚姻是一座迷宫，即使是你亲手建造的，你也未必找得出出口。——彼得

一个人的婚姻可以决定一个人一生的命运，所以必须用充分的时间去考虑它。　　——卢梭

只有爱情才能使婚姻神圣，只有使爱情神圣的婚姻才是真正的婚姻。　　——托尔斯泰

婚姻应该是两方面的伴侣友谊，存心要长久，至少要支持到儿女长大的时候，不能认为是一种临时的私情，随完随了的。　　——罗素

人生最大的幸福是美满的婚姻，不幸的婚姻无异于活着下地狱。

　　——奥斯瓦尔德·施瓦茨

67. 夫妻——相濡以沫的感情

结发为夫妻，恩爱两不疑。

　　——苏武

睿智归丈夫，贤淑归妻子。

　　——赫伯特

夫妻者，有骨肉之恩也。爱则亲，不爱则疏。　　——韩非

夫妇之道，有义则合，无义则离。

　　——班固

夫妻生活难得一帆风顺，既有胜利的喜悦，也会有失败的苦恼，顺境与逆境间而有之，希望和失望交相产生。

　　——穆尼尔·纳素夫

婚姻的结合要求夫妇双方都要忠实，忠实是一切权利中最神圣的权利。

　　——卢梭

一对有着共同的理想和共同的追求的情深意笃的夫妇，总要比一对占有巨大财产的离心离德的夫妻幸福得多。

　　——李燕杰

夫妻好比同一把琴上的弦，他们在同一旋律中和谐地颤动，但彼此又是独立的。　　——纪伯伦

夫妻是伴侣，是共同劳动者，又是新生命的创造者。　　——鲁迅

只有视而不见的妻子和充耳不闻的丈夫才能有美满的婚姻。　　——蒙田

夫妻间不仅是生儿育女的关系，更

重要的是志同道合的伴友。

——穆尼尔·纳素夫

为了逃避奴隶生活，一个男人是会离开他最美丽的妻子的。

——奥斯托洛夫斯基

老是厮守一起还不如分开一阵再相会来得更令人愉快。这种中断使我对家庭充满新鲜情感，使我的屋子更悦人耳目。

——蒙田

年轻时代的夫妻争吵是爱情的纠葛，而上了年纪之后的夫妻争吵则令人心灰意冷。

——石川达三

夫妻生活中，性生活无疑是重要的内容，和谐、体贴、健康的性生活会使蜜月中的幸福花朵常开不败。

——穆尼尔·纳素夫

婚姻的魅力之一，就是它使富有欺骗性的生活对夫妻双方都成为绝对需要。

——王尔德

夫妻之争是没有胜者的，只能是两败俱伤。

——石川达三

明智的夫妇都力求使对方保持自然状态。既然你选择对方，就应该让对方保持自己的个性，发挥自己的特长。

——莫罗阿

为了爱情的继续，婚姻的美满，妻子固要取悦丈夫，丈夫也要取悦妻子，至于如何取悦，乃是一种高级的艺术。

——柏杨

夫妻之间，或爱人之间，一旦在人格上瞧不起对方，爱情就要取消。

——柏杨

有什么样的丈夫就有什么样的妻子，你的妻子似水井，你在水中可照出自己，对你的妻子来说也是同样的。

——苏霍姆林斯基

一对夫妻相互承认他们在精神上、灵智上、性格上是不尽相似的，但他们愉快地接受这一点，而且两人都把这看成心灵上互相得益的良机，这样的家庭必然是幸福的。

——严忠树

与所爱的人长期相处的秘诀是：放弃改变对象的念头。

——萨尔丹

贫贱之交不能忘，糟糠之妻不下堂。

——范晔

和睦夫妻间的谈话是亲切、平凡、饶有滋味的，如同这些菜肴，虽配料简单，但比珍馐美味更受欢迎。

——莫罗阿

世上最孤寂的人，就是伟大人物的妻子。

——小堀杏奴

明智的夫妻和情侣要把差异视为彼此学习的机会，而不是当作分歧的借口。

——萨提尔

丈夫对妻子应当始终不渝。许多丈夫之所以有愧于这一职责，就因为他们做不到全心全意、有始有终。

——本涅特

如果把对方逼得落荒而逃，责任就更大。

——柏杨

当夫妻双方通常同时感到有必要吵一架时，他们就是十分般配的一对。

——罗斯塔

夫妻生活应具有高度的文化修养，

丈夫和妻子的道德修养应不断提高，而这一点对丈夫尤为重要。

——苏霍姆林斯基

任何丈夫，都比较喜欢精神饱满的妻子。对那因疲劳过度而毫无生气的妻子，实在感到头痛。

——桃乐丝·卡耐基

我有最好的丈夫，谁也不能梦想找到比他更好的丈夫，上帝把他赐予我，我们过得越久，相爱越深。

——居里夫人

婚后生活成功与否取决于配偶双方能够在多大程度上相互认识、进入对方的内心世界、探明对方的特殊要求与心境。

——赞科夫

夫妻之道，千言万语，似乎可归纳两个原则，一曰："努力使自己被对方欣赏"；一曰："努力去欣赏对方"；不宜一日懈怠。

——柏杨

丈夫如何在社会的太空中飞翔，顽强地在社会上奋斗，都完全是借助于妻子的力量。

——池田大作

合格的妻子应该通过自己的努力使丈夫成为社会财富的创造者。

——穆尼尔·纳素夫

一个女人越是注意修饰自己的容貌，就越漠视自己的家庭。

——本·琼森

妻子也有需求。她需要爱、关怀和保护。当她感到丈夫在关怀她，给她带来保障和幸福时，她就会觉得安全。

——奥斯本

女人应当具有使家庭生活舒适的天性。

——格·马尔科夫

女人是多么孤独呀！除了孩子以外没有任何东西能够支撑她，甚至孩子也难以支撑。

——罗曼·罗兰

家的港湾

　　家庭是社会的基本细胞，成了家，才能得到社会的认可和承认，才有了相应的法律、法规措施的保障。

　　家庭是充满着爱和温情的地方。婚姻是因为互相欣赏、两情相悦，才走到一起的，就应该互相包容、互相成全，而不是互相不信任、互相拆台、互相内耗。家庭意味着责任和担当，我们一边享受着来自家庭的权利的同时，也要一边尽着自己相应的义务和责任。家庭是互相包容、互相宽容、互相欣赏的地方。家庭是讲情的地方，不是讲理的地方。千万别把工作情绪带回家。出门时，请忘记烦恼；回家时，带快乐回来。

68. 父母——可怜天下父母心

　　成功的时候，谁都是朋友。但只有母亲——她是失败时的伴侣。

　　　　　　　　　　——郑振铎

　　父母对儿女的心情，简直是一种宗教：儿子就是一个如来佛，女儿就是一个观世音。　　　　——王力

　　母亲是伞，是豆荚，我们是伞下的孩子，是荚里的豆子。　——席慕蓉

　　养儿方知娘辛苦，养女方知谢娘恩。　　　　　——汉族谚语

　　父亲的爱好对他的儿子有一定的影响。　　　　　　　——荷马

　　孩子懒惰，不应责备他们，因为是父母把他们养成了这样。——伊索

　　父亲的智慧是对儿童最有效的影响。　　　　　　　——荷马

　　在所有的青年人眼里，父亲是多么严厉的法官啊！　——忒壬斯

　　有一些母亲没有美丽的面容，没有丝质的衣服，没有学识，没有地位，甚至没有娱乐，整天只有那无休止的工作。跋涉在山间的小径上就如同跋涉在人间的长路上一样。　——席慕蓉

　　所有的母亲，都是这世间最尊贵的一种种族。　　　　——席慕蓉

　　世界上有一种最美丽的声音，那便是母亲的呼唤。　　　——但丁

　　父爱可以牺牲一切，包括自己的生命。　　　　　——达·芬奇

　　能了解自己孩子的是聪明的父亲。

　　　　　　　　　　——莎士比亚

　　虽然男人原是铁石心肠，但只要他

当了父亲，他就有一颗温柔的心。

——杨格

父母之年，不可不知也，一则以喜，一则以惧。　——《论语》

知子莫若父。　——管仲

父母威严而有慈，则子女畏慎而生孝矣。

——颜之推

谁言寸草心，报得三春晖。

——孟郊

觉醒的父母，完全应该是义务的、利他的、牺牲的。　——鲁迅

一个天生自然的人爱他的孩子，可是一个有教养的人是爱他的父母的。

——林语堂

享受天伦之乐的父亲母亲们，就连无子无女的天使也在羡慕你们。

——拜伦

梦中萦怀的母亲——你是我至上的阳光！　——波特莱尔

人世间最美丽的情景是出现在当我们怀念到母亲的时候。　——莫泊桑

人类之于爱，往往从母性学来。

——莫罗阿

在儿童脑海中，父母的世界不啻神仙的世界，一旦在这世界中发现神仙会发生战争时，不将令儿童大大难堪吗？先是他们感到痛苦，继而是失去尊敬之心。　——莫罗阿

孩子们和父亲休戚相关的时间，只限于为保护自己、需要父亲的阶段。

——卢梭

一个做父亲的，当他生养了孩子的时候，还只不过是完成了他的任务的三分之一。他对人类有生育人的义务；他对社会有培养合群的人的义务；他对国家有造就人民的义务。　——卢梭

父母在好几个孩子中间，应得把母爱和父爱极力维持平等。　——莫罗阿

父母的爱只给不取，不溯既往，不讨恩情。　——法国谚语

一父养十子，十子养一父。

——西班牙谚语

唯有成为母亲之人，才会了解何谓爱与幸福。

——阿德贝尔特·封·夏米索

一个父亲胜于一百个教师。

——赫尔巴特

还有什么比父母心中蕴藏着的情感更为神圣的呢？父母的心，是最仁慈的法官，是最贴心的朋友，是爱的太阳，它的光焰照耀温暖着凝集在我们心灵深处的意向！　——马克思

凡是才慧卓绝的人，必有个理智优越的母亲。　——叔本华

母亲是第一个影响她子女职业兴趣发展的人。　——阿德勒

父母辛苦，其子舒坦，孙子将成为乞丐。　——江岛其碛

家长可以有自己的理想，但如果干涉孩子具有各自的理想，那就等于不承认孩子的人格。　——池田大作

如果想让孩子长成一个快乐、大度、无畏的人，那这孩子就需要从他周围的环境中得到温暖，而这种温暖只能

来自父母的爱情。　　——罗素

父母之间高尚的爱情是孩子们健康的、生气勃勃的、丰富的精神生活的保证。　　——苏霍姆林斯基

无情未必真豪杰，怜子如何不丈夫。　　——鲁迅

将来的命运，早在现在决定，故父母的缺点，便是孩子灭亡的伏线、生命的危机。　　——鲁迅

我们给子女最好的遗产就是放手让他自奔前程，完全依靠他自己的两条腿走自己的路。　　——邓肯

慈父之爱子，非为报也。——刘安

家庭作为一个自然的集体形式之所以有不可摧毁的力量，这是因为它的必要先决条件，即父亲的平等的爱在家庭中得到了真正的实现。　——弗洛伊德

父亲的德行就是孩子的财产。
　　——法朗士

父亲——男人的作用是由他的责任心决定的。能够负责任的、能够尽义务的父亲是真正的男人。
　　——苏霍姆林斯基

父亲的责任是教育自己的儿子习惯于自觉地守正不阿，而不是慑于人为的恐惧。　　——忒壬斯

在其父必有其子；每一棵好树必然结出好果子。　　——兰格伦

一个高尚的人，如果有个像他自己一样的儿子，其乐一定不亚于他自己生命的延续。　　——理·斯梯尔

如果谁希望自己的儿子尊重他和他

的命令，他自己便应十分尊重他的儿子。　　——洛克

只有聪明的父亲才会了解自己的儿子。　　——莎士比亚

母亲的溺爱只能毁了孩子。
　　——约翰·雷

爱情是非常自私的，母爱却可以丰富我们的感情。　　——巴尔扎克

母爱的真正本质是关心和责任。
　　——弗洛姆

人生最圣洁、最美好的，就是母亲。　　——苏霍姆林斯基

母亲的个性和受教育的程度对孩子的健康成长将起着重要的作用。有教养的母亲本身对孩子能做出最好的帮助。
　　——穆尼尔·纳素夫

母亲的心灵是子女的课堂。
　　——比彻

在孩子的人格和气质形成的幼儿期，家庭环境中的母亲作为孩子的教育者来说，是没有人能够代替的。
　　——汤因比

对于婴孩，母亲无异神明。她是全能的。若是她自己哺育他的话，她是婴儿整个欢乐、整个生命的源泉。
　　——莫罗阿

69. 子女——寸草对春天的情义

如果孩子的兴趣和热情一开始就得到顺利发展的话，大多数孩子将会成为

英才或天才，这就是早期教育。

——木村久一

宁肯让孩子认识自己父母的缺点，也比叫孩子感觉到他的父母有一种背着他们生活和一种装样子的生活好得多。

——列夫·托尔斯泰

遇到不能解决的事情，去问孩子，孩子脱口而出的意见，往往就是最精确而实际的答案。 ——三毛

儿童乃是生命之花。但要使花成为好花，只有及时地用剪刀剪去那些枯枝。 ——马卡连柯

孩子的世界，与成人截然不同。倘不先行理解，一味蛮做，便大碍于孩子的发达。 ——鲁迅

孩子是未来，也是回归；孩子是孕胎，也是海洋。 ——里尔克

能从自己孩子身上得到幸福的人才真正幸福。 ——托马斯·富勒

一个自然人必定会爱自己的子女，但只有受文化熏陶的人。才会孝养父母。 ——林语堂

你以为使孩子喜欢或不喜欢的事物，绝不是孩子真正喜欢或不喜欢的。

——罗曼·罗兰

对年幼的孩子是发自内心的情爱，而年长的孩子则由习惯的情爱来抚养。 ——波普

爱情浓厚的夫妻生的孩子，往往赋有爱情的特色：温柔、活泼、快活、高尚、热心。 ——巴尔扎克

当一个孩子意识到他不仅有坚持真理的权利，而且有犯错误的权利时，他就已长成了大人。 ——托马斯·萨斯

贫家儿女越看得贱越易长大，富户儿女越看得娇越难成器。 ——曾国藩

子弟少年，知识方开，须以端谨长厚养其心，为一生人品根基。

——申居郧

凡世家子弟，衣食起居无一不与寒士相同，庶可以成大器；若沾染富贵气习，则难望有成。 ——曾国藩

世家子弟最易犯——"奢"字、"傲"字。 ——曾国藩

适度地责骂孩子，可能使孩子的心灵更有安全感。 ——三毛

造物者给人的礼物，有哪一样是比孩子更可亲的呢？ ——西塞罗

凡为官者，子孙往往无德，以习于骄恣浇薄故也。 ——吴汝纶

儿女爱父母，是天生的，父母是孩子的唯一安慰、盼望、鼓励、保护所和避难港，所以依偎在父母怀抱里的孩子，是天下最大的幸福。 ——柏杨

假如你的女儿嫁了一个好丈夫，你便找到了一个儿子；否则，你便失掉了一个女儿。 ——富勒

我们总是在为子孙做点什么，但我很想看到子孙为我们做点什么。

——艾迪生

宠子未有不骄，骄子未有不败。

——吴楚材、吴调侯

女儿应由父亲照料，而儿子应由母亲照料。父子、母女之间，不是爱的法

则，而是革命的法则、解放的法则，是有才能的青年压服筋疲力尽的老人的法则。

——萧伯纳

在达到理智的年龄以前，孩子不能接受观念，而只能接受形象。——卢梭

每个孩子都是艺术家，问题在于一旦长大后如何仍不失为艺术家。

——毕加索

孩子需要爱，特别是当他们不值得爱的时候。

——赫尔巴特

遭受屈辱较少的孩子能成长为一个更能意识到自己的尊严的人。

——车尔尼雪夫斯基

女儿等于春天的水：你等着它，瞧着它高兴，可是它一来就走掉了。

——马明·西比利亚克

人生中最可怕的因而最需要用爱抚、温柔、关怀、关注、善意去抚慰的，就是遭到毁损和伤害的孩子的心。

——苏霍姆林斯基

子女是高尚道德及两颗相爱的心自愿结合的结晶。 ——苏霍姆林斯基

孩子是家庭幸福的源泉。——塔帕

孩子是穷人的财富。 ——托富拉

即使是在最丑的孩子身上，也有新鲜的东西、无穷的希望。

——罗曼·罗兰

孩子是维系的绳索，没有孩子容易离异。孩子是双方共有的善，共同的东西把人结合到一起。 ——亚里士多德

孩子灵魂的丰富创造，补偿了母亲灵魂的日渐贫乏。

——罗曼·罗兰

孩子是成人的雏形。——华兹华斯

孩子仍然是爱情和义务永远结合的象征。 ——艾略特

有的儿女使我们感到此生不虚，有的儿女为我们留下终身之憾。

——纪伯伦

能获得父辈殊荣的儿子甚少，承袭父辈耻辱的儿子却占多数。 ——荷马

孩子知道各式各样的聪明话，虽然世间的人很少懂得这些话的意义。

——泰戈尔

孩子是可以敬服的，他常常想到星月以上的境界，想到地面以下的情形，想到花卉的用处，想到昆虫的言语；他想飞上天空……所以给儿童看的图书就必须十分慎重，做起来也十分犯难。

——鲁迅

允许孩子们以他们自己的方式获得快乐，难道还有比这更好的方法吗？

——塞缪尔·约翰逊

我找到了给你孩子提忠告的最好办法：发现他们需要什么，然后再建议他们如何去做。 ——杜鲁门

孩子，这是人类纯洁而天真的花朵。 ——柔石

子女胜于一切。 ——贝纳勉特

子女是自由自在的，而他们的生命则是仅仅体现这种自由的直接存在。因此他们不是物体，既不属于别人，也不属于父母。 ——黑格尔

没有非法的孩子——只有非法的父母。
　　　　　　　　——利·扬克维奇

由早晨可知全天，由童年可知成年。
　　　　　　　　——弥尔顿

男孩总有一天会长成一条汉子。
　　　　　　　　——托·富勒

总的来说，子女爱父母不及父母爱子女，这是因为子女正迎着独立自主前进，并日益壮大起来，于是会把父母丢在后面，至于父母则在子女身上获得了他们结合的客观体现。　　——黑格尔

与子女分离使人忧伤，可留着他们也没有多大的安慰。　　——托·富勒

儿女的忘恩，就像这一只手把食物送进这一张嘴里，这一张嘴却把这一只手咬了下来。　　——莎士比亚

凡是在父母与子女之间造成悲惨的误解的，常因为成年人要在青年人身上获得只有成年人才有的反响与情操。
　　　　　　　　——莫罗阿

男人不听从他母亲，是男人的悲剧。　　——王尔德

想使孩子和你一个样是最大的错误。因为你的形象不值得重复，孩子和你都清楚这一点，结果你们就互相仇视。　　——夏皮罗

对孩子，比起批评更需要榜样。
　　　　　　　　——儒贝尔

一个为母亲所特别钟爱的孩子，一生都有身为征服者的感觉；由于这种成功的自信，往往可以导致真正的成功。
　　　　　　　　——弗洛伊德

创业者对子女期望最大，因为子女被他们看作不但是族类的继承者，又是所创事业的一部分。　　——培根

尊重是一道栅栏，既保护着父母，也保护着子女，使父母不用忧愁，使子女不用悔恨。　　——巴尔扎克

70. 亲情——血脉相连

最强烈地影响环境，尤其影响孩子的，莫过于父母丧失活力的生活。
　　　　　　　　——荣格

如果你打孩子，要慎重；若是因为生气，如果造成终身伤害的危险也还情有可原。唯独蓄意地打击孩子，乃是不可原谅也不该原谅的。　　——萧伯纳

幼年时代未能充分享受到共生关系的女子会轻易地嫁给第一个向她求爱的男人，生怕以后再也不会有这样的机会。她会宁愿找个稳稳当当的公务员工作也不愿成为一个自担风险的独立职业者。
　　　　　　　　——南希·弗莱迪

成长得最好的孩子是那些看到父母本来面目的儿童。伪善并不是父母的第一职责。　　——萧伯纳

一个常受表扬的孩子可能产生自命不凡的感觉，他可能认为自己是为了某个重大的使命才到这个世界上来的，这

种想法能给孩子以动力和信心。

——本杰明·斯波克

每一代人总是反抗自己的父辈，却和祖父辈交上了朋友。

——刘易斯·芒福德

孩子的权利便是父母的义务。

——鲁多夫·洛克尔

孩子的思想就像一个孩子：你拼命追赶也别想抓住它，你必须静静地站着，拿出爱心，那它很快就会自动回到你面前。——阿瑟·米勒

所谓亲骨肉之间的爱，就是双方都可以在对方面前适当地使点小性子，而双方又都能适当地加以宽容。亲人之间难能可贵的是，难以向别人表露的任性，可以毫无顾忌地在亲人面前发泄。

——石川达三

大凡父母到中年以后跟孩子的矛盾，都是因为父母爱孩子引起的。如果父母对孩子不管不顾，彼此倒可以相安无事；如果什么事都管，就要闹矛盾。这种情况的产生，主要是因为父母不是纯粹的爱，还夹杂着私心杂念。

——石川达三

独在异乡为异客，每逢佳节倍思亲。——王维

孝于亲则子孝，钦于人则众钦。

——林逋

内睦者家道昌，外睦者人事济。

——林逋

祭而丰，不如养之薄。——欧阳修

养不教，父之过；教不严，师之惰。——王应麟

烽火连三月，家书抵万金。

——杜甫

养子防老，积谷防饥。——关汉卿

儿孙自有儿孙福，莫为儿孙作马牛。——关汉卿

家有一心，有钱买金；家有二心，无钱买针。——徐田臣

只愁不养，不愁不长。——冯梦龙

消得家庭内嫌隙，便是一大经纶。

——洪应明

三年不上门，当亲也不亲。

——吴承恩

爱子不教不为爱，教子不善不为教。——方孝孺

听妇言，乖骨肉，岂是丈夫；重资财，薄父母，不成人子。——朱柏庐

割不断的亲，离不开的邻。

——佚名

治家严，家乃和；居乡恕，乡乃睦。——王豫

养儿体，乐儿魂，开儿知识。

——康有为

兄弟相害，不如友生；外御其侮，莫如兄弟。——佚名

富若不教子，钱谷必消亡；贵若不教子，衣冠受不长。——佚名

只要思想未遭锢蔽的人，谁也喜欢子女比自己更强，更健康，更聪明高尚，更幸福。——鲁迅

在子女小时不应对他们过于苛刻。否则会使他们变得卑贱，甚至投机取巧，以致堕入下流。

——弗兰西斯·培根

成了家的人，可以说对于命运之神付出了抵押品。因为家庭难免拖累事业，使人的许多抱负难以实现。

——弗兰西斯·培根

在子女面前，父母不得不隐藏他们的各种快乐、烦恼与恐惧。他们的快乐无须说，而他们的烦恼与恐惧则不能说。子女使他们的劳苦变甜，但也使他们的不幸更苦。子女增加了他们生活的负担，但却减轻了他们对于死亡的忧惧。

——弗兰西斯·培根

如果想让孩子长成一个快乐、大度、无畏的人，那这孩子就需要从他周围的环境中得到温暖，而这种温暖只能来自父母的爱情。

——罗素

有些你以为坏的东西或许会引发你孩子的才能；有些你以为好的东西或许会使这些才能窒息。

——夏多布里昂

我们不能按照自己的观念塑造孩子；我们必须爱他们，任他们的天性自然发展。

——歌德

批评孩子时，好挖苦、好讽刺的父亲很难得到孩子真心的尊敬。

——詹姆斯·多伯森

最成功的父母是能看透孩子的心思，视孩子之所见，思孩子之所思，体察孩子之所感的人。

——詹姆斯·多伯森

母亲的责任之一，是从孩子的童年时代起，就善于发现他们的才能、性格和志向，这一点是任何一位教育家都难以做到的。

——巴尔扎克

要用道德教育儿女，能给人幸福的是道德而不是金钱。

——贝多芬

有一个陷阱是父母常会凭自己的希望给予孩子他自己在孩提时代所缺少的东西，这样做或许会有很好的结果，但亦可能造成极大的失望。

——萨提尔

父爱应以道理和期望来引导孩子，应是忍耐和宽容，而不是威胁和独裁应让正在成长的孩子感到自己能力的日益增加，并最终允许他成为自己的主人。

——弗洛姆

71. 家庭——安憩之地

没有哪个地方能比自己的家更令人快乐。

——西塞罗

没有和睦的家庭，便没有安定的社会。

——池田大作

在家中享受幸福，是一切抱负的最终目的。

——塞·约翰逊

没有了家庭，在广大的宇宙间，人会冷得发抖。

——莫罗阿

不论你在漫游何方，家庭才是安乐乡。

——刘易斯

无论你是国王还是普通人，最幸运的人是能在自己家里获得幸福的人。

——歌德

家庭生活充满仁爱与道德，便是人

生的美满成果。　　——瓦鲁瓦尔

人生真正的幸福和欢乐浸透在亲密无间的家庭关系中。

——穆尼尔·纳素夫

家庭是每个人的城堡。　　——科克

家庭本质上是满足人们每天的需要而建立起来的联合体。——亚里士多德

家是你无处可去的时候，不得不接纳你的地方。　　——弗罗斯特

对男子来说，社会是战场，是令人不断处于紧张的舞台，而家庭则是心灵唯一的绿洲和安憩之地。——池田大作

世界上没有一个地方比自己的家更舒适，无论那个家是多么的简陋、多么寒碜。　　——梁实秋

家庭秩序和法律秩序一样，不能自动成立，而是通过意志建立并维持下来的。　　——罗兰

连个家都没有的人是流浪汉，而有两个家的人则是放浪者。　　——门肯

家庭将永远是人类社会的基础。权力和法律的作用是在这儿开始的。

——巴尔扎克

家庭是政治社会的原始模型：首领是父亲的影子，人民就是孩子的影子。

——卢梭

家庭相容性的主要标志是夫妇双方在主观上最大限度的互相满足。

——扎采宾

如果是公平进行的话，婚姻中的吵架也可以是很好、很健康的沟通方法。　　——尼娜·欧尼尔

家庭是第一个源泉，伟大的爱国主义情感和信念的巨流是从这里开始奔流的。　　——苏霍姆林斯基

舒适的家，是快乐最大的源泉。它只列于健康和良心之后。

——席德尼·史密斯

在婚姻与家庭中需要高度的忍耐、宽容、善意、关心及其他良好的品性。

——马卡连柯

永远记住这点：世上最不平凡的美是家里的美。　　——萧伯纳

在父母的眼中，孩子常是自我的一部分，子女是他理想自我再来一次的机会。　　——费孝通

我不相信一个人的家世必能规范态度人格。但是我也不能否认家庭环境与气氛对一个人的若干影响。——梁实秋

一个美满的家庭，犹如沙漠中的甘泉，涌出宁谧与安慰，使人洗心涤虑，怡情悦性。　　——黑格尔

家庭不单是身体的住所，也是心灵的寄托处。　　——黑塞

有些家庭习惯于一切都围绕一个人转，这就必然造成这个人对家人的苦乐十分蔑视而且漠不关心。　　——都德

一个人的家应该是一个固定不变的点，是他生命中一个不受干扰的区域。在家里，一个人需要的是安定、坚贞不渝的爱和信赖，不是风暴、变化和刺激。　　——夏洛蒂·勃朗特

一个靠借贷混日子的家庭，不可能生活得安逸、美满。　　——易卜生

我相信更多的不愉快主要来自一种不适当地延长家庭关系，人为地让人们聚居一起的企图。在下层人民中这种痛苦尚不深切，但在中上阶层这种痛苦却天天殃及一大批人。老年人也并不比青年人更喜欢这种家庭。

——塞缪尔·巴特勒

一旦家庭自豪感停止行动，个人主义的自私心理就会乘虚而入。

——托克维尔

一个人的特殊价值，往往最难为他家庭中的人重视，并非因为仇视或嫉妒，而是家庭在另一种观点上去观察他之故。

——莫洛亚

相比之下，你将要建立的那个家庭比你出身的那个家庭更重要。

——拉德纳

我相信家庭与外界是决然不同的，它可以充满爱、关怀及了解，成为一个人养精蓄锐的场所。　——萨提尔

家庭是无可替代的，理由与婚姻一样：因为它能使个人的本性发生社会的情操。

——莫罗阿

婚前没有隐瞒，没有虚伪，必有助于婚后家庭生活的美满。　——隆美尔

如果把男子比作家庭的骨架，那么女子就是家庭的血肉。　——莫言

家庭幸福是人类的第一恩赐。既然全世界的人都有份，那么接受这件恩赐可以说是天经地义的。　——杰弗逊

家是世界上唯一隐藏人类缺点与失败的地方，它同时也蕴藏着甜蜜的爱。

——萧伯纳

凡是夫妇不吵架的家庭，准是一块阴森之地，既没有冲击，也没有快乐。

——柏杨

在充满着体贴和关心的家庭中，永远不会为鸡毛蒜皮的事情发生争执，伤感情。　——苏霍姆林斯基

对于亚当来说，天堂是他的家；然而对于亚当的后裔来说，家是他们的天堂。　——伏尔泰

家是爱情的中心地，我们心灵中最好的期望都环绕着这个中心地。

——赫尔岑

成就事业

复杂的事情简单做，你就是专家；简单的事情重复做，你就是行家；重复的事情用心做，你就是赢家。

一个人，饱食终日，无所用心，不思自己的事业，不虑人生的前途，只能是能够思维的直立行走的动物。真正的人应该是这样："人生在世，事业为重，一息尚存，绝不松劲。"抱着一颗正直的心，专心致力于事业，使事业成为愉快的事情，使愉快的事情成为事业，人生将变得更加完善、更加绚烂。

72. 成就——寻找打开成功之门的金钥匙

成功的人只是相信自己、肯定自己所作所为的平凡的人。 ——洛克菲勒

永远不能让自己的个人偏见妨碍自己的成功。 ——洛克菲勒

成功好比一张梯子，"机会"是梯子两侧的长柱，"能力"是插在两个长柱之间的横木。只有长柱没有横木，梯子没有用处。 ——狄更斯

一旦你产生了一个简单的坚定的想法，只要你不停地重复它，终会使之成为现实。提炼、坚持、重复，这是你成功的法宝；持之以恒，最终会达到临界值。 ——杰克·韦尔奇

道德教育成功的"秘诀"在于，当一个人还在少年时代的时候，就应该在宏伟的社会生活背景上给他展示整个世界、个人生活的前景。

——苏霍姆林斯基

当机会呈现在眼前时，若能牢牢掌握，十之八九都可以获得成功。而能克服偶发事件，并且替自己找寻机会的人，更可以百分之百地获得胜利。

——卡耐基

成功，是内心的造就。

——拉尔夫·M.福特

一个成功者所知道的，除了勤奋，便是谦逊。 ——佚名

三人省力，四人更轻松，众人团结紧，百事能成功。 ——佚名

不要企图永远活下去，你不会成功的。 ——萧伯纳

当一个人一心一意做好事情的时候，他最终是必然会成功的。——卢梭

成名每在穷苦日，败事多于得意时，努力是成功之母。 ——塞万提斯

培育能力的事必须继续不断地去

做，又必须随时改善学习方法，提高学习效率，才会成功。　——叶圣陶

富贵本无根，尽从勤中得。

——冯梦龙

残疾人的成功通常不易招致嫉妒。因为他们有缺陷，使人乐于宽忍他们的成功，也常使潜在的对手忽视了他们的竞争和挑战。　——培根

人类第一个国王乃是一名成功的士兵，国家的功臣无须有荣耀的祖先。

——伏尔泰

凡做事，将成功之时，其困难最甚。行百里者半九十，有志当世之务者，不可不戒，不可不勉。——梁启超

高傲自大是成功的流沙。——阿比

骄傲是只"拦路虎"，常挡在成功的道路中间。　　　　——佚名

谁和我一样用功，谁就会和我一样成功。　　　　　　——莫扎特

成功的企业经营所需具备的要素是：热衷于货品的产出，确切熟知产出成品，责任感以及有效地派任职务。经理人员必须能让部属充分发挥自我才能，独立作业以担负分内完全职责；也必须将企业组织内每一个人视为追求共同目标的一分子。　——洛德福特

大多数人是保守的，不轻易相信新事物，但能容忍对现实中的众多失败。

——卡莱尔

如果没有人向我们提供失败的教训，我们将一事无成。我们思考的轨道是在正确和错误之间二者择一，而且错误的选择和正确的选择的频率相等。

——刘易斯·托马斯

好事尽从难中得，少年勿向易中求。　　　　　　——李成用

勤奋就是成功之母。　——茅以升

一个人几乎可以在任何他怀有无限热忱的事情上成功。　　——佚名

真正迅速的人，并非事情仅仅做得快，而是做得成功而有效的人。

——培根

在任何一个成功的后面都有着十五年到二十年的生活经验，都有着丰富的生活经验，要是没有这些经验，任何才思敏捷恐怕也不会有，而且在这里，恐怕任何天才也都无济于事。

——巴甫连柯

一个羞赧的失败比一个骄傲的成功还要高贵。　　　　——纪伯伦

成功的秘诀，在永不改变既定的目的。　　　　　　——卢梭

障碍与失败，是通往成功最稳靠的踏脚石，肯研究利用它们，便能从失败中培养出成功。　　　——佚名

成立之难如登天，覆败之易如燎毛。　　　　　　——李绿园

伟大的才能比伟大的成功更不寻常。　　　　　——沃维纳格

应该懂得这样一个道理：要努力，努力，再努力；如果开始不成功，还要努力，努力，再努力。——威·希克森

一个人失败的原因，在于本身性格的缺点，与环境无关。　——毛佛鲁

有许多人是用青春的幸福作为成功的代价的。　　——莫扎特

要想做一个真正的英雄是没有选择余地的，往往是要么成功要么成仁。

——希契科克

一个击败狂热者恰恰因为是他本人并不狂热，正相反，他充分运用了自己智力。　　——乔治奥威尔

成功就是当洋溢的生命力突然冲决堤坝而汇入一条合适的渠道。

——何怀宏

不光荣的成功好像一道不加作料的菜，可以填饱肚子，但没有好味道。

——乔佩特诺

如果知道光阴的易逝而珍贵爱惜，不作无谓的伤感，并向着自己应做的事业去努力，尤其是青年时代一点也不把时光滥用，那我们可以武断地说将来必然是会成功的。　　——聂耳

为了成功地生活，少年人必须学习自立，铲除埋伏各处的障碍，在家庭要教养他，使他具有为人所认可的独立人格。　　——卡耐基

如果你能成功地选择劳动，并把自己的全部精神灌注到它里面去，那么幸福就会找到你。　　——乌申斯基

要想成功，就千万不能忽视任何事情……他必须对一切下功夫，那也许还能有所收获。　　——屠格涅夫

万里不惜死，一朝得成功。

——高适

广告没有永恒的成功。

——李奥贝纳

外国人不需要中国人，中国人也不需要外国人，在这一点上，我任何时候都是和义和团站在一起的。义和团是爱国者。他们爱自己的国家胜过爱别的民族的国家。我祝愿他们成功。义和团主张把我们赶出他们的国家。我也是义和团。因为我也主张把他们赶出我们的国家。　　——马克·吐温

执着追求和不断的分析，这是走向成功的双翼。不执着，便容易半途而废；不分析，便容易一条道走到天黑。

——佚名

不自强而成功者，天下未之有也。

——刘安

成功的科学家往往是兴趣广泛的人。他们的独创精神可能来自他们的博学。……多样化会使人的观点新鲜，而过于长时间钻研一个狭窄的领域，则易使人愚钝。　　——贝弗里奇

成功并不是重要的事，重要的是努力。　　　　——加费罗

革命尚未成功，同志仍需努力。

——孙中山

在一个崇高的目标支持下，不停地工作，即使慢，也一定会获得成功。

——爱因斯坦

不达成功誓不休。　　——陈潭秋

聪明的资质、内在的干劲、勤奋的工作态度和坚忍不拔的精神，这些都是

科学研究成功所需要的其他条件。

——贝弗里奇

成功的第一个条件是真正的虚心，对自己的一切敢寻自珍的成见，只要看出同真理冲突，都愿意放弃。

——斯宾塞

立志是一件很重要的事情。工作随着志向走，成功随着工作来，这是一定的规律。立志、工作、成功是人类活动的三大要素。立志是事业的大门，工作是登堂入室的旅程，这旅程的尽头就有个成功在等待着，来庆祝你的努力结果。　　　　　　——巴斯德

与朋友之间不要有金钱来往，不要借钱给朋友，要是你借钱给人家，就像胡适先生一样，我借了，就不要求还。人与人之间可有金钱来往，使我们人际关系比较成功。　　　　——三毛

慎重则必成，轻发则多败。

——苏轼

在识别创新思想方面最成功的公司总裁，总是善于同有创新意识的人打交道的，善于倾听他们的意见，包括听来有点古怪的意见。……为了获取创新思想，作为公司总裁必须乐于承认和接受由创新思想带来的种种不愉快。

——斯威尼

思危所以求安，虑退所以能进。

——房玄龄

成功=艰苦的劳动+正确的方法+少谈空话。　　　　——爱因斯坦

正直和诚实还没有发现代用品，人们缺少它就没法取得成功。——布雷默

为着阶级和民族的解放，为着党的事业的成功，我毫不稀罕那华丽的大厦，却宁愿居住在卑陋潮湿的茅棚；不稀罕美味的西餐大菜，宁愿吞嚼刺口的苞粟和菜根；不稀罕舒服柔软的钢丝床，宁愿睡在猪栏狗巢似的住所！

——方志敏

培养人就是培养他对前途的希望。

——马卡连柯

立志在坚不在锐，成功在久不在速。　　　　　　　——张孝祥

世上真不知有多少能够成功立业的人，都因为把难得的时间轻轻放过而致默默无闻。　　　　——莫泊桑

从不获胜的人很少失败，从不攀登的人很少跌跤。　　　——惠蒂尔

不在乎别人是否赏识他的人，必然成功。　　　　　　——金基尔

学习中经常取得成功可能会导致更大的学习兴趣，并改善学生作为学习的自我概念。　　　　——布鲁姆

成功往往是最后一分钟来访的客人。　　　　　　　——佚名

光说不干，事事落空；又说又干，马到成功。　　　　——佚名

在艰苦中成长成功之人，往往由于心理的阴影，会导致变态的偏差。这种偏差，便是对社会、对人们始终有一种仇视的敌意，不相信任何一个人，更不同情任何一个人。爱钱如命的悭吝，还是心理变态上的次要现象。相反地，有

气度、有见识的人，他虽然从艰苦困难中成长，反而更具有同情心和慷慨好义的胸襟怀抱。因为他懂得人生，知道世情的甘苦。

——南怀瑾

修养的花儿在寂静中开过去了，成功的果子便要在光明里结实。——冰心

最有希望的成功者，并不是才干出众的人，而是那些最善利用每一时机去发掘开拓的人。——苏格拉底

要成功一项事业，必须花掉毕生的时间。——列文虎克

熊熊的热忱，凭着切实有用的知识与坚忍不拔，是最常造就成功的品性。

——卡耐基

温和比强暴更有希望获得成功。

——拉·封丹

失败也是我需要的，它和成功对我一样有价值。——爱迪生

天下绝无不热烈勇敢地追求成功，而能取得成功的人。——拿破仑

在所有的失败中，想说俏皮话却没有说成是最大的失败，而说得拖泥带水则是更惨的失败。——兰多尔

一次失败，只是证明我们成功的决心还够坚强。——博维

挫折其实就是迈向成功所应缴的学费。——佚名

坚忍是成功的诀窍。——狄斯累利

丈夫想到管太太，远不及情人想到接近情妇次数多；禁子想到关牢门，远不及囚犯想到逃命次数多；所以困难尽多，情人和囚犯照样应该成功。

——巴尔扎克

一个成功的人是以幽默感对付挫折的。——詹姆斯·潘

论成败者，固以为人事为主。

——刘知几

经验告诉我们：成功和能力的关系少，和热心的关系大。——贝克登

丈夫贵不挠，成败何足论？

——陆游

如果你希望成功，当以恒心为良友，以经验为参谋，以当心为兄弟，以希望为哨兵。——爱迪生

对搞科学的人来说，勤奋就是成功之母！——茅以升

荣誉妒忌成功，而成功却以为自己就是荣誉。——罗斯唐

执志不绝群，则不能臻成功铭弘勋。——葛洪

如果你具备开始的勇气，就有了成功的豪情。——戴维·维斯考特

成功是战胜艰难险阻的奋斗结晶。

——史密斯

天下无难事，唯坚忍二字，为成功之要诀。——黄兴

发现的历史表明，机遇起着重要的作用，但另一方面，即使在那些因机遇而成功的发现中，机遇也仅仅起到一部分的作用。——贝弗里奇

每种首创事业的成功，最要紧的还是所有当事人的基本训练。

——马明·西比利亚克

用赢得的权力的品质来维护权力，就很容易获得成功。　　——萨卢斯特

机会是极难得的，但他具备三大成功的条件，那就是"像鹿一般会跑的腿、逛马路的闲工夫和犹太人那样的耐性"。　　——巴尔扎克

本来无望的事，大胆尝试，往往能成功。　　——莎士比亚

要在这个世界上获得成功，就必须坚持到底；剑至死都不能离手。

　　——伏尔泰

一个生意人不想破产，好比一个将军永远不预备吃败仗，只自得半个商人。　　——巴尔扎克

在获得成功之前，每个人都有自负的权利。　　——迪斯雷利

青年人对于社会的要求也高，失望也快，却很少注意到，一个成功的中年人或老年人的背后，往往有着许多辛酸血泪的故事。这尚不够，那份持续的认真与努力，也是一个成功者必然的付出。这以上说得又不完全，智慧才是一个人成功最大的条件之一，缺了它，什么也不成。　　——三毛

熟才能生巧。写过一遍，尽管不像样子，也会带来不少好处。不断地写作才会逐渐摸到文艺创作的底。字纸篓子是我的密友，常往它里面扔弃废稿，一定会有成功的那一天。　　——老舍

字典里最重要的三个词，就是意志、工作、等待。我将要在这三块基石上建立我成功的金字塔。　　——巴斯德

只有人类精神能够蔑视一切限制，相信最后的成功，它的探照灯将照向黑暗的远方。　　——泰戈尔

我深信卓越的创意作品，永远是一个成功代理商前进巨轮的中轴——过去是，现在是，未来亦如是。

　　——李奥贝纳

一个人上床的时候能够对自己说：我没有对别人的作品下断语，没有叫谁相信，没有把自己的聪明才智当作刀子一般在清白无辜的人心中乱搅；没有说什么刻薄话破坏别人的幸福，便是对痴呆混沌的人也不干扰他的快乐，没有向真有才气的人无理取闹；不屑用俏皮话去博取轻易的成功；总之从来不曾违背我的信念……能够对自己这么说不是极大的安慰吗？　　——巴尔扎克

生不得志，攻苦食淡；孤臣孽子，卧薪尝胆。　　——许名奎

不论成功还是失败，都是系于自己。　　——朗费罗

我认为克服恐惧最好的办法理应是：面对内心所恐惧的事情，勇往直前地去做，直到成功为止。　　——罗斯福

成功是辛勤劳动的报酬。

　　——希腊谚语

我是一个兴风作浪者，我相信这可能是我成功的主要原因，我做了每个人都认为做不到的事情，而且我做这些事情的方法，使每个人都说我疯狂。

　　——吉诺·鲍洛奇

生存的第一定律是：没有什么比昨

天的成功更加危险。　　——托夫勒

经验显示，成功多因于赤忱，而少出于能力。胜利者就是把自己身体和灵魂都献给工作的人。

——查尔斯·巴克斯顿

人在意志力和斗争性方面的长处或短处，往往是导致他们成功或失败的重要原因之一。　　——哈代

最成功的说谎者是那些使最少量的谎言发挥最大的作用的人。

——塞·巴特勒

你因成功而内心充满喜悦的时候，就没有时间颓废。

——弗兰克·迈耶

没有多次失败，难得一次成功。

——谚语

一个人事业上的成功，只有百分之十五是由于他的专业技术，另外的百分之八十五要依赖人际关系、外世技巧。软与硬是相对而言的。专业的技术是硬本领，善于处理人际关系的交际本领则是软本领。　　——卡耐基

理论彻底，策略准确。然后以排除万难坚定不移的勇气和精神向前干去，必有成功的一日。　　——邹韬奋

人生成功的秘诀是当好机会来临时，立刻抓住它。　　——狄斯累利

现实是此岸，成功是彼岸，中间隔着湍急的河流，兴趣便是河上的桥，只要行动就可以通过。　　——克雷洛夫

成功需要成本，时间也是一种成本，对时间的珍惜就是对成本的节约。

——佚名

坚韧是成功的一大要素，只要在门上敲得够久够大声，终会把人唤醒的。

——佚名

成功之难如升天，覆坠之易如燎毛。　　——柳伈

我死国生，我死犹荣，身虽死精神长生，成功成仁，实现大同。

——赵博生

欲思其利，必虑其害。欲思其成，必虑其败。　　——诸葛亮

我认为一个小鼠的心眼儿是没出息的。只知道钻一个洞，这个洞钻不进就一切都失败了。　　——乔叟

你的教鞭下有瓦特，你的冷眼里有牛顿，你的讥笑中有爱迪生。你别忙着把他们赶跑。你可不要等到坐火轮、点电灯、学微积分，才认识他们是你当年的小学生。　　——陶行知

成功的条件在于勇气和自信，而勇气和自信乃是由健全的思想和健康的体魄而来。　　——科伦

成功之秘诀，在于始终不变其目的。

——毕因士腓特

成功网罗着大量的过失。

——萧伯纳

按照自己的意志去做，不要听那些闲言碎语，你就一定会成功。

——纳斯雷丹·霍查

我们有力的道德就是通过奋斗取得物质上的成功；这种道德既适用于国

家，也适用于个人。　——罗素

谬误有多种多样，而正确却只有一种，这就是为什么失败容易成功难脱靶容易中靶难的缘故。　——亚里士多德

登高必自卑，自视太高不能达到成功，因而成功者必须培养泰然心态，凡事专注，这才是成功的要点。

——爱迪生

最困难之时，就是离成功不远之日。　——拿破仑

战争重要的是求取政治的成果，而不是军事上的成功。　——蒙森

明智的人决不坐下来为失败而哀号，他们一定乐观地寻找办法来加以挽救。　——莎士比亚

科学不是可以不劳而获的，诚然，在科学上除了汗流满面是没有其他获得成功的方法；热情也罢，幻想也罢，以整个身心去渴望也罢，都不能代替劳动。

——赫尔岑

败德之事非一，而酗酒者德必败。伤生之事非一，而好色者生必伤。

——金缨

成功的第一个条件就是要有决心；而决心要迅速干脆果断又必须具有成功的信心。　——大仲马

一个成功的商人是虎，一个失败的商人是狼，你和他们中间哪个打交道？

——冯骥才

人们为自己做出了漂亮的事情而沾沾自喜，但是事情的成功往往是由于侥幸，而不是预先设计好的。

——拉罗什富科

如果斗争是在极顺利的成功机会的条件下才着手进行，那么创造世界历史未免就太容易了。　——马克思

当你做成功一件事，千万不要等待着享受荣誉，应该再做那些需要的事。

——巴斯德

命运是一件很不可思议的东西。虽人各有志，往往在实现理想时会遭遇到许多困难，反而会使自己走向与志趣相反的路，而一举成功。我想我就是这样。　——松下幸之助

你必须用笑声摧毁敌手的严肃，或是用严肃击败敌手的笑声。

——高尔吉亚

艺术的成功在于没有人工雕琢的痕迹。　——奥维德

"拿出胆量来"那一吼声是一切成功之母。　——雨果

自古成功之大人物，莫不从铁中来、血中来、荆棘中来、冰雪中来。一言以蔽之曰：忧患者英雄之原料也。

——于右任

自信就是成功的第一秘诀。

——爱默生

人所缺乏的不是才干而是志向，不是成功的能力而是勤劳的意志。

——部尔卫

成功的人，都有浩然的气概，他们都是大胆的、勇敢的。他们字典上，是没有"惧怕"两个字的，他们自信他

们的能力是能够干一切事业的，他们自认他们是个很有价值的人。

——卡耐基

只有一种成功——能以你自己的生活方式度过你的一生。

——克里斯托弗·莫利

成功的脑子像钻子一样动作——集中到一点。——博维

凡是自强不息者，最终都会成功。

——歌德

73. 事业——成功者的舞台

事业是一头力大无比的活生生的猛兽，不善于驾驭它不行，必须给它牢牢戴上嚼环，不然，它就会制服你。

——高尔基

要工作，要勤劳：劳作是最可靠的财富。——拉·封丹

不论从事哪种职业，走向成功的第一步，就是必须对这种职业感兴趣。

——欧斯拉

从工作里爱生命，就是通彻了生命最深的秘密。——纪伯伦

今世最后的福音是：了解你的工作，然后全力以赴。——卡莱尔

不要把工作当作义务，要当作权利。——池田大作

现代人最大的缺点，是对自己的职业缺乏爱心。——罗丹

职业是天然的医生，对人类的幸福来说是根本性的。——克劳狄安

凡事都要脚踏实地去作，不驰于空想，不骛于虚声，而唯以求真的态度做踏实的工夫。以此态度求学，则真理可明。以此态度做事，则功业可就。

——李大钊

人生在世界是短暂的，对这短暂的人生，我们最好的报答就是工作。

——爱迪生

工作是生命的真正精髓所在，最忙碌的人正是最快活的人。

——提奥多·马丁

一个人如果不到最高峰，他就没有片刻的安宁，他也就不会感到生命的恬静的光荣。——萧伯纳

在现世的成功里，除了实际收入有所增加以外，还有一种与其相称地从上衣、背心等处散发出的独特的价值与威严。——狄更斯

要把一件事情做成功，你首先对这件事情要有一幅清晰正确的心理图像。——阿列克斯·莫里森

只有不曾获得成功的人才谙熟人生成功的秘诀。——柯林斯

虽说是为生活而斗争，老实说，不过是为成功而斗争罢了。——勒赛尔

在社会上获得成功，大概需要有被人爱的德行和令人恐惧的"缺点"吧。

——儒贝尔

吃苦在先享受在后才能巩固团结，不勤奋不仅团结不成，什么事也干不成。——苗永瑞

一个人事业上的成功，最重要的在于自己是否努力。成功和努力基本是成比例的。天资固然重要，但是如果放弃努力，成功的概率也会缩小。

——竺可桢

一个人的成长和事业上能有所成就，离不开人民的哺育、国家的培养、长辈的提携、同事和学生乃至家长的合作与支持。

——石青云

我们的事业，需要的是手，而不是嘴！

——童第周

凡着眼在金钱与地位者，结果终归是无聊无意义。反之，着眼在事业与自己能力者，必有结果，唯困苦与忍耐为要。

——沈钧儒

每一个伟大的事业，开头总只为少数有闯劲的人所信奉。

——爱因斯坦

拥护一项非凡的事业并为之奋斗终生，这就是我对那些追求不朽之名的年轻人的忠告。

——柯蒂斯

即便是世上最伟大、最壮丽的事业，兴许也常常需要瘦弱的手去扶掖。

——斯宾塞

人必须有一个无法放弃、无法搁下的事业，才能变得无比的坚强。

——车尔尼雪夫斯基

在年轻人的颈项上，再也没有比事业心这颗灿烂的珠宝更迷人的了。

——爱默生

谁献身于某种壮举或崇高的事业，谁的人生就最有意义。

——萨卢斯提乌斯

正义的事业能够产生坚定的信念和巨大的力量。

——托马斯·富勒

事业就像女人，谁去追求，谁就能够得手。

——松苏内吉

一切伟大的事业，或者是说一切大事，都是由小事组成的。 ——高尔基

人降生到这个世界上并不是仅仅为了活着。无意义的生活会使人感到精神的空虚，体会不到人生的意义：人到世界上来是干事业的。——武者小路实笃

一个人只有以他全部的力量和精力致力于某一事业时，才能成为真正的大师。因此，只有全力以赴才能精通。

——爱因斯坦

生活已经不是快乐的筵席，节日般的欢腾，而是工作、斗争、穷困和苦难的经历。——别林斯基

要意志坚强，要勤奋，要探索，要发现，并且永不屈服，珍惜我们前进道路上降临的善，忍受我们之中周围的恶，并下决心消除它。 ——赫胥黎

古今之成大事业，大学问，必经过三种之境界："昨夜西风凋碧树，独上高楼，望尽天涯路"，此第一境也。"衣带渐宽终不悔，为伊消得人憔悴"，此第二境也。"众里寻他千百度。蓦然回首，那人却在，灯火阑珊处"，此第三境也。——王国维

大自然既然在人间造成不同程度的强弱，也常用破釜沉舟的斗争，使弱者不亚于强者。 ——孟德斯鸠

幸运所生的德行是节制，厄运所生

的德行是坚忍。　　——培根

要冒一次险！整个生命就是一场冒险。走得最远的人，是愿意去冒险的人。"稳妥"之船，从未能从岸边走远。　　——卡耐基

凡献身于一种事业的人，就会从那里找到一个向导，一个支柱，一个仿佛能规定他胸内心跳的调整器。——左拉

伟大的事业，要靠坚强的决心和强烈的愿望才能完成。　——松下幸之助

事业是栏杆，我们扶着它在深渊的边沿上走路。　　——高尔基

一个人在为自己的事业奋斗时，要像狮子那样勇猛。　　——博恩

应当以事业而不应当以寿数来衡量人的一生。　　——塞内加

有许多人可以被人们所忘记，也有某些人尽可以忘掉他们的名字，却不能忘怀他们的事业。——武者小路实笃

创基立业，一半靠运气，一半靠自己努力。勤俭奋发是华人的美德；方向、意志和策略是第一要素；不怕失败，奋斗不懈，运筹帷幄，出奇制胜和深思熟虑是成功的必备条件。
　　——林绍良

我们是骄傲还是谦卑，全取决于事业的成败。　　——泰伦提乌斯

人，最理想的是从事永久不灭的事业，这也是生命对人类的要求。
　　——武者小路实笃

宏伟的事业，只有靠实实在在的微不足道的一步步的积累，才能获得成功。　　——稻盛和夫

要成大事，就得既有理想，又讲实际，不能走极端。
　　——富兰克林·罗斯福

要是想认真完成一项必要的事业，为人既要灵活，又要有一副铁石心肠。　　——泰戈尔

74. 成败——不以成败论英雄

失败可以锻炼一般优秀的人物，它挑出一批心灵，把纯洁的和强壮的放在一边，使它们变得更纯洁更强壮；但它把其余的心灵加速它们的堕落，或是斩断它们飞跃的力量。　——罗曼·罗兰

人们常以为犯小过无伤大雅，哪知更大的失败常是由小过引来的。
　　——雪莱

不为不可成，不求不可得，不得不可久，不行不可复。　　——管子

我们从失败中学到的东西要比从成功中学到的东西多得多。
　　——塞缪尔·斯迈尔斯

失败可能是变相的胜利；最低潮就是高潮的开始。　　——朗费罗

自我信任是成功的第一个秘诀。
　　——爱默生

你要记住，生活中成功的人是那些知道自己并不聪明，而努力工作以补偿自己的不足的人。　　——斯图尔特

如果在自己非常想要做的事情上未能成功，不要立刻放弃并接受失败，试

试别的方法。　　　　——卡耐基

想匆匆忙忙地去完成一件事以期达到快速度的目的，结果总是要失败。

　　　　　　　　　　——伊索

成功时不要把自己看成巨人，失败时不要把自己看成矮子。　——刘吉

成功者与失败者之间的区别，常在于成功者能由错误中获益，并以不同的方式再尝试。　　　　——卡耐基

凡事欲其成功，必须付出代价——奋斗。　　　　　　　——爱默生

一分钟的成功付出的代价却是好些年的失败。　　——罗伯特·布朗宁

在生活中，知晓成功秘密的，只有那些尚未成功的人。　——柯林斯

失败与成功之间的分界是如此细微，以至于我们在跨越它时往往不曾留意——我们时常处在分界点却不自知。

　　　　　——阿尔伯特·哈伯德

一次真正的成功，也许毫无荣耀可言，倒是很可能在第一次真正的失败中苦苦探索。　　——托马斯·劳伦斯

只有毅力才会使我们成功……而毅力的来源又在于毫不动摇，坚决采取为达到成功所需要的手段。

　　　　　　——车尔尼雪夫斯基

越是能够有容忍的大度，那么成功也就越大。　——安东·亨利·约米尼

富于理智的人则致力于他们计划的成功。当事情不能实现的时候，他们随

机应变。他们学会了在挫折中容忍，学会了在成长、学习和适应逆境中抓住机会。他们支配环境，而不是环境支配他们。　　　　　　——鲍威尔

大多数事情的成功有赖于明了通往成功的道路有多么漫长。——孟德斯鸠

有许多人就是因为成功得太迅速而失败的。　　　　　——德莱塞

没有绝对的成功和胜利。有些成功仅仅是表面的，而且迟早要为之付出代价。最好是预先付出代价，困难的是，不是不得不事后再付。

　　　　　　——罗宾·丹尼尔斯

不断的成功只为我们展现了世界的一个侧面。因为我们身边围绕着的都是对我们赞扬备至的朋友，而那些能让我们了解自己缺点的敌人们却被堵住了嘴。　　　　——查尔斯·科尔顿

成功孕育着成功，这个道理完全正确。一次小的成功可以成为巨大成功的基石。　　　　　　——麦克斯威尔

对别人不感兴趣的人，他一生中的困难最多，对别人的伤害也最大。所有人类的失败，都出之于这种人。

　　　　　　　　——狄德罗

成功的法则应该是放松而不是紧张。放弃你的责任感，放松你的紧张感，把你的命运支付于更高的力量，真正对命运的结果处之泰然……

　　　　　　　——麦克斯威尔

成功的第一个条件是真正的虚心，对自己的一切敝帚自珍的成见，只要看出同真理冲突，都愿意放弃。

——斯宾塞

一个人如果认为自己在一生中能干一番不同寻常的大事，就比没有远大理想的可怜虫，有着更多的成功机会……

——伯纳德·马拉默德

如果失败已成定局，再玩弄策略也改变不了失败的命运。 ——西·伦茨

在别人藐视的事中获得成功，是一件了不起的事，因为这证明了不但战胜了自己，也战胜了别人。 ——蒙泰朗

失败往往是黎明前的黑暗，继之而出现的是成功的朝霞。 ——霍奇斯

失败是有教导性的。真正懂得思考的人，从失败和成功中学得一样多。

——杜威

从未失败过的人是决不会变得富有起来的。 ——狄更斯

75. 工作——生活的保鲜剂

没有工作简直受不了，工作使一切美化，思想能够创造新的生命。

——诺贝尔

在我们懒惰的人看来，都以为省出来的时间，只是为了休息休息，哪知人家工作之外，还要读书。省出的时间越多，就是读书的时间越多，使工不误读、读不误工，工读打成一片，才是真正人的生活。 ——李大钊

聪明过人的天才，如果他不工作，也是徒然无用的。 ——密勒斯

谁肯认真地工作，谁就能做出许多成绩，就能超群出众。 ——恩格斯

不干，固然遇不着失败，也绝对遇不着成功。 ——邹韬奋

工作以开头最为重要。——柏拉图

如果我们在工作中游刃有余，就会被看成大人物；要是在工作时力不从心，就会被看成小人物。

——拉罗什富科

无疑的，我们应做的工作，不是那些遥远而尚不明晰的事，而是已近在咫尺并且十分确切的事。 ——卡莱尔

工作是生命的真正精髓所在，最忙碌的人正是最快活的人。

——提奥多·马丁

为了使人们在工作时感到快乐，必须做到下列三点：第一，他们一定要胜任自己的工作；第二，他们不可做得太多；第三，他们在工作当中要有成就感。 ——罗斯金

工作能使愚人转为聪明，聪明人转

为智慧，智慧的人转为稳健。

——奥斯勒

工作就是人生的价值、人生的欢乐，也是幸福之所在。 ——罗丹

工作的好处之一是：缩短我们的日子，延长我们的生命。 ——狄德罗

我是没有财产的，我所有的一切只是健康、勇气和我的工作。——巴斯德

悲伤的时候，工作就是良药。

——林肯

只要有一天你得到了一件合理的事情去做，从此你的工作和生活都会有点奇异的色彩。 ——爱因斯坦

人要活得正派，活得像一个人，就得工作：带着爱和信仰去工作。

——高尔基

一个人如果在某一天内沉静地抱着伟大的目标工作着，这一天就是为纪念他而设的。 ——爱默生

一切真正的工作都是神圣的；只要是真正的两手劳动，一切的工作都有几分神圣性。 ——卡莱尔

没有工作，所有的生命都会趋于腐朽。 ——加缪

差劲的工人老跟他的工具闹别扭。

——约翰·雷

人们以热爱工作自居，可是，假若工作是一种痛苦，热爱工作是不可能的；假若工作是一种乐趣，热爱工作则无功可居。 ——普吕多姆

如果一个人有志气，肯工作，是不

限于任何年龄的。 ——冈察尔

对于一个人来说，在这个世界上的首要问题，是要找到他应做的工作。

——卡莱尔

只有生活在辛劳与使命中，人生才有价值。 ——池田大作

工作，就是一个人不得不做的事情；而玩耍，却是一个人不一定要做的事情。 ——马克·吐温

在这个世界上的最后的福音就是：了解你的工作，并全力以赴。

——卡莱尔

你对生命厌倦吗？那么就把自己投入某种你全心相信的工作里，为它而活，为它而死。这样你便会找到你原以为绝不可能属于你的快乐。——卡耐基

如果什么也不做，则什么也不会发生；如果做了什么，便会发生些什么。

——艾柯卡

一个人被工作弄得神魂颠倒直至生命的最后一息，这的确是幸运。

——爱因斯坦

不迟到的唯一办法就是早一点出发去上班。 ——福特

人生最高的奖赏和最大的幸运产生于某种执着的追求，人们在追求中找到自己的工作与幸福。 ——爱默生

任何人，不管从事何种职业，如果满足于碌碌无为，就是不忠于自己。

——巴顿

工作本身应该是重要的，它本身就

是一种享受。　　——奥修

工作从容，好像你有百年寿命；祈祷要虔诚，好像你明天可能去见上帝。
　　——富兰克林

工作是令人愉快的事，如果不是这样，你会变成使人厌烦的人，别人也会对你感到不满。　　——布莱德雷

76. 奋斗——生命不息，奋斗不止

为着追求光和热，人宁愿舍弃自己的生命。生命是可爱的，但寒冷的、寂寞的生，却不如轰轰烈烈的死。
　　——巴金

成功的花，人们只惊羡她现时的明艳，然而当初她的芽儿却浸透了奋斗的泪泉，洒满了牺牲的血雨。　——冰心

将知识的力量、团结的力量加上献身精神的力量结合起来，我们将无往而不胜。　　——冰心

我能舍弃一切，但是不能舍弃党，舍弃阶级，舍弃革命事业。我有一天生命，我就应该为它们工作一天！
　　——方志敏

千磨万击还坚劲，任尔东西南北风。　　——郑板桥

什么是路？就是从没路的地方践踏出来的，从只有荆棘的地方开辟出来的。　　——鲁迅

吾志所向，一往无前，愈挫愈勇、再接再厉。　　——孙中山

我喜欢离开人们通行的小路，走向荆棘丛生的崎岖山路。　　——伦琴

风力掀天浪打头，只须一笑不须愁。　　——杨万里

历史的道路，不全是平坦的，有时走到艰难险阻的境界。这是全靠雄健的精神才能够冲过去的。　　——李大钊

人要有新成就，就要有点精神。就要对党、对人民、对事业有一股激情，有一种拼搏精神。　　——穆青

神圣的工作在每个人的日常事务里，理想的前途在于一点一滴做起。
　　——谢觉哉

我们要抱着乐观去奋斗，我们往前一步，就是前进。　　——瞿秋白

大自然安排我们出生和成长于神州大地，是谓天赋人权，为她的进步和繁荣而献身，当为天赋为责。　——宋健

我们只求把自己交给所向往和为之奋斗的事物。　　——罗曼·罗兰

不登高山，不知天之高也；不临深溪，不知地之厚也。　　——荀子

人类要在竞争中求生存，便要奋斗。　　——孙中山

停止奋斗，生命也就停止了。
　　——卡莱尔

一切事情都必须先经历过困难之后才会显得得心应手。——托马斯·富勒

是什么造成英雄的伟大——去同时面对人类最大的痛苦和最高的希望。
　　——尼采

没有一条通向光荣的道路是铺满鲜

花的。　　　　　　——拉·封丹

　　伟大的人物都是走过了荒沙大漠，才登上光荣的高峰。

　　　　　　　　　　——巴尔扎克

　　雄鹰之子筑巢于松柏之颠，与天风盘桓，太阳也受它奚落。——莎士比亚

　　没有牺牲，也就绝不可能有真正的进步。　　　　　——爱因斯坦

　　除了通过黑夜的道路，人们不能到达黎明。　　　　　——纪伯伦

　　要坚强，要勇敢，不要让绝望和庸俗的忧愁压倒你，要保持伟大的灵魂在经受苦难时的豁达与平静。

　　　　　　　　　　——亚米契斯

　　坚强、稀有的性格便是这样创造出来的：苦难，经常是后娘，有时却也是慈母；困苦能孕育灵魂和精神的力量；灾难是傲骨的奶娘；祸患是豪杰的好乳汁。　　　　　　——雨果

　　岁不寒，无以知松柏；事不难，无以知君子。　　　　——荀子

　　没有哪一个聪明人会否定痛苦与忧愁的锻炼价值。　　——赫胥黎

　　坚强的意志只有在同困难做斗争的过程中才能锻炼出来。——格鲁季宁

　　我现在所需要的道路，是的，道路，冒着雨，踩着泥泞，穿过草原，去往天涯海角。　　　　——果戈理

　　在困厄颠沛的时候能坚定不移，这就是一个真正令人钦佩的不凡之处。

　　　　　　　　　　——贝多芬

　　一个人必须经过一番刻苦奋斗的生活，才会有些成绩。　　——安徒生

　　坚强者能在命运风暴中奋斗。

　　　　　　　　　　——爱迪生

　　无论做什么事情，只要肯努力奋斗，是没有不成功的。　　——牛顿

　　人类的生活就是创造，就是努力去战胜僵死的物质的抵抗力，希望能掌握物质的一切秘密，并且迫使它的力量服从人的意志，为人的幸福服务。

　　　　　　　　　　——高尔基

　　仰望广袤夜空中璀璨星辰，个人哀伤其实微小似尘。驱散难以摆脱的悲痛、惆怅，将生命奉献于科学事业！

　　　　　　　　　　——诺贝尔

　　要使理想的宫殿变成现实的宫殿，必须通过埋头苦干，不声不响地劳动，一砖一瓦地去建造。　　——高尔基

　　让整个一生都在追求中度过吧，那么在这一生中必定会有许许多多项顶美好的时刻。　　　　——高尔基

　　一个崇高的目标，只要不渝地追求，就会成为壮举。　——华兹华斯

　　天地万物都在追求自身的独一无二的完美。　　　　　——泰戈尔

　　不要停顿，因为别人会超过你；不要反顾，以免摔倒。　——阿·雷哈尼

　　每一个人都必须独自承担他自己忧苦的重担。　　　　　——卡缪

　　人生是一场无休、无歇、无情的战斗，凡是要做个够得上称为人的人，都得时时向无形的敌人作战。

　　　　　　　　　　——罗曼·罗兰

只有奋斗，可以给我们生路，而且只有奋斗可以给我们快乐。——恽代英

人无奋志，治功不兴。　——海瑞

万里飞腾仍有路，莫愁四海正风尘。　　　　　——夏完淳

要成功一件事业，必须花掉毕生的时间。　　　　——列文虎克

精诚无间，百折不回。——孙中山

走那条需要开辟的小径吧，这是崎岖的，使人疲劳的，但只有它引向高峰。
　　　　　——罗曼·罗兰

站在壁垒上为原则而死的，固然是英雄；但挺身为原则而战并获胜的，则更是英雄。　　　　——罗斯福

斗争就像一匹喂得饱饱的脱缰的怒马，碰见什么都要把它冲倒。
　　　　　——莎士比亚

自强为天行之健，志刚为大君之德。　　　　　——康有为

在惊涛骇浪中，拿稳着舵，虽千转百折，仍朝着正确的方向前进，才终有达到彼岸的时候。　——邹韬奋

生活只是鲜血的搏斗，死亡是血泊中开放的花朵。　——夸西莫多

你把我看作蚂蚁，但是总有一天我会成为狮子的。　——马克思

生活——就是为生存而斗争。
　　　　　——高尔基

沿着大成功的一条路上，有许多小失败排列着，最后的成功是在能用坚毅的精神，伶俐的眼光，从这许多小失败里面寻出教训，尽量地利用它，向前猛进。　　　　　——邹韬奋

不要埋怨生活的艰苦，只有软弱无力的人才埋怨的。　——高尔基

人生就是战斗。　——罗曼·罗兰

别让我祈求能幸免于遭遇危险，而祈求能面对危险而无所畏惧。
　　　　　——泰戈尔

死都不怕的人，还有什么可怕的呢？　　　　　——席勒

石压草不死，寒侵花亦开。
　　　　　——董必武

但有路可上，更高人也行。
　　　　　——朗瑛

凡是天性刚毅的人必有自强不息的能力，也就是生存的本能，挣扎图存的本能。　　　——罗曼·罗兰

我求索我得不到的，我得到了我不求索的。　　　——泰戈尔

后悔过去，不如奋斗将来。
　　　　　——马克思

在这时代，在这千百年间，最美丽、最值得追求的，正是荆棘的冠冕……　　——涅克拉索夫

人生恰恰像马拉松赛跑一样……只有坚持到最后的人，才能称为胜利者。
　　　　　——池田大作

我们不是等待未来，我们在创造未来。　　　　——贝尔纳诺

我们，我们活着！岁月是我们的，而活着的人就应该有所追求！——席勒

人生最宝贵的东西是什么？自己认准的路，不管谁说什么，都要挺起胸膛

走到底。　　　　　　——池田大作

一切要来的都在未来。一切已逝的都在过去。世界的事物皆有自己的时限。　　　　　　　　——杜金

人生最大的快乐不在于占有什么，而在于追求什么的过程中。　　——班廷

不问苦乐，不问得失，不计成败，尽你的力量战斗。　——罗曼·罗兰

世上无难事，只怕有心人。

——李光庭

青春的光辉，理想的钥匙，生命的意义，乃至人类的生存、发展……全包含在这两个字之中……奋斗！只有奋斗，才能治愈过去的创伤；只有奋斗，才是我们民族的希望和光明所在。

——马克思

攀登科学高峰，就像登山运动员攀登珠穆朗玛峰一样，要克服无数艰难险阻，懦夫和懒汉是不可能享受到胜利的喜悦和幸福的。　　——陈景润

最利的锋刃是在最钝的石头上磨出来的。　　　　　　　　——黎里

无论大事还是小事，只要自己是认为办得到的，就坚定地去办，这就是性格。　　　　　　　——歌德

假使精神不跟着肉体堕落，那么他可以战胜一切艰难。　　——但丁

男子汉对于他能够靠着勤劳和勇气补救的事情，不应该再哭第二次。

——拉马丁

采珠人如果被鳄鱼吓住，怎能得名贵的珍珠？　　　　　　——萨迪

只见汪洋时就认为没有陆地的人，不过是拙劣的探索者。　——培根

走你的路吧。不要去理会别人怎么说。　　　　　　　　——但丁

人们不太看重自己的力量——这就是他们软弱的原因。　——高尔基

发明的秘诀在不断地努力。

——牛顿

"将来"属于那些工作勤勉的人。

——孟德斯鸠

勤劳是快乐之父。　　——伏尔泰

77. 目标——前进的方向

有人问鹰："你为什么到高空去教育你的孩子？"鹰回答说："如果我贴着地面去教育他们，那它们长大了，哪有勇气去接近太阳呢？"　——莱辛

当我们只遇到逆风行舟的时候，我们调整航向迂回行驶就可以了；但是，当海面上波涛汹涌，而我们想停在原地的时候，那就要抛锚。当心啊，年轻的舵手，别让你的缆绳松了，别让你的船锚摇，不要在你没有发觉以前，船就漂走了。　　　　　　　——卢梭

我们处于什么方向不要紧，要紧的是我们正向什么方向移动。——霍姆兹

那些出类拔萃的人正是在生活的早期就清楚地辨明了自己的方向，并且始终如一地把他们的能力对准这一目

标的人。　　　　——布尔沃·利顿

人是否能实现目标，这点并不重要，重要的是一旦有了目标，就会成为一股吸引力，使他做好工作，取得发展和进步。　　　　——广中平伯

一个人没有一定的志向，没有预定的目标，这个人就可以说没有前途。

——斯科罗杜莫夫

对目标的追求要量力而行，要着眼于自己的努力，而不要一心只想结果。

——阿里·基夫

一个知道自己目标的人，就不会因为挫折和失败而泄气了。　——卡内基

确定目标，即意味着为了达到目标必然要把自己逼进艰难困苦的境地中去；不能确定目标，则意味着他是没有这种勇气的人。　　　——德田虎雄

一个人追求的目标越高，他的才力就发展得越快，对社会就越有益。我确信这也是一个真理。　　——高尔基

人生的真正欢乐是致力于一个自己认为是伟大的目标。　——萧伯纳

世上最重要的事，不在于我们在何处，而在于我们朝着什么方向走。

——奥·温·霍姆斯

所谓"无欲望状态"，是死亡的第一步。　　　　　　　——鲁迅

有一类卑微的工作是用坚忍卓绝的精神忍受着的，最低微的事情往往指向最高大的目标。　　——莎士比亚

胸怀目标，无论达到与否，都能使生活有意义。争取做个莎士比亚，其余的事听由命运决定。　——勃朗宁

宁可追求崇高的目标而失败，像我那样，胜似那追求卑下的目标而成功。谢谢上帝，我不是那样。　——勃朗宁

一个人若是没有确定航行的目的港，任何风向对他来说都不是顺风。

——蒙田

所有的人都以快乐幸福作为他们的目的；没有例外，不论他们所使用的方法是如何不同，大家都在朝着这同一目标前进。　　　　　——帕斯卡

当人们感到自己没有能力获得巨大成功时，他们会鄙视伟大的目标。

——沃夫纳格

当哥伦布发现美洲的时候，他知道他航向何处吗？他的目标只是前进，一直向前进。他自己就是目标，逼着他向前走。　　　　　　——纪德

一个人不能骑两匹马，骑上这匹，就要丢掉那匹。聪明人会把凡是分散精力的要求置之度外，只专心致志地去学一门。　　　　　　——歌德

把自己的兄弟们由压迫下解放出来，是一种值得人去出生入死的目标。

——列夫·托尔斯泰

凡是以追求自己的幸福为目标的人，是坏的；凡是以博得别人的好评为目标的人，是脆弱的；凡是以使他人幸福为目标的人，是有德行的。

——列夫·托尔斯泰

在狭隘的环境中使精神狭隘，人要有更大的目标才能大成。 ——席勒

伏在一大堆鸡蛋上的母鸡，孵不出一只小鸡来。 ——罗马尼亚谚语

追两只兔子——将会一无所获。

——陀思妥耶夫斯基

要有生活目标：一辈子的目标，一年的目标，一个月的目标，一个星期的目标，一天的目标，一个小时的目标，一分钟的目标，还得为大目标而牺牲小目标。 ——列夫·托尔斯泰

人有智慧，就是要达到他所企望的。不能走一里远，那么，就走一百步也好，这总好些，总离目标近些，如果有一个目标的话。——陀思妥耶夫斯基

一个人做事不专，这样弄一点，那样弄一点，既要翻译，又要做小说，还要做批评，并且要做诗，这怎么弄得好呢？ ——鲁迅

只要不失目标地继续努力，终将有成。 ——歌德

漫无目标，无书不读的人，他们的知识是很难精湛的。 ——柯南·道尔

一个志在有成就的人，他必须如歌德所说，知道限制自己。反之，那些什么事都想做的人，其实什么事都不能成，而终归于失败。 ——黑格尔

没有目标而生活，恰如没有罗盘而航行。

——康德

在跨上你第二步前，千万不要只低头试探脚下的土地，只有那牢牢盯着远方地平线的人才会找到自己正确的道路。 ——哈马舍尔德

没有树立生活目标的人就等于没有灵魂！ ——蒙田

人们早就把世界称为狂暴的海洋，有幸的人带着指南针而航行。

——卡拉姆辛

目标并不一定是为达到它才树立的，而是作为瞄准点才树立的。

——诺贝尔

78. 竞争——物竞天择，适者生存

人生的每一天都在胜负中度过，一切都以竞争形式出现。每天都是为在竞争中取胜，或者至少不败给对方而进行奋斗。因此若有一天懈怠，便要落后、要失败。人生就是这样严峻。 ——大松博文

在人类生活中，竞争心是具有重大意义的东西。 ——普列姆昌德

万物的生存均取决于自然力的竞争，而感情本身就是有生命的自然力。

——蒲柏

物竞天择势必至，不优则劣兮不兴则亡。 ——梁启超

高尚的竞争是一切卓越才能的

源泉。　　　　　　　——休谟

　　不要去同那些没有任何东西可失去的人竞争。　　　　——格拉西安

　　尽管许多形式的竞争引起了强烈的反对，我认为它们在促进必要的努力方面却起到了一种必不可少的作用，并在一些领域中，为如果得不到宣泄便可能导致战争的那种冲动提供了一个相对无害的出路。　　　　　　——罗素

　　追求生命的竞争，占据了所有的生物，且维持着他们的活动。——叔本华

　　事无大小，人无高低，均在竞争中生存。当没有对立面时。人们甚至会造出一个对立面来与之竞争。
　　　　　　　　　——大松博文

　　好胜不是别的，就是我们对于一物的欲望，其起因由于我们想象着其他与我同类的人，也具有同样的欲望。
　　　　　　　　　——斯宾诺莎

　　竞争心与嫉妒心是互为表里的关系。要胜过比自己出色的人，不愿被同级的人胜过自己，以及不愿输给比自己更低一格的人的竞争心，都与嫉妒心有着密切的关系。　　——诧摩武俊

　　对心胸卑鄙的人来说，他是嫉妒的奴隶；对有学问、有气质的人而言，嫉妒却化为竞争心。　　——波普

　　没有斗争就没有进步。
　　　　　　　　　——道格拉斯

　　君子无所争。　　　——孔子

　　夫唯不争，故天下莫能与之争。古之所谓曲则全者，岂虚言哉！诚全

而归之。　　　　　　——老子

　　良好的竞争心理，正当的竞争精神，这就是使事业成功与督促个人向上的动力。　　——松下幸之助

　　谁想吃果仁，谁就必须砸开坚壳；谁要想成功，谁就必须去竞争。
　　　　　　　　　——柏拉图

　　竞争的本能是一种野性的激励，一个人的优点通过它从另一个人的缺点上显示出来。　　　——桑塔亚那

　　正如原始森林具有它自己的弱肉强食的规律一样，竞争的市场也有它残忍的一面。　　　——萨缪尔森

　　竞争是人类历史发展的推动力。
　　　　　　　　　——黑格尔

　　竞争使坚强的人更坚强，软弱的人不再软弱。　　——亨利·福特

　　不要顾忌竞争，谁做事漂亮，谁就能够在竞争中取胜。　——亨利·福特

　　竞争，首先是对自我的消极状态的一种大刀阔斧的解脱！　——金马

　　若能借竞争刺激彼此进步，那么好的竞争对手是非常需要的。
　　　　　　　　——松下幸之助

　　竞争制度是一架精巧的机构。通过一系列的价格和市场，发生无意识的协调作用。　　　　——圣西门

　　竞争的胜利者只属于那些有准备的头脑。　　　　　——巴斯德

　　竞争一直是，甚至从人类起源起就是对大部分激烈活动的刺激物。
　　　　　　　　　——罗素

所有的人均应参加公开竞争。

——达尔文

竞争赶超是一种痛苦。

——亚里士多德

人类历史越来越成为教育和灾变之间的一种竞争。 ——威尔斯

在人类天性中，我们发觉有三种主要争执的原因。第一为竞争，第二为猜忌，第三为荣耀。 ——霍布斯

经济和技术的发展大大加强了生存竞争。 ——爱因斯坦

在这个一切都基于竞争和角逐的世界上，是没有童话般的幻想和多愁善感存在的余地的。 ——高尔基

用自己的价值进行竞争不是坏事。

——武者小路实笃

79. 机遇——机不可失，时不再来

对于不会利用机会的人，时机又有什么用呢？一个不受胎的蛋，是要被时间的浪潮冲刷成废物的。 ——艾略特

善于在做一件事的开端识别时机，这是一种极难得的智慧。 ——培根

聪明人决不等待机会，而是攫取机会，运用机会，征服机会，以机会为仆役。 ——卓宝

机遇与勇气合二为一。 ——佚名

机遇也许是上帝不愿意签写真名时用的笔名。 ——法朗士

才智和勇气必定满意地与机遇共享荣誉。 ——塞缪尔·约翰逊

谁不坐等机遇的馈赠，谁便征服了命运。 ——马·阿诺德

不管人们怎样夸耀自己的伟大行动，它们常常只是机遇的产物，而非一个伟大意向的结果。 ——拉罗什富科

机遇像一块粗糙的石头，只有在雕刻家手中才能获得新生。 ——席勒

机遇总是喜欢强者，因为强者做好了一切准备，单等机遇的光临；机遇总是躲避弱者，因为它们无法忍受弱者那呆滞的眼神。幸福乃是机会的影子。

——苏格拉底

你应该寻觅机遇，而不能静候它来敲你的房门。——马克斯威尔·马尔兹

机遇只垂青于那些有准备的头脑。

——巴斯德

小的机遇往往是伟大事业的开端。

——爱默生

良机对于懒惰没有用，但勤劳可以使平常的机遇变成良机。

——马丁·路德

机遇就像一只滚圆的球，所以很自然的，它不会总是滚落到那些得到的人的头上。 ——贝多芬

如果没有勤奋，没有机遇，没有热情的提携者，人就是再有天才，也只能默默无闻。 ——小普林尼

机遇之神以无与伦比的技巧向我们表明，与它的恩惠和仁慈相比，任何才华能力都是罔效无用的。 ——叔本华

神明在治理着一切，而在对人类事

务的治理中，机遇是与他合作的。

——柏拉图

虽然我们无法有意制造这种捉摸不定的机遇，但我们可以对之加以警觉，做好准备，一俟机遇出现，就认出它，从中得益。　　——贝弗里奇

天命是好人的朋友，贤者的引导人，愚人的暴君，坏人的敌人。

——欧嘉

一个明智的人总是抓住机遇，把它变成美好的未来。　——托·富勒

生活中最重要的事情是懂得何时抓住机会，其次便是懂得何时放弃利益。　　　　　——迪斯雷利

机遇总会找到善于利用机遇的人。

——罗曼·罗兰

如果有人错过机会，多半不是机会没有到来，而是因为等待机会都没有看见机会到来，而且机会过来时，没有一伸手就抓住它。　　——罗曼·罗兰

一个人不论干什么事，失掉恰当的时节、有利的时机就会前功尽弃。

——柏拉图

人们总是特别看重机遇，实际上机遇是由人来支配的，并非机遇支配人。

——桑塔亚那

由于过分审慎，人们对于时机就会重视不够，就会坐失良机。　——卢梭

只要有所事事，有所追求，人就把握住了机遇的车轮。　　——爱默生

永恒的东西每个人都会碰到，有限

的东西只有某些人才能碰到。

——皮尔斯

机会无所不在。要随时撒下钓钩，鱼儿常在你最意料不到的地方游动。

——奥维德

80. 荣誉——价值的象征

名誉如江河，它所漂起的常是漂浮物，而不是确有真分量的实体。

——爱迪生

名誉是人生最靠得住的财产。有名誉的人，虽穷决不至于饿。因为有无形的财产带在身边。　　——宣永光

尊重与声誉，这是全人类所珍惜和重视的一项权利，人们都高兴自由自在地运用这项权利。　　——马克·吐温

一个真正伟大、骄傲而勇敢的民族宁可面对战争的任何困难，也不愿在牺牲其民族尊严的情况下换得卑贱的繁荣。　　——西奥多·罗斯福

荣誉的得来，一定是由于做的事公正无私，对众人有好处。否则，即使成功也不光荣。不光荣，就不会享受到成功的真正快乐。　——罗曼·罗兰

人民越相信自己，越不能辜负其信任，荣誉也就越高。　——谢觉哉

我们的生命可以被夺去，可是谁也不能把我们的光荣和爱情夺去。

——伏契尔

如果荣誉只是时代列车的路障，是腐朽的代名词时，它给我们的将是一张

思想的罗网。　　　——张保平

荣誉有如萤虫之火，在黑暗的夜空里，它放着光，显示出美丽，极其可贵。但是靠近一看，立刻就会明白它是何等的软弱无力。　　——池田大作

内心的荣誉感是引导我们向前的动力，这不是我们随便就可以改变了的。
　　　　　　　——武者小路实笃

荣誉就像玩具，只能玩玩而已，绝不能永远记住它，否则就一事无成。
　　　　　　　——居里夫人

无愧于荣誉要比占有荣誉更有意义。　　　——托马斯·富勒

荣誉这东西，不会给一个偷盗它，但配不上它的人带来愉快；它只有在一个配得上他的人的心里才会引起不断的颤动。　　　　　——果戈理

情操要高尚！成为我们真正荣誉的，是我们自己的心，而不是他人的议论。　　　　　　——席勒

谁终将声震人间，必长久深自缄默；谁终将点燃闪电，必长久如云深海。　　　　　　——尼采

权力是可耻而乏味的，财富是沉重而愚蠢的。而荣誉是一种偏见——其原因是人们不善于珍惜自己，却习惯奴隶般卑躬屈节。　　——高尔基

社会上崇敬名人，于是以为名人的话就是名言，却忘了他之所以得名是因

为那一种学问或事业。　　——鲁迅

虚荣心首先以社会为对象，名誉心则首先以自身为对象。与虚荣心针对社会相比，名誉心是对自身品格的认识。
　　　　　　　　——三木清

有声名而不被了解比没有声名更难堪。　　　　——罗曼·罗兰

不管我们受到什么样的耻辱，我们几乎总是有能力恢复我们自己的名誉。
　　　　　　——拉罗什富科

荣誉如同富有理性的女人，倾慕她的人不得玩弄花招。　　——歌德

谁鄙夷荣誉，谁就能获得真正的荣誉。　　　　——塞内加

我希望真正的荣誉在我心中远远高于财富。　　　　——纳尔逊

美名盛誉恰是过眼烟云。
　　　　　　　——马克·吐温

编织桂冠要比找到与它相称的脑袋容易得多。　　　　——歌德

一个人的名誉，好像是他的影子，有时比他长，有时跟着走，有时在前行。　　　——孟德斯鸠

名誉和美德是灵魂的装饰。
　　　　　　——塞万提斯

自信和名誉，前者产生于人自身的心中，后者产生于他人的心中。
　　　　　　　　　——培根

学海无涯

万般皆下品，唯有读书高。明白读书的重要，才能走得更远；懂得学习的可贵，才能拥有更多选择。

成长道路上，很多人希望自己的人生充满无限可能。但现实是，这个世界没有所谓的捷径，也没有轻松躺赢的路。所有成功背后，靠的都是日夜拼搏、不断努力和扎实的专业能力。读书苦，但不读书只会更苦。只有吃进去读书、学习的苦，生活才会对你网开一面。当一个人坚持读书学习，世界观也会随之改变，人生规划也将清晰明了。当你站在更高角度去思考问题，跳出现有框架去分析问题，就能激发无限可能，拥有改变人生的机会。

81. 学习——学无止境

天才是创造不能按既定规则去创造的那种东西的才能。　　——康德

自然是陶冶心胸的伟大学校！它很好，我将是这个学校里的一名学生，并且热切地等待着它的教导。——贝多芬

人生在世就有学不尽的东西。

——塞万提斯

只有用人类创造的全部知识财富来丰富自己的头脑，才能成为共产主义者。　　　　　　——列宁

求知的欲望像求财富的欲望一样，得到的越多越渴望增加。　——斯特恩

与其花许多时间和精力去凿许多浅井，不如花同样的时间和精力去凿一口深井。　　　　　——罗曼·罗兰

人生最美好的主旨和人类生活最幸福的结果，无过于学习了。

——巴尔托克

不要等待运气降临，应该去努力掌握知识。　　　　　　——弗莱明

旧书不厌百回读，熟读深思子自知。　　　　　　　　——苏轼

就我记得我在学生时期的性格来说，其中对我后来发生影响的，就是我有强烈而多样的兴趣，沉溺于自己感兴趣的东西，深刻了解任何复杂的问题和事物。　　　　　　——达尔文

在学问上最好的解决问题的方法就是坚持和经常的怀疑。　——阿伯拉德

为了获得知识，就必须学习。只有学习，才能使你们健康地成长起来。

——吴玉章

不管你学习和研究什么东西，只

要专心致志，痛下功夫，坚持不断地努力，就一定会有收获。最怕的是不能坚持学习和研究，抓一阵子又放松了。

——邓拓

我的努力求学没有得到别的好处，只不过是越来越发觉自己的无知。

——笛卡尔

知识的奇特就在于：谁真正渴求它，谁就往往能够得到它。

——理·杰弗里斯

要学习，甚至从自己的敌人那里去学习怎样做到明智、真实、谦逊，学习怎样避免自视过高，这总不会为时太晚的。　　　——卢梭

学习，不断地追求真理和美，是使我们能永葆青春的活动范围。

——爱因斯坦

君子之学，死而后已。——顾炎武

板凳要坐十年冷，文章不写一句空。　　　　　　——范文澜

潜心学习广博的艺术会使人的性格充满人情味。　　　——奥维德

人生最美好的主旨和人类生活最幸福的结果，无过于学习了。

——巴尔扎克

敏而好学，不耻下问，是以谓之"文"也。　　　　　——孔子

学习是一种很幸福的机会，是为了获得知识和扩大眼界就必须彻底利用的一种机会。　　　　——加里宁

人的天性犹如野生的花草，求知学习好比修剪移栽。　　——培根

知之为知之，不知为不知，是知也。　　　　　　——孔子

聪明的人不是具有广博知识的人，而是掌握有用知识的人。

——埃斯库罗斯

在我们所能获得的知识中，有些是假的，有些是没有用的，有些则将助长具有知识的人的骄傲。真正有益于我们幸福的知识，为数是很少的，但是只有这样的知识才值得一个聪明的人去寻求。　　　　　　——卢梭

学生在大学里不仅要学习知识，而且要从教师的教诲中学习研究事物的态度，培养影响其一生的科学思维方式。

——雅斯贝尔斯

掌握知识对于一个人来说是不够的，应当善于使知识得到发展。

——歌德

知识有如人体血液一样的宝贵，人缺少了血液，身体就要衰弱；人缺少了知识，头脑就枯竭。　　——高士其

学习这件事不在乎没有人教你，最重要的是在于你自己有没有觉悟和恒心。　　　　　　——法布尔

构成我们学习的最大障碍是已知的东西，不是未知的东西。——贝尔纳

字是人类理智的躯体，正如你我的躯体是我们的灵魂的外壳一样。

——高尔基

学习对你们决不太晚！……不要怕劳苦！开始吧！你必须知道一切！

——布莱希特

在寻求真理的长征中，唯有学习，不断地学习，勤奋地学习，才能越重山、跨峻岭。 ——华罗庚

少而好学，如日出之阳；壮而好学，如日中之光；老而好学，如秉烛之明。 ——刘向

任何一个人的任何一点成就，都是从勤学、勤思、勤问中得来的。 ——夏衍

没有渐变，不会有质变；没有数量，就谈不上质量。只有平日多学习，多积累，才有可能产生高水平的创作。 ——王梓坤

最弱的人，集中其精力于单一目标，也能有所成就；以之，最强的人，分心于太多事务，可能一无所成。 ——卡莱尔

泰山不让土壤，故能成其大；江海不择细流，故能就其深。 ——李斯

不登高山，不知天之高也；不临深谷，不知地之厚也；不闻先王之遗言，不知学问之大也。 ——荀子

真正的征服，唯一不使人遗憾的征服，就是对无知的征服。 ——拿破仑

学者用功，须是渐进而不已，日计不足，岁计则有余，若一曝十寒，进锐退速，皆非学也。 ——朱舜水

光学习而不加理解消化，这种学习有什么用呢？ ——蒙田

努力向学，尉为国用。 ——孙中山

我学习一生。现在，我还在学习；而将来，只要我还有精力，我还要学习下去。 ——别林斯基

每个人都有可能成为学者，并不是只有那些独具匠心的人才能成为学者。 ——爱默生

观察是得到一切知识的一个首要的步骤。 ——李四光

读书破万卷，胸中无适主，便如暴富儿，颇为用钱苦。 ——郑板桥

我们真正的目标是在使得学习艺术的学生惯于制出表现首创性的作品，而不单单模仿放在他跟前的事物。 ——夸美纽斯

历史使人聪明，诗歌使人机敏，数学使人周密，自然科学使人深刻，伦理学使人庄重，逻辑学和修辞学使人善辩。 ——培根

谁要是珍惜有思想的生活，谁就要清楚地了解，只有自学，才是真正的学习。 ——皮萨列夫

只要有决心和毅力，什么时候学也不算晚。 ——克雷洛夫

知识不能单从经验中得出，而只能从理智的发明同观察到的事实两者的比较中得出。 ——爱因斯坦

人生很短促，其中的安静时刻又很少，所以我们不应该把那些时刻浪费在阅读无价值的书籍上。 ——罗斯金

智力的跃进，唯有创造力极强的人生气勃勃地独立思考，并在有关事实的正确知识指导下走上正轨，才能实现。 ——普朗克

要提高学习效率，另一个要点是持

之以恒。学习总是连续性的，用功一阵子，又丢一阵子，想重新拾起来就事倍功半了。　　　　　　——谷超豪

理想中的学者，既能博大，又能精深。精深的方面，是他的专门学问；博大的方面，是他的旁搜博览。博大要几乎无所不知，精深要几乎唯他独尊，无人能及。　　　　　　　　——胡适

你想知道成为一个真正学者的奥秘吗？这就是：相遇者皆可延以为师，学其之长，补己之短。　　　——爱默生

无论从哪方面学习都不如从自己所犯错误的后果中学习来得快。

——恩格斯

82. 读书——读书破万卷

孩子，我要求你读书用功，不是因为我要你跟别人比成绩；而是因为，我希望你将来会拥有选择的权利，选择有意义、有时间的工作，而不是被迫谋生。当你的工作在你心中有意义，你就有成就感。当你的工作给你时间，不剥夺你的生活，你就有尊严。成就感和尊严，给你快乐。　　　　　——佚名

不读书的家庭，就是精神上残缺的家庭。　　　　　　　——巴甫洛夫

书不可以强读，强读必无效，反而有害，这是读书之第一义。——林语堂

读死书是害己，一开口就害人。

——鲁迅

读书是我唯一的娱乐。我从不把时间浪费于酒店、赌博或者任何一种恶劣的游戏。　　　　　　——富兰克林

我们要爱书，要读书，但不可漫无选择。　　　　　　　　——法朗士

读书，这个习以为常的平凡过程，实际上是人的心灵和上下古今一切民族的伟大智慧相结合的过程。——高尔基

书是随时在近旁的顾问，随时都可以供给你所需要的知识，而且还可以按照你的心愿，重复这顾问的次数。

——凯勒

不好的书也像不好的朋友一样，可能会把你戕害。　　　　——菲尔丁

不好的书告诉你错误的概念，使无知者变得更无知。　　　——别林斯基

一个没有书本和墨水的闲居者，等于是一具有生命的僵尸。　　——诺贝尔

读书就有力量，因为读书可以帮助工作，可以增加工作的力量。

——拿破仑

我扑在书籍上，像饥饿的人扑在面包上一样。　　　　　　——高尔基

书是我的奴隶，应该服从我的意志，供我使用。　　　　　——马克思

读书使人充实，思考使人深邃，交谈使人清醒。　　　　——富兰克林

读书之法，在循序而渐进，熟读而精思。　　　　　　　　——朱熹

光阴给我们经验，读书给我们知识。　　　　——奥斯特洛夫斯基

读了一本书，就像对生活打开了一扇窗户。　　　　　　——高尔基

不去读书就没有真正的教养，同时也不可能有什么鉴别力。 ——赫尔岑

倘能生存，我当然仍要学习。

——鲁迅

不读书的人，思想就会停止。

——狄德罗

爱好读书，就能把无聊的时刻变成喜悦的时刻。 ——孟德斯鸠

读书永远不恨其晚。晚，比永远不读强。 ——梁实秋

读书不是为了雄辩和驳斥，也不是为了轻信和盲从，而是为了思考和权衡。 ——培根

有能力而不愿读好书的人和文盲没有两样。 ——马克·吐温

书犹药也，善读之可以医愚。

——刘向

看书如服药，药多力自行。

——陈秀明

精神上最好的避难所还是书本；它们既不会忘了他，也不会欺骗他。

——罗曼·罗兰

阅读同一本书是联结人们感情的纽带。 ——爱默生

对许多人，书籍与鲜花之重要根本不下于面包。 ——巴尔扎克

不读书的人，不光人要变得浅薄，也将被社会前进的步伐所抛弃。

——池田大作

读书有时会使人突然明白生活的意义，使他找到自己在生活中的位置。

——高尔基

读书是在别人思想的帮助下，建立自己的思想。 ——鲁巴金

读书之于精神，恰如运动之于身体。 ——爱迪生

不读书的人就不能算是一个完人。

——赫尔岑

经验丰富的人读书用两只眼睛，一只眼睛看到纸面上的话，另一只眼睛看到纸的背面。 ——歌德

读一切的好书，就是和许多高尚的人谈话。 ——笛卡尔

读书须刚与恒，不刚则随，不恒则退。 ——佚名

读重要的书，不可不背诵。

——司马光

读万卷书，行万里路。——顾炎武

应做的功课已完而有余暇，大可以看看各样的书，即使和本业不相干时，也要泛览。 ——鲁迅

所谓会读书，就是本着诚意去读确实有价值的书，这是一种高尚的消遣。

——梭罗

读书能够开导灵魂，提高和强化人格，激发人们的美好志向；读书能够增长才智和陶冶心灵。 ——萨克雷

高级的精神文化，往往会使我们渐渐达到另一种境地，从此可不必再依赖他人以寻求乐趣，书中自有无穷之乐。

——叔本华

读书有三到，谓心到，眼到，口

到。心不在此，则眼不看仔细，心眼既不专一，却只慢朗诵读，决不能记，记不能久也。三到之中，心到最急。心既到矣，眼口岂不到乎？　——朱熹

读书——对于一个有文化教养的人，是种高尚的享受；我珍视书籍，它是我热爱的癖好。　——高尔基

阅读优秀的书籍，就是和过去时代中最杰出的人们——书籍的作者——进行交谈，也就是和他们传播的优秀思想进行交流。　——笛卡尔

任何一个有学问的人，在他的一生中都阅读过大量的图书。　——列宁

我读书越多，书籍就越使我和世界接近，生活对我也变得越加光明和有意义。　——高尔基

它会使你生活轻松，它会友爱地来帮助你了解纷繁复杂的思想、情感和事件；它会教导你尊重别人和自己；它以热爱世界、热爱人类的情感来鼓舞智慧和心灵。　——高尔基

自古圣贤，盛德大业，未有不由学而成者。　——黄宗羲

我一生的嗜好，除了革命外，只有好读书，我一天不读书，便不能生活。　——孙中山

使我懂得了人生的，并不是和别人接触的结果，而是和书接触的结果。　——法朗士

读书给人以乐趣，给人以光彩，给人以才干。　——培根

83. 科学——为人类造福的计划

科学的事业就是为人民服务。

　——托尔斯泰

科学是实事求是的学问，来不得半点虚假。　——华罗庚

打开一切科学的钥匙毫无异议的是问号，我们大部分的伟大发现应归功于"如何"，而生活的智慧大概就在于逢事都问个"为什么"。　——巴尔扎克

科学是一种强大的智慧的力量，它致力于破除禁锢着我的神秘的桎梏。

　——高尔基

敏感并不是智慧的证明，傻瓜甚至疯子有时也会格外敏感。　——普希金

万事开头难，每门科学都是如此。

　——马克思

一切节省，归根结底都归结为时间的节省。　——马克思

科学，给青年以养料，给老人以慰藉；她让幸福的生活锦上添花，她在不幸的时刻保护着你。　——罗蒙诺索夫

科学所以叫作科学，正是因为它不承认偶像，不怕推翻过时的旧事物，很仔细地倾听实践和经验的呼声。

　——斯大林

人类用认识的活动去了解事物，用实践的活动去改变事物；用前者去掌握宇宙，用后者去创造宇宙。——克罗齐

科学的灵感，绝不是坐等可以等来

的。如果说，科学上的发现有什么偶然的机遇的话，那么这种"偶然的机遇"只能给那些学有素养的人，给那些善于独立思考的人，给那些具有锲而不舍的精神的人，而不是给懒汉。——华罗庚

科学就是不断地认识，不仅是发现，而且是发明。　　　——鲁巴金

既异想天开，又实事求是，这是科学工作者特有的风格，让我们在无穷的宇宙长河中探求无穷的真理吧。

——郭沫若

科学的唯一目的是减轻人类生存的苦难，科学家应为大多数人着想。

——伽利略

学习和钻研，要注意两个不良，一是"营养不良"，没有一定的文史基础，没有科学理论上的准备，没有第一手资料的收集，搞出来的东西，不是面黄肌瘦，就是畸形发展；二是"消化不良"，对于书本知识，无论古人今人或某个权威的学说，要深入钻研，过细咀嚼，独立思考，切忌囫囵吞枣，人云亦云，随波逐流，粗枝大叶，浅尝辄止。

——马寅初

科学书籍让人免于愚昧，而文艺作品则使人摆脱粗鄙；对真正的教育和对人们的幸福来说，二者同样的有益和必要。　　——车尔尼雪夫斯基

科学上没有平坦的大道，真理的长河中有无数礁石险滩。只有不畏攀登的采药者，只有不怕巨浪的弄潮儿，才能登上高峰采得仙草，深入水底觅得骊珠。　　　　　　　——华罗庚

科学不会舍弃真诚爱它的人们。

——季米里亚捷夫

近代科学的目标是什么？就是探求真理。科学方法可以随时随地而改换，这科学目标，蕲求真理也就是科学的精神，是永远不改变的。　——竺可桢

教育！科学！学会读书，便是点燃火炬；每个字的每个音节都发射火星。

——雨果

提出一个问题往往比解决一个问题更重要。因为解决问题也许仅是一个数学上或实验上的技能而已，而提出新的问题，却需要有创造性的想象力，而且标志着科学的真正进步。——爱因斯坦

热爱科学就是热爱真理，因此，诚实是科学家的主要美德。——费尔巴哈

科学所打开的世界越来越辽阔，越来越奇妙。　　　　　——伊林

科学的伟大进步，来源于崭新与大胆的想象力。　　　　——杜威

科学家的天职叫我们应当继续奋斗，彻底揭示自然界的奥秘，掌握这些奥秘以便能在将来造福人类。

——居里夫人

科学的进步取决于科学家的劳动和他们的发明的价值。　　——巴斯德

科学不但能"给青年人以知识，给老年人以快乐"，还能使人惯于劳动和追求真理，能为人民创造真正的精神财富和物质财富，能创造出没有它就不能获得的东西。　　　　——门捷列夫

就科学来讲，把前人获得的零星的真理找出来进一步加以发展，就是当之无愧理应受到奖赏的功劳。　——歌德

想象力比知识更重要，因为知识是有限的，而想象力概括着世界的一切，推动着进步，并且是知识进化的源泉。严格地说，想象力是科学研究的实在因素。

——爱因斯坦

作为一个科学家来说，我的成功……最主要的是：爱科学——在长期思索任何问题上的无限耐心——在观察和搜集事实上的勤勉——相当的发明能力和常识。　——达尔文

如果没有系统知识的帮助，先天的才能是无力的。直观能解决很多事，但不是一切。天才和科学结合后才能得到最高的成功。　——斯宾塞

成功的科学家往往是兴趣广泛的人。他们的独创精神可能来自他们的博学。……多样化会使人的观点新鲜，而过于长时间钻研一个狭窄的领域则易使人愚钝。　——贝弗里奇

科学不是可以不劳而获的，诚然，在科学上除了汗流满面是没有其他获得成功的方法的；热情也罢，幻想也罢，以整个身心去渴望也罢，都不能代替劳动。　——赫尔岑

聪明的资质、内在的干劲、勤奋的工作态度和坚忍不拔的精神，这些都是科学研究成功所需要的其他条件。

——贝弗里奇

我想，人有两个肩膀，应该同时发挥作用，我要用一个肩挑着送货上门的担子，把科学知识和科学工具送到工人师傅手里；另一个肩膀可以做人梯，让青年们踏着攀登科学的更高一层山峰。

——华罗庚

自尊心、幻想、情思的早熟和智能的呆滞，再加上必然的后果。懒散，这些就是祸根。科学，劳动，实际工作，才能够使我们病态的、浪荡的青年清醒过来。　——冈察洛夫

青年的敏感和独创精神，一经与成熟科学家丰富的知识和经验相结合，就能相得益彰。　——贝弗里奇

科学不能或者不愿影响到自己民族以外，是不配称作科学的。——普朗克

当喉咙发干时，会有连大海也可以一饮而尽的气概——这便是信仰；一等到喝时，至多只能喝两杯——这才是科学。　——契诃夫

读书是最好的学习。追随伟大人物的思想，是最富有趣味的一门科学。

——普希金

没有艰苦的学习，就没有最简单的科学发明。　——南斯拉夫谚语

学习知识要善于思考，思考，再思考，我就是靠这个方法成为科学家的。

——爱因斯坦

灿烂的科学需要美好的理想，美好的理想需要行动来实现。——谚语

学会集体工作的艺术。在今天的科学中，只有集体的努力才会有真正的成就。如果你一个人工作，即使你有非凡的能力，你也不能在科学上做出巨大的发现，而你的同事将始终是你的思想的扩音器和放大器，正如你自己——集体中的一员——也是别人的思想的扩音器和放大器一样。——泽林斯基

思想好比火星：一颗火星会点燃另一颗火星。一个深思熟虑的教师和班主任，总是力求在集体中创造一种共同热爱科学和渴求知识的气氛，使智力兴趣成为一些线索，以其真挚的、复杂的关系——思想的相互关系把一个个的学生联结在一起。——苏霍姆林斯基

任何时候，我也不会满足，越是多读书，就越是深刻地感到不满足，越感到自己知识贫乏。科学是奥妙无穷的。——马克思

在科学著作中，你最好读最新的书；在文学著作中，你最好读最老的书。古典文学作品永远不会衰老。——布尔韦尔·利顿

如果学习只在于模仿，那么我们就不会有科学，也不会有技术。——高尔基

要建设，就必须有知识，必须掌握科学。而要有知识，就必须学习，顽强地、耐心地学习。向所有的人学习，不论向敌人或朋友都要学习，特别是向敌人学习。——斯大林

良好的方法能使我们更好地发挥运用天赋的才能，而拙劣的方法则可能阻拦才能的发挥。因此，科学中难能可贵的是创造性才华，由于方法拙劣可能被削弱，甚至被扼杀；而良好的方法则会增长、促进这种才华。——贝尔纳

一个研究人员可以居陋巷，吃粗饭，穿破衣，可以得不到社会的承认。但是只要他有时间，他就可以坚持致力于科学研究。一旦剥夺了他的自由时间，他就完全毁了，再不能为知识做贡献。——坎农

社会一旦有技术上的需要，则这种需要就会比十所大学更能把科学推向前进。——恩格斯

身为总司令的人，是倚他们自己的经验或天才行事的。工兵和炮兵军官的战术与科学，或许可以从书本中学到，但是将才的养成，却只有通过经验和对历代名将作战的钻研才能做到。——拿破仑

天生的能力必须借助于系统的知识。直觉能做的事很多，但是做不了一切。只有天才和科学结了婚才能得最好的结果。——斯宾塞

科学的真理不应在古代圣人的蒙着灰尘的书上去找，而应该在实验中和以实验为基础的理论中去找。真正的哲学是写在那本经常在我们眼前打开着的最伟大的书里面的。这本书就是宇宙，就是自然本身，人们必须去读它。

——伽利略

德行使心灵明晰，使人不仅更易了解德行，而且也更易了解科学的真理。

——罗吉尔·培根

任何人都承认实验是科学之母，这是确定不移的真理，谁也不会否认。

——米丘林

科学是使人变得勇敢的最好途径。

——布鲁诺

科学的真正的与合理的目的在于造福于人类生活，用新的发明和财富丰富人类生活。

——培根

当科学达到某个高峰的时候，它的面前会出现通向新的高峰的广阔前景，通向进一步发展的崭新道路。

——瓦维洛夫

科学的种子，是为了人民的收获而生长的。

——门捷列夫

科学是没有国界的，因为它是属于全人类的财富，是照亮世界的火把，但科学家是属于国家的。 ——巴斯德

无论鸟的翅膀是多么完美，如果不凭借着空气，它是永远不会飞翔高空的。事实就是科学家的空气。

——巴甫洛夫

首先，要学会做科学的苦工。其次，要谦虚。最后，要有热情。记住，科学需要人的全部生命 ——巴甫洛夫

感谢科学，它不仅使生活充满快乐与欢欣，并且给生活以支柱和自尊心。

——巴甫洛夫

真正的科学不知道同情，也不知道厌恶，它的唯一目的就是真理。

——格罗夫

艺术和科学的价值在于没有私欲的服务，在于为亿万人的利益服务。

——罗斯金

人类所抱有的疑念，就是科学的萌芽。 ——爱默生

你要知道科学方法的实质，不要去听一个科学家对你说些什么，而要仔细看他在做什么。 ——爱因斯坦

科学还不只在智慧训练上是最好的，在首选训练上也是一样。

——斯宾塞

在科学上，我们应该注意事，不应该注意人。 ——居里夫人

幻想是诗人的翅膀，假设是科学家的天梯。 ——歌德

真正的科学家应当是个幻想家，谁不是幻想家，谁就只能把自己称为实践家。 ——巴尔扎克

科学的领域是广大的，人类的生命却是很短的。 ——巴尔扎克

问号是开启任何一门科学的钥匙。

——巴尔扎克

在任何科学上的雏形，都有它双重的形象：胚胎时的丑恶，萌芽时的

美丽。　　　　　　　——雨果

我把科学的广阔园地，看作一个广大的原野，其中散布着一些黑暗的地方和一些光明的地方。我们工作的目的，应该是或者扩大光明地方的界线，或者在原野中增加光亮的中心。

——狄德罗

应当热爱科学，因为人类没有什么力量是比科学更强大、更所向无敌的了。　　　　　　　——高尔基

科学是非常爱妒忌的，科学只把最高的恩典赐给专心致志地献身于科学的人。　　　　　——费尔巴哈

科学需要一个人贡献出双重的精力，假定你们每个人有两次生命，这对你们来说还是不够的。科学要求每个人有极紧张的工作和伟大的热情。

——巴甫洛夫

科学是对付狂热和狂言的有效的解毒剂。　　　　　　——史密斯

科学是人生中最重要、最美好和最需要的东西。　　　　——契诃夫

科学给人以确实性，也给人以力量。只依靠实践而不依靠科学的人，就像行船人不用舵与罗盘一样。

——丹皮尔

追求科学需要特殊的勇敢。

——伽利略

科学是到处为家的，不过，在任何

不播种的地方，是决不会得到丰收的。

——赫尔岑

科学是人类积累的知识的巨大宝库。　　　　——克鲁普斯卡娅

科学的宗旨就是提供宇宙的真正写真。　　　　　　　　——列宁

在科学的入口处，正像在地狱的入口处一样，必须提出这样的要求：这里必须根绝一切犹豫；这里任何怯懦都无济于事。　　　　　　——马克思

科学绝不是一种自私自利的享乐。有幸能够致力于科学研究的人，首先应该拿自己的学识为人类服务。

——马克思

现代科学，面广枝繁，不是一辈子学得了的。唯一的办法是集中精力，先打破一缺口，建立一块或几块根据地，然后乘胜追击，逐步扩大研究领域。此法单刀直入，易见成效。　——王梓坤

科学家的成果是全人类的财产，而科学是最无私的领域。　　——高尔基

科学不是为了个人荣誉，不是为了私利，而是为人类谋幸福。——钱三强

科学也需要创造，需要幻想，有幻想才能打破传统的束缚，才能发展科学。　　　　　　　——郭沫若

独立思考能力，对于从事科学研究或其他任何工作，都是十分必要的。在历史上，任何科学上的重大发明创造，都是由于发明者充分发挥了这种独创精神。　　　　　　——华罗庚

科学是老老实实的学问，不可能靠运气来创造发明，对一个问题的本质不了解，就是碰上机会也是枉然。入宝山而空手回，原因在此。——华罗庚

科学赐予人类的最大礼物是什么呢？是使人类相信真理的力量。

——康普顿

科学尊重事实，服从真理，而不会屈服于任何压力。——童第周

科学地探求真理，要求我们的理智永远不要狂热地坚持某种假设。

——莫洛亚

正像新生的婴儿一样，科学的真理必将在斗争中不断发展，广泛传播，无往而不胜。——富兰克林

真理高于太阳，在科学的世界里，谬误如同泡沫，很快就可消失，真理则永远永在永存。——佚名

所有的科学都是错误先真理而生，错误在先比错误在后好。——沃尔波斯

没有思想自由，就没有科学、没有真理。——勒南

科学家不是依赖于个人的思想，而是综合了几千人的智慧，所有的人想一个问题，并且每人做它的部分工作，添加到正建立起来的伟大知识大厦之中。

——卢瑟福

我坚持奋战五十余年，致力于科学的发展。用一个词可以道出我最艰辛的工作特点，这个词就是"失败"。

——汤姆逊

科学的历史，从某种意义上说，就是错觉和失败的历史，是伟大的顽愚者以笨拙和低效进行工作的历史。

——寺田寅彦

在马克思看来，科学是一种在历史上起推动作用的革命的力量。任何一门理论科学中的每一个新发现，即使它的实际应用甚至还无法预见，都使马克思感到衷心的喜悦，但是当有了立即会对工业对一般历史发展产生革命影响的时候，他的喜悦就完全不同了。

——恩格斯

教师必须具有健康的体魄，农人的身手，科学的头脑，艺术的兴味，改革社会的精神。——陶行知

应当热爱科学，因为人类没有什么力量比科学更强大更所向无敌了。

——高尔基

科学如同大海，要求奋不顾身的拼搏。——兰道

传播知识就是播种幸福。……科学研究的进展及日益扩大的领域将唤起我们的希望，而存在于人类身心上的细菌也将逐渐消失。——诺贝尔

84. 知识——知识就是力量

趁年轻少壮去探求知识吧，它将弥补由于年老而带来的亏损，智慧乃是老年精神的养料。所以年轻时应该努力，这样年老时不致空虚。 ——达·芬奇

知识靠点滴积累，不可急于求成。

——麦考利

知识有一种怪癖：那些真正渴求它的人总能得到它。

——理查德·杰弗里德

我们绝大多数的知识不是来自与我们观点相同的人，而是来自与我们观点不同的人。 ——C.C.科尔顿

提高理解能力有两种效果：首先，我们可以增加自己的知识；其次，我们可以向别人灌输这些知识。

——约翰·洛克

求知是人的自然感情。任何人，如果他的头脑没有堕落的话，都会竭尽所能地获取知识。 ——塞缪尔·约翰逊

没有知识的正直软弱无能，没有正直的知识危险可怕。

——塞缪尔·约翰逊

知识并非只是工具。 ——尼采

知道自己学识渊博的人会努力求其学问的清晰明白，而想在大众面前表现自己很博学的人则会将学问弄得晦涩难懂。

——尼采

吾生也有涯，而知也无涯。

——庄子

知识是引导人生到光明与真实境界的灯烛。 ——李大钊

知识的历史犹如一支伟大的复音曲，在这支曲子里依次响起各个民族的声音。 ——歌德

只有在知道自己懂得甚少的时候，才说得上有了深知。疑惑随着知识而增长。 ——歌德

事实上，没有什么东西是前人从未说过的。 ——泰伦提乌斯

拥有无用的知识，胜于什么都不知道。 ——塞内加

知识就是力量。 ——培根

知识越深化，我们就越是临近那不可知的事物。 ——歌德

行动是通往知识的唯一道路。

——萧伯纳

没有不可认识的东西，我们只能说还有尚未被认识的东西。 ——高尔基

有知识而无实践只是半个艺术家。

——托·富勒

不要等运气降临，应该去努力掌握知识。 ——弗兰明

各种知识像一个网似的，网孔与网孔之间互相关联。越向知识的领域走前一步，就越体会到各部门知识之间的血缘。 ——秦牧

知识是珍贵宝石的结晶，文化是宝石放出的光辉。 ——泰戈尔

知识是唯一的善，无知是唯一的恶。知识是精神的粮食。——苏格拉底

知识，只有当它靠积极的思维得来，而不是凭记忆得来的时候，才是真

正的知识。　　　——列夫·托尔斯泰

有丰富的生活知识和广博的书本知识，才能左右逢源。　　——张闻天

在知识的山峰上登得越高，眼前展现的景色就越壮阔。　——拉季谢夫

知识会变成信仰，信仰反过来又点燃强烈的求知欲。　　　——高尔基

知识与能力必须结合，理论的认识与实践的艺术必须结合。

　　　　　　　　——裴斯泰洛夫

传播知识就是播种幸福。……科学研究的进展及其日益扩充的领域将唤起我们的希望，而存在于人类身心上的细菌也将逐渐消失。　　——诺贝尔

知识的积累是一步一步的，而不是一跳一跳的。　　　　——麦考莱

人因读书而有知识，学足济其奸，文足掩饰其过，反而资助于非为恶者易。　　　　　　——南怀瑾

没有任何力量比知识更强大，用知道武装起来的人是不可战胜的。

　　　　　　　　　——高尔基

无知识的热心，犹如在黑暗中远征。　　　　　　　　——牛顿

知识就是力量，青年应当是知识上很有力量的人。　——克鲁普斯卡娅

世界之大，而能获得最公平分配的是常识。　　　　——笛卡尔

知识是产生人类自由的热爱和原则的唯一源泉。　——丹·韦伯斯特

知识是人生旅途中的资粮。

　　　　　　　　　　——雨果

任何新的知识，取得的途径只有一条，那便是学，向具有这门知识的人学，向记有这门知识的书本学。

　　　　　　　　　——吴晗

知识的宇宙，是无边无际的。

　　　　　　　　　——拜伦

获取知识，就是认识客观世界，不仅是个手段，也是个目的，因为这不是件个人的事，而是为社会、为后代积累共同的财富。　　　——费孝通

人类的知识不过是贮藏世代相传的智慧和经验的金字塔。——斯史迈尔斯

不学无术的人的想象力不过只有翅膀没有脚。　　　——富兰克林

知识一经获得，便给自己的周围投射上微弱的光亮。　　——萧伯纳

如果你们掌握了知识，那就要让别人利用你们的知识去点燃他们自己的灯盏。　　　　　——托·富勒

除了知识和学问之外，世上没有任何其他力量能在人的精神和心灵中，在人的思想、想象、见解和信仰中建立起统治和权威。　　　　——培根

大厦之成，非一木之材也；大海之阔，非一流之归也。　——冯梦龙

任何一种容器都装得满，唯有知识的容器大无边。　　——徐特立

知识得以传播才会千古永存。

　　　　　　　——詹·麦金托什

对一件东西的爱好是由知识产生的，知识越准确，爱好也就越强烈。

　　　　　　　　　——达·芬奇

知识和能力是一点一点积累起来的，要注意有扎实的基础，要注意复习和巩固，不能急于求成。　——谷超豪

思想与行为结合而产生的知识是真知识。
　　　　　　　　　　——陶行知

知识是一切能力中最强的力量。
　　　　　　　　　　——柏拉图

人生处万类，知识最为贤。
　　　　　　　　　　——韩愈

有学问的人本身就永远蕴藏着财富。　　　　——菲德鲁斯

知识是青年人最佳的荣誉，老年人最大的慰藉，穷人最宝贵的财产，富人最珍贵的装饰品。　——第欧根尼

知识本身就是财富。　——萨迪

知识就是我们借以飞上天堂的羽翼。　　　　——莎士比亚

世上只有一样东西是珍宝，那就是知识，世上只有一样东西最罪恶，那就是无知。　　　　——苏格拉底

在信息经济社会里，价值的增长不是通过劳动，而是通过知识实现的。
　　　　　　　　　　——奈斯比特

知识投资收益最大。
　　　　　　——本杰明·富兰克林

人生必需的知识就是引向光明方面的明灯。　　　　——李大钊

知识可以产生力量，但成就能放出光彩；有人去体会知识的力量，但更多的人只去观赏成就的光彩。
　　　　　　　　　——切斯特菲尔德

建设一个美好的世界需要的是知识、善良、勇气；而不是对以往嗟悔不已，也不是用许久以前无知的人用过的话语来禁锢我们自由的思想。——罗素

一个人的知识越多，就越有价值。
　　　　　　　　　　——罗伯特

知识是自然势力和破坏性激情的王国的解放者，没有知识，我们希望的世界不能建立起来。　　——罗素

人不能像走兽那样活着，应该追求知识和美德。　　　　——但丁

人的威严蕴藏在知识之中，因此，人有许多君主的金银无法买到、君主的武力不可征服的内在东西。　——培根

对知识的渴求是人类的自然意向，任何头脑健全的人都会为获取知识而不惜一切。　　——塞缪尔·约翰逊

知识是珍宝，而实践才是获取它的钥匙。　　　　——托·富勒

生活，就是求知。　——高尔基

什么是知识？不是别的，是记录下来的经验。　　　　——卡莱尔

大自然赐给我们的是知识的种子，而不是现成的知识。　——塞内加

知识了解了一切，同时就已创造了一切。　　　　　　——朱光潜

对待知识就像对待粮食一样，我们活着不是为了知识，正如活着不是为了吃饭一样。　　——约翰·罗斯金

真正有知识的人谦虚，谨慎；只有无知的人才冒昧，武断。——格兰维尔

理想必须要人们去实现它，这就不

但需要决心和勇敢，而且需要知识。

——吴玉章

谁知道如何学习，谁就有丰富的知识。

——亨·亚当斯

知识是一种快乐，而好奇则是知识的萌芽。

——培根

知识不建，则生命有窒死之虞，因而必蹈虚而飘荡。知识不广则无博厚之根基，构造之间架，因而亦不能支撑其高远。

——牟宗三

文章无波澜，如女人无曲线。

——林语堂

知识比任何东西更给人自由。

——屠格涅夫

由于努力得来的知识，便成了我们的产业。

——卡莱尔

有了知识不运用，如同一个农人耕而不播种。

——萨迪

对知识的渴望如同对财富的追求，越追求，欲望就越强烈。——斯特恩

知识像烛光，能照亮一个人，也能照亮无数的人。

——培根

无知者是不自由的，因为和他对立的是一个陌生的世界。

——黑格尔

知识是天才的原料，天才利用他的知识，才可以编成他的灿烂的作品。

——勃拉恩脱

知识的问题是一个科学的问题，来不得半点的虚伪和骄傲，决定的倒是其反面——诚实和谦逊的态度。——培根

85. 书籍——人类进步的阶梯

书本应该依据科学，而不是让科学去依据书本。

——培根

读书读得太多，反而会造成一些自以为是的无知的人。

——卢梭

虚弱者无力承受他们在书中读到的杰出见解，因为那只给他们提供了更多犯错误的机会。

——哈利法克斯

一个人只应该读自己想读的书，如果把读书当作一个任务那就受益甚微。

——塞缪尔·约翰逊

蹩脚的旅行者只知道"到此一游"，蹩脚的读者只知道书的结局。

——科尔顿

热爱书籍吧，它会使你的生活感到轻快；它将会友好地帮助你搞清楚各种思想、感情与各种事件的多样而激烈的混乱；它要教会你去尊敬别人和你自己；它要用对于世界和对于人的爱，给你的理智和心灵插上翅膀。——高尔基

一日无书，日事荒芜。——陈寿

读书不要贪多，而是要多加思索，这样的读书使我获益不少。——卢梭

一位哲学家说过："没有书籍的人家，如同没有主人。"精读一本书如同一本万利，使你立于不败之地。

——池田大作

有些书可供一尝，有些书可以吞下，有不多的几部书则应当咀嚼消化；

这就是说，有些书只要读读他们的一部分就够了，有些书可以全读，但是不必过于细心地读；还有不多的几部书则应当全读，勤读，而且用心地读。

——培根

成年人与书籍的关系不是为之吸引，而是去汲取知识。 ——伯吉斯

最珍惜书籍的人本身就是最聪明的人。 ——爱默生

书本并非没有生命，而是充满着血液的。我的意思是说，每一行字都像一条血管。 ——亨·沃恩

书早已不是仅仅用来帮助休息和消遣的东西了。不，它是朋友，顾问，导师。 ——科斯莫杰扬斯卡娅

书籍是一种沉静的可靠的朋友。

——雨果

书籍是积聚智慧的长明灯。

——英国谚语

书籍——就是遗嘱的执行者，是所有时代、所有民族的精神珍品的无可责备的保管者，就是早从人类的童年时代起就传给我们的永不熄灭的光源，就是信号和预告、痛苦和苦难、欢笑和高兴、朝气和希望，就是精神力量优于物质力量的标志，是意识的崇高产物。

——邦达列夫

书籍是伟大天才留给人类的遗产。它们代代相传，像是留给后人的礼品。 ——爱迪生

在今天这个时代，人的智力发展在越来越大的程度上取决于他是否善于在知识的浩瀚的海洋里辨明方向，是否善于利用知识的仓库——书籍。

——苏霍姆林斯基

书籍鼓舞了我的智慧和心灵，它帮助我从腐臭的泥潭中脱身出来。如果没有它们，我就会溺死在那里，会被愚笨和鄙陋的东西呛住。 ——高尔基

书籍是涌流着泉水的井，是逗人喜爱的玉米穗，是蜂窝，是储存精神食粮的金壶，是奶牛的乳头。 ——伯里

书是永远不会枯萎的植物。

——罗·赫里克

书具有两种功能，一是为人们带来乐趣，二是教导智者如何生活。

——菲德洛斯

书籍，在青年时代是引路人，成人之后就是娱乐。 ——科利尔

书籍是全世界的营养品，生活里没有书籍，就好像大地没有阳光；智慧里没有书籍，就好像鸟儿没有翅膀。

——莎士比亚

在尘世间人类所能创造的一切事物中，最重要、最精彩、最有价值的一种，我们叫作"书"！ ——托·卡莱尔

读书造化，不读书告化。

——王有光

读未见书，如得良友；读已见书，如逢故人。——《格言联璧·学问集》

书籍是思想的归宿。

——亨利·朗费罗

贫者因书而富，富者因书而贵。

——王安石

书味在胸中，甘于饮陈酒。

——袁枚

读书破万卷，下笔如有神。

——杜甫

书籍具有一种能给我指出我在人的身上所没有看见和不知道的东西的能力。

——高尔基

让书籍同你的信仰作对吧，假如它是用对于人们的爱和愿望使人们生活得美好的心而真诚地写出来的话，那么这就是本很好的书籍！

——高尔基

书籍和智慧在社会生活中所起的作用比其他任何地方都更大。——弥尔顿

86. 自学——当自己的老师

一个人一辈子自学的时间总是比在学校学习的时间长，没有老师的时候总是比有老师的时候多。

——华罗庚

我不是说进大学无用，只是说进了大学，学习还得靠自己；毕了业还得努力自学，永不休歇。在立志自学这个问题上，进不进大学并无不同。

——叶圣陶

自学在一个人知道积累的过程中占有很重要的位置。

——廖沫沙

许多真有成就的人，他们的知识绝大部分是自己学来的，并不是坐在课堂里学来的。

——叶圣陶

自学很重要。自学历来就是许多著

名科学家以及文学家、艺术家、政治家成才的重要途径。

——周培源

学识宝库，就像四面可通的大厦似的，有许许多多的门户，进大学，只是其中的一道门而已。不从这个门进去，也不从另一道门进去，甚至不走大门侧门，也还可以跳窗进去。

——秦牧

自学不外乎从前人留下的遗迹中去讨生活。

——沈尹默

青少年时期学校老师教给的系统知识，对人的一生来讲是很重要的，但只是你的全部知识的一小部分，知识主要还是靠在工作和生活中自己抓来的。

——钱三强

自学的人在读书收获和成功方面往往能超过受到专门教育的人，是因为他们的目的明确，愿望强烈，深知自己要研究什么，要读哪些书。——诺·波特

爬到水平线的任何人，都受过两种教育：来自教师的教育，此即其一；来自重要的个人——自己，此即其二。

——英吉

自学的本领是用之不竭的能，储能就要储这样的能。

——叶圣陶

光是自己探索当然要多费力气，然而是值得的，因为自己探索来的往往更为深刻。

——叶圣陶

教育的目的是养成自己学习，自由研究，用自己的头脑来想，用自己的眼睛来看，用自己手来做这种精神。

——郭沫若

第一个教大学的人，必定是没有上

过大学的人。　　——罗蒙诺索夫

摇篮不止一个。图书馆、博物馆、少年宫、体育馆、文化馆等等，都是培养人才的摇篮。　　——谈家桢

我们要解放小孩子的空间，让他们去接触大自然中的花草、树木、青山、绿水、日、月、星辰以及大社会中之士、农、工、商三教九流，自由地对宇宙发问，与万物为友，并且向中外古今三百六十行学习。　　——陶行知

阴云的上面就是太阳，困难的背后就是胜利，只要我们孜孜不倦，持之以恒，刻苦钻研，靠自学是一定能够成功的。　　——苏步青

87. 治学——构建独立思考的范式

如果我们过于爽快地承认失败，就可能使自己发觉不了我们非常接近于正确。　　——卡尔·波普尔

一切推理都必须从观察与实验得来。　　——伽利略

要学会做科学中的粗活。要研究事实，对比事实，积聚事实。　　——巴甫洛夫

我的那些最重要的发现是受到失败的启示而做出的。　　——戴维

感谢上帝没有把我造成一个灵巧的工匠。我的那些最重要的发现是受到失败的启发而获得的。　　——戴维

"难"也是如此，面对悬崖峭壁，一百年也看不出一条缝来，但用斧凿，能进一寸进一寸，得进一尺进一尺，不断积累，飞跃必来，突破随之。　　——华罗庚

我真想发明一种具有那么可怕的大规模破坏力的特质或机器，以至于战争将会因此而永远变为不可能的事情。　　——诺贝尔

只有顺从自然，才能驾驭自然。　　——培根

真理的大海，让未发现的一切事物躺卧在我的眼前，任我去探寻。　　——牛顿

谬误的好处是一时的，真理的好处是永久的；真理有弊病时，这些弊病是很快就会消灭的，而谬误的弊病则与谬误始终相随。　　——狄德罗

凡在小事上对真理持轻率态度的人，在大事上也是不足信的。　　——爱因斯坦

人的天职在勇于探索真理。　　——哥白尼

我不知道世上的人对我怎样评价。我却这样认为：我好像是在海上玩耍，时而发现了一个光滑的石子儿，时而发现一个美丽的贝壳而为之高兴的孩子。尽管如此，那真理的海洋还神秘地展现在我们面前。　　——牛顿

一个科学家应该考虑到后世的评论，不必考虑当时的辱骂或称赞。　　——巴斯德

我们在享受着他人的发明给我们带

来的巨大益处，我们也必须乐于用自己的发明去为他人服务。　——富兰克林

我的人生哲学是工作，我要揭示大自然的奥妙，为人类造福。——爱迪生

我平生从来没有做出过一次偶然的发明。我的一切发明都是经过深思熟虑和严格试验的结果。　——爱迪生

发展独立思考和独立判断的一般能力，应当始终放在首位，而不应当把获得专业知识放在首位。如果一个人掌握了他的学科的基础理论，并且学会了独立地思考和工作，他必定会找到他自己的道路，而且比起那种主要以获得细节知识为其培训内容的人来，他一定会更好地适应进步和变化。　——爱因斯坦

88. 方法——解决问题的最佳途径

知识贫乏、懒于思索的人，即使把一本善于辩证唯物主义的书背得滚瓜烂熟，也并不可能由此掌握辩证法的道理。　——秦牧

在学习上懂得了"勤奋"，做到了努力，也还必须得法。这个法很简单，就是要"弄通"要"理解"，切不要死记硬背。死记硬背的东西是没有用的，也是不可能记得牢的。　——钱伟长

科学成就是由一点一滴积累起来的。唯有长时期的积累才能由点滴汇成大海。　——华罗庚

读不在三更五鼓，功只怕一曝十寒。　——郭沫若

人的思想是了不起的。只要专注于某一项事业，那就一定会做出使自己吃惊的成绩来。　——马克·吐温

世界上没有一样东西是一成不变的，要注意其发展，要注意其变化。不重视发展和变化，任何一门学问都是不能进步的。　——钱伟长

当你独自阅读时，你们只了解到一面，即使了解了三面，还是没有了解到第四面。最后把四面都了解了，可是哪知这东西不是一个平面，而是一个立方体，总共有六面。　——加里宁

我没有什么特别的才能，不过喜欢寻根刨底地追究问题罢了。

　——爱因斯坦

学习中要懂得跨越困难，大踏步地找要点。　——钱伟长

一切书都是为着帮助你思想，而不是为着代替你思想而写的。——瞿秋白

只有广泛地得到教益，自己才能兼容并蓄、融会贯通，然后才能独创一格。　——荀慧生

博取广收，取精用宏。——郑振铎

只看一个人的著作，结果是不大好的，你就得不到多方面的优点。必须如蜜蜂一样，采过许多花，这才酿出蜜来，倘若叮在一处，所得就非常有限枯燥了。　——鲁迅

试图在一天之内就学会飞的人，首先必须先学会爬、站、走、跑和跳等等，因为不加训练，突然飞起来是不可

能的。　　　　　　　——尼采

发明千千万，起点是一问。禽兽不如人，过在不会问。智者问得巧，愚者问得笨。人力胜天工，只在无事问。
　　　　　　　——陶行知

一看就懂的东西，不必细读，浏览一下就行了。但是切忌走马观花地浏览那些费解的东西。　——苏霍姆林斯基

即使一个天才极高的人，想精通几门科学，也须先学好一门，再去学另一门，先做这么个专家，再做那么个专家。假使他同时抓几样，他就永远一样不专，一事无成。　　　——老舍

你们从一开始工作起，就要在积累知识方面养成严格循序渐进的习惯。
　　　　　　——巴甫洛夫

青年同志们必须记住，想要连跑带跳地把过去的一切文化遗产都得着，那是办不到的。这需要有坚定的顽强性和艰苦的劳动。要知道，在这条路上克服困难，这件事本身就是非常好的兴奋剂。　　——奥斯特洛夫斯基

科学研究好像钻木板，有人喜欢钻薄的，而我喜欢钻厚的。——爱因斯坦

我对我国有志于科学的青年有什么祝愿呢？首先，循序渐进。我一说起有成效的科学工作这条最重要的条件时就不能不感情激动。循序渐进，循序渐进，循序渐进……在未掌握前一项时决不要开始后一项。　　——巴甫洛夫

没学会走先学跳是不成的，不但跑不快，跑不好，而且要摔跟头，反倒停滞不前。　　　　　——荀慧生

你们在想要攀登到科学顶峰之前，务必把科学的初步知识研究透彻。还没有充分领会前面的东西时，就决不要动手搞往后的事情。　——巴甫洛夫

仅学了人家的好处，总也要自己会变化才好，要是哪派不变化，那只好永做人家的奴隶了。　　——周信芳

好问是好的。如果自己不想，只随口一问，即能得到正确答复，也未必受到大益。所以学问二字，"问"放在"学"的后面。　　　——谢觉哉

做学问要花功夫，持之以恒，日积月累。　　　　　——吴玉章

做学问的功夫，是细嚼慢咽的功夫。好比吃饭一样，要嚼得烂，才好消化，才会对人体有益。　——陶铸

"书山有路勤为径"，为学之道没有捷径可走。我就是这样循序渐进，下苦功夫攻读的。　　　——卢鹤绂

89. 记忆——永不消失的电波

记忆是相会的一种形式，忘记是自由的一种形式。　　　——徐志摩

历史的每一瞬间，都有无数的历史蔓展，都有无限的时间延伸。我们生来孤单，无数的历史和无限的时间因而破碎成片段，互相埋没的心流，在孤单中祈祷，在破碎处眺望，或可指望在梦中团圆。记忆，所以是一个牢笼，印象是

牢笼以外的天空。　　——史铁生

记忆中记得最牢的事情，就是一心要忘却的事情。　　——蒙台涅尼

只回忆过去是差劲的记忆。
　　　　　　　　　　——卡罗尔

坏记性是变得幸福的一大法宝。
　　　　　　　——丽塔·梅·布朗

快乐没有本来就是坏的，但是有些快乐的产生者却带来了比快乐大许多倍的烦扰。　　　　　——伊壁鸠鲁

记忆力并不是智慧；但没有记忆力还成什么智慧呢?　　　——哈柏

锻炼记忆力的良好方法是锻炼自己的注意力。　　　　　——爱德华兹

记忆差的好处是对一些美好的事物，仿佛初次遇见一样，可以享受多次。　　　　　　　　——尼采

几乎没有人会记得他所丝毫不感兴趣的事情。　　　　——麦克唐纳

以愉快的心情学得的，会永远记着。　　　　　　　　——马什

忘记了它而微笑，远胜于记住它而愁苦。　　　　　　——罗西塔

原谅是容易的，忘却则是困难的。
　　　　　　　　　　——普拉顿

记忆是知识的唯一管库人。
　　　　　　　　　　——锡德尼

每个人的记忆都是自己的私人文学。　　　　　　——赫克斯科

记则思不起。　　　　——张载

记忆为智慧之母。——亚里士多德

一切知识的获得是记忆。记忆是一切智力活动的基础。　　　——培根

记忆是一切脑力劳动之必需。
　　　　　　　　　——帕斯卡尔

读书方法，在循序而渐进，熟读而精思。　　　　　　　——朱熹

人的头脑、人的四肢，越用越灵，越练越强；相反不经常磨炼，时间长了，就会生锈。　　　——茅以升

凡是记忆力强的人，都必须对自己的记忆充满信心。　　——胡德华

背诵是记忆力的体操。
　　　　　　　　　　——托尔斯泰

谁善于留心，谁就善于记忆。
　　　　　　　　　　——约翰逊

应该经常思考我们想记忆住的东西。　　——圣·托马斯·阿奎那

人，如果没有记忆，就无法发明创造和联想。　　　　　——伏尔泰

方法乃记忆之母。　——托·富勒

缺乏兴趣，将使记忆消失。
　　　　　　　　　　——歌德

一切事情和知识在我的头脑里安放得像在橱柜的抽屉里一样，只要打开一定的抽屉，就能取出所需的材料。
　　　　　　　　　　——拿破仑

重复是学习之母。　——狄慈根

让我们不要用过去的哀愁拖累我们

的记忆。　　　　——莎士比亚

有一种健忘是高贵的，就是不记旧恶。　　　　——赛蒙兹

一切智慧的根源都在于记忆。
　　　　——谢切诺夫

能将自己的生命寄托在他人的记忆中，生命恍如就加长了一些。
　　　　——孟德斯鸠

志向不过是记忆的奴隶，生气勃勃地出世，但却很难成长。——莎士比亚

孩子提出的题目越多，那么他在童年早期熟习四周的东西也就越多，在学校中越聪明，眼睛越明，记忆力越敏锐。要培养自己孩子的智力，那你就得教给他思考。　　——苏霍姆林斯基

历史是说过和做过事情的记忆。
　　　　——卡尔·贝克

莫在记忆的深井中打捞冰冻的遗憾，快往熟习的坑道里采集青春的热源。　　　　——佚名

我历来不记在辞典上已印有的东西。我的记忆力是应用来记忆书本上还没有的东西。　　——爱因斯坦

凡是最难写上的一定也最难消失，因此铭刻在心灵深处的记忆永久闪光。
　　　　——佚名

不管男人经历过多少次爱的奇遇，但经常只有一位不可替换的女人永久留在他的记忆中。假设这类深情的爱不能实现，即可能造成他在性关系上的变态

和草率。反之，女人也是如此。
　　　　——瓦西列夫

90. 毅力——衡量决心的尺度

让这朵宝石般刚强的火焰永远点燃，保持这份狂热，这就是成功的人生。　　　　——佩特

全部秘诀只有两句话：不屈不挠，坚持到底。　　——陀思妥耶夫斯基

我信仰的原则是用比别人加倍的时间去干，并且培养自己具有坚持到底的顽强精神。　　　　——广中平佑

伟人们所创造的成就都不是出于偶然，而是凭一份辛苦、一份毅力，夜以继日地去追寻。　　　　——怀尔德

一棵质地坚硬的橡树，即使用一柄小斧去砍，那斧子虽小，但如砍个不停，终必把树砍倒。　　——莎士比亚

最谨慎的人最聪明，只有不中途停顿的人才能获胜。　　　　——惠特曼

一个人只要时时刻刻为一个思想努力，那他就不难达到他的目的。
　　　　——契诃夫

人们的毅力是衡量决心的尺度。
　　　　——穆太奈比

百折不挠、战胜困难是成功者的良好心理素质；反之，害怕挫折、逃避困难则是失败者的懦弱心态。
　　　　——阿雷蒂诺

顽强的毅力可以征服世界上任何一座高峰。　　　　——狄更斯

一个人是可以做到他想做的一切的，需要的只是坚韧不拔的毅力和持久不懈的努力。　　——高尔基

败而不馁，就是胜者。——哈伯德

将无法实现之事付诸实现正是非凡毅力的真正标志。　　——茨威格

成功的秘诀是走向目的的坚持。

——迪斯雷利

一个人的力量在于顽强的毅力，没有毅力的人无异于草木。——瓦鲁瓦尔

不要冥思苦想，还是做你自己的事。人生无须动多少脑筋，也不是那么苛刻，要的只是坚韧不拔。——爱默生

我们的忠言是：每个人都应该坚持走他为自己开辟的道路，不被权威所吓倒，不受现时的观点所牵制，也不被时尚所迷惑。

——歌德

伟大的作品不是靠力量，而是靠坚持来完成的。

——约翰逊

伟人们到达高峰不是靠突飞而来的，而是他们在同伴们酣睡的夜晚不辞劳苦地坚持攀登的。　　——朗费罗

教育之道

教育的意义，在于唤醒灵魂，发展能力，挖掘潜能，促进人的自由与全面发展。

教育就像一座桥，只有够稳、够结实，才能走过去。教育是人生中必不可缺的一部分，没有了教育，将学不到任何知识。知识就是力量。知识如果不能为人所掌握，为人所正确地运用，知识也不会产生任何力量。只有将知识组织起来，变成明确的目标与行动计划，并最终产生实际的效用、效益或效果，知识才会成为真正的力量。学习知识并能正确地组织、运用知识，从而为人类产生价值，才是真正的教育。

91. 教育——百年大计，教育为本

教育是帮助被教育的人。给他们能发展自己的能力，完成他的人格，于人类文化上尽一份责任，不是把被教育的人，造成一种特别器具，给抱有他种目的的人去应用，教育是要个性与群性平均发达的。
——蔡元培

生活即教育。 ——陶行知

爱迪生幼年的故事，给了我两个深刻的印象：一是科学要从小孩学起；二是科学的幼苗要像爱迪生的母亲一样爱护才能保全。
——陶行知

学校的目标应是培养有独立行动和独立思考的人。 ——爱因斯坦

懂得少年的志趣，调整好他发自心灵的乐声——这是一种伟大的教育艺术。如果你能以自己的心去感觉另一个人的心脏的跳动，那么你就能够掌握这门教育艺术。
——苏霍姆林斯基

真正的教育者不仅告授真理，而且向自己的学生告授对待真理的态度，激发他们对于善良事物受到鼓励和钦佩的情感，对于邪恶事物的不可容忍的态度。
——苏霍姆林斯基

人生具有人道的根苗，须待教育发展出来使人实践人的造诣。 ——康德

性格的教育是教育的主要目的，虽然它不能算是唯一的目的。——爱迪生

正确教育子女的方法，我们以为最主要的应该是爱和严相结合。
——吴玉章

要做火热的感情与冷静的理智融为一体的大河，而不可匆忙地、贸然地做

出决定。这是教育艺术永不干涸的源泉之一。
——苏霍姆林斯基

教育就像一门十分精细的医术，它要医治并完全治愈脓疮，但不承认挖除是个好办法。
——苏霍姆林斯基

教育者的关注和爱护在学生的心灵上会留下不可磨灭的印象。
——苏霍姆林斯基

善于鼓励学生，是教育中最宝贵的经验。
——苏霍姆林斯基

教育首先在于培养、磨炼一个人成为受教育者的能力。——苏霍姆林斯基

过去中国之衰，原因虽有种种，但教育的不振，当然是主要的原因之一。
——郁达夫

盖一国之教育，凡以进民德、开民智、增民力而已。——范源濂

教育是国家万年根本之计。
——陶行知

教育是人类最崇高、最神圣的事业，上帝也要低下至尊的头，向她致敬。
——门捷列夫

教育的目的至少能培养学生做一个适于现代生活的人。——杨贤江

儿童之精神，虽以外物而有殊别，然有不可不同具者，则为中国国民应有三：德与智与美三者。所以养成之者，则有小学校与社会教育。——鲁迅

要有良好的社会，必先有良好的个人；要有良好的个人，就要先有良好的教育。
——蔡元培

教育的本意，是要把人们养成有本领有能力的人；如果要使一个人有本领有能力，就非要发展他的耳目心思手足不可。教育之于社会，其功用为绵续文化而求其进步。
——梁漱溟

教育的目的不是在制造机械，而是在造成人。
——罗素

使人生愉快的必要条件是智慧，而智慧可以通过教育而获得。——罗素

教人要从小教起。幼儿比如幼苗，必须培养得宜，方能发芽滋长。否则幼年受了操作，既不夭折，也难成材。所以小学教育是建国之根本，幼稚教育尤为根本之根本。
——陶行知

注意每一个人，关怀每个学生，并以关切而又深思熟虑的谨慎态度对待每个孩子的优缺点——这是教育过程的根本之根本。
——苏霍姆林斯基

职业教育，以教育为方法而以职业为目的者也。施教者对于职业，应有极端的联络；受教者对于职业，应有极端的信仰。
——黄炎培

教育的对象是文化生长。教育若能陶冶人格而推动社会生长，便算尽了能事，此外实在别无捷径。——林砺儒

养不教，父之过；教不严，师之惰。
——王应麟

教任何功课，最终目的都是为了达到不需要教。
——叶圣陶

孩子应被引向正确的道路，但不是通过严厉的管教，而是通过说服教育。
——米南德

教育决定一个人未来生活的方向。

——柏拉图

古之学者必有师。师者，传道、授业、解惑也。

——韩愈

榜样是一门人人能读的课程。

——吉尔伯特·韦斯特

父母在对儿子应给的银钱上吝啬，是一种有害的错误；这使得他们卑贱；使他们学会取巧；人到哪儿他们与下流人为伍；使他们到了富裕的时候容易贪欲无度。因此为父母者若对他们的子嗣在管理上严密，而在钱包上宽松，则其结果是最好的。

——培根

教育的伟大目的乃是使我们超越于庸俗之上。

——理查德·斯蒂尔

了解人的本性是政治教育的开始和终止。

——亚当斯

谁最能容忍生活中的幸福和忧患，我认为就是受了最好教育的人。

——卢梭

人们只想到怎样保护他们的孩子，这是不够的。应该教他成人后怎样保护他自己，教他经受得住命运的打击，教他不要把豪华和贫困看在眼里，教他在必要的时候，在冰岛的冰天雪地或者马耳他岛的灼热的岩石上也能够生活。

——卢梭

使孩子诚实是对儿童教育的开始。

——拉斯金

智力教育的主要内容不是为了获取数据，而是要让数据说明问题。

——奥立弗·霍姆斯

如果你让一位男子接受教育，你只是教育一个人；如果你让一位妇女接受教育，那么你教育了一家子。

——鲁比·马尼肯

教育，是民族最伟大的生存原则，是一切社会里把恶的数量减少、把善的数量增加的唯一手段。　——巴尔扎克

只要把学校和生活联系起来，那么一切的学科就必然地相互联系起来。

——杜威

校长是一个学校的灵魂，要想评论一个学校，先要评论他的校长。

——陶行知

教育是廉价的国防。

——亚里士多德

一个人应能利用别人的经验，以弥补个人直接经验的狭隘性，这是教育的一个必要的组成部分。　——杜威

我们把教育定义如下：所谓教育，是忘却了在校学的全部内容之后剩下的本领。

——爱因斯坦

对学生诚恳，对教务认真，在教师的立志上，可以说已经抓住了对人对事两项的要点。

——叶圣陶

人类天生就是钻石的原石，要去切磋琢磨才能发出超越万物的光辉。

——松下幸之助

教育乃是社会生活延续的工具。

——杜威

教育是一种最为精细的精神活动。我要把教育者对受教育者的影响比作音乐的影响。 ——苏霍姆林斯基

92. 教养——美好和光明的向往

有文化教养的人能在美好的事物中发现美好的含义。这是因为这些美好的事物里蕴藏着希望。 ——王尔德

性情的修养，不是为了别人，而是为自己增强生活能力。 ——池田大作

人不可有傲气，但不可无傲骨。

——徐悲鸿

在风度上和在各种事情上一样，唯一不衰老的东西，是心地。心地善良的人单纯朴实。 ——巴尔扎克

对我们的习惯不加节制，在我们年轻精力旺盛的时候，不会立即显出它的影响。但是它逐渐消耗这种精力，到衰老时期我们不得不结算账目，并且偿还导致我们破产的债务。 ——泰戈尔

对于心地善良的人来说，付出代价必然得到报酬这种想法本身就是一种侮辱。美德不是装饰品，而是美好的心灵的表现形式。 ——纪德

对一个有优越才能的人来说，懂得平等待人，是最伟大、最真正的品质。

——理查德·斯蒂尔

所谓良好教养，它们在几乎所有国家中乃至于一个地区里，都不尽相同；每一个明辨事理的人都会模仿他所在之地的良好教养，并与之看齐。

——切斯特菲尔德

我愿意以天才比美德，以学问比财富。如美德越少的人，越需要财富，天才越低的人，越需要学问。 ——杨格

修养的本质如同人的性格，最终还是归结到道德情操这个问题上。

——爱默生

没有伟大的品格，就没有伟大的人，甚至也没有伟大的艺术家，伟大的行动者。

——罗曼·罗兰

在男人身上，智慧和教养最要紧，漂亮不漂亮，对他来说倒算不了什么！要是你头脑里没有教养和智慧，那你哪怕是美男子，也还是一钱不值。

——契诃夫

无知的人总以为他所知道的事情很重要，应该见人就讲。但是一个有教养的人是不轻易炫耀他肚子里的学问的，他可以讲很多东西，但他认为还有许多东西是他讲不好的。 ——卢梭

彬彬有礼的风度，主要是自我克制的表现。 ——爱默生

这种落于俗套的高贵和风雅是再平庸低劣不过的。 ——雨果

没有经过琢磨的钻石是没有人喜欢的，这种钻石戴了也没有好处。但是一旦经过琢磨，加以镶嵌之后，它们便生出光彩来了。美德是精神上的一种宝

藏，但是使它们生出光彩的则是良好的礼仪。
——洛克

总会发生些情愿与不情愿、知道与不知道、清醒与迷误的那种痛苦与幸福的事儿。但如果心里存在虔诚情感，那么在痛苦中也会得到安宁。否则，便只能在愤怒争吵、妒忌仇恨、唠唠叨叨中讨活了。
——泰戈尔

礼仪又称教养，其本质不过是在交往中对于任何人不表示轻视或侮蔑而已，谁能理解并接受了这点，又能同意以上所谈的规则和准则并努力去实行它们，他一定会成为一个有教养的绅士。
——洛克

涵养为首，致知次之，力行又次之。
——朱熹

教养就是习惯于从最美好的事物中得到满足而且知道为什么。——范戴克

93. 教师——燃烧的蜡烛

教师要有高度的自我牺牲精神，目的不必在使自己登上科学的最高峰，但要使更多青年登上科学最高峰。这样的老师自然也就登上教育科学的最高峰了。
——郭沫若

捧着一颗心来，不带半根草去。
——陶行知

教师的成功是创造出值得自己崇拜的人。先生之最大快乐，是创造出值得自己崇拜的学生。
——陶行知

小学老师必须拿着科学的火把引导儿童过渡。不懂科学的人，不久便不能做教师了。
——陶行知

做教师的人，必须天天学习，天天进行再教育，才能有教堂之苦。
——陶行知

教师得先肯负责，才能谈到循循善诱，师生合作。教师不负责，有的因为对教堂本无兴趣，当教师只是暂时。这种人只有严加淘汰一法。——叶圣陶

教师应该严格，不要严厉，严厉是封建的，如体罚等，那是使教师变成了统治者，而学生则变成了被统治者。教师要严格，要学生尊敬。——徐特立

活的人才教育不是灌输知识而是将开发文化宝库的钥匙，尽我们知道的交给学生。
——陶行知

教师的功用只在指示一个门径、一点方法，而探索内容应用方法，完全要靠自己。
——杨贤江

校园的好坏，一方面要看办学者的旨趣精神是否健全而真挚，其他方面就要看教师的优劣和学生自治习惯的有无。
——杨贤江

教师如果不在教堂过程中发挥主导作用，也就等于从根本上否定了教师本身存在的必要。
——丁浩川

教师有独立的思考与见解，又能不断研究和实践，掌握启发学生和引导学生的方法，才能使学生得到实在的益处。
——叶圣陶

教师的职务，是"千教万教，教人

求真"。学生的职务，是"千学万学，学做真人"。

——陶行知

办好教育的关键，第一在于教师，第二还在于教师。 ——永井道雄

教师不仅是知识的传播者，而且是模范。 ——布鲁斯

请你记住，你不仅是自己学科的教员，而且是学生的教育者、生活的导师和道德的引路人。 ——苏霍姆林斯基

可以大胆地说，如果教师很有威信，那么这个教师的影响就会在某些学生身上永远留下痕迹。 ——加里宁

教师个人的范例，对于青年人的心灵，是任何东西都不可能代替的最有用的阳光。

——乌申斯基

使学生对教师尊敬的唯一源泉在于教师的德和才。 ——爱因斯坦

教师是老一代人与年轻一代人之间的联结环节，他应该依靠人类社会有史以来积累起来的全部丰富的人类文化。

——凯洛夫

为了在学生眼前点燃一个知识的火花，教师本身就要吸取一个光的海洋，一刻也不能脱离那永远发光的知识和人类智慧的太阳。 ——苏霍姆林斯基

94. 尊师—— 一日为师，终身为师

教师们一方面要献出自己的东西，另一方面又要像海绵一样，从人民中、生活中和科学中吸收一切优良的东西，

然后再把这些优良的东西贡献给学生。

——加里宁

知识是必须补充的，当教师的人不仅是教师，同时也是学生。——加里宁

知识、学识、眼界，这都是教师享有高度威信的基础。——苏霍姆林斯基

教师要要求自己的态度、举止、行动都很文明，并且遵守规则。

——凯洛夫

教师如果对学生没有热情，决不能成为好教师。但是教师对于学生的爱是一种带有严格要求的爱。 ——凯洛夫

教师像一支红烛，燃烧得越旺，心里越欢畅；燃烧得越彻底，心里越快慰，即使燃烧到最后，也还要进行勇敢地冲刺…… ——巴特尔

教师应该是道德卓异的优秀人物。

——夸美纽斯

教师——他是学生智力生活中的第一盏指路明灯。 ——苏霍姆林斯基

园丁的汗水，在绿叶上闪光；教师的汗水，在心灵中结果。园丁的梦境，常常是花的芳香，叶的浓荫；教师的梦境，常常是稚甜的笑脸，琅琅的书声…… ——巴特尔

教师像一座山一样，出现在第三条战线上——学习的战线上，书本的战线上，好像一个骑兵，一个英勇的前线战士——一个英雄。 ——马雅可夫斯基

一个坏的老师奉送真理，一个好的老师则教人发现真理。 ——第斯多惠

如果一个教师没有树立起一个比他

的学生更崇高的人生观，就不能进行讲授。　　　——列夫·托尔斯泰

如果说必须有耐心，作为教育者还是不及格的，教育者必须有爱心和喜悦。　　　·——裴斯泰洛齐

如果一个教师把热爱事业和热爱学生结合起来，他就是一个完美的教师。
　　　——契尔那葛卓娃

真正的教育者不仅传授真理，而且向自己的学生传授对待真理的态度，激发他们对于善良事物受到鼓舞和钦佩的情感，对于邪恶事物的不可容忍的态度。　　　——苏霍姆林斯基

教导员不应当在漠不关心地研究学生的过程中来认识学生，而应当在和他共同工作和积极帮助他的过程中来认识学生。　　　——马卡连柯

首先，教师性格的培养，教师行为的训练；其次，教师的专门知识和技巧的教导。没有这样的知识和技巧，任何一个教师都不会成为良好的教师。
　　　——马卡连柯

只有教师本人对履行他的崇高职务有了很好的准备，只有他具有青年一代的教育者和积极的社会活动家所必须有的各种品质，他的教育工作才有成效。
　　　——凯洛夫

一个好的教师，是一个懂得心理学和教育学的人。　——苏霍姆林斯基

谁能在质朴的日常生活中给我们以指导和帮助，谁就是老师。——卡莱尔

教师的最大技巧在于集中于保持学生的注意。　　　——洛克

教师的人格就是教育工作中的一切。　　　——乌申斯基

教育就像航海一样：是船的帆和风给船以动力，教师的作用只是掌舵，指导船的航行。　——耶胡迪·梅纽因

大地当作纸，林木当作笔，海水当作墨，难写师功德。　——格比尔达斯

月亮万万千，太阳千千万，若是无良师，依旧是黑暗。　——格比尔达斯

教师的影响是永久的。教师决不能停止自我感化。　　　——亚当斯

教师是人类灵魂的工程师。
　　　——斯大林

教育是这一代对下一代的债务。
　　　——乔治

应该使教师在经济方面得到保障，并提高他们的社会地位，因为我认为他们在从事当代最重要的工作。——库什

我遇见的每一个人，或多或少是我的老师，因为我从他们身上学到了东西。　　　——爱默生

教师就像蜡烛，点燃了自己，启发了学生。　　　——路费尼

教育者之人品，为教育成败之要素，教育良否之区分。　——柏拉图

老师不是教官，不是上帝，他不是一切都知道，他也不可能一切都知道。假如他装作一切都知道的样子，那么你们宽恕他就是，但不要相信他！相反地

他若承认，他不是一切都知道，那你们要爱戴他！因为他是值得你们爱戴的。
——凯斯特纳

如果一个人在传授的知识，没有一点是无用的，那他在这个领域就是一个非常出色的大师。——歌德

落红不是无情物，化作春泥更护花。——龚自珍

不要教死的知识，要授之以方法，打开学生的思路，培养他们的自学能力。——丁肇中

人非生而知之者，孰能无惑？惑而不从师，其为惑也，终不解矣。
——韩愈

师严而后教尊。欲尊乎教，在严其师。欲师之严，在重其位。——张方平

教育之真理无穷，能发明之则常新，不能发明之则常旧。——陶行知

不以规矩，不能成方圆。——孟子

教师好比一支蜡烛，不断地燃烧、消耗着自己，照亮着别人前进的道路；又像一根粉笔，播撒着智慧的种子，把知识传授给别人，而渐渐损磨着自己；又像一只梯子，让人踩着自己的肩膀攀上高峰，去采摘胜利的果实。
——罗国杰

积财千万，不如薄技在身。
——《颜氏家训》

性虽善，待教而成。——荀子

国将兴，必尊师而重傅；国将衰，必贱师而轻傅。——佚名

人才为政事之本，而学校尤为人才之本也。——李塨

三人行，必有我师焉，择其善者而从之，其不善者而改之。——孔子

温故而知新，可以为师矣。
——孔子

立身之本

《论语》中说："非学无以立身。"每个人在社会上立足，都要具备多种相似但不一定相同的条件，比如先天的相貌、身材、气质、习惯、家庭背景等等；从后天环境中汲取的各种知识，比如才能、修养、道德等等。

说话做事经得起考核查对，这就是诚信的最高境界；把美好的名声让给别人，自己甘愿背上恶名，这是德行的最高境界；通过自己成名来使父母感到荣耀，这是孝敬的最高境界；兄弟之间心情愉快，家族之间和睦相处，这是友爱的最高境界；面对财富能够时时谦让。这五个方面，是立身处世的根本。

95. 才能——成功者的必备素质

你要爱惜自己的才能！你的躯体对你来说，并不是重要的东西，而你的才能，却是献给人间的礼物。
——高尔基

一个人最大的痛苦莫过于知识很多而未能施展自己的才能。——希罗多德

谁要成大事，就必须集中全力，在限制中才显出大师的本领，只有规律才能给我们自由。
——歌德

没有一个人会认为自己在一切方面都比不上别人——哪怕是他最钦佩的人。
——拉罗什富科

真正有才能的人会摸索出自己的道路。
——歌德

所谓成功的才能无非就是做那些你能做好的事，并把你所做的一切事情尽量做得好一些，不要对声名过于患得患失。
——朗费罗

可以轻松地完成别人认为困难的事情，这就是才能；能够去做有才能者认为办不到的事情，这就是天才。
——埃米尔

一个人的精力和才智是极其有限的。面面俱到者，终将一事无成。
——莫洛亚

领导能力和学识，两者彼此不可或缺。
——肯尼迪

无论是谁，具有一技之长总是值得高兴的。 ——约翰·梅斯菲尔德

没有必要在每个人面前显露你的才能。 ——格拉西安

决不要告诉他们怎么干。告诉他们干什么，他们就会以他们的独创性让你吃惊。
——巴顿

人的天赋就像火花，它既可以熄灭，也可以燃烧起来。而逼使它燃烧成熊熊大火的方法只有一个，就是劳动，再劳动。

——高尔基

一个好作家不但拥有他自己的才智，而且还拥有他的朋友们的才智。

——尼采

才能一旦让懒惰支配，它就一无可为。

——克雷洛夫

才华智慧如不用于有益的地方，便和庸碌凡人毫无差别。 ——莎士比亚

个人只有在社会上占有为此所需的地位时，才能够表现出自己的才能。

——普列汉诺夫

一个人应该善于使用自己的才能，使它不至于枯竭，并且还要和谐地发展。 ——高尔基

缺乏才智，就是缺乏一切。

——哈里发克斯

才能是长期努力所获得的报酬。

——福楼拜

才能不是天生的，可以任其自然的；而是要钻研艺术、请教良师，才会成材。 ——歌德

不管是什么样的人，命运之神都赋予了他一种他人所没有的优秀才能。

——铃木健二

精明的人是精细考虑他自己的人，智慧的人是精细考虑他人利益的人。

——雪莱

人的价值蕴藏在人的才能之中。事业上最重要的是有创造力的天才。

——邹韬奋

才能就是相信自己，相信自己的力量。 ——高尔基

才能来自事业的热爱，甚至可以说，才能实质上无非就是对事业的热爱，对工作的热爱。 ——高尔基

没有加倍的勤奋，就既没有才能，也没有天才。 ——门捷列夫

一个人的才能无论大小，都可以发展和提高。 ——舒曼

一个人的才能并不应局限于他的书本知识，而应当是综合的、全面的。

——刘一

人人都有自己的才能。——爱默生

凡是有才能的人总会受到外在世界的压迫。 ——歌德

我们最可靠的保护是自己的才能。

——沃夫拿格

才能就像肌肉一样，是通过锻炼成长起来的。 ——奥勃鲁切夫

96. 天才——天生我材必有用

任何一个伟大的天才都有一种痴呆的缺陷。 ——塞内加

对天才的迫害只能扩大他的影响。

——塔西佗

天才有时可能需要鼓励，但他往往更需要约束。 ——朗吉努斯

精神的浩瀚，想象的活跃，心灵的勤奋，就是天才。 ——狄德罗

天才和创造力很接近。 ——歌德

人才和天才的区别是，人才能说他只听过一遍的话，而天才说他从未听到过的话。 ——爱默生

当真正的天才在世界上出现时，你可以从这个迹象认出他来：那就是所有的笨伯都会共谋去反对他。
——斯威夫特

一个天才的人多少总有点孩子气。
——巴尔扎克

一个天才永远不能平静下来。
——塞缪尔·约翰逊

傲立的天才对于轻车熟路不屑一顾，他们憧憬追寻的是迄今从未开垦的土地。 ——亚伯拉罕·林肯

天才的定义就是那些不自觉的行动，和那些创造出不朽作品却并未意识到究竟为什么和怎样创造的人们。
——哈兹里特

天才的发现之所以伟大，正在于这些发现成了万人的财富。——屠格涅夫

如我们所知，天才很少和发达的理智同时存在。相反，天才人物常常为强烈的激动和无理性的热情所影响。
——叔本华

只有触及过天才之手的平凡事物才是神奇的。 ——帕斯捷尔纳克

天才是凡人中的最幸运者，因为他们必须做的事情正是他们最想做的事情。 ——W.H.奥登

天才的一个确定无疑的标志，就是女人们不爱读他的书。
——乔治·奥威尔

天才就是这样，终身劳动，便成天才。 ——门捷列夫

天才就是把注意力集中在所研究的那门学科上的最高能力。——巴甫洛夫

无论天资有多高，他仍需学会了技巧来发挥那些天资。 ——卓别林

查尔斯·狄更斯在一次饭后谈话中说，天才就是永远自我找苦吃的能力。
——毛姆

即使是天才，在生下来的时候的第一声啼哭，也和平常的儿童一样，决不会就是一首好诗。 ——鲁迅

在天才和勤奋之间，我毫不迟疑地选择勤奋，她几乎是世界上一切成就的催产婆。 ——爱因斯坦

饥饿总是伴随着天才。
——马克·吐温

天才是不足恃的，发明是不可靠的，要想顺手拣来伟大科学发明是不可想象的。 ——华罗庚

你知道天才是什么意思？那就是勇敢、自由的头脑、广阔的气魄……
——契诃夫

天才人物一旦入了迷，是任何力量也阻挡不了的。 ——木村久一

天才的十分之一是灵感，十分之九是血汗。 ——列夫·托尔斯泰

天才不会毁于他人，只会毁于自己。 ——塞缪尔·约翰逊

要使山谷肥沃，就是时常栽树。我们应该注意培养人才。

——约里奥·居里

在要求天才的产生之前，应该先要求可以使天才生长的民众。 ——鲁迅

天才只有依靠科学，才能取得最高的成就。

——赫·斯宾塞

天才就是强烈的兴趣和顽强的入迷。

——木村久一

天才在某种程度上是汗水的结晶物。

——秦牧

天才不过是承受无穷辛劳的能力。

——霍普金斯

天资并不带来任何技巧，天资只提供学习任何技巧的可能性。 ——茅盾

耐心是天才的必要素质。

——迪斯雷利

相信自己的思想，相信对自己是真实的事物，用自己的心相信万人的真实——这就是天才。 ——爱默生

天才的使命是创造，是依着内心的法则创造一个簇新的有机体的世界，而自己必须整个儿生活在里头。

——罗曼·罗兰

天才就是创造古人的业绩——第一个做正确事情的才能。 ——哈伯德

任何天才不可能在孤独中得到发展。

——列夫·托尔斯泰

天才三境界：入世随俗，避世隐居，救世献身。

——周国平

真正的天才具有多方面的才能，只是由于偶然的机会才在某个领域里发挥出来。

——塞缪尔·约翰逊

天才的悲剧在于被小而舒适的名望所束缚。 ——芥川龙之介

凡人以自己如何适应既定社会为天职，而天才则开拓适合于自己的社会。

——长与善郎

天才是一只鸟，它爱在哪里筑巢就在哪里筑巢。 ——显克微支

有些人本身没有天才，可是有着可观的激发天才的力量。 ——柯南·道尔

天才永远存在人民中间，就像火藏在燧石里一样，只要具备了条件，这种死的石头就发出火花来。 ——司汤达

天才人物的条件之一是要有创造发明，发明了某一种形式、某一个体系或某一种原动力。 ——巴尔扎克

有了天才不用，天才一定会衰退的。而且会在慢性的腐朽中归于消灭。

——克雷洛夫

真正的天才不可能被安置在一条轨道上描摹，那个轨道应在所有批评评价之外。

——海涅

所谓天才人物是指具有毅力的人、勤奋的人和忘我的人。 ——木村久一

才能常常受到忌妒，而天才通常受到同情。因为天才所承受的死于医院监禁、债务和坏名声的机会是他人的两倍。

——霍姆斯

天才能够洞察眼前的世界，进而发现另一面世界。 ——叔本华

天才经常孤立地降生，有着孤独的命运，天才是不可能遗传的，天才经常

有着自我摒弃的倾向。
——黑塞

天才是努力生活的结晶，而绝不是不中用者、怠惰者、冒牌货。
——郭沫若

敢于冲撞命运才是天才。——雨果

真正伟大的天才永远具有良知。
——鲍斯威尔

天才并不是自生自长在深林荒野里的怪物，是由可以使天才生长的民众产生、长育出来的。　——鲁迅

天才不经教育，就好比银矿没有得到开采。　——富兰克林

天才唯有在自由的环境里才能自在地呼吸。　——穆勒

一个真正的天才，他的作品历时越久，传播越广，他所得到的赞扬就越真诚。　——休谟

不但产生天才难，单是有培养天才的泥土也难。纵有成千成百的天才，如果没有泥土，也不能发达，要像一碟子绿豆芽。　——鲁迅

什么是天才，根本没有这回事，只有努力和方法而已，以及不断的计划等等。　——格塞尔

如果没有勤奋、没有机遇、没有热情的提携者，人就是再有天才，也只能默默无闻。　——小普林尼

没有发生长远影响的创造力就不是天才。
——歌德

天才形成于平静中，性格来自生活的激流。　——歌德

97. 智慧——照明黑夜的光亮

纵然我们可以借他人的知识而增进见闻，但是，智慧者需倚靠自己的智慧，倒是确然事。　——蒙田

智慧是没有别的东西可以代替的快乐。　——契诃夫

智慧并不产生于学历，而是来自对于知识的终生不懈的追求。
——爱因斯坦

小聪明的人，往往不能快乐；大智慧的人，经常笑口常开。　——三毛

主宰世界的有三个要素，那就是智慧、光辉和力量！　——歌德

如果离开不良环境，那么人的智慧就会表现出来，而且他的性格也会日臻完善。　——车尔尼雪夫斯基

智慧和命运交锋时，如果智慧有敢作敢为的胆识，命运就没有机会动摇它。　——莎士比亚

智慧最后的结论是：生活也好，自由也好，都要天天去赢取，这才有资格去享有它。　——歌德

从智慧的土壤中生出三片绿芽：好的思想，好的语言，好的行动。
——希腊谚语

智慧、勤劳和天才，高大、显贵和富有。　——贝多芬

精神像乳汁一样是可以养育的，智慧便是一只乳房。　——雨果

人的智慧掌握着三把钥匙：一把开启教学，一把开启字母，一把开启音

符。知识、思想、幻想就在其中。

——雨果

我们最稳当的保证人就是我们自己的智慧。　　——华盛顿

智慧不仅仅存在于知识之中，而且还存在于运用知识的能力。

——亚里士多德

智慧有三果：一是思虑周到；二是语言得当；三是行为公正。

——德谟克利特

智慧、友爱，这是照明我们的黑夜的唯一光亮。　　——罗曼·罗兰

智慧生出三种果实：善于思想，善于说话，善于行动。　——德谟克利特

人们追求智慧是为了求知，并不是为了实用。　　——亚里士多德

世界上重要的事情并不是要懂得比所有人多，是在每一时刻懂得比每一个特定人物多。　　　——歌德

有一种大人物使所有的人都觉得自己很渺小，然而，真正伟大的人却会使所有的人都觉得自己很伟大。

——切斯特顿

人类伟大的领袖乃是那些能使人从半睡眠状态中觉醒过来的人。人类最大的敌人则使人类陷于沉睡之中，而不管人类安眠药是对上帝的崇拜还是对金钱的崇拜。　　　——弗洛姆

最优秀的人总是把自己的优秀归功于各种被认为水火不容的品质的完美结合。　　　——罗素

伟大的标志之一是他具有给遇见他

的人留下难忘印象的力量。——尼克松

任何伟大事业的成就都离不开伟大，人只有当他们下定决心成为伟人时才会成为伟人。　　　——戴高乐

我有时感到，伟人犹如巍巍高山，人们只有远离其一段距离才能看到他们的高大。　　　——张伯伦

严重的危机能产生伟大的人物和英雄的业绩。　　　——肯尼迪

智慧的纪念碑比权力的纪念碑存在得更长久。　　　——培根

如果聪明而知理的人，在老年竟然轻视起知识来，那仅仅是因为他对知识和他对自己都要求过高。　——歌德

格言彼此相矛盾，这正是一个民族的聪明之处。——斯坦尼斯拉夫·莱克

腐化时期的人较富于机智，也喜欢造谣中伤。　　　——尼采

智力和能力并不相同，前者表示理解力强，而后者则表示能在理解的基础上明智地行动。　　　——怀特海

什么也比不上在心目中有一个敌人更能使一个人明智。　——哈利法克斯

要做出明智的判断，我们必须知道不明智的人是怎么看的。

——乔治·艾略特

别把你的智谋用来对付小孩子。

——斯威夫特

每一代人都以为自己比上一代人更聪明，也比下一代人更睿智。

——乔治·奥威尔

明智人士的标志是能用理智控制自

己的感情。　　　　　——曼内斯

从广阔的认知结合到无偏私的情感里，智慧极坚定地涌现。　——罗素

当智慧骄傲到不肯哭泣，庄严到不肯欢笑，自满到不肯看人的时候，就不成为智慧了。　　　　——纪伯伦

从伟大的认知能力和无私的心情结合之中最易于产生出智慧来。——罗素

没有人给我们智慧，我们必须自己找到它，这里经历一次茫茫荒野上的艰辛跋涉——没有人能代替我们，也没有人能使我们免除这种跋涉。因为我们的智慧是一种我们最终赖以观察世界的观点。　　　　——普鲁斯特

人类的智慧就是快乐的源泉。

　　　　　——薄伽丘

智慧的可靠标志就是能够在平凡中发现奇迹。　　　　——爱默生

智慧是经验之女。　——达·芬奇

高超的智慧兼普通的勇气，比出众的勇气兼普通的智慧有更大的作用。

　　　　——克劳塞维茨

没有智慧的蛮力是没有什么价值的。　　　　　——克雷洛夫

98. 才智——情感的墓志铭

你若敲打你的脑袋，奇异的才智就会涌来。　　　　　——蒲柏

没有才智比没有金钱更不幸。

　　　　——约翰·雷

才智就像爱情一样无限，而且在质量上更经久耐用。　——雷普利尔

才智能激起人们更多的是仰慕而非信仰。　　　　——桑塔亚那

仅仅拥有机智是不够的，一个人应该拥有足够的机智来避免拥有太多的机智。　　　　——莫洛亚

才智就是几个想法的仓促结合，而在此之前它们是毫不相关的。

　　　　——马克·吐温

才智和勇气必定满意地与机遇共享荣誉。　　——塞缪尔·约翰逊

利用别人的善告跟好的自我劝告一样需要才智。　——拉罗什富科

真正的才智如同装点得美丽的大自然，人们常常对之向往，却永远不能表现得如此完美。　　　　——蒲柏

才智是情感的墓志铭。　——尼采

才智是难以驾驭的火车头，到处乱撞，有时伤着朋友，有时伤着火车司机自己。　　　　　——赫伯特

要勇于运用你自己的聪明才智。

　　　　——康德

才智是一支背信弃义的箭，它可能是唯一的一种能从背后刺中自己的武器。　　　　　——伯克

才智比美貌更不可缺。我认为有才的年轻女子没有一个丑的，无才的窈窕女子没有一个美的。　——威彻利

才华是刀刃，辛苦是磨刀石，很锋利的刀刃，若日久不用不磨，也会生锈，成为废物。　　　　——老舍

我决不相信，任何先天的或后天的

才能，可以无须坚定的苦干的品质而得到成功。　　　——狄更斯

一切才能都要靠知识来营养，这样才会有施展才能的力量。　——歌德

人的才能就在于使生活快乐，在于用灿烂的色彩，使他生活的阴暗的环境明亮起来。　　——伊巴涅斯

一个不能分辨是非善恶的人有才能，这才能就会变成他的帮凶。

——罗兰

真正有能力的人工作时总是默不作声、全神贯注、干净利落地把工作任务完成，事后表情轻松，显得若无其事。

——铃木健二

才能在退隐中得以发挥，而个性却在闯荡中形成。　　——歌德

我是那么迷信才智，我担心自己已盲目崇拜它而排斥智慧了。　——黎里

拥有的才智越多，就越是感到不满足。　　　　——达兰贝尔

纯粹的才智只是人类的一件浮华饰品，它和生活的关系就像铃铛和马——不能期望它去驮运重物，它只是在马匹驮运时叮当作响。　　——比彻

才智作为一种可能性，只有通过知识和学问，才能付诸实现。这就是说，

人的理性有能力做到一切事情，但若没有勤奋不懈的实践，就一事无成。这种知识或者实践就是心灵的完美，这种完美绝非天生固有。——格里美尔斯豪森

一个人必须自己拥有大量的才智，才能容忍他人的才智。

——切斯特菲尔德

才智知道它的位置是在队伍的末尾。　　　　　——霍姆斯

敏锐才智最大的过错是越过界限。

——拉罗什富科

是以圣人之治，虚其心，实其腹，弱其志，强其骨。常使民无知无欲。使夫智者不敢为也。为无为，则无不治。

——老子

知人者智，自知者明，胜人者有力。　　　　　　——老子

仁者不忧，知者不惑，勇者不惧。

——孔子

知者乐水，仁者乐山。知者动，仁者静。知者乐，仁者寿。　——孔子

可与言而不与之言，失人；不可与言而与言，失言。知者不失人，亦不失言。　　　　　　　——孔子

运用之妙，存乎一心。　——岳飞

任何事业的成功，只有进行时，没有停止时。成功只有起点，没有终点。就像修路，永远都在施工之中，这条路修好了，又有新的路要修。小小的休整可以，停滞不前不行。

就像人抛不开影子一样，成功总也甩不掉失败。尽管人们千方百计地摆脱，而失败依然困扰着人们。学生不能升入大学、科研人员未能完成攻关项目、登山运动员不能登上顶峰……没有人希望失败，但失败却会不期而至，甚至会在成功之前到来。不积跬步，无以至千里。成功是终生走不完的路，应该终身努力，终生奋斗，终身前进。

99. 创新——人类最伟大的品质之一

人类最伟大的品质之一便是其创造性。
——莫里斯

人生下来就应像恺撒那样去书写，去创造伟业。
——约·德莱顿

与其让繁荣来保佑我们，不如自己去创造繁荣。
——弥尔顿

生活的意义在于创造，而创造是独立自在、没有止境的！
——高尔基

踩着前人的脚印前进，最佳结果也只能是"亚军"。
——李可染

人的身上本来就蕴藏着无限的创造力的源泉，如果不是这样，就谈不上人。所以需要把它们解放和开拓出来。
——列夫·托尔斯泰

向还没有开辟的领地进军，才能创造新天地。
——李政道

一切生命的意义就在于此——在于创造的刺激。
——罗曼·罗兰

人类最高的欲求，是在时时创造新的生活。
——李大钊

只有创新才能推动历史的前进。
——贝弗里奇

如果你想要创造，你必须抛弃所有的制约，否则你的创造力将只不过是抄袭，它将只是一个复本。
——奥修

光明之前有混沌，创造之前有破坏。
——郭沫若

人类从未终止追求生产和创造，因为创发性是力量、自由和幸福的源泉。
——弗洛姆

同是不满于现状，但打破现状的手段却不同：一是革新，一是复古。
——鲁迅

能正确地提出问题就是迈出了创新

的第一步。　　　　　——李政道

做出重大发明创造的年轻人，大多是敢于向千年不变的戒规、定律挑战的人，他们做出了大师们认为不可能的事情来，让世人大吃一惊！　——费尔马

科学也需要创造，需要幻想，有幻想才能打破传统的束缚，才能发展科学。　　　　　　　——郭沫若

向没有开辟的领域进军才能创造新天地。　　　　　　——杨振宁

创造的神秘，有如夜间的黑暗是伟大的。而知识的幻影却不过如晨间之雾。　　　　　　　——泰戈尔

具有创造性活动的意识是巨大的幸福，也是人活着的伟大证明。

——马修·阿诺德

人的本性的最深刻的特点就是创新。　　　　　　　　——歌德

创新就是在生活中发现了古人没有发现的东西。　　　　——李可染

艺术的事情大都始于模仿，终于独创。　　　　　　　——叶圣陶

创新是一个民族进步的灵魂，是国家兴旺发达的不竭动力。　——江泽民

如果学习只在模仿，那么我们就不会有科学，也不会有技术。——高尔基

一个没有创新能力的民族，难以屹立于世界先进民族之林。　——江泽民

创造新陆地的，不是那滚滚的波浪，却是地底下那细小的泥沙。

——冰心

创造者所渴求的是成就超人的愿望和射向他的箭。　　　　——尼采

需要是真正的创造者，它是我们的发明之母。　　　　——柏拉图

创造，或者酝酿未来的创造，是一种必要性；幸福只能存在于这种必要性得到满足的时候。——罗曼·罗兰

既然像螃蟹这样的东西，人们都很爱吃，那么蜘蛛也一定有人吃过，只不过后来知道不好吃才不吃了，但是第一个吃螃蟹的人一定是个勇士。——鲁迅

在地球上，没有一样东西在开始出现的时候，不被一些人笑得死去活来。

——狄更斯

一个健全而进步的社会不仅需要集中控制，而且也需要个人和集团的创造力。　　　　　　——罗素

厌恶创造，也就是厌恶生命。热爱创造，也就是热爱生命。　——俞吾金

想出新办法的人在他的办法没有成功以前，人家总说他是异想天开。

——马克·吐温

对新的对象必须创出全新的概念。

——柏格森

异想天开给生活增加了一分不平凡的色彩，这是每一个青年和善感的人所必需的。　——巴乌斯托夫斯基

对于一个艺术家来说，如果能够打破常规，完全自由地进行创作，其成绩往往会是惊人的。　——卓别林

非经自己努力所得的创新，就不是真正的创新。　——松下幸之助

人类的创新之举是极其困难的，因此便把已有的形式视为神圣的遗产。

——蒙森

100. 思考——理性的行动

读书可以获得知识，思考才能去粗存精。　——奥斯本

思考是理性的行动，而幻想是理性的愉悦。　——雨果

人类一思考，上帝就发笑。

——米兰·昆德拉

人因思索而忍受的煎熬，比之因别的事情而忍受的煎熬更大。

——列夫·托尔斯泰

思考是创造一个世界的首要工作。

——加缪

世界上什么工作最艰苦？思考问题。　——爱默生

我们是会思考的人类，我们无法把理智排斥在我们参与的一切活动之外。

——威廉·詹姆斯

每一个人都必须按照他自己的方式去思考；因为他在自己的道路上，就会发现能帮助他度过一生的一条或一种真理。　——歌德

真正思考的人，从自己的错误中吸取的知识要比从自己的成就中吸取的知识更多。　——杜威

只有通过沉思，让我们的灵魂与思想的最高峰在一起时，我们有的活动、言辞、行为才能变得真实。——泰戈尔

任何事情只怕不想，如果肯想，没有想不明白的人。　——叶圣陶

教会学生思考，这对学生来说，是一生中最有价值的本钱。　——赞可夫

读书而不思考，等于吃饭而不消化。　——波尔克

发展独立思考和独立判断的一般能力应当始终放在首位。　——爱因斯坦

冷静思考的能力，是一切智慧的开端，是一切善良的源泉。——弗洛伊德

多方面思考我们周围的世界，对我们进行生活的自我省察有益无害。

——奥修

一个能思考的人，才真是一个力量无穷的人。　——巴尔扎克

你对问题考虑得越深入，你的记忆就越牢固。没有理解之前，不要试图去记忆，这会浪费时间。

——苏霍姆林斯基

善问和善思是一对孪生兄弟。

——柯罗连科

要学会思考，不要一碰到困难就向别人伸手。　——爱因斯坦

缺少知识就无法思考，缺少思考就不会有知识。　——歌德

经过深思熟虑的允诺总是最可信赖的。　——卢梭

欲解决问题必须思考，即使决定应收集哪些事实也必须思考。——霍金斯

只有那些善于思考的人，才能运用

认识能力去发现真理。——赫拉克利特

致思如掘井，初有浑水，久后稍引动得清者出来。人思虑，始皆混浊，久自明快。
——程颐

独立思考能力，对于从事科学研究或其他任何工作，都是十分必要的。
——华罗庚

书籍的唯一真正用处，是使人能自己去思考。如果有不能引人思考的书，便不值得占书架一席地。——比耶

思想最深沉的人，总是在别人的想法中采撷适合自己的东西，然后使之脱胎换骨。
——亚兰

为了能够作真实和正确的判断，必须使自己的思想摆脱任何成见和偏执的束缚。
——罗蒙诺索夫

应该尽力于思想得很多，而不是知道得很多。
——德谟克利特

独立思考能力是科学研究和创造发明的一项必备才能。在历史上任何一个较重要的科学创造和发明，都是和创造发明者独立地深入地看问题的方法分不开的。
——华罗庚

人是有思想的动物，不会思想有愧于为人。
——谢觉哉

事前的思考是简单的，事后的回想却是多种多样的。
——歌德

学习必须和思索交替进行。一天到晚读书，却不注意消化，这种学习，效率是不会高的。
——秦牧

学习和思考二者必须结合起来，不可偏废。单思不学，会变成空想妄想；单学不思，又变成书呆子。——蔡尚思

地球上最美的花朵是思维着的精神。
——恩格斯

伟大只在事业上惊天动地，他时常不声不响地深思熟虑。——克雷洛夫

一个人年轻的时候不学会思索，他将一无所获。
——爱迪生

谁不用脑子去思索，到头来他除了感觉之外，将一无所有。
——歌德

不会思想的人是白痴，不肯思想的人是懒汉，不敢思想的人是奴才。
——尼采

人，总有根据前人思索过的记忆来使用眼睛的习惯，因而一切东西都一定还有未被探索到的地方。——福楼拜

阅读只能供给知识的材料，若要据为己有，必须依靠思索能力。——洛克

凡是值得思考的事情，没有不是被人思考过的；我们必须做的只是试图重新加以思考而已。
——歌德

如果你内心始终存在神圣的人生目的，再加上自己谨慎的思考，便可以征服一切困难，获得非凡的成就。
——雷音

人们解决世界的问题，靠的是大脑思维和智慧，而不是照搬书本。
——爱因斯坦

任何问题都有解决的办法，无法可想的事是没有的。可是你果真弄到了无法可想的地步，那也只能怨自己是笨蛋、是懒汉。——爱迪生

读书是易事，思索是难事，但两者

缺一，便全无用处。　——富兰克林

懒于思索，不愿意钻研和深入理解，自满或满足于微不足道的知识，都是智力贫乏的原因。　——高尔基

101. 探索——未知世界的旅行

为一生工作而进行探索的人是幸福的，因为他无须再探索其他的幸福了。

——卡莱尔

人应该进行超越能力的攀登，否则，天空的存在又有何意义？

——罗·勃朗宁

一个人只要肯深入到事物内部去探索，哪怕他自己也许看得不对，却为旁人扫清了道路，甚至能使他的错误也最终能为真理的事业服务。　——博克

在黑暗中摸索的人常会发现自己原先并不想找的东西。　——约翰·雷

我们将不会终止我们的探寻，我们所有的探寻的终结，将来到我们出发的地点，而且将第一次真正认识这个地点。　——艾略特

追求幸运的人应该是行李越轻越好。　——巴尔扎克

凡是追逐不依靠自身而依赖外界方能获得幸福的人，命运总是和他作对的。　——莫罗阿

希望是隐藏在群山后的星星，探索是人生道路上执着的旅人。

——第谷·布拉赫

我们处在一个探索的时代，这个时代有一个好处，就是什么也不相信，探索是主要的。现在就像打猎一样，披荆斩棘，四处寻找，对每一棵灌木都要查看一番；找的目标不对就扔在一边，再去寻找。　——斯特林堡

我们的一切追求和作为都是一个令人厌倦的过程。做一个不识厌倦为何物的人该有多好。　——歌德

对真理和知识的追求并为之奋斗，是人的最高品质之一 ——尽管把这种自豪喊得最响的往往是那些努力最小的人。　——爱因斯坦

有不少人，他们不追求那些物质的东西，他们追求理想和真理，从而得到了内心的自由和安宁。　——爱因斯坦

如果你掌握了审时度势的艺术，在你的婚姻、你的工作以及你与他人的关系上，就不必去追求幸福和成功，它们会自动找上门来的。　——阿瑟·戈森

登山不以艰险而止，则必臻乎峻岭矣。　——葛洪

不要为过去的时间叹息！我们在人生的道路上，最好的办法是只向前看，不要回头。　——罗兰

对精神的追求和对物质的追求都是永无止境的。但是脱离了前者的后者，是虚空、堕落；脱离了后者的前者，趋前而不顾后。　——范晔

不满是向上的车轮，能够载着不自

满的人类，向人道前进。　　——鲁迅

102.实践——心动不如行动，实践出真知

我们的命运由我们的行动决定，而绝非完全由我们的出身决定。
　　　　　　　　　——洛克菲勒

如果你要成功，你应该朝新的道路前进，不要跟随被踩烂了的成功之路。
　　　　　　　　　——洛克菲勒

巨大的建筑，总是由一木一石叠起来的，我们何妨做做这一木一石呢？我时常做些零碎事，就是为此。——鲁迅

古人进步最大的理由，是在能实行。能实行便能知，到了能知，便能进步。　　　　　　——孙中山

耳闻之不如目见之，目见之不如足践之。　　　　　　　——刘向

有知识的人不实践，等于一只蜜蜂不酿蜜。　　——古波斯·萨迪

要学会游泳，就必须下水。
　　　　　　　　　　——列宁

理论所不能解决的疑难问题，实践将为你解决。　　——费尔巴哈

知识是宝库，但开启这个宝库的钥匙是实践。　　——托·富勒

不要担心犯错误，最大的错误是自己没有实践的经验。——沃韦纳戈

道虽学不行不至，事虽小不为不成。　　　　　　　　——荀子

九层之台，起于累土；千里之行，始于足下。　　　　　　——老子

有其言，无其行，君子耻之。
　　　　　　　　　　——子思

行是知之始，知是行之成。
　　　　　　　　　——陶行知

判断一个人，不是根据他自己的表白或对自己的看法，而是根据他的行动。　　　　　　　——列宁

中国教育之通病是教用脑的人不用手，不教用手的人用脑，所以一无所能。中国教育革命的对策是手脑联盟，结果是手与脑的力量都可以大到不可思议。　　　　——陶行知

要解放孩子的头脑、双手、脚、空间、时间，使他们充分得到自由的生活，从自由的生活中得到真正的教育。
　　　　　　　　　——陶行知

手脑双全，是创造教育的目的。
　　　　　　　　　——陶行知

才学如果不用就会永远埋没。
　　　　　　　　　　——萨迪

工作中，你要把每一件小事都和远大的固定的目标结合起来。
　　　　　　——马雅可夫斯基

经验是永久的老师。　——歌德

光有知识是不够的，还应当运用；光有愿望是不够的，还应当行动。
　　　　　　　　　　——歌德

有的人不犯错误，那是因为他从来不去做任何值得做的事。——歌德

良好的开端，等于成功的一半。
　　　　　　　　　——柏拉图

科学的大胆的活动是没有止境的，也不应该有止境。 ——高尔基

与其咒骂黑暗，不如燃起一支明烛。 ——安娜·路易斯·斯特朗

我们不能等待自然的恩赐，我们要向自然索取。 ——米丘林

要想获得一种见解，首先就需要劳动，自己的劳动，自己的首创精神，自己的实践。 ——陀思妥耶夫斯基

所有的理论法则都依赖于实践法则；如果只有一条实践法则，那么它们就依赖这一条实践法则。——费希特

凡是在理论上正确的，在实践上也必定有效。 ——康德

如果你不带偏见地去考虑问题，如果你思考一下这些准则的一般性质，你就可以得出一个完全不同的结论。因为所有的准则事实上都是实践上的。
——布拉德利

实践是思想的真理。
——车尔尼雪夫斯基

凡在理论上必须争论的一切，那就干脆用现实生活的实践来解决。
——车尔尼雪夫斯基

假如一个人尽想着"我办不到"，那他果然就会办不到。
——车尔尼雪夫斯基

凡是伟大的人物从来不承认生活是不可改造的。他会对于当时的环境不满意；不过他的不满意不但不会使他抱怨和不快乐，反而使他充满一股热忱想闯

出一番事业来，而其所作所为便得出了结果。 ——麦尔顿

人生活在世界上好比一只船在大海中航行，最重要的是要辨清前进的方向。 ——潘菽

一个从不怀疑生活方向和目标的人，绝对不会绝望。 ——莫里亚克

最糟糕的是人们在生活中经常受到错误志向的阻碍而不自知，真到摆脱了那些阻碍时才能明白过来。 ——歌德

无目标而生活，犹如没有罗盘而航行。 ——拉斯金

世界上没有天生的才气，才气必须经过磨炼。 ——车尔尼雪夫斯基

实践"以客观世界为前提，作为他物的客观世界走着自己的道路"。
——黑格尔

实践"不仅具有普遍的资格，而且具有绝对现实的资格"。 ——黑格尔

在捷径道路上得到的东西决不会惊人。当你在经验和诀窍中碰得头破血流的时候，你就会知道：在成名的道路上，流的不是汗水而是鲜血；他们的名字不是用笔而是用生命写成的。
——居里夫人

人类需要善于实践的人，这种人能由他们的工作取得最大利益；但是人类也需要梦想者，这种人醉心于一种事业的大公无私的发展，因而不能注意自身的物质利益。 ——居里夫人

实践中的失败主要由于不知道原因

而发生，正是在这种情况下人的两种企望——对知识和力量的企望——真正相和在一起了。　　　——培根

一个人，只有在实践中运用能力，才能知道自己的能力。　——小塞涅卡

再没有什么比下面这一点更为一般人视为当然的了，这就是：有某些思辨的和实践的原则。　　——洛克

任何一项劳动都是崇高的，崇高的事业只有劳动。　　——卡莱尔

谁若只做了一半，就等于没有做。　　　　　　　——巴比塞

上天绝不帮助坐而不动的人。　　　　　——沙孚克里斯

平静的湖面，练不出精悍的水手；安逸的环境，造不出时代的伟人。　　　　　　——列别捷夫

才智是实验的女儿。——达·芬奇

理论是军官，实践是士兵。　　　　　　　——达·芬奇

智慧因为用得过度而毁坏的不多，大多都是因为不用才生锈。——鲍乌维

要达到预期的目的，求实精神要比丰富知识更重要。　——博马舍

从我自己痛苦的探索中，我了解前面有许多死胡同，要朝着理解真正意义的事物迈出有把握的一步，即使是很小的一步也是很艰巨的。　——爱因斯坦

苦难是人生的老师。通过苦难，走向欢乐。　　　　——贝多芬

绝不要再谈论一个好人应该是怎样的一种人了，就去做这样的一个人吧！

　　　　　　　——安顿尼诺

一个人的经验是要在刻苦中得到的，也只有岁月的磨炼能够使它成熟。

　　　　　　　——莎士比亚

怀疑并不是缺点。总是疑，而并不下断语，这才是缺点。　　——鲁迅

我们世界上最美好的东西，都是由劳动、由人的聪明的手创造出来的。

　　　　　　　——高尔基

只有人的劳动才是神圣的。

　　　　　　　——高尔基

我觉得人生求乐的方法，最好莫过于尊重劳动。一切乐境，都可由劳动得来；一切苦境，都可由劳动解脱。

　　　　　　　——李大钊

劳动是一切知识的源泉。——陶铸

所有现存的好东西都是创造的果实。　　　　　　——米尔

在人的生活中最主要的是劳动训练。没有劳动就不可能有正常的人的生活。　　　　　　　——卢梭

劳动是社会中每个人不可避免的义务。　　　　　　——卢梭

完善的新人应该是在劳动之中和为了劳动而培养起来的。　——欧文

体力劳动是防止一切社会病毒的伟大的消毒剂。　　　——马克思

劳动却是产生一切力量、一切道德和一切幸福的威力无比的源泉。

　　　　　　——拉·乔乃尼奥里

劳动是财富之父，土地是财富之母。　　　　——威廉·配第

有总是从无开始的；是靠两只手和一个聪明的脑袋变出来的。

　　　　——松苏内吉

我知道什么是劳动：劳动是世界上一切欢乐和一切美好事情的源泉。

　　　　——高尔基

要工作，要勤劳；劳作是最可靠的财富。　　　　——拉·封丹

既然思想存在于劳动之中，人就要靠劳动而生存。　　——苏霍姆林斯基

劳动和科学是世界上最伟大的两种力量。　　　　——高尔基

劳动永远是人类生活的基础，是创造人类文化幸福的基础。——马卡连柯

热爱劳动吧。没有一种力量能像劳动，即集体、友爱、自由的劳动的力量那样使人成为伟大和聪明的人。

　　　　——高尔基

我只相信一条：灵感是在劳动时候产生的。……劳动，这是一切钝感的最好的医生。　　——奥斯特洛夫斯基

劳动是人类存在的基础和手段，是一个人在体格、智慧和道德上臻于完善的源泉。　　　　——乌申斯基

如果你能成功地选择劳动，并把自己的全部精神灌注到它里面去，那么幸福本身就会找到你。　——乌申斯基

懒惰——它是一种对待劳动态度的特殊作风。它以难以卷入工作而易于离开工作为其特点。——杰普莉茨卡娅

临渊羡鱼，不如退而结网。

　　　　——班固

"一劳永逸"的话，有是有的，而"一劳永逸"的事却极少……——鲁迅

知识是从刻苦劳动中得来的，任何成就都是刻苦劳动的结果。——宋庆龄

培育能力的事必须继续不断地去做，又必须随时改善学习方法，提高学习效率，才会成功。　　——叶圣陶

做事，不只是人家要我做才做，而是人家没要我做也争着去做。这样，才做得有趣味，也就会有收获。

　　　　——谢觉哉

凡事总要有信心，老想着"行"。要是做一件事，先就担心着："怕不行吧？"那你就没有勇气了。——盖叫天

一切都靠一张嘴来做而丝毫不实干的人，是虚伪和假仁假义的。

　　　　——德谟克利特

科学是到处为家的，不过只是任何不播种的地方，它是不会使其丰收的。

　　　　——赫尔岑

天才不能使人不必工作，不能代替劳动。要发展天才，必须长时间地学习和高度紧张地工作。人越有天才，他面临的任务也越复杂、越重要。

　　　　——斯米尔诺夫

一个有真正大才能的人却在工作过程中感到最高度的快乐。　——歌德

从科学园地采收的果实，如同农人

的收获一样，常常是工作与幸运和有利的情势的共同产物。　——贝齐里乌斯

灵感，不过是"顽强地劳动而获得的奖赏"。　　　　　　——列宁

谁肯认真地工作，谁就能做出许多成绩，就能超群出众。　——恩格斯

世间没有一种具有真正价值的东西，可以不经过艰苦辛勤劳动而能够得到的。　　　　　　　——爱迪生

在劳力上劳心，是一切发明之母。事事在劳力上劳心，便可得事物之真理。　　　　　　——陶行知

经过费力得到的东西要比不费力就得到的东西能令人喜爱。一目了然的真理不费力就可以懂，懂了也感到暂时的愉快，但是很快就被遗忘了。
　　　　　　　　　　——薄伽丘

我这一生基本上只是辛苦工作，我可以说，我活了七十五岁，没有哪一个月过的是舒服生活，就好像推一块石头上山，石头不停地滚下来又推上去。
　　　　　　　　　　　——歌德

正是劳动本身构成了你追求的幸福的主要因素，任何不是靠辛勤努力而获得的享受，很快就会变得枯燥无聊、索然无味。　　　　　　——休谟

只有在新的社会条件下劳动才能从繁重的负担转变成轻松而愉快的生理要求的满足。　　——车尔尼雪夫斯基

我们在我们的劳动过程中学习思考劳动的结果，我们认识了世界的奥妙，于是我们就真正来改变生活了。
　　　　　　　　　　——高尔基

我毕生都热爱脑力劳动和体力劳动，也许甚至说，我更热爱体力劳动。当在体力劳动内加入任何优异的悟性，即手脑结合在一起的时候，我就更特别感觉满意了。　　　——巴甫洛夫

懒惰像生锈一样，比操劳更能消耗身体；经常用的钥匙，总是亮闪闪的。
　　　　　　　　　　——富兰克林

不停留在已得的成绩上，而是英勇地劳动着，努力要把劳动的锦标长久握在自己手里。　——奥斯特洛夫斯基

劳动使人建立对自己的理智力量的信心。　　　　　　——高尔基

如果儿童让自己任意地不论去做什么而不去劳动，他们就既学不会文学，也学不会音乐，也学不会体育，也学不会那保证道德达到最高峰的礼仪。
　　　　　　　　　——德谟克利特

富人如果把金钱放在你手中，你不要对这点恩惠太看重；因为圣人曾经这样教诲：勤劳远比黄金可贵。——萨迪

愉快只是幸福的伴随现象，愉快如果不伴随以劳动，那么它不仅会迅速地失去价值，而且也会迅速地使人们的心灵堕落下来。　　　——乌申斯基

没有顽强的细心的劳动，即使是有才华的人也会变成绣花枕头似的无用的玩物。　——斯坦尼斯拉夫斯基

我打球是因为喜欢，我的父母从来

没有强迫我打过一次高尔夫球。

——伍兹

103. 行动——心动不如行动

始吾于人也，听其言而信其行。今吾于人也，听其言而观其行。——孔子

行动是知识最适切的果实。

——傅勒

每个人都知道，把语言化为行动，比把行动化为语言困难得多。

——高尔基

人生来是为行动的，就像火光总向上腾，石头总往下落。对人来说，一无行动，也就等于他并不存在。

——伏尔泰

使生活变成幻想，再把幻想化为现实。

——居里夫人

单是说不行，要紧的是做。

——鲁迅

不是享乐，也不是受苦，而是行动；在每个明天，我们命定的目标和道路，都要比今天前进一步。——朗费罗

有真切的见解，才有精明的行为。

——鲁迅

人只有在他立足的地方，在他应该有所作为的地方，才能有所作为。

——赫尔达

我们的行为就像某些押韵诗词，每个人都能把它放进他喜悦的形式里。

——拉罗什富科

完美的行为产生于完全的无功利之心。

——帕韦泽

有什么样的行为就有什么样的名声。

——亚里士多德

人的行为是受知识指导的，不是受激情指导的。

——卢梭

一个人的行为依赖于他的观念和理想。

——莫里斯

任何强制或诱使都是行为的外在动力。尽管如此，但它们仍有区别。强制导致勉为其难的行为；诱使导致甘心情愿的行为。

——拉布吕耶尔

在生活中，真正的问题不在于我们得到什么，而在于我们做什么。

——托·卡莱尔

行动是必需品，思辨是奢侈品。

——柏格森

没有行动，思想永远不能成熟而化为真理。

——爱默生

人用行动比用语言文字更能表现自己。

——纪德

行动往往胜于雄辩。——莎士比亚

一切伟大的行动和一切伟大的思想都拥有一个微不足道的开始。——加缪

尽管干与不干都是人生的自由，但其中仍有区别，干总比不干强。

——《薄伽梵歌》

晚起步不如早起步，晚行动不如早行动。踟蹰不如当机立断，唉声叹气不如奋发图强。

——张抗抗

最可怕的莫过于无知而行动。

——歌德

人生的终点并不是抽象的知识，而

是具体的行动。　　——赫胥黎

　　我们的行动是唯一能够反映出我们精神面貌的镜子。　——托·卡莱尔

　　动必量力，举必量技。　——管仲

　　行动不一定每次都带来幸运，但坐而不行，一定是无任何幸运可言。

　　　　　　　　　　——迪斯雷利

　　一个人不断重复自己的行动，他就会变得越来越固执、越来越墨守成规。

　　　　　　　　　　——弗洛姆

岁月如梭

光阴荏苒，日月如梭。岁月，是公正的裁判，也是神奇的魔法师，有智慧的人都会选择成为岁月的朋友。

岁月，是一种奇妙的东西。岁月，是严苛的，谁荒废了岁月，岁月也就把他荒废；岁月又是公平的，从不多给任何人一分钟。岁月是母亲温柔的手，在她的抚慰下，个人的业绩、成就与日俱增。岁月是一把杀猪刀，它增长了你的年龄，磨平了你的棱角，割去了你的青丝白发。像树的年轮一样，沉淀在身体里，却不能回头！日子一天天过去，容颜一天天变老，人生在眨眼闭眼之间，瞬间地流逝！希望等到真正老去的那一天，你依然能有个健康的身体，有个平和的心态！

104. 光阴——时不我待的光阴

时间的伟大在于它永远能自圆其说。　　——史铁生

时间，每天得到的都是二十四小时，可是一天的时间给勤勉的人带来智慧和力量，给懒散的人只留下一片悔恨。　　——鲁迅

一个人的时间用在哪里是看得见的。　　——亦舒

你年轻吗？不要紧，过两年就老了。　　——张爱玲

杀了"现在"，也便杀了"将来"。——将来是子孙的时代。
　　——鲁迅

若要光明耀眼，黑暗则须并存。
　　——弗兰西斯·培根

似水流年才是一个人的一切，其余的全是片刻的欢愉和不幸。　——佚名

时间的大钟上只有两个字："现在。"　　——莎士比亚

不管饕餮的时间怎样吞噬着一切，我们要在这一息尚存的时候，努力博取我们的声誉，使时间的镰刀不能伤害我们。　　——莎士比亚

不要老叹息过去，它是不再回来的；要明智地改善现在。要以不忧不惧的坚决意志投入扑朔迷离的未来。
　　——朗费罗

不要为已消尽之年华叹息，必须正视匆匆溜走的时光。　　——布莱希特

当许多人在一条路上徘徊不前时，

他们不得不让开一条大路，让那珍惜时间的人赶到他们的前面去。

——苏格拉底

敢于浪费哪怕一个钟头时间的人，说明他还不懂得珍惜生命的全部价值。

——达尔文

也许，人的生命是一场正在燃烧的"火灾"，一个人所能做，也必须去做的就是竭尽全力要在这场"火灾"中去抢救点什么东西出来。——比尔·盖茨

一个人越知道时间的价值，越感觉失时的痛苦。

——但丁

有时我想，要是人们把活着的每一天都看作生命的最后一天该有多好啊！这就可能显出生命的价值。

——海伦·凯勒

时间，就像海绵里的水，只要愿挤，总是有的。

——鲁迅

在农业社会阶段，在时间观念上习惯面向过去看，工业社会的时间倾向是注意现在，而信息社会里，人们的时间倾向是将来。

——约翰·奈斯比特

在所有的批评家中，最伟大的、最正确的、最天才的是时间。

——别林斯基

我们若要生活，就该为自己建造一种充满感受、思索和行动的时钟，用它来代替这个枯燥、单调、以愁闷来扼杀心灵，带有责备意味和冷冷地嘀嗒着的时间。

——高尔基

完成工作的方法是爱惜每一分钟。

——达尔文

即将来临的一天，比过去的一年更为悠长。

——福尔斯特

懂得生命真谛的人，可以使短促的生命延长。

——西塞罗

不要以感伤的眼光去看过去，因为过去再也不会回来了，最聪明的办法，就是好好对付你的现在——现在正握在你的手里，你要以堂堂正正的大丈夫气概去迎接如梦如幻的未来。——朗费罗

合理安排时间，就等于节约时间。

——培根

过于求速是做事的最大危险之一。

——培根

应当仔细地观察，为的是理解；应当努力地理解，为的是行动。

——罗曼·罗兰

每一点滴的进展都是缓慢而艰巨的，一个人一次只能着手解决一项有限的目标。——贝弗里奇

人寿几何？逝如朝霜。时无重至，华不再阳。——陆机

冬者岁之余，夜者日之余，阴雨者时之余。——裴松之

皇皇三十载，书剑两无成。

——孟浩然

山川满目泪沾衣，富贵荣华能几时。不见只今汾水上，唯有年年秋雁飞。——李峤

时而言，有初、中、后之分；日而言，有今、昨、明之称；身而言，有

幼、壮、艾之期。　——刘禹锡

等时间的人，就是浪费时间的人。
　　　　　　　　——伊朗谚语

谁把一生的光阴虚度，便是抛下黄金未买一物。　　——伊朗谚语

最严重的浪费就是时间的浪费。
　　　　　　　　——布封

最浪费不起的是时间。——丁肇中

想成事业，必须宝贵时间，充分利用时间。　　　　——徐特立

节约时间，也就是使一个人有限的生命更加有效，也即等于延长了人的生命。　　　　——鲁迅

105. 时间——光阴似箭

时间是最大的革新家。　——培根

时间是一只永远在飞翔的鸟。
　　　　　　　　——罗伯逊

时间会刺破青春表面的彩饰，会在美人的额上掘深沟浅槽，会吃掉稀世之珍、天生丽质，什么都逃不过他那横扫的镰刀。　　　　——莎士比亚

时间是最残酷的暴君，它在我们向老年进发的过程中，向我们征收健康、才能、体力及容貌等税项。——霍斯特

时间是人类的天使。　——席勒

时间对于谁都是奔着走的。
　　　　　　　　——莎士比亚

时间是世界上一切成就的土壤。时间给空想者痛苦，给创造者幸福。
　　　　　　　　——麦金西

时间像奔腾澎湃的急流，它一去无还，毫不流连。　　——塞万提斯

时间能使人生色，也能使人毁灭。
　　　　　　　　——歌德

从我的左袋里偷走白银的角币吧，但不要碰我的右袋——里面装着黄金的时间！　　　　——霍姆斯

时间是最公平合理的，它从不多给谁一分，勤劳者能叫时间留下串串果实，懒惰者只能让它留给他们一头白发，两手空空。　　——高尔基

醒来吧——你的良宵已经来临！醒来吧——每瞬间贵如黄金！——普希金

时间不能增添一个人的寿命，然而珍惜光阴可使生命变得更有价值。
　　　　　　　——卢瑟·伯班克

青春是有限的，智慧是无穷的，趁短短的青春，去学无穷的智慧。
　　　　　　　　——高尔基

我们应该用心跳来计算光阴。
　　　　　　　　——菲·贝利

每个人嘴上都谈到时间的价值，但只有很少的人在行动上珍惜时间的价值。　　　　——切斯特菲尔德

成功与失败的分水岭，可以用这五个字来表达——我没有时间。
　　　　　　　　——富兰克林

真正忙碌的人没有时间去胡思乱想。　　　　——塞涅卡

在生活里，我们命中碰到的一切美好的东西，都是以秒计算的。
　　　　　　　　——高尔基

赢得时间的人就是赢得了一切。

——迪斯雷利

除了聪明没有别的财产的人，时间是唯一的资本。　　——巴尔扎克

时间带走一切，长年累月会把你的名字、外貌、性格、命运都改变。

——柏拉图

时间是无声的脚步，往往不等我完成最紧急的事务就溜过去了。

——莎士比亚

明天的时光长于逝去的时光，行动的动力是我们不死的愿望。不管何处是生命的尽头，活一天就要有一天的希望。　　——莱蒙托夫

时间就是速度，时间就是力量。

——富兰克林

时间是无私的，也是无情的，它不为快乐的人、任务繁重的人有所延长，也不为痛苦的人、焦急等待的人有所缩短。　　——泰戈尔

时间即是生命。　　——巴尔扎克

时间是金钱。　　——梁实秋

时不可及，日不可留。　——墨子

浪费了时间就是牺牲了生命。

——李大钊

没有人不爱惜他的生命，但很少有人珍视他的时间　　——梁实秋

无端地空耗别人的时间，其实是无异于谋财害命。

——鲁迅

最值得高度珍惜的莫过于每一天的

价值。　　　　　　　——歌德

世之最可珍重者，莫过于精神；世之最可爱惜者，莫过于光阴。

——李叔同

志士惜年，贤人惜日，圣人惜时。

——魏源

最不会利用时间的人，最会抱怨时间不够。　　——拉布吕耶尔

谓学不暇者，虽暇也不能学。

——刘安

时间是由分秒积成的，善于利用零星时间的人，才会做出更大的成绩来。

——华罗庚

106. 惜时——一寸光阴一寸金

任何节约归根到底是时间的节约。

——马克思

如果有什么需要明天做的事，最好现在就开始。　　——富兰克林

生命是以时间为单位的，浪费别人的时间等于谋财害命，浪费自己的时间等于慢性自杀。　　——鲁迅

明日复明日，明日何其多！我生待明日，万事成蹉跎。世上苦被明日累，春去秋来老将至。朝看水东流，暮看日西坠。百年明日能几何？请君听我《明日歌》。　　　　　　——文嘉

丢失的牛羊可以找回，但是失去的

时间却无法找回。 ——乔叟

你若是爱千古，你应该爱现在；昨日不能唤回来，明日还是不实在；你能确有把握的，只有今日的现在。

——爱默生

三更灯火五更鸡，正是男儿立志时。黑发不知勤学早，白首方悔读书迟。 ——颜真卿

浪费时间是所有支出中最奢侈及最昂贵的。 ——富兰克林

对时间的慷慨，就等于慢性自杀。

——奥斯特洛夫斯基

谁虚度年华，青春就要褪色，生命就会抛弃他们。 ——雨果

世界上最快而又最慢，最长而又最短，最平凡而又最珍贵，最容易忽视而又最令人后悔的就是时间。 ——高尔基

昨天是一张作废的支票，明天是一张期票，而今天则是你唯一拥有的现金——所以应当聪明地把握。

——李昂斯

必须记住我们学习的时间是有限的。时间有限，不只由于人生短促，更由于人的纷繁。我们应该力求把我们所有的时间用去做最有益的事。

——斯宾塞

世上真不知有多少能够成功立业的人，都因为把难得的时间轻轻放过而致默默无闻。 ——莫泊桑

时间有三种步伐：未来姗姗来迟，现在像箭一样飞逝，过去永远静止不动。 ——席勒

勿谓今日不学而有来日，勿谓今年不学而有来年；日月逝矣，岁不我延。

——朱熹

我们每天撕一张日历，日历越来越薄，快要撕完的时候不免蹶然以惊，惊的是又临岁晚，假使我们把几十册日历装为合订本，那便象征我们的全部的生命，我们一页一页地往下扯，该是什么样的滋味呢？ ——梁实秋

子在川上曰："逝者如斯夫！不舍昼夜。"

——孔子

只有过去才是确实的。——塞内加

时间给幻想者留下惆怅，给创造者带来财富。 ——英国谚语

我现在的这一分钟是经过了过去无数亿分钟才出现的，世上再没有什么比这一分钟更好。 ——惠特曼

人拥有的东西没有比光阴更贵重、更有价值的了，所以千万不要把你今天所做的事拖延到明天去做。——贝多芬

珍惜一切时间，用于有益之事，不搞无谓之举。 ——本杰明·富兰克林

时间就是生命，时间就是金钱。

——本杰明·富兰克林

明天，明天，还有明天，人们都在这样安慰自己，殊不知这个明天，就足以把他们送进坟墓。 ——屠格涅夫

时间应分配得精密，使每年、每月、每天和每小时都有它的特殊任务。

——夸美纽斯

你爱惜生命吗？如果爱惜，那就别

浪费时间，因为生命是时间铸成的。

——本杰明·富兰克林

上苍赐给世人的时间是无限的。究竟怎样赐给我们呢？是一下子就给我们一千年吗？不，是把时间均匀地分成一个个清新的早晨。

——爱默生

情感地带

　　生活不需要太多的等待，有些东西需要时间才能知道它的纯度，而有些情感，它不需要太多的等待，如果一味地等待，那可能就凉凉了。

　　没有完美的人，也没有圆满的事。生活中那些太多琐碎、干扰、纷争，总会让人不安分，无缘无故地把简单的事情复杂化，让自己变得情绪化。这时要做的就是保持良好的习惯，不以物喜，不以己悲，不让情绪支配自己的生活。我们应该要有积极的态度，始终保持良好的心情，让生活变得更加丰富多彩。

107. 情感——心灵的呼唤

　　每个年轻人最主要的是要记住，不要用粗野的情感，如喊叫、暴躁、凶狠来填补思想上的空虚。

　　　　　　　　——苏霍姆林斯基

　　野心、贪婪、自爱、虚荣、友谊、慷慨、公共精神，这些在不同程度上掺杂在一起而遍布社会的情感，自有史以来一直是所有行动和事业的动因。它们已为人类所注视。　　——休谟

　　抑制感情的冲动，而不是屈从于它，人才有可能得到心灵上的安宁。

　　　　　　　　　　　　——托马斯

　　心比精神更高，因为精神像花的芳香一样，消散之后，心作为根留在那儿。　　　　　　——吕克特

　　美丽的心灵是那种博大、开朗而又准备容纳一切的心灵。　　——蒙田

　　在这世界上，除了人类心灵的崇高的精神表现以外，一切都是渺小而没有趣味的。　　　　　　——契诃夫

　　世界上最浩瀚的是海洋，比海洋更浩瀚的是天空，比天空还要浩瀚的是人的心灵。　　　　　　——雨果

　　喜怒哀乐之动乎中必见乎外。

　　　　　　　　　　　　——欧阳修

　　与其过有思想的生活，莫如去体验有情感的生活。　　——济慈

　　只有经受了考验，经历了生活患难的感情，才是真正的感情。

　　　　　　　　——格·巴尔科夫

　　任何感情只有在自然的时候才有价值。　　　　　——柯罗连科

　　感情在无论什么东西上面都能留下痕迹，并且能穿越空间。——巴尔扎克

　　唯有恰如其分的感情才最容易为人

们所接受、所珍惜。 ——蒙田

在感情的力之中寻到享受，正如在孤独和劳作之中求得幸福一样。

——巴尔扎克

情感，是指嗜欲、愤怒、恐惧、自信、嫉妒、喜悦、友情、憎恨、渴望、好胜心、怜悯心和一些伴随痛苦或快乐的各种感情。 ——亚里士多德

感情有着极大的鼓舞力量，因此，它是一切道德行为的重要前提。谁要是没有强烈的感情，它就不会具有强烈的志向，也就不能够热烈地把这个志向体现于事业之上。 ——凯洛夫

所有一切我们能够加以控制的情感都是合法的，所有一切反过来控制我们的欲念就是犯罪。 ——卢梭

静默是表示快乐的最好的办法：要是我能够说出我心里多么快乐，那么我的快乐只是有限度的。 ——莎士比亚

任何暴力都吓不倒的人，却被羞怯的迷人的红晕解除了武装；任何鲜血都不能扑灭的复仇之火，却被泪水窒息了。 ——席勒

一种发自内心的情感，是一种清澈明确的内心感受。这种感受，会使你发现你有能力超越自己，创造出意想不到的伟业。 ——马克斯威尔·马尔兹

我不喜欢情感中的三种变化：悲伤时忽然发笑；忧郁时突然暴跳；愤怒时突然恐惧。特别是最后一种，我厌恶并且鄙夷。 ——刘心武

人的情感，人的理智，这两种灵性的发达与天赋，不一定是平均的。有些人是理智胜于情感，有些人是情感胜于理智。 ——郁达夫

感情淡薄使人平庸。 ——狄德罗

人的理性粉碎了迷信，而人的感情也将摧毁利己主义。 ——海涅

感情的长处在于会使我们迷失方向，而科学的长处就在于它是不动感情的。 ——王尔德

良心是灵魂之声，感情是肉体之声。 ——卢梭

一切都管，就是不管自己的感情，那是君王们由来已久的特权。

——狄更斯

所有的感情在本性上都是好的，我们应当避免的只是对它们的误用或滥用。 ——笛卡尔

爱情是空幻的，只有情感才是真实的，是情感在促使我们去追求使我们产生爱情的真正的美。 ——卢梭

大凡一个人在急难之中，最容易流露真情。在太平无事的时候，由于拘谨，有些强烈的情感即使不能压抑下去，至少也会想法遮掩，也是处于心烦意乱的情况中，人就不会做作，无意中会将真实感情暴露出来。 ——司各特

我们对于情感的理解越多，则我们越能控制情感，而心灵感受情感的痛苦也越少。 ——斯宾诺莎

雁尽书难寄，愁多梦不成。

——沈如筠

野花愁对客，泉水咽迎人。

——王维

108. 理智——生命的光和灯

在任何事情方面，我们都必须以理性为最后的判官和指导。

——约翰·洛克

最好这样运用我们的理智：在不幸降临时帮助我们承受不幸，在不幸可能降临时帮助我们预见不幸。

——拉罗什富科

勇敢地使用你自己的理智吧，这就是启蒙的格言，人的理性的公开使用应该经常是自由的。　　——康德

理智可以说是生命的光和灯。

——西塞罗

理智是一切力量中最强大的力量，是世界上唯一自觉活动着的力量。

——高尔基

不管是在最快乐、最惬意的时候，还是在最忧愁、最恼火的时候，理性是用以镇住各种脾气的唯一要素。

——笛福

没有理智的支配，任何事物都不会持久。

——昆图斯

无论在理论的或实践的范围内，没有理智，便不会有坚定性和规定性。

——黑格尔

冷酷无情的理智是一把除了搞毁之外毫无用处的锤子。它有时就像冷酷的心一样有害和可恨。　　——诺贝尔

理智是人的最高天赋，是人本质上区别于低级动物的特征。　　——海克尔

理性是人类最高的能力，理性未充分发达的人，不可能懂得自己活着的意义，也不可能知道人们活着的意义。

——列夫·托尔斯泰

极少数人有理智，多数人有眼睛。

——查尔斯·丘吉尔

没有理智决不会有理性的生活。

——斯宾诺莎

失掉理智就是失去了做人的一切。

——《五卷书》

理智一旦产生，支配它们，那便是美德。　　——蒙田

要想让一切都服从你，你就必须首先服从理智。　　——塞涅加

人们每违背一次理智，就会受到理智的一次惩罚。　　——霍布斯

让我们首先遵循理智吧，它是可靠的向导。

——法朗士

应该依赖自己的理智，从生活的合乎情理的现象出发。　　——马卡连柯

理智不能用大小或高低来衡量。而应该用原则来衡量。　　——爱比克泰德

我们航行在生活的海洋上，理智是罗盘，感情是大风。　　——蒲柏

我们可以把幻想作为伴侣，但必须以理智作为我们的指引。　　——约翰逊

感情从前门进来，理智就会从后门离去。

——托·富勒

109. 激情——生活的畅想曲

只有热情，巨大的热情，才能使灵魂升华。
——狄德罗

没有激情，人只不过是一种潜在的力量。就像火石，在它能够发出火星之前等待着铁的撞击。
——阿密尔

没有激情，世界上任何伟大的事业都不会成功。
——黑格尔

在热情的激昂中，灵魂的火焰才有足够的力量把创造天才的各种材料熔于一炉。
——司汤达

要遏制邪恶，挫伤激情不是办法，而应力图使它的这种活力为我们的德行服务。
——比彻

激情是使航船扬帆的骤风，有时也使它沉没，但没有风，船就不能前进。
——伏尔泰

我们的激情实际上像火中的凤凰一样，当老的被焚化时，新的又立刻在它的灰烬中出生。
——歌德

激情常使最精明的人变成疯子，使最愚蠢的傻瓜变得精明。
——拉罗什富科

激情对于人生只不过是一个偶然发生的事件。这个偶然只发生于优秀的人们的心中。
——司汤达

热情是普遍人性之一，假如人类根本没有热情，那么宗教、历史、艺术以及风流韵事，都将变得没有价值。
——巴尔扎克

伟大的热情能战胜一切，因此，我们可以说，一个人只要强烈地、坚持不懈地追求，他就能达到目的。
——司汤达

岁月使皮肤起皱，而没有热情则会使灵魂起皱。
——埃斯拉·马勒

热情并不是暴雨，它是烈火……是心里的烈火。
——革拉特珂夫

有了伟大的热情，才有伟大的行动，可是，要是缺乏革命理想，就会迷失方向，变成盲目的行动。要是把热情和理解结合起来，就会无往而不胜。
——王若飞

激情是人世间各种事物中真正绝对的东西，它从来不承认自己错了。
——巴尔扎克

热情之中应当有冷静，冷静之中应当有热情，两者相统一，才能巩固美好的爱情。
——池田大作

没有知识的热情是无光的火焰。
——托·富勒

没有激情便没有天才。——蒙森

热情有极大的价值，只要我们不因此忘乎所以。
——歌德

激情是一种希望。这种希望可能变成失望。激情同时意味着痛苦和过度，希望破灭时，激情便终止了。
——巴尔扎克

热情，不小心的时候是一个自焚的火焰。
——纪伯伦

热情是人们唯一的动力；它造成我们在世界上所看见的一切善和恶。

——司汤达

热情既使人疯狂糊涂，也使人明澈深思。

——沈从文

110. 乐观——积极的心态

真正的乐观主义的人是用积极的精神向前奋斗的人，是战胜愁虑穷苦的人。——邹韬奋

快乐是从艰苦中来。只有经过劳作、经过奋斗得来的快乐，才是真快乐。——谢觉哉

悲伤紧随欢乐而至，这是我们人类的命运，也是上天的旨意。

——普劳图斯

只有在他感到欢喜或苦痛的时候，人才认识到自己；人也只有通过欢喜和苦痛，才学会什么应追求和什么应避免。——歌德

快乐的一面必然伴有痛苦，痛苦的一面必然伴有快乐。可见人心是不能达到绝对快乐之境的，但是只要努力求其客观，并与自然一致，就能保持无限的幸福。——西田几多郎

内心的欢乐是一个人过着健全的、正常的、和谐的生活所感到的喜悦。

——罗曼·罗兰

最优美的、最理智的欢乐，包含于促进别人的快乐之中。——拉布吕耶尔

工作越伟大，所受的反抗也越厉

害，简直成为一种律令，对付这种厉害的反抗，最重要的工具是乐观主义。

——邹韬奋

一个人老是愁来愁去，不久就要愁坏心肝，躺倒下来死掉的。

——斯坦培克

一个敏感的人，即使在最痛苦的时候，也能找到美的因素。

——阿尼克斯特

行动是治疗忧愁的唯一方法。

——刘易斯

快乐既然是人类和兽类所共同追求的东西，所以从某种意义上说，它就是最高的善。——亚里士多德

幸福永远存在于人类不安的追求中，而不存在于和谐而稳定之中。

——鲁迅

世界上的事情最好是一笑了之，不必用眼泪去冲洗。——泰戈尔

不要为突如其来的不幸而苦恼。因为不是与生俱来的东西，留也留不住。

——伊索

正直之人艰苦奋斗，然后享有欢乐；诡诈之人则尽情享乐，然后经受痛苦。——富兰克林

我说做个乐观主义者要这样——即使情况不佳，你也确信它会好转。

——休斯

快乐是情感上的享受，但却必须要用理智去追求。——罗兰

要保持健康的身体，除了节食、安静这两位医生外，还有一位，就是

快乐。 　　　　　　——丘吉尔

乐观是养生的唯一秘法，常常忧思和愤怒，足以使健康的身体变得衰弱。

　　　　　　——屠格涅夫

良好的健康状况、精神饱满和体力充沛——这是朝气蓬勃地感知世界、乐观主义精神和随时准备克服困难的重要的条件。　　——苏霍姆林斯基

乐观意味着不对无可奈何的事情怨天尤人。怨天尤人是那些失去自我依赖的人的借口。　　　　——雷音

永远以积极乐观的心态去拓展自己和身外的世界。　　——曾宪梓

要想从别人那里得到快乐，其乐倍增。独享快乐只能使人意志消沉。

　　　　　　——克里索斯托姆

苦中作乐，从病痛里滤出快活来，使健康的消失有种赔偿。

　　　　　　——钱锺书

悲观的人虽生犹死，乐观的人永葆青春。　　　　　——拜伦

一个人要对昨天的日子感到快乐，对于明天感到有信心。　——华兹华斯

心里最好常保快乐，如此就能防止百害，延长寿命。　——莎士比亚

静默是表示快乐的最好的办法；要是我能够说出我心里多么快乐，那么我的快乐只是有限度的。

　　　　　　——莎士比亚

粗茶淡饭同美酒佳肴一样，也能给人以快乐，如果饥饿时能吃块面包喝口水，那也是乐不可支的。

　　　　　　——伊壁鸠鲁

只有真正享受到了欢乐，人才能从中得到裨益。　　——爱默生

快乐并不总是幸运的结果，它常常是一种德行，一种英勇的德行。

　　　　　　——史蒂文森

谁要是能够把悲哀一笑置之，悲哀也会减弱它咬人的力量。

　　　　　　——莎士比亚

充满着欢乐与战斗精神的人们，永远带着快乐，欢迎雷霆与阳光……

　　　　　　——赫胥黎

所有快乐中，最伟大的快乐存在于对真理的沉思之中。　——阿奎那

111. 憎恨——平息下来的愤怒

憎恨是平息下来的愤怒。

　　　　　　——西塞罗

不能恨就不能真挚地爱，必须把灵魂分为两半，一定要透过恨才能爱。

　　　　　　——高尔基

恨由于互相的恨而增加，但可为爱而消灭。　　　　——斯宾诺莎

爱与憎在本质上是同一种感情，只不过前者是积极的而后者是消极的

而已。 ——格劳斯

人的恨比爱更坚定，如果我讲过一句话曾伤害了某个人，我再对他讲多少好话也无济于事。 ——博斯威尔

爱而知其恶，憎而知其善。 ——《礼记·曲礼上》

恨，能挑起一切争端；爱，能遮掩一切过错。 ——《旧约全书·箴言》

恨是一种使我们抵御曾经给我们造成某种伤害的东西的倾向。 ——斯宾诺莎

懦夫一旦受到威胁，就只会以憎恨作为报复。 ——萧伯纳

憎恨是要加害于别人并继续增加与扩大的一种欲望。 ——芝诺

真有名目的仇恨，一朝达到了目的，恨意就会慢慢地淡化。但为了无聊而作恶的人是永远不肯罢休的，因为他们永远无聊。 ——罗曼·罗兰

和最高尚的美德以及最凶恶的狗一样，最大的仇恨也是默不作声的。 ——里克特

恨和爱一样，是容易使人轻信的。 ——卢梭

一个人一旦被人憎恨，他的善举和恶行就会一起压迫着他。 ——本·琼森

当我们的恨太活跃时，它就把我们降低到我们所恨的人之下。 ——拉罗什富科

一个真正的人对谁都不应该恨。 ——拿破仑

一切伟大的艺术都是从仇恨中萌生的。 ——欧文·斯通

憎恨使人眼瞎。 ——王尔德

愤恨是毒化精神的毒剂，它使人得不到快乐，并且把争取成功的巨大能量消耗殆尽。 ——马尔兹

对人怀恨就好比为赶走一只耗子而焚掉自己的家一样。 ——福斯迪克

悔恨之情是在得意之时的熟睡和失意时苦恼的增加。 ——卢梭

不听智者劝，不听老人言，悔恨就要在眼前。 ——布莱希特

悔恨在顺利时入睡，在逆境中苏醒。 ——卢梭

112. 愤怒——灵魂的冲动

愤怒与其说是理智的标志，不如说是感情的标志，它是诚实症的突然发作。 ——哈利法克斯

不轻易发怒的人，胜于勇士；制服自己心灵的人，比夺取一座城市的人还强。 ——《旧约全书·箴言》

动辄发怒是放纵和缺少教养的表现。 ——普卢塔克

人在愤怒时千万要注意两点：第一不可恶语伤人，这不同于一般的对事情发牢骚，而会植下怨毒之种；第二不可因怒而轻泄他人的隐秘，这会使人不再

被信任。 ——培根

愤怒是一种灵魂的肌腱，谁缺少它就会成为精神上的残疾人。

——托·富勒

"可以激动，但不可犯罪。可以愤怒，但不可含愤终日。"也就是说，对愤怒必须从程度和时间两方面加以节制。 ——培根

愤怒使别人遭殃，但受害最大的却是自己。 ——列夫·托尔斯泰

人生中最重要的行动往往就从盛怒中萌芽、产生。 ——巴尔扎克

咒骂就是表现愤怒的情绪。

——马克·吐温

被人轻蔑会激起怒气，其效果胜于其他伤害。 ——培根

冷笑是愤怒的和婉表现。

——梅瑞狄斯

在感受到损害时，人心如果纷乱不安，并且有报复之意，这不叫作愤怒。

——洛克

愤怒是一种灵魂的冲动。

——托·富勒

愤怒是一种情绪或厌恶，这种仇恨或厌恶是我们对那些曾经对我们自己而不是任何不相干的人做过坏事或试图伤害我们的人所抱的情绪。 ——笛卡尔

愤怒这个武器有奇妙的效用。所有的武器都由人类使用，唯独这个武器是它在使用我们。 ——蒙田

发怒和鲁莽并步前进，而悔恨则踩着两者的脚后跟。 ——富兰克林

动不动就愤怒，表示幼稚得还无法驾驭自己。 ——希尔泰

愤怒是对于用不正当的方法来伤害别人的一种报复的欲望。 ——芝诺

习惯性的愤怒必定会导致自我怜悯，那又是人所养成的最坏习惯。

——马尔兹

人总是人，圣贤也有错误的时候；一个人在愤怒之中，就是好朋友也会翻脸不认。 ——莎士比亚

勇者愤怒，抽刃向更强者；怯者愤怒，却抽刃向更弱者。 ——鲁迅

医治愤怒最好疗药是拖延。

——塞涅加

愤怒能使傻瓜变得机智，但却改变不了他的困境。 ——培根

再软弱的手也可以从愤怒中获取力量。 ——奥维德

愤怒是一种昂贵的奢侈品，只有有相当收入的人才可随意享用。

——乔·柯蒂斯

无能者的唯一安慰就是恼火。

——车尔尼雪夫斯基

决不要忘记一个人在发怒时吐露的真言。 ——比彻

采集，又整理，这样才能酿出香甜的蜜来。 ——培根

人要是发脾气就等于在人类的进步阶梯上倒退了一步。 ——达尔文

愤怒乃片刻之疯狂，所以你应该控制感情，否则，感情便控制你。

——大仲马

人身的各种精神机能，必须完全自在，不受纷扰，才能在活泼健壮下发挥它最大的功能，一切思考才能集中、清楚、敏捷而含逻辑。假使你为愤怒所激，为烦恼所苦，还能做成什么事？

——林肯

愤怒只证实一点——愚昧怯懦而已！　　——斯威夫特

无论你怎样地表示愤怒，都不要做出任何无法挽回的事来。　　——培根

愤怒将理智的灯吹熄，所以在考虑解决一个重大问题时，你必须脉搏缓慢、心平气和、头脑冷静。

——英格索尔

火气甚大，容易引起愤怒的烦扰，那是一时冲动而没有理性的行动。

——彼得·阿柏拉德

抑制自己免于愤怒的最好办法，当别人愤怒时，你就冷静观察那是怎样一副德行。　　——塞涅卡

113. 恐惧——惶惶不安的沉思

我认为克服恐惧最好的办法理应是：面对内心所恐惧的事情，勇往直前地去做，直到成功为止。　——罗斯福

在下决心以前，犹豫也许是必要的。然而，一旦下了决心，就应该一直往前走。　　——石川达三

畏惧敌人徒然沮丧了自己的勇气，

也就是削弱自己的力量，增加敌人的声势，等于让自己的愚蠢攻击自己。畏惧并不能免于一死，战争的结果大不了也不过一死。奋战而死，是以死亡摧毁死亡，畏怯而死，却做了死亡的奴隶。

——莎士比亚

此外，这些胆怯的人不会明白，冰一裂脚下就要崩塌——这就证明：人在走路，只有一种方法才不会坍塌——这就是不停地一直往前走。

——托尔斯泰

大胆产生勇气，多疑却产生恐惧。

——康拉德

勿将生命消耗于怀疑与恐惧之中。

——爱默生

有两个杠杆可以推动人们前进，一个是恐惧，一个是个人利益。

——拿破仑

如果你是懦夫，你就是你自己最大的敌人；但如果你是勇者，你就是你自己最大的朋友。　　——弗兰克

表现勇敢则勇气来；往后退缩则恐惧来。　　——康拉德

软弱甚至比恶行更有害于德行。

——拉罗什富科

谁恐惧，谁就要受折磨，并且已经受着他的恐惧的折磨。　　——蒙田

恐惧与勇敢近在咫尺，而且互相共存——向敌阵突进的人，最晓得其中实情。　　——梭罗

怠惰造成怀疑和恐惧。行动则产生

信心和勇气。　　——卡耐基

恐惧的产生永远是由于愚昧无知。

——爱默生

彻底的恐惧就是乐观主义的基础。

——王尔德

胜利所带来的最好之事，莫过于解除了胜利对失败的恐惧感。　——尼采

没有希望就没有恐惧，没有恐惧也就没有希望。　　——斯宾诺莎

人一开始恐惧，他便不容易安静下来。　　——雨果

恐惧和忧愁很容易侵蚀人心，我觉得它们比灾难本身还更加可憎。

——歌德

如果不对宇宙的本质有所揭示，就不能消除对最重要的现象的恐惧。

——伊壁鸠鲁

恐惧离我们尚远的时候，我们感觉到它，而当他真正有获得成功的记录做后盾，他便能克服恐惧。

——卡耐基

恐惧，是一种惶惶不安的沉思。

——雨果

恐怖是对我们的一种警告……

——洛克

凡是发生过悲剧的地方，恐怖和怜悯就留在那里。　　——雨果

恐怖是一种情感，如果支配得法，也有它的用处。　　——笛福

过于恐惧而太不自信，则是怯懦。

——亚里士多德

恐惧是世界上最摧折人心的一种情绪。　　——罗斯福

恐惧有时来自缺乏判断和勇气。

——蒙田

114. 悲哀——懒惰的一种

在所有对人有害的恶劣情绪中，悲哀是首屈一指的。　　——米南德

谁要是能够把悲哀一笑置之，悲哀也会减弱它的咬人的力量。

——莎士比亚

我们现在这一切悲哀痛苦，到将来便是握手谈心的资料。　——莎士比亚

郁结不发的悲哀正像闷塞了的火炉一样，会把一颗心烧成灰烬。

——莎士比亚

与其为过去悲悼，不如为将来高兴。　——陶菲格·阿里-哈基姆

人生不过是一个不断失掉我们心爱的人和事物的漫长过程。我们在身后留下一连串的悲哀。　　——雨果

当悲哀的利齿只管咬人，却不能挖出病疮的时候，伤口的腐烂疼痛最难忍受。　　——莎士比亚

我们今天的悲哀里最苦的东西，是我们昨天的快乐的回忆。　——纪伯伦

重大的悲哀是会解除轻微的不幸的。　　——莎士比亚

悲哀不可没有限度，而应和承受的打击成正比。　　——佚名

在悲哀里度过的时间似乎是格外

长的。　　　　　　——莎士比亚

过度的悲哀是人生的大错。
　　　　　　　　——迪斯雷利

知道悲哀是怎么回事的人，很少愁眉苦脸。　　　　　——迪斯雷利

在人类承受的所有悲哀中，没有共鸣的悲哀似乎是最不堪忍受的。
　　　　　　　　　　——胡德

世上没有一种悲哀可以和无言的悲哀相提并论。　　　——朗费罗

悲哀的创痕在你身上刻得越深，你越能容受更多的欢乐。　——纪伯伦

我要是能够忘了我自己。我将会忘记多少悲哀。　　——莎士比亚

悲哀应该是聪明人的导师。
　　　　　　　　　　——拜伦

悲哀并不是绝望，而上帝却把它们像兄弟般凑合在一起，以便使两者彼此决不让对方单独留下来陪伴我们。
　　　　　　　　　　——缪塞

悲愁这种感情原也不可能作为人的一种精神状态长期存在，它一定要从进行某种艰巨工作的活动中去寻找出路。
　　　　　　　　　　——泰戈尔

悲哀是虚度时光的表现。
　　　　　　　　——塞·约翰逊

眼泪是悲哀的解药。　　——茅盾

悲莫悲兮生离别。　　　——屈原

多彩生活

生活，生活，生下来，活着。

人们每天都要生活，每天在生活中做着漫长的生命运动。幼小时需要抚养，少年时需要教育，青年时需要恋爱，老年时需要消遣。长大成人后，谋生成了生活的第一奋斗要务。不停地艰辛地劳作，才能供养自己，才能为装点这世界尽自己的一份心意。成年人的世界没有容易二字。日子就是一天挨着一天地过下去，没有空隙，幸福、欢乐、忧伤、悲哀都会来的，要学会笑，学会面对生活大笑。那时，才算懂得了生活。

115. 时尚——时代的脉搏

时髦仅仅只会引起流行病。

——萧伯纳

时髦把低劣抬到了讨人喜欢的水平，继而把坏的和好的变得十分相像。

——本特利

一切时髦的东西总会变成不时髦的，如果你一辈子追求时髦，一直追求到老，你就会变成一个受任何人轻视的花花公子。 ——舒曼

傻瓜发明了时尚，智者只得顺应。

——巴特勒

时髦是力求脱俗、不愿被追上的一种教养。 ——哈兹里特

超前有风险，落伍遭耻笑，因此中国人处理时尚问题，就有两条原则，也有两条古训，一条叫"变通以趋时"，

一条叫"不为天下笑"。 ——易中天

中国人反对奇装异服，并非反对"时髦"，而是反对"独异"。

——易中天

一个女性不管怎样时髦，出类拔萃，如果连家什也安排不好，那就只能算作一个非常原始的女性。 ——池田大作

时髦的东西，总是在突出的个性之中包含了相当广泛的共性，了解时髦，也就在一定程度上了解了一个社会和时代。

——汪国真

所谓时尚就是目前的传统。一切传统都带有某种必要性，使人们非向它看齐不可。

——歌德

时尚：名词。一个暴君，智者嘲笑他却服从他。 ——安·比尔斯

裁缝与作家必须注意时尚。

——托·富勒

艺术创造的丑恶，将随着时间不断变得美丽，相反，时髦产生的美丽却总是随着时间不断变得丑恶。

——科克托

不存在的东西被认为是稀罕的，陈旧的东西被人们争相模仿，20年以前的东西却重新获得了魅力。　——鲍蒙特

阿谀奉承原是一种不道德的行为，而现在却成了时尚。　——普·绪儒斯

究竟什么是时髦？从艺术的观点来看，它常常是一种丑陋的形式，每半年就得变换一次，真令人难以忍受。

——王尔德

我们赞扬和谴责大多数事情都是因为赞扬和谴责它们是一种时髦。

——拉罗什富科

时尚决不能仅仅表现在怪异的衣着上，更重要的是要体现在思想上。

——张震

时髦是摆脱了粗俗之后的优雅，因而，它会被新的时髦所代替。

——哈兹里特

时尚如果只体现在怪异的发型、奇异的服装上，未免有些太肤浅了。

——亨特

时尚就是对生活最强烈的敏感性。

——约瑟

最传统的东西反而会是最时尚的。

——季羡林

每一代人都嘲笑陈旧的时尚，却虔诚地追随新的时尚。　——梭罗

116. 生活——柴米油盐酱醋茶

人类的生活，必须时时刻刻拿最大的努力，向最高的理想扩张传衍、流转无穷，把那陈旧的组织、腐滞的机器一一地扫荡推清，别开一种新局面。

——李大钊

态度是你与人见面的最先给人的一个印象，它的重要不言而喻。

——富兰克林

生活的美妙就在于它的丰富多彩，要使生活变得有趣，就要不断地充实它。　——高尔基

生活的意义在于美好，在于向往目标的力量。应当使生活的每一个瞬间都具有崇高的目的。　——高尔基

生活得愉快并不算重要。重要的是要生活得富有建设性，而且永远不能希冀一时便利而委弃节操。　——华纳

认识了生活的全部意义的人，才不会随便死去，哪怕只有一点机会，就不能放弃生活。　——海涅

生活本身既不是祸，也不是福，它是祸福的容器，也看人自己把它变成什么。　——蒙田

生活不是苦难，也不是享乐，而是我们应当为之奋斗并坚持到底的事业。

——托克维尔

人最宝贵的东西是什么？是生活，因为我们的一切欢乐，我们的一切幸福，我们的一切希望都和生活联

系在一起。　　——车尔尼雪夫斯基

如果我们生活的全部目的仅在于我们个人的幸福，而我们个人的幸福仅在于一个爱情，那么生活就会变成一片遍布荒墓枯冢和破碎心灵的真正阴暗的荒原，变成一座可怕的地狱。

——别林斯基

人人都在生活，但只有少数人熟悉生活，只要你能抓住它就会饶有趣味！

——屠格涅夫

生活有时候就是这样变幻莫测，一会儿是满天云雾，一转眼间又现出鲜明的太阳。　　——奥斯特洛夫斯基

歌声就是生活，没有歌声就没有生活，犹如地球上没有太阳一样。

——伏契克

假如生活欺骗了你，不要悲伤，不要心急，阴郁的日子需要镇静。相信吧，那愉快的日子即将来临。心永远憧憬未来，一切都是瞬息，一切会变成过去，而过去了的，将会变成亲切的回忆。　　——普希金

谁能以深刻的内容充实每个瞬间，谁就是在无限地延长自己的生命。

——库尔茨

必须对生活先有信心然后才能使生活延续下去。而所谓信心，就是希望。

——保罗·郎之万

生活也同寓言一样，不是以它的长短来衡量，而是以它的内容来衡量。

——小塞涅卡

生活越紧张，越能显示人的生命力。　　——恩格斯

如果我们不能建筑幸福的生活，我们就没有任何权利享受幸福，这正如没有创造财富就无权享受财富一样。

——萧伯纳

没有目标而生活，恰如没有罗盘而航行。　　——歌德

没有运动，生活就是昏睡。

——卢梭

做没有意义的事情，其本身就是对生活的享受。　　——卢梭

生活是没有观众的。　　——伏契克

117. 娱乐——劳逸结合

消遣就是娱乐，无可消遣当然就是苦闷。世间喜欢消遣的人，无论他们的嗜好如何不同，都有一个共同点，就是他们必都有强旺的生命力。——朱光潜

一个文明开化的民族，在其良好的工作技艺中，势必辅添完善的娱乐艺术。　　——桑塔亚那

在工作与游乐之间，存在着一种和谐，两者巧妙地结合起来，生活的艺术就在其中了。　　——罗曼·罗兰

腾不出时间娱乐的人，早晚会被迫腾出时间生病。　　——沃纳梅克

生活既与娱乐相区别，又与娱乐是同一的。娱乐必须成为生活，生活必须成为娱乐。　　——三木清

我们的心智需要松弛，倘若不进行

一些娱乐活动，精神就会垮掉。

——莫里哀

人只有当他是名副其实的人的时候，才游戏；而且只有当他游戏的时候，他才完完全全是人。 ——席勒

我十分赞赏公共娱乐，因为娱乐可以防止人们去干不正经的事。

——塞缪尔·约翰逊

真正的娱乐是应着真正的工作的要求而发生的，换言之，打起精神做真正的工作人，才热烈地想望，或预备真正的娱乐！ ——冰心

娱乐活动是为学习做好准备，又是学习后消除疲劳的良药。

——马克·吐温

适度的娱乐能放松人的情绪，陶冶人的情操。 ——塞内加

一切没有后患的欢乐不仅有补于人生的终极（即幸福），也可以借以为日常的憩息。 ——亚里士多德

娱乐至少与工作有同等的价值，或者说娱乐是工作之一部分！ ——冰心

娱乐应该成为艺术，生活应该成为艺术。生活的技术应该就是生活的艺术。 ——三木清

终日埋头工作而不去玩耍，聪明的孩子也会变傻。 ——詹·豪厄尔

懂得如何玩乐实在是一种幸福的才能。 ——爱默生

有目的的娱乐，不能成为真正的娱乐。娱乐没有目的，可对生活来说是符合目的的。 ——三木清

人总不能把毕生的精力都耗费在玩乐之中。 ——塞缪尔·约翰逊

娱乐存在于生活之中，并创造了生活的风貌。 ——三木清

放松与娱乐，被认为是生活中不可缺少的要素。 ——亚里士多德

娱乐，是可以用来解除疲劳的一种特殊的沮丧。 ——安·比尔斯

118. 情趣——安逸是对辛劳的奖赏

千金不足惜，宁静价连城。

——莫泊桑

人只有勤奋工作，才能尽情享受安逸。 ——克·杰罗姆

安逸是对辛劳的奖赏。

——约翰·雷

安逸的生活和懒惰的生活不是一回事。 ——富兰克林

要想得到安逸，就要合理安排自己的时间。 ——富兰克林

优雅比美丽更富有魅力。

——爱默生

仅有丽质而无优雅的神态，有如鱼钩上未放钓饵。 ——爱默生

生活的乐趣取决于生活者本身，而不是取决于工作或地点。 ——爱默生

有一种方法可以获得恬静。我认为，这种方法不仅对我，而且对所有

人，都是行之有效的。这个办法是：临窗遥望繁星。
——爱默生

有时间增加自己精神财富的人才是真正享受到安逸的人。
——梭罗

悠闲就是指做一些益事的时间。
——纳塞尼尔·豪

有喜有忧，有笑有泪，有花有实，有香有色，既须劳动，又长见识，这就是养花的乐趣。
——老舍

以诗常会友，唯德自成邻。
——臧克家

幽默当然用笑来发泄，但是笑未必就表示着幽默。
——钱锺书

寂寞中有不可言传的和谐，静默中有无限的创造。
——徐志摩

趣味是人生中不可缺少的东西，一切的力量，一切的创造，一切的罪恶，全在这上面培养、教育、结束。
——王统照

玩笑与幽默不仅令人开怀，而且还常有妙用。
——西塞罗

安闲有益于身心。
——奥维德

圣哲道："要想悠闲地生活，最好的办法就是减少工作。"
——马可·奥勒利乌斯

我们说乐趣是生活的目的，并非指浪子之乐，或肉体之乐……肉体摆脱痛苦，灵魂得到解脱，这才是我们所说的乐趣。
——伊壁鸠鲁

装疯卖傻有时也有乐趣。
——塞内加

清闲是一切财富中最难得的。
——第欧根尼

乐趣的先决条件是美德，没有美德也就不会有什么乐趣。
——第欧根尼

你将会发现：垂钓是人类的一种美德，它具有平心静气的精神和祈祷万福的境界。
——艾·沃尔顿

正如和平是战争的目的一样，忙碌的目的是安逸。
——塞缪尔·约翰逊

一个人思虑太多，就会失去做人的乐趣。
——莎士比亚

在闲暇的时候去垂钓并不是浪费光阴；它使我大脑松弛、心旷神怡，使我忘却悲伤，抛弃烦恼与恶欲，换来心灵的满足。
——艾·沃尔顿

缺乏幽默感的人不能算是完善的人。
——柯勒律治

生活中有三种纯洁而又持久的乐趣，均来自无生命的东西，那就是图书、绘画和自然界。
——威·哈兹里特

别人认为你干不成的事你干成了，这就是人生最大的乐趣。
——白哲特

无所事事使人不得安宁，即便是国王也要有事情做。
——兰多尔

能聪明地充实闲暇时间是人类文明的最新成果。
——伯·罗素

狩猎是北美洲野人的生计，却是英国绅士的娱乐。
——博斯威尔

无论城市还是乡村，都不能给我们打电报提供幽静的环境，幽静在我们心灵的深处。
——约瑟夫·鲁

119. 旅行——背起行囊走四方

旅行对我来说，是恢复青春活力的源泉。　　　——安徒生

年轻人就是应该出去走走，即便纯粹是为了游山玩水。　　——拜伦

对我来说，旅行不是为了到达某个地方，而是为了行走。我是为旅行而旅行的。旅行的重要意义就在于动。

　　　——史蒂文森

一个人在旅游时必须带上知识，如果他想带回知识的话。

　　——塞缪尔·约翰逊

行路多者见识多。　——托·富勒

旅行虽然夹杂着烦恼，究竟有很大的乐趣在。旅行是一种逃避——逃避人间的丑恶。　　　——梁实秋

旅游的作用就是用现实来约束想象：不是去想事情会是怎样的，而是去看它们实际是怎样的。

　　　——塞缪尔·约翰逊

旅游使智者更慧，愚者更昧。

　　　——托·富勒

没有知识的旅游者是一只没有翅膀的鸟。　　　　——萨迪

谁在旅行中注意观察并制订计划，谁就会不虚此行。　——阿尔考特

谁想快乐地旅行，谁就必须轻松地旅行。　　——圣埃克苏佩里

旅行是真正的知识，最伟大的发源地。　　　　　——杜南

从不出门的人，必定有满腹的偏见。　　　　——哥尔斯密

旅行在我看来还是一种颇为有益的锻炼，心灵在旅行中不断地进行观察新的未知事物的活动。　　——蒙田

世界是一本书，从不旅行的人等于只看了这本书的一页而已。

　　　——奥古斯狄尼斯

旅行是一种延长生命的方法，至少在外表上是如此。　——富兰克林

任何名胜，游览一次有一次的情趣，再游便另是一种风光。——梁实秋

人之所以要旅行，不是为了抵达目的地，而是为了享受旅途中的种种乐趣。　　　　——歌德

旅行是人生的缩影。因我们在旅行时脱离了日常的事物而陷入纯粹的静观之中，对于以平生已知的、自明的事理为前提的人，才保持了新鲜的感觉。旅行使我们体味人生。　——三木清

旅行使人变得谦虚。因为，它使你领悟，人在世界上所占的地位是多么的渺小。　　　　——福楼拜

流浪精神使人能在旅行中和大自然更加接近。所以这一类旅行家都喜欢到阒无人迹的山中去，以便可以优然享受和大自然的融合之乐。　——林语堂

在远天底下，有许多我迟早要去，也终必能去的地方——我摆脱不了在心灵中流浪，又要在天地间流浪的命运的诱惑。　　　　——余纯顺

旅游是获得愉悦感和浪漫性的最好

媒介。　　　　——麦金托什

财富我不企求，也不希望得到爱情或知己朋友。头上的天堂和脚下的道路，就是我一切的追求。——史蒂文森

旅行是傻瓜的天堂。我们才旅行了几次就发现，地点是毫无意义的。

——爱默生

对于人类来说，生存本身就是旅行。　　　　——东山魁夷

旅行有好多益处：新鲜满怀，见闻大开，观赏新都市的欢悦，与陌生朋友的相遇，更能学到各种高雅的举止。

——萨迪

我认为，乘火车旅行根本不能算旅行。人完全是被寄送到了一个地方，这与邮寄包裹没什么两样。　——罗斯金

旅行使人伤感，但如果在旅行时只一味地陷入伤感情绪中，就不会有任何深刻的见解和独特的感受。——三木清

人生在世上，局促在一个小圈圈里，大概没有不想偶然远走高飞一下的。出门旅行，游山逛水，是一个办法，然亦不可常得。　——梁实秋

120. 休闲——悠闲是哲学之母

悠闲的生活始终需要一个怡静的内心，乐天旷达的观念和尽情欣赏大自然的胸怀。　　　　——林语堂

具有偷闲本领的人往往有广泛的兴趣和强烈的个性。　——史蒂文森

假如你正在失去悠闲，当心！也许你正在失去灵魂。　　——史密斯

最合于享受人生的理想人物，就是一个热诚的、悠闲的、无恐惧的人。

——林语堂

悠闲是哲学之母。　　——霍布斯

休息与工作的关系，正如眼睑与眼睛的关系。　　　　——泰戈尔

享受悠闲的生活决不需要金钱。有钱的阶级不会真正领略悠闲生活的乐趣。　　　　——林语堂

纵使你觅遍天下，也难找到比悠闲自得地生活在自己家里更美的事。

——布伦特

我相信，单独生活的目的只有一个，就是生活得更悠闲、更随便些。

——蒙田

假如你空着，就不要独处；假如你无伴，就不要闲着。

——塞缪尔·约翰逊

只要还有可能把时间安排得更好，他就是闲着的。　　——托·富勒

真正的闲暇并不是说什么也不做，而是能够自由地做自己感兴趣的事情。

——萧伯纳

没有充分的闲暇，就不可能有高度文明。　　　　——比彻

财富的增长和闲暇的增加是人类文明的两大杠杆。　——迪斯雷利

谁有读小说的闲暇，谁就很少有悲伤。　　　——塞缪尔·约翰逊

有时间改善自己灵魂资产的人享有真正的闲暇之乐。　　——梭罗

凡是有名的隐士，他总是已经有了优哉游哉，聊以"卒岁"的幸福的。倘不然，朝砍柴，昼耕田，晚浇菜，夜织履，又哪有吸烟品茗、吟诗作文的闲暇？　　——鲁迅

真正的思想家最向往的是闲暇，平凡的学者却回避它，因为他不知道如何处理闲暇，而此时安慰他的是书籍。　　——尼采

在知识方面能充满闲暇，是文明至上的产物。　　——勒塞尔

闲暇的目的不是为了心灵获得充足，而是为了心灵获得休息。　　——西塞罗

忙里偶然偷闲，闹中偶然习静，于身于心，都有极大禅益。　　——朱光潜

121. 着装——穿出自己的品位

我认为，穿带补丁的衣服并不低人一等。但我肯定，人总是希望穿件时髦的，至少清洁而无补丁的衣服，甚至把这看得比拥有良知还重要。　　——梭罗

只有当你想得到别人的尊重而又没有其他办法时，漂亮的衣服才能派上用场。　　——塞缪尔·约翰逊

最朴素的往往是最华丽的，最简单的往往是最时髦的，素装淡抹常常胜过浓妆艳服。　　——莫罗阿

漂亮的服装将为你叩开所有的大门。　　——托·富勒

精致服装的好处仅是为你提供赢得尊敬需要的手段。——塞缪尔·约翰逊

我并不提倡"人靠衣裳马靠鞍"这句话，但是，必须靠外表来判断一个人的时候，首先看的还是脸和服装。
　　——樱井秀勋

女人都清楚地知道，通常所说的崇高的、诗一般的爱情并不取决于德行，而是取决于频繁的幽会、头发梳理的样子以及衣服的颜色和款式。
　　——列夫·托尔斯泰

人穿好衣服还有原因：只要你穿得体面，狗就不会咬你，而会对你敬三分。　　——爱默生

不管你穿什么衣服，人总还是那样的人。　　——罗曼·罗兰

必要的时候不妨把衣服穿得马虎一点，可是心灵必须保持整洁才行。
　　——马克·吐温

再漂亮的时装也会很快过时。
　　——托·富勒

男女服装之最大不同，便是男装之遮盖身体无微不至，仅仅露出一张脸和两只手吸取日光紫外线，女装的趋势，则求遮盖越少越好。　　——梁实秋

穿着一件廉价的外套，会使你本身也变得廉价起来。　　——凡勃伦

把全部家当都花在礼服上，却没有一套像样的内衣。　　——刘易斯

制服，给人安稳的同时又给人尊敬的感觉，所有的服装或多或少都是制服。

——亚兰

服装和举止不能造就一个人，但他被造就成人时，服装和举止就会极大地改善他的外貌。

——比彻

任何人，甚至一个证券经纪人都会因穿上晚礼服、戴着领带所表现的文雅而赢得名誉。

——王尔德

出国不要制装。我不明白为什么外国人到中国来就不需要制中装，而中国人到外国去就要制西装。

——梁实秋

情操上的任何微瑕都会使你美丽的服饰失去全部魅力。

——爱默生

无论如何，一个人应永远保持有礼貌和穿着整齐。

——海登斯坦

讲究衣着是一件十分愚蠢的事情，但对一个男人来说，不讲究衣着更加愚蠢。

——切斯特菲尔德

尽你的财力购贵重的衣服，可是不要炫新立异，必须富丽而不浮艳，因为服装往往可以表现人格。——莎士比亚

装饰可以使多少活生生的女人得到幸福，同时也可以使别人感到美的享受和幸福。

——卢梭

仪容不修，举止浪漫，如此亲近你的人只是假意而已，远离你的人倒是正直坦率的。

——富兰克林

我们的穿着必须给人一种整洁的印象，服饰不必过分考究，只要不邋遢就行。

——西塞罗

年轻人应该装束得华丽潇洒一些，表示他的健康活泼，正像老年人应该装束得朴素大方一些，表示他的矜严庄重一样。

——莎士比亚

服饰是女人容貌的一部分，衣装不整齐就等于是容貌不端正或有伤痕。

——哈代

只把穿着打扮视为生活中的首要内容的人，他们的价值还比不上他们的衣服。

——威·哈兹里特

观人莫感于服装，思维我们该养成无视于服装的习惯。

——卡莱尔

男人由衣服来相配，女人则自己去配衣服。

——豪夫

人应当一切都美，外貌、衣裳、灵魂、思想。

——契诃夫

装饰的华丽可以显示出一个人的富有，优雅可以显示出一个人的趣味；但一个人的健康与苗壮则须由另外的标志来识别。

——卢梭

对于一个明智和懂事的人而言，衣着的第一要求，应永远是得体和整洁。

——华盛顿

一个相当标致的女人可以无须装饰品的帮助，运用艺术的手法，把化妆下降到次要的地位，而突出自己朴素的美。

——巴尔扎克

人生，除了生死，其他的都是小事。没有了健康，一切免谈；没有了健康，你的理想就是两个字。

即使再穷，也要自我珍惜；即使再富，也不能肆无忌惮地挥霍。你透支的一切，总会在某一个阶段，让你加倍偿还。生命只有一次，金钱可以再赚。你的健康，由你自己说了算。有人说，健康就像空气。每个人时刻都离不开空气，但却往往被人忽视，不加以珍惜。有人说，健康像时间。失去了健康，就像失去时间一样，让人后悔莫及。你的健康，不可透支，拥有了健康，你就拥有了最大的财富。懂得养生，平时不要过度拿生命追求完美；不要用自己辛苦赚得的钱投资给医院。懂得养生，不养生就会养医生。

122. 健康——生活的出发点

健康的价值，贵重无比。它是人类为了追求它而唯一值得付出时间、血汗、劳力、财富——甚至付出生命的东西。
　　——蒙田

残疾人也有光明的前途。残疾并不可怕，可怕的是思想的残疾。
　　——宁德伟

一个人的身体健康，绝不是个人的，要把它看作社会的宝贵财富。
　　——徐特立

健康为最好的天赋，知足为最大的财富，信任为最佳的品德。
　　——释迦牟尼

人民的健康是幸福和国力的真正基础。
　　——迪斯雷利

一个民族，老当益壮的人多，那个民族一定强；一个民族未老先衰的人多，那个民族一定弱。　　——郭沫若

健康当然比金钱更为可贵，因为我们所赖以获得金钱的就是健康。
　　——约翰逊

身体的经久比美丽更好。——伊索

良好的健康状况和由之而来的愉快的情绪，是幸福的最好资本。
　　——斯宾塞

健康是智慧的条件、快乐的标志，也是开朗和高尚的天性。　　——爱默生

健康的人最重视的是生活，特别是有天才的人，因为他比别人更需要生活。
　　——罗曼·罗兰

保持身体健康是一种职责，但是只

有极少数人意识到这一点。——斯宾塞

我们深信健康是生活的出发点，也就是教育的出发点。 ——陶行知

忧愁、顾虑和悲观，可以使人得病；积极、愉快和坚强的意志及乐观的情绪，可以战胜疾病，更可以使人强壮和长寿。 ——巴甫洛夫

世界上没有比结实的肌肉和新鲜的皮肤更美丽的衣裳。——马雅可夫斯基

伟大的事业基于高深的学问，坚强的意志在于强健的体魄。 ——孙中山

健康人不知道健康的珍贵，只有病人才知道。 ——卡莱尔

对人生来说，健康并不是目的，但它是第一个条件。 ——武者小路实笃

健康的乞丐比有病的国王幸福。
——叔本华

一个人最严重的错误是，为追求利益牺牲健康。 ——叔本华

我们当尽力维护健康，唯有健康方能绽出愉悦的花朵。 ——叔本华

身体强健的主要标准在能忍耐劳苦。 ——洛克

健康和聪明是人生的两大幸福要素。 ——米南德

唯有健康才是人生。——哈格多恩

健康是自然所能给我们准备的最公平最珍贵的礼物。 ——蒙田

健全的肉体是健全心灵的产物。
——萧伯纳

健康的价值贵重无比，唯有它才是

人生的追求目标。 ——蒙田

我们要能工作，要有幸福，必须先有健康。 ——洛克

身体健康才是幸福。 ——狄更斯

健康就是金子一样的东西。
——高尔基

健康是我们人类得以享受的第二快乐——一种金钱买不到的幸福。
——沃尔顿

健康是一种自由——在一切自由中首屈一指。 ——亚美路

健康是至上的快乐，可以说，是一切快乐的根本。 ——托马斯·莫尔

健康和愉快相辅相成。——艾迪生

没有健康，一切喜悦都将无从谈起。 ——盖伊

理想的人是品德、健康、才能三位一体的人。 ——木村久一

不是任何生命都有生气，唯有健康的生命才充满了生气。 ——马提亚尔

没有一个朋友能够比得上健康，没有一个敌人能够比得上疾病。

——《五卷书》

强健的身体和活泼的精神是个人生趣的根源、工作的利器。 ——杨贤江

专心于健康的事越少，变为不健康的倾向的危险就越大。 ——狄更斯

疾病能感觉到，而健康则一点感觉不到。 ——富勒

我的幸福十分之九是建立在健康基础上的。健康就是一切。 ——叔本华

科学的基础是健康的身体。

——居里夫人

健康是个人的欲望和能力与社会秩序的和谐。 ——魏特林

病有千百种，健康只有一种。

——贝尔奈

没有什么比健康更快乐了，虽然他们在生病之前并不曾觉得那是最大的快乐。 ——柏拉图

适当的休息，是健身的主要秘诀之一，万不可忽略。忽略健康的人，就是等于在与自己的生命开玩笑。

——陶行知

健康加富裕就能创造出美来。

——博恩

123. 养生——乐观是养生的唯一秘诀

节制和劳动是人类的两个真正医生。 ——卢梭

长寿之道在于我有快乐的性格。

——阿巴斯·哈萨

散步能促进我的思想。我的身体必须不断运动，脑力才会开动起来。

——卢梭

壮志因愁减，衰容与病俱。

——白居易

欢乐就是健康，忧郁就是病魔。

——哈利伯顿

世界上最高级的三个医师：节食博士、安宁博士、快乐博士。

——斯威夫特

起居时，饮食节，寒暑适，则身利而寿益。 ——管仲

长期的身体毛病使最光明的前途蒙上阴暗，而强健的活力就是不幸的境遇也能放金光。 ——斯宾塞

饮食节制常常使人头脑清醒思维敏捷。 ——富兰克林

心情愉快是肉体和精神的最佳卫生法。 ——乔治·桑

乐观是养生的唯一秘诀，常常忧思和愤怒，足以使健康的身体变成衰弱而有余。 ——屠格涅夫

器官得不到锻炼，同器官过度紧张一样，都是极其有害的。 ——康德

谁要想寿命和钱财两旺，请您从今天开始即早睡早起。 ——拜伦

一种美好的心情，比十服良药更能解除生理上的疲惫和痛楚。

——马克思

长期的心灰意懒以及烦恼足以致人于贫病枯萎。 ——布朗

人无泰然之习惯，必无健康之身体。 ——拿破仑

最易于使人衰竭，最易于损害一个人的，莫过于长期不从事体力活动。

——希波克拉底

养生之道，以不欺己、善加忍耐为要谛。 ——贝原益轩

124. 运动——生命在于运动

运动是健康的泉源，也是长寿的秘诀。
　　　　　　　　——马约翰

运动是一切生命的源泉。
　　　　　　　　——达·芬奇

健全的头脑寓于健全的体格。
　　　　　　　　——尤维纳利斯

年轻人有的是健康，因而他也就浪费健康。到了觉得健康值得宝贵的时候，那犹如已经把钱失掉了的败家子，是已经失掉健康了。
　　　　　　　　——郭沫若

家庭应当用尽各种方法，鼓励儿童对运动的兴趣。
　　　　　　　　——马卡连柯

散步不需要伴侣，东望西望没人管，快步慢步由你说，这不但是自由，而且只有这种时候才特别容易领略到"前不见古人，后不见来者"那种"分段苦"的味道。
　　　　　　　　——梁实秋

生命在于运动，不运动等于死亡。
　　　　　　　　——路·莫里斯

作为一个民族来看，我们训练不足，我们旁观但没有参与。我们以车代步。这种养尊处优的生活方式剥夺了我们为有强健体魄而进行最低度体育锻炼的机会。
　　　　　　　　——肯尼迪

运动是身体的锻炼、德行的培养。
　　　　　　　　——雨果

游戏活动是身体幸福所不能缺少的。
　　　　　　　　——斯宾塞

一个人如果不经常从事运动，身体不可能健壮。
　　　　　　　　——培根

生活多美好啊，体育锻炼乐趣无穷！
　　　　　　　　——普希金

沉寂意味死亡，生命在于运动。
　　　　　　　　——帕斯卡

走路是最好的运动，人应该养成走长路的习惯。
　　　　　　　　——杰弗逊

对于那些具有强烈的爱好，其活动又都恰当适宜，并且不受个人情感影响的人们，成功地度过老年绝非难事。
　　　　　　　　——罗素

一般说来，只因为运动，我们才获得印象，我们可以构成一个公理，即没有运动，便没有感觉。
　　　　　　　　——拉瓦锡

静止便是死亡，只有运动才能敲开永生的大门。
　　　　　　　　——泰戈尔

轻快的步行如同其他形式的运动一样，是治疗情绪紧张的一服理想的"解毒剂"，并能改善人们的一般健康。
　　　　　　　　——怀特

运动是世界上最好的安定剂。
　　　　　　　　——怀特

人的健全，不但靠饮食，尤靠运动。
　　　　　　　　——蔡元培

良好的健康状况和由之而来的愉快

的情绪，是幸福的最好资金。

——斯宾塞

生活就是运动，人的生活就是运动。 ——托尔斯泰

愉快的笑声——这是精神健康的可靠标记。 ——高尔基

体育是增进青年健康、发展他们的体力和各种能力的必要条件。

——凯洛夫

我们力求使学生深信，由于经常的体育锻炼，不仅能发展身体的美和动作的和谐，而且能形成人的性格，锻炼意志力。 ——苏霍姆林斯基

体育对于儿童的脑力紧张不会增加负担，相反，它在脑力作业之后起一种松弛作用，使脑力得到特殊的休息。

——加里宁

一身动，则一身强；一家动，则一家强；一国动，则一国强；天下动，则天下强。 ——颜元

生命在于矛盾，在于运动。一旦矛盾消除，运动停止，生命也就结束了。

——歌德

为了建设祖国和谋取人类幸福做贡献，必须讲强身之道，坚持体育锻炼。

——宋庆龄

锻炼身体要经常，要坚持，人同机器一样，经常运动才能不生锈。

——朱德

一个埋头脑力劳动的人，如果不经常活动四肢，那是一件极其痛苦的事情。 ——列夫·托尔斯泰

身体必须要有精力，才能听从精神的支配。 ——卢梭

强国必先强种，强种必先强身。

——张伯苓

要坚持革命，坚持学习，坚持锻炼。 ——邓颖超

只有经常运动才能保持生命力的旺盛。 ——帕斯卡

我们的生命力存在于运动之中，绝对的静止就是死亡。 ——帕斯卡

有秩序的健康生活必须是教育的基础；同样也是教育的最初准备。

——赫尔巴特

健康是为我们的事业和我们的福利所必需的。没有健康，就不可能有什么福利、有什么幸福。 ——约翰·洛克

若要培养出健康、强壮、灵敏、机智、勇敢，既善于克服困难，又卓有信心正视前面的人，则体育和运动乃是很重要的因素。 ——加里宁

要从小把自己锻炼得身强力壮，能吃苦耐劳，不要娇滴滴的，到大自然里去远走高攀吧！ ——恩里科费米

钢是在烈火和急剧冷却里锻炼出来的，所以才能坚硬和什么也不怕。我们的一代也是这样在斗争中和可怕的考验中锻炼出来的，学习不在生活面前屈服。 ——奥斯特洛夫斯基

健康的身体是灵魂的客厅，病弱的身体是灵魂的监狱。 ——培根

125.劳动——财富之父

劳动唯有使人甘美。绝不会成为重荷，唯有心怀忧心事才会厌恶劳动。

——普鲁曼

劳动一天，可得一夜的安眠；勤劳一生，可得幸福的长眠。——达·芬奇

只有经过劳动，思想才会变得健全；而只有注重思想，劳动才显得快乐。此二者不能加以分割。——罗斯金

劳动和节制是人类最好的两个医生。劳动增进食欲，节制防止放纵过度。

——弥尔顿

人的天赋就像火花，它既可以熄灭也可以燃烧起来。而逼使它燃烧成熊熊大火的方法只有一个，就是劳动，再劳动。

——高尔基

奢侈只是从他人的劳动中获取安乐而已。

——孟德斯鸠

为人类的幸福而劳动，这是多么壮丽的事业，这个目的有多么伟大！

——圣西门

假如没有劳动这个压舱的货物，任何风暴都会使生活之船翻掉。

——司汤达

学习是劳动，并且应当永远是劳动，是充满了思想的劳动。

——乌申斯基

年轻人对劳动不能凭空产生热爱，只有通过劳动才能获得这个珍宝。

——苏霍姆林斯基

劳动使人变得高尚。——别林斯基

劳动可以使我们摆脱三大灾祸：寂寞、恶习、贫困。

——伏尔泰

劳动是一切知识的源泉。——陶铸

甚至当你已经达到最高幸福境界时，你也不应该搁起双手闲坐，你应该不停地劳动。

——鲁达基

劳动的主要长处在于它本身既是目的也是手段——欢乐在于劳动，而不在于劳动的成果。

——阿明·雷哈尼

为了工作而工作，是工作的真义；希望借工作而获得报酬的人，只是在为报酬效劳而已。

——贝克

没有顽强的细心的劳动，即使是有才华的人也会变成绣花枕头似的无用的玩物。

——斯坦尼斯拉夫斯基

如果你能把自己的全部精神灌注到劳动里面去，那么幸福本身就会找到你。

——乌申斯基

任何一个民族，如果停止劳动，不用说一年，就是几个星期，也要灭亡，这是每一个小孩都知道的。——马克思

只有在尝到劳动滋味的满足中，才能孕育出人生的乐趣。——考塞卜

劳动是最伟大的美，让孩子们认识这个美，是教育的奥秘之一。

——苏霍姆林斯基

当一个人在深思的时候，他并不是在闲着。有看得见的劳动，也有看不见的劳动。

——雨果

我觉得人生求乐的方法，最好莫过于尊重劳动。一切乐境，都可由劳动得

来；一切苦境，都可由劳动解脱。

——李大钊

在人生活中最主要的是劳动训练。没有劳动就不可能有正常人的生活。

——卢梭

体力劳动是防止一切社会病毒的伟大的消毒剂。 ——马克思

劳动却是产生一切力量、一切道德和一切幸福的威力无比的源泉。

——拉·乔乃尼奥里

劳动是财富之父，土地是财富之母。 ——威廉·配第

劳动是社会中每个人不可避免的义务。 ——卢梭

完善的新人应该是在劳动之中和为了劳动而培养起来的。 ——欧文

既然思想存在于劳动之中，人就要靠劳动而生存。 ——苏霍姆林斯基

在重视劳动和尊敬劳动者的基础上，我们有可能来创造自己的新的道德。劳动和科学是世界上最伟大的两种力量。 ——高尔基

热爱劳动吧。没有一种力量能像劳动，即集体、友爱、自由的劳动的力量那样使人成为伟大和聪明的人。

——高尔基

天才不能使人不必工作，不能代替劳动。要发展天才，必须长时间地学习和高度紧张地工作。人越有天才，他面临的任务也越复杂、越重要。

——斯米尔诺夫

正是劳动本身构成了你追求幸福的主要因素，任何不是靠辛勤努力而获得的享受，很快就会变得枯燥无聊、索然无味。 ——休谟

看呀！世界不是劳动的艺术品吗？没有劳动，就没有世界。 ——邓中夏

人生最大的快乐，是自己的劳动得到了成果。 ——谢觉哉

我知道什么叫劳动，它是世界上一切欢乐和美好事情的源泉。——高尔基

劳动是幸福之父。 ——富兰克林

人在自己的劳动中创造自己并理解劳动的美。 ——苏霍姆林斯基

学习和劳动的结合，就在于干活时思考和思考时干活。——苏霍姆林斯基

灵感，不过是"顽强地劳动而获得的奖赏"。 ——列宾

劳动是人生一桩最要紧的事体。

——蔡元培

最大的无聊却是为了无聊费尽辛劳。 ——莎士比亚

肉体的劳动可以消除我们内心的疲倦，这就是穷人的快乐。——罗休夫柯

乐劳苦，营本业，其后衣食必有余。纵口腹，事游逸，其后衣食必不足。此非天命，乃自取者也。

——倪文节

不息地劳作是人生全部意义之所在。 ——塞涅卡

劳动是使有如圣火光辉的良心，不断在你的胸中燃烧。——华盛顿

用劳动实现自己的理想；用理想指导自己的劳动。 ——陈毅

一切归劳动者所有，哪能容得寄生虫。

——欧仁·鲍狄埃

懒惰如同生锈：比劳动更能加快消耗。另一方面，使用中的锁，经常是光亮如新的。

——富兰克林

铁不用就会生锈，水不流就会发臭，人的智慧不用就会枯萎。

——达·芬奇

平日不劳动的人，一生也没有幸福过。

——涅克拉索夫

欢乐与行动会使人觉得时光缩短。

——莎士比亚

我们的第一个哲学教师是我们的两条腿、一双手和一对眼睛。 ——卢梭

只有在劳动中栖息着和平，在辛苦中寄宿着安息。 ——弗特尼尔

休息与幸福乃人人所渴望，要得到它们，唯有勤勉一途。 ——肯比斯

劳动要适时开始，享乐要适时结束。 ——塞贝尔

长期地无所事事最能使人衰竭和毁灭。 ——亚里士多德

劳动使人建立对自己的理智力量的信心。 ——高尔基

艺术长廊

"艺术"这个词，乍听起来好像离生活很远。总以为它是属于艺术家们的，是高雅者的研究对象，很难与寻常百姓套上近乎。可是，如果真的留意一下生活，那些艺术，其实无处不在地存在于身边。

艺术带来的欢乐是不言而喻的，从《清明上河图》到《千里江山图》，从兵马俑到莫高窟，从王羲之到齐白石，从掷饼者到维纳斯，从埃及金字塔到罗马斗兽场，从梵高到毕加索，漫步在艺术的长廊里，人们尽情地享受着艺术的馨香，可是谁又想到古往今来为艺术献身的人是怎样的艰辛与疲惫？走进艺术殿堂，并非想象的那么轻而易举。台上一分钟，台下十年功。为那些献身艺术的人点赞吧。

126. 音乐——治疗痛苦的灵丹妙药

歌曲像在海风中泛起的泡沫，尽管它的内容像海一样深邃。　——史文朋

音乐以其影响的魔力，在一定的程度上，能描画出想画的一切。

——莱修埃尔

音乐是比一切智慧、一切哲学更高的启示……谁能渗透音乐的意义，便能超脱寻常人无以自拔的苦难。

——贝多芬

音乐使人感觉到仿佛在汹涌的波涛上，乘着极小的船。　——列那尔

音乐最容易暴露一个人的心事，泄露最隐蔽的思想。　——罗曼·罗兰

唯有音乐，才是把我们的精神生活引向感觉生活的媒介。——罗曼·罗兰

音乐的基本任务不在反映出客观事物，而在于反映出最内在的自我。

——黑格尔

音乐是最高级的默契者，它反映了心灵和叫作上天的崇高物体之间的直接、即刻的联系。　——普吕多姆

有多少种激情，就有多少种歌曲。

——马林·麦尔生

音乐当使人类的精神爆出火花。

——贝多芬

音乐是心情的艺术，它直接针对着心情。　　　　　——黑格尔

音乐，有人将它比作花朵，因为它铺满在人生的道路上，散发出不绝的芬芳，把生活装饰得更美。　——贝多芬

音乐是唯一可以纵情而不会损害道德和宗教观念的享受。　——艾迪生

对于一颗苦难的心，一曲悲歌是最美的音乐。　——菲·锡德尼

最纯洁和思想最深沉的心地是最热爱色彩的。　——罗斯金

音乐可以称作人类的万能语言，人类的感情用这种语言能够向任何心灵说话，被一切人理解。　——李斯特

语言不是欣赏音乐的阻碍。爱好音乐的人不熟悉乐曲的歌词也能对音乐做出反应。　——锡坦舒·雷

"音乐是天使的演讲"，这话形容得妙极。　——卡莱尔

没有音乐，生命是一个错误。

　——尼采

次于沉默，最接近于表达出不能表达的，就是音乐。　——赫胥黎

假如心头只能歌唱着自己的悲哀和欢笑，那么世界并不需要你，不如把你的琴一起摔掉。　——裴多菲

君子以钟鼓道志，以琴瑟乐心。

　——荀子

凡音之起，由人心生也。人心之动，物使之然也。——《礼记·乐记》

乐者，音之所由生也，其本在人心之感于物也。　——《礼记·乐记》

感人的歌声留给人的记忆是长远的。无论哪一首激动人心的歌，最初在哪里听过，那里的情景就会深深地留在记忆里。　——吴伯箫

歌者，直己而陈德也，动己而天地应焉。　——《礼记·乐记》

乐也者，郁于中而泄于外者也。

　——韩愈

音乐是一切艺术中最超逸的，最富于神秘性的，最近于数学的。

　——张申府

音乐是形诸于声的诗歌，也是形诸于声的美术画卷。　——白云

音乐常使死亡迟延。　——伊索

音乐和旋律，足以引导人们走进灵魂的秘境。　——苏格拉底

乐，非独以自乐也，又以乐人。

　——刘向

美色不同面，皆佳于目；悲音不共声，皆快于耳。　——王充

音乐的理解是由两个部分组成的，是由感觉和记忆组成的。

　——阿里斯托克森

音乐是对立因素的和谐的统一，把杂多导致统一，把不协调导致协调。

　——波利克里托斯

治疗痛苦的灵丹——那就是音乐。

　——荷马

具有净化作用的歌曲可以产生一种无害的快感。　——亚里士多德

和谐的乐调不仅对于人是一种很自然的工具，能说服人，使人愉快，而且还有一种惊人的力量，能表达强烈的情感。　——朗吉弩斯

庄严的音乐是对于昏迷的幻觉的无上安慰，愿医治好你们那在煎炙着的失去作用的脑筋！　——莎士比亚

音乐有一种魔力，可以感化人心向善，也可以诱人走上堕落之路。

——莎士比亚

音乐安慰人的情绪，不是因为它具有一种合理的力量，而是他具有使人获得摆脱的能力。　　——恩匹里克

音乐是蕴藏着如此悦耳的催人奋进的力量。　　　　　——弥尔顿

歌与诗是一对天生和谐的姐妹。

——弥尔顿

音乐像诗，只有巨匠的手才能有如此造诣，使不可名状的优雅存于每一部作品中。　　　　　——蒲柏

音乐是世界的共同语言。

——威尔逊

音乐是耳朵的眼睛。——英国谚语

127. 艺术——感情的传递

艺术不是享乐、安慰或娱乐；艺术是一桩伟大的事业。艺术是人类生活中把人们的理性意识转化为感情的一种工具。　　——列夫·托尔斯泰

在一个自由的社会里，艺术决不是一种武器。　　　　——肯尼迪

艺术远没有生活重要，但是没有艺术的生活是多么乏味啊！

——罗伯特·马瑟韦尔

艺术和宗教是两条使人着迷并逃离现实的道路。　　——克莱夫·贝尔

如果没有艺术的话，粗鲁的现实会使世界难以忍受。　　——萧伯纳

人们容易被他们同时代的艺术感动，这倒不是因为这种艺术更完善，而是因为他们与这种艺术有密切的联系。

——爱伦堡

艺术总是被两种东西占据着：一方面坚持不懈地探索死亡，另一方面始终如一地以此创造生命。

——帕斯捷尔纳克

在诸般艺术中可以说诗和雄辩类似音乐，而散文可以说类似建筑、雕刻和绘画。　　　　　　——亚兰

所谓艺术就是塑造大自然的人性，也就是塑造自然、现实、纯真的人性。

——梵高

自由与进步是艺术的目标，如在整个人生中一样。　　　——贝多芬

如果艺术放弃他的富于想象力的媒介，那么艺术也就放弃了一切。

——王尔德

艺术就是要表现最道德、最健康、最美好的事物，这就是舞蹈家的使命。

——邓肯

不能真切、深刻，也就不成为艺术。　　　　　　　　——鲁迅

生命是短暂的，艺术是永存的。

——辛尼加

一般说来，生活就是"一切艺术的永恒的源泉"。　　——屠格涅夫

艺术像一架显微镜，艺术家用它揭示自己心灵的秘密，向所有的人显示出人们共有的秘密。——列夫·托尔斯泰

如果我们欣赏一幅画，因此忘掉了

艺术家，艺术家一定认为这是对他的最高赞美。

——席勒

艺术是自然的右手。自然给了我们生命，艺术却使我们成了人。

——席勒

生活是艺术所生长的最肥沃的土壤，思想与情感必须在它的底层蔓延自己的根须。

——艾青

艺术是比经验更具有高尚形态的知识。

——亚里士多德

不论有多杰出的艺术家，一旦和真实断绝关系，不是趋于死亡，就是完全陷于疯狂。

——卡莱尔

秉性是上天的启示，艺术是人类的启示。

——朗费罗

最高的艺术是要把观念纳入形象。一个字应包含无数的思想，一个画面要概括整套的哲理。

——巴尔扎克

艺术是感情的传递。

——列夫·托尔斯泰

与人类生活有关的所有艺术形式都被一根微妙的纽带联系在一起。

——西塞罗

离开了思想的美，就没有艺术的美。

——秦牧

艺术不歪曲事物的本来面貌，它只向人类展示事物的真实原形。

——罗斯金

艺术家既是自然的主宰，又是自然的奴隶。

——歌德

离开了民族性，就既没有艺术，也没有真理，也没有生命，什么也没有。

——屠格涅夫

大自然创造的是花卉，把它们编成花环的是艺术。

——歌德

艺术的道路全在于它的美丽里面，同时我所重视的，第一是风格，其次才是真实。

——福楼拜

艺术的历史是一部不断复兴的历史。

——卢卡奇

所有艺术都是亲兄弟；每一种艺术都能给另一种艺术以启迪。——伏尔泰

艺术是自然的造化，但自从它们开始相信艺术为最高目的的瞬间起，颓废倾向就开始了。

——米勒

艺术创作需要付出艰苦的劳动，而短暂的生命就是这劳动的报酬。

——席勒

艺术趣味的培养，有赖于传统文化艺术的滋养。

——宗白华

在艺术作品中，最富有意义的部分即技巧以外的个性。

——林语堂

一切美好的艺术都是来自人类的精神，不需要任何外表虚饰。

——邓肯

一件完美的物品不会给艺术家什么灵感，因为它缺乏缺陷美。——王尔德

我的艺术必须为贫困人们的幸福而奉献。

——贝多芬

艺术家不向俗人看自然。艺术家的感动，在于挖掘出隐藏在自然外衣之下的真实。

——罗丹

艺术家表现的绝不是他自己的真实情感，而是他认识到的人类情感。

——朗格

描绘同构思越相符合，艺术作品的形式同它的思想越相符合，那么这种描绘就越成功。　　——普列汉诺夫

艺术是浑然一体的，只有融合了一切种类的艺术才能臻于最完美的境界。

——列夫·托尔斯泰

艺术家的工作是在社会生活的河流里发现出本质的共性，创造出血液温暖的人物来。　　——胡风

精湛而又朴实的艺术，是以得到艺术家的最高升华和公众的最高赞扬为前提的。　　——阿米尔

伟大的艺术家大都是在人生的战场中奋斗过来的。　　——张闻天

人生是带刺的蔷薇树，艺术是在这树上盛开的花。　　——艾伯斯

真正的艺术家总是冒着危险去推倒一切既存的偏见，而表现他自己所想到的东西。　　——罗丹

艺术，不是充饥的面包，不是育婴的摇篮，更不是吓麻雀的稻草人，而是开启心灵的钥匙。　　——王朝闻

艺术作品源泉是想象的自由活动，而想象就连在随意创造形象时也比自然较自由。　　——黑格尔

艺术家必须为自己的艺术而牺牲，就像蜜蜂以刺赌注它的生命。

——爱默生

艺术家首先是自己时代的人，是自己时代的悲喜剧的直接观看者和积极参加者。　　——高尔基

没有一种艺术可以不为别人或没有别人参加创造的。　　——萨特

犹如阳光使百花绚丽多姿，艺术使生活丰富多彩。　　——史太因林

艺术与科学的价值，在于对万众的利益做全无私欲的奉献与服务。

——罗斯金

你可以杀一个艺术家，或思想家，但你不能得到他的艺术或思想。

——李大钊

艺术家是自然的爱人。也是自然的奴隶和主人。　　——泰戈尔

艺术产生于人，其人的作品中自然而然地流露出其人的个性。——三木清

花长在土地和水上，土地和水就是生活，一切艺术的根源是生活。

——艾青

艺术并不超越自然，不过使自然更完美而已。　　——塞万提斯

给人的心灵深处送去光明，这就是艺术家的使命。　　——舒曼

128. 美学——引人向善的力量

一个人的美不在外表，而在才华、气质和品格。　　——马雅可夫斯基

最美的东西是无法用画笔表现的。

——培根

美能激发人的感情，爱能净化人的心灵。　　——迪南

人得自天赋的美感应该提高到由学

习、修养而形成的审美趣味的水平。

——别林斯基

美的东西应该让大家都能看到，只有这样，它才会有生命力。——高尔基

人的根本改造应当从儿童的感情教育、美的教育入手。——郭沫若

美与丑，并不在于一个人的本来面貌如何，而在于他是如何看待自己的。

——索洛维契克

世界上最自然之美，乃基于精神上的诚与真。——沙甫慈白利

绝大多数哲人，以及最伟大的人物，都通过对美的欣赏和沉思来补偿学校教育，并获得智慧。——蒙田

黄金的作用大，但美的作用更大，这一点是千真万确的。——马辛杰

不要因为长期埋头科学而失去对生活、对美、对诗意的感受能力。

——达尔文

请热爱真实，因为它是美的，只要你能辨认它，并深刻感受它。

——安格尔

点燃了的火炬不是为了火炬本身，就像我们的美德应该超过自己照亮别人，否则等于没用。——莎士比亚

漂亮是美的，"艺术的价值"也是美——抽象的美，无所附丽的美。

——瞿秋白

科学和艺术也是为最高的善服务的，而这最高的善同时就是最高的真和美。——别林斯基

用劳动来创造美的时候，美才能使

人的情操更为高尚。——苏霍姆林斯基

孔雀虽然为自己的羽毛而自豪，也为丑陋的双脚感到不安。——萨迪

美具有引人向善的作用和力量。

——柏拉图

美是自然给女人的最初礼物。

——米列

丑和美不但可互转，而且可以由反衬而使美者越美、丑者越丑。

——朱光潜

你不要忘了我最喜欢的一句箴言："自然总是美的。"能了解自然向我们指出的，这就够了。——罗丹

美——是道德纯洁、精神丰富和体魄健全的强大源泉。——苏霍姆林斯基

色彩的感觉是一般美感中最大众化的形式。——马克思

129. 文学——精神上的指导

因为文学家是解剖社会的医生，挖掘灵魂的探险家，悲天悯人的宗教家，热情如沸的革命家；所以要做他的代言人，也得像宗教家一般的虔诚，像科学家一般的精密，像革命志士一般的刻苦顽强。——傅雷

文学是对待一代实行潜移默化的很有力的工具。它能帮助青年了解生活，了解人们，了解人们精神寄托的所在，了解人们思想情感的表现；定会教育青年学会观察人们，知道什么东西在经常激励他们。——克鲁普斯卡娅

文学是经由语句组织起来，而成为一种扣动人类心弦和生命息息相关的东西。

——歌德

文学是优美的形象语言艺术，这种语言有如动人的旋律。正是这种高雅的气氛"陶冶"着人的心灵。

——瓦西利夫

对学术和文艺的庇护一去不复返了。我们任何人都不指望学识渊博的达官贵人的慷慨庇护，这种庇护同罗蒙诺索夫一起逝去了。我们当代的文学不但是，而且应当是气度高尚、独立不倚的。

——普希金

对一个作家而言，人脑远胜于电脑！

——维纳

文学是社会现象经过创造过程的反映；反过来，社会要受到文学的创造性的影响而被塑造。社会向文学提供素材，文学向社会提供规范。

——郭沫若

世界上不可能用任何人力材料建筑的宫殿和城堡，原可以用文字作成功的。

——沈从文

文学应当预见到未来的发展规律，创造未来的人物的形象。

——谢德林

人们对博览群书者怀有崇高的敬意，这本身就是对文学的极大赞誉。

——爱默生

文学作品应当能使读者不仅从作品所说的事情中，而且从述说这些事情的方式中，得到快乐；否则，就称不上是文学。

——布鲁克

文学既然在于解释生活，充当抽象的科学以及读者大众之间的中介人，给人一种令人高尚起来的审美享受，激起智慧有所作为，那么它对人类的发展多多少少总会有所影响，在历史运动中多多少少总会起重要的作用。

——车尔尼雪夫斯基

文学像炉中的火一样，我们从人家借得火来，把自己点燃，而后再传给别人，以至为大家所共有。 ——福楼拜

文学经常预测人生。文学不是复制人生，其目的是铸造人生。——王尔德

文学的第一个要素是语言。语言是文学的主要工具，它和各种事实、生活现象一起，构成了文学的材料。民间有一个最聪明的谜语确定了语言的意义，谜语说："不是蜜，但是可以粘东西。"

——高尔基

文学的一般任务是什么呢？就是把人的美、诚实、崇高的品质表现在色彩、文字、音乐、形式中。——高尔基

鉴别文学作品的优劣，揭示它的美丑，正如筛子能把粮食与沙砾区分开来一样。

——努埃曼

任何一个文学活动总不能在形式上产生，俗话说得好，在空间中现存的东西，并不都能生根发芽。

——黑格尔

文学的职能就是一种精神上的指导。 ——阿·托尔斯泰

文学是一种探索人类内心奥妙的思想。

——卡莱尔

人为什么需要文学？需要它来扫除

我们心灵上的尘垢，需要它给我们带来希望，带来勇气，带来力量。——巴金

文学就是用语言来创造形象、典型的性格，用语言来反映现实事件、自然景象和思维过程。　——高尔基

人们最高精神的连锁是文学，使无数弱小的心团结而为大心，是文学独具的力量。文学能揭穿黑暗，迎接光明，使人们抛弃卑鄙和浅薄，趋向高尚和精深。　　——叶圣陶

只有在小说里，一切都暴露得淋漓尽致。　　——D.H.劳伦斯

优秀的作品无论你怎样去探测它，都是探不到底的。　——歌德

好作品的秘密，在于用新的形式叙述一件旧的事情，或者用一种旧的形式叙述一件新的事情。——R.戴维斯

我们未曾亲身经历的、体验的唯一代用品，就是文学艺术。

——索尔仁尼琴

一切优秀作品都格外真实，即使生活中果真发生过那些事，也不可能比书中所描写的更真实了。当你读完之后，你会觉得那一切故事就发生在你身边，而且以后也将属于你。　——海明威

130. 诗歌——最高贵的语言

诗是艺术的语言——最高贵的语言，最纯粹的语言。　　——艾青

诗歌能躲过坟墓，使伟大的业绩永垂青史，使英名代代相传。——奥维德

作为一种理性的功能，诗的目的在于产生惊奇感。　　——马志尼

无韵的诗句，是没有灵魂的肉体。

——斯威夫特

一般来说，诗可以理解为"想象的表现"。自有人类便有诗。　——雪莱

如果诗的写成不能像树叶发芽那样自然，倒不如不写为妙。　——济慈

痛苦的诗中也有欢乐，这一点只有诗人才知道。　　——威·柯珀

诗不可同化于科学和伦理，一经同化，便是死亡和衰退。　——波德莱尔

仅仅有美，对诗来说是不够的。诗应该打动人心，把听众的灵魂引导到诗的意境中去。　　——贺拉斯

诗是翻腾的内心之叹息。

——普吕多姆

伟大的诗，是民族最珍贵的宝石。

——贝多芬

诗本不过是由梦演变而来的。

——弗洛伊德

诗歌是一团火，在人的灵魂里燃烧。这火燃烧着，发热发光。

——列夫·托尔斯泰

真正的诗永远是心灵的诗，永远是心灵的歌，它很少谈论哲理，它是羞于大发议论的。　　——高尔基

诗是迷醉心怀的智慧。——纪伯伦

诗不是一种表白出来的意见。它是从一个伤口或是一个笑口涌出的一首歌曲。　　——纪伯伦

人的种种情感在诗中以极其完美的形式表现出来；仿佛可以用手指将它们拈起来似的。　　——泰戈尔

诗是神的词句，诗未必只存在于韵文之中，诗到处洋溢着，凡是有美和生命的地方就有诗。　　——屠格涅夫

歌声在空中感到无限，图画在地上感到无限。诗呢，无论在空中、在地上都是如此。因为诗的词句含有能走动的意义与能飞翔的音乐。　　——泰戈尔

动天地，感鬼神，莫近于诗。

——钟嵘

片言可以明百意，坐驰可以役万里，工于诗者能之。　　——刘禹锡

情景名为二，而实不可离。神于诗者，妙合无垠。　　——王夫之

诗非异物，只是人人心头舌尖所万不获已，必欲说出之一句话耳。

——金圣叹

诗有从天籁来者，有从人巧得者，不可执一以求。　　——袁枚

其言动心，其色夺目，其味适口，其音悦耳，便是佳诗。　　——袁枚

诗者，妙观逸想之所寓也，岂可限以绳墨？　　——惠洪

诗贵有奇趣，却不是说怪话，正须得至理，理到至处，发以仄径，乃成奇趣。　　——何绍基

诗可以尽兴，可以观，可以群，可以怨。　　——《论语》

诗贵有不尽之意，然亦须达意。

——方薰

诗要避俗，更要避熟；剥去数层方下笔，庶不堕"熟"字界里。

——刘熙载

任何伟大的诗人之所以伟大，是因为他的痛苦和幸福深深根植于社会和历史的土壤里，他从而成为社会、时代以及人类的代表和喉舌。　——别林斯基

诗人们在他们的作品里都运用了最深刻的思想，这种思想就好比果壳里隐藏的果肉，而他们所用的美妙的语言就好比果皮和树叶。　　——薄伽丘

诗人都是些热爱、探索和传播伟大真理的人。　　——华·贝利

不能出卖灵感，但能出卖手稿。

——普希金

哲学家以三段论说话，诗人则以形象和图画说话。　　——别林斯基

诗人——如果不是能够撼动世代恶势力的大山的巨人，便是在花粉里翻掘的小甲虫。　　——皮萨列夫

情感是诗的天性中一个主要的活动因素；没有情感就没有诗人，也没有诗。　　——别林斯基

诗人如果有才华，就不单单凭质量抓住读者，也凭数量。　　——契诃夫

真正的诗人不由自主地、痛楚地燃烧起来，并且引燃别人的心灵。

——列夫·托尔斯泰

伟大诗人的态度就是要使奴隶高兴，使暴君害怕。　　——惠特曼

131. 历史——人类的过去的知识

历史是人类的过去的知识。

——伊雷内·马鲁

历史本身是自然史的一个现实的部分，是自然生成人这一过程的一个现实的部分。

——马克思

史学家只需记下事情的经过，并给以评价，不能自身参与决定事情。

——马依内克

历史展示出现在与过去的一种对话，在这种对话中，现在采取并保持着主动。

——雷蒙·阿隆

历史不能只记载一个行动，而必须记载一个时期，即这个时期内所发生的涉及一个人或一些人的所有事件，尽管他们之间只有偶然的联系。

——亚里士多德

历史往往会对那些为了今天而牺牲明天的人们做出严厉的裁决。

——麦克米伦

死亡的历史会复活，过去的历史会变成现在，这都是由于生命的发展要求它们的缘故。 ——克罗齐

在这世界的历史里，每个伟大的有威力的时代的产生，都是由于某一种热诚得到了胜利。 ——爱默生

历史只有在自由的国家里才得到真实的记录。 ——伏尔泰

街上的每一块石头，阳光中的每一粒分子，都包含着历史。 ——詹姆斯

凡是忘记过去的人注定要重蹈覆辙。

——桑塔亚那

历史孕育了真理；它能和时间抗衡，把遗闻旧事保藏下来；它是往昔的迹象，当代的鉴戒，后世的教训。

——塞万提斯

历史告诉人们什么是过去，并帮助人们预测未来。 ——杰弗逊

历史并没有真正的科学价值，它的唯一目的乃是教育别人。

——乔·屈维廉

世界史不过是频繁的斗争中产生出来的永远的人间戏剧而已。——米什莱

在历史上出现得晚的人，得到的并不是骨头，而是多汁液的果实。

——赫尔岑

把历史变为我们自己的，我们遂从历史进入永恒。 ——雅斯贝斯

历史的大悲剧不是发生于正确与错误相对抗时，而是发生于两个正确互相对抗时。 ——基辛格

历史上很少有什么事离得了阴谋。那黑暗的旧社会无疑把许多人推上了这条滑溜难行的道路。 ——米·左琴科

你要知道将来到底怎么样，只需要看历史事迹就可以知道了。

——马格丽泰·密西尔

在伟大历史事件的进程中，往往会出现一个就其本身意义而言微不足道的小插曲，但它却能特别鲜明地、异乎寻常地突然反映出整个事件中最重要、最本质的特点，如同有时一滴水可以清楚

地反映出周围世界的巨大场面一样。

——谢·斯米尔诺夫

历史是由活着的人和为了活着的人而重建的死者的生活。——雷蒙·阿隆

历史的目的是通过过去的实例，教给我们指导欲望和行动的知识。

——饶列

历史是一面镜子，它照亮现实，也照亮未来。——赵鑫珊

历史是为活着的人们而写的。活着的人们搜了死者腰包之后踏着死者尸体前进。——罗曼·罗兰

别忘了历史是背向败者，而以胜者为正确的。——茨威格

历史是什么：是过去传到将来的回声，是将来对过去的反映。——雨果

人类是世界史上重要的角色，世界史是从人类命运的集合体中产生出来的。——贝伦塔诺

历史上最突出的偶然的机遇是赫赫名人、伟大的人的间歇出现。

——阿仑·尼文斯

历史教给最实际的智慧是民族具有前进的可能性。——柳田国男

可以说人类的历史是与关系颇深的自然相对立斗争的历史。

——柳田谦十郎

事理方圆

　　无论是在商界、官场，还是交友、情爱、谋职等等，都需要掌握事理方圆，这样才能无往不利。

　　无论是超前思索的推断，还是事后分析的结论，常使人们从迷路归入正途。安逸时，警钟敲响；安逸的环境显不出时代的伟大。迷茫时，警钟长鸣，如果一艘船不知道要驶向哪里，那么任何风都不是顺风。难过的时候，悲伤的时候，孤独的时候，无助的时候，疲惫的时候，劳累的时候，看看哲理。

132. 真理——人生最高之理想

　　人人都希望真理在自己一边，但并不是人人都希望自己站到真理那一边去。　　——惠彻利

　　不知道真理的人，不过是个傻瓜。但是知道真理，反而说它是谎言的人，就是罪人。　　——布莱希特

　　新的真理往往使人感到不舒服，尤其对当权者来说更是如此，然而在充满残酷和偏执的漫长的历史记载中，它是我们聪慧而谨慎的人类的最重要的成就。　　——罗素

　　迷信、崇拜和虚伪都有丰厚的薪金，而真理却一直在乞讨。

　　　　　　　——马丁·路德

　　错误经不起失败，但是真理却不怕失败。　　　　　——泰戈尔

　　为真理而斗争是人生最大的乐趣。

　　　　　　　　——布鲁诺

　　人的价值并不取决于是否掌握或者自以为真理在握，决定人的价值的是追求真理的孜孜不倦的精神。　——莱辛

　　冥冥世界终于造成了光明，全部的黑暗都用来缔造一个太阳：真理。

　　　　　　　　——雨果

　　拳头打不倒真理。　——高尔基

　　热爱真理，是找到真理的最有利的条件。　　　——爱尔维修

　　真理是时间的女儿，不是权威的孩子。　　——布莱希特

　　世界上再没有比得到真理更困难的了。　　　　——厄尔文

　　人生最高之理想，在求达于真理。

　　　　　　　　——李大钊

　　一个人的心若能以仁爱为动机，以天意为归宿，并且以真理为地轴而动转，那这人的生活可真是地上的天

堂了。 ——培根

不用相当的独立功夫，不论在哪个严重的问题上都不能找到真理；谁怕用功夫，谁就无法找到真理。 ——列宁

真理是在漫长地发展着的认识过程中被掌握的，在这每一过程中，每一步都是它前一步的直接继续。——黑格尔

认识真理的主要障碍不是谬误，而是似是而非的真理。

——列夫·托尔斯泰

真理诚然是一个崇高的字眼，然而更是一桩崇高的业绩。如果人的心灵与情感依然健康，则其心潮必将为之激荡不已。 ——黑格尔

一个人只要肯深入到事物表面以下去探索，哪怕他自己也许看得不对，却为旁人扫清了道路，甚至能使他的错误也终于为真理的事业服务。 ——博克

反对真理归根结底最能促使真理获胜。 ——钦宁格

许多伟大的真理开始的时候都被认为是亵渎行为。 ——萧伯纳

尊重真理就是聪明睿智的开端。

——赫尔岑

人应该有爱好真理，一见真理就采纳它那样的心灵。 ——歌德

即使通过自己的努力而知道一半真理，也比人云亦云地知道全部真理，还要好些。 ——罗曼·罗兰

对真理的错误理解，不会毁灭真理本身。 ——别林斯基

我们需要真理，仅仅需要真理。

千万不可设法逢迎朋友，迁就师长，不得罪任何人。纵然在这条路上，你可能找到宁静平安，但是绝不会得到任何根本的好处。 ——奥勃鲁切夫

人需要真理，就像瞎子需要明眼的引路人一样。 ——高尔基

真理是智慧的太阳。——沃韦纳戈

真理之川从它的错误之沟渠中流过。 ——泰戈尔

真理的蜡烛常常会烧伤那些举烛人的手。 ——布埃斯特

真理是人生的向导与光辉。

——狄更斯

正像新生的婴儿一样，科学的真理必将在斗争中不断发展，广泛传播，无往而不胜。 ——富兰克林

追求真理必须不辞劳苦，寻求黄金总是掘多而获金少。 ——赫拉克利特

真理是永恒的太阳，世人不可能使它迟升。 ——菲力普斯

最伟大的真理是最平凡的真理。

——列夫·托尔斯泰

我们只愿在真理的圣坛之前低头，不愿在一切物质权威之前拜倒。

——郭沫若

人的天职在勇于探索真理。

——哥白尼

关键在于要有一颗爱真理的心灵，随时随地碰见真理，就把它吸收进来。

——歌德

人类牺牲的价值，有比生命还要重要的，就是真理和名誉。 ——孙中山

害怕错误，即是害怕真理。

——黑格尔

最好是把真理比作燧石——它受到的敲打越厉害，发射出的光辉越灿烂。

——马克思

只要再多走一步，仿佛是向同一方向迈的一小步，真理便会变成错误。

——列宁

知识就是力量，真理就是知识。

——华盛顿·欧文

智慧存在于真理之中。　　——歌德

伟大的真理都是明摆着的事实。但不见得所有显而易见的事实都是伟大的真理。

——赫胥黎

真理是咱们的武器，真理是咱们的骨头。

——郭沫若

遭冤狱，受迫害，无损于一个人的名望，你不能使真理和正直受到任何损伤。

——笛福

重要的只是真理，在它面前人人平等。

——罗曼·罗兰

要坚持真理——不论在哪里也不要动摇。

——赫尔岑

一切都会过去，只有真理具有永恒的力量，不会随着时间的推移而消失。

——列夫·托尔斯泰

任何一个可信的道理都是真理的一种形象。

——布莱克

只要稍微一夸大，就是印证了一条真理：从伟大到可笑只有一步之差。

——列宁

我们不属于暴力的队伍而属于思想的队伍，我们要征服真理。

——罗曼·罗兰

真理常在，只需揭开心智的盖子去读它的圣示。　　——爱默生

货真价实的真理，往往平凡得不似真理。

——陀思妥耶夫斯基

真理只可能对于目光短浅的个别的人才显得狰狞可怖，本身却是永恒的美和永恒的幸福。　　——别林斯基

真理是我们最有价值的东西，我们要节约用它。　　——马克·吐温

欺骗和虚伪害怕接受考验，而真理却迎接考验。　　——汤玛士·古柏

时间是真理最亲密的朋友，偏见是真理最大的敌人，谦逊是真理恒久的同伴。

——哥尔顿

知道真理而不大声说出来的人，是说谎者和骗子的同谋。

——贝玑

一个新的科学真理的确立，并不是通过说服反对者声明自己搞通了，倒是因为它的反对者逐渐死光了，而新一代从一开始就熟悉了这个真理。

——普朗克

如果你禁锢了真理，将它埋没在地下，它将不断生长；并且积聚成爆炸的力量，至爆炸的那一天，将要翻越一切阻碍它的东西。　　——左拉

真理就是具备这样的力量，你越是想要攻击它，你的攻击就越加充实了和证明了它。　　——伽利略

真理的大海，让未发现的一切事物

躺卧在我的眼前，任我去探寻。

——牛顿

只要你追求真理，真理就会在你胸中燃烧。 ——河原崎长十郎

真理是严酷的，我喜爱这个严酷，它永不欺骗。 ——泰戈尔

嬉笑是虚伪的舞台，真理是严肃的。 ——司汤达

研究真理可以有三个目的：当我们探索时，就要发现真理；当我们找到时，就要证明真理；当我们审查时，就要把它同谬误区别开来。 ——帕斯卡

追求绝对真理是最大的错误根源。

——勃特勒

谬误的好处是一时的，真理的好处是永久的；真理有弊病时，这些弊病是很快就会消灭的；而谬误的弊病则与谬误始终相随。 ——狄德罗

真理的小小钻石是多么罕见难得，但一经开采琢磨，便能经久、坚硬而晶亮。 ——贝弗里奇

科学给予人类最大的礼物是什么？是使人类相信真理的力量。——昆布顿

133. 哲理——自然是对必然的认识

宇宙间只有一个实体存在着，而这个实体就是绝对无限的。——斯宾诺莎

上帝赐给我们一个世界，只是由于我们的愚蠢，才没能成为一个乐园。

——萧伯纳

上帝就是自然。 ——斯宾诺莎

自然是通过自身，而不经过任何其他事物被认识。 ——斯宾诺莎

乐观主义者宣称我们生活在美好的世界上；而悲观主义者则怀疑这是否是真的。 ——卡贝尔

物体不能限制思想，思想也不能限制物体。 ——斯宾诺莎

那种正确的判断和辨别真假的能力，实际上也就是称之为良知或理性的那种东西，是人人天然的、均等的。

——笛卡尔

自然是不能违背的，它是有确定不移的秩序的。 ——斯宾诺莎

并不是因为事情难我们才不敢做，是因为我们不敢做事情才难。

——塞内卡

属性是构成实体的本质的东西。

——斯宾诺莎

特质的全部花样，或其形式的多样性，都依靠运动。 ——笛卡尔

理智有它的偏见；感觉有它的不定性；记忆有它的限制；想象有它的朦胧处；工具有它的完善处。 ——狄德罗

表面鲜嫩可爱，内核变坏的梨子在这个世界上不知有多少。看上去纯净无瑕，内心早就长了虫的苹果，在这个世界上不知有多少。然而橙子却毫无缺点可以隐瞒，它的外部就是它内心的一面镜子。 ——米尔恩

身体不能决定心灵，使其思想，心灵

也不能决定身体，使其动或静。

——斯宾诺莎

如果你是一个逻辑学家，你就不应当放弃一个存在的、可以说明一切的原因，提出另一个不可理解的、与结果的联系更难理解的、造成无数困难而解决不了任何困难的原因。 ——狄德罗

尽管各种形式变化无穷，更迭不已，但物质仍然是物质。 ——布鲁诺

普遍理智是世界灵魂内部最实在的、特有的、相似的条线可以产生相似的结果。 ——休谟

任何事物，除了在我们思想中使之固定不变外，都没有恒常的位置。

——笛卡尔

134. 辩证——物极必反

不清不见尘，不高不见危，不广不见削，不盈不见亏。 ——王充

人有悲欢离合，月有阴晴圆缺，此事古难全。 ——苏轼

事情总是这样，有一个极端就有另一个极端的代表来跟它作对。

——列夫·托尔斯泰

尺有所短，寸有所长；物有所不足，智有所不明。 ——屈原

旧事物是一切新事物的源泉。

——别林斯基

在纯粹光明中就像在纯粹黑暗中一样，看不清什么东西。 ——黑格尔

人们没有哭，便不会有笑，小孩一生下来，便有哭的本领，后来才学会笑，所以一个人不先了解悲哀，便不会了解快乐。 ——培根

智者千虑，必有一失；愚者千虑，必有一得。 ——司马迁

事有大小，有先后。察其小，忽其大；先其后，后其所先，皆不可以适治。 ——程颢

小中见大，大中见小，一为千万，千万为一。 ——苏辙

相似不能证明任何事情，这是相当正确的，但它却令人产生一种重归家园般的亲近感 ——弗洛伊德

相反的东西结合在一起，不同的音调造成最美的和谐，一切都是通过斗争而产生的。 ——赫拉克利特

在光明完全战胜黑暗的那黎明将要到来之前，通常总有一个幽暗的时刻。

——列夫·托尔斯泰

昨日之新，至今日而已旧；今日之新，至明日而又已旧。所谓新理新事，必更有新于此者。 ——谭嗣同

统一物分而为二以及我们对其各矛盾部分的认识，是辩证法的本质。

——列宁

在高处的事物不一定就高；在低处的也不一定就低。 ——狄更斯

善从何处而来，恶也从何处而生，但避免邪恶的方法也会应运而生。例如，深水在很多方面是有益的，同时又是有害的，因为深水有溺水之险。但与此同时，却也找到了避免溺水的方

法——学会游泳。　　　——佚名

暑极不生暑而生寒，寒极不生寒而生暑。屈之甚者，信必烈；伏之久者，正必决。　　　　　　——魏源

全则必缺，极则必反，盈则必亏。

——吕不韦

135. 法纪——法网恢恢，疏而不漏

我们不得不为自己制作一只法律的笼子，然后栖息其中。　——波利索

没有高于法律或低于法律，叫任何人守法并不需要征得他的同意。

——西·罗斯福

公正是个整体；它约束所有的人类社会，并以一个法律为基础，这个法律就是运用于统治和禁律的公理。

——西塞罗

公正的法律的规定，对于个别的行为来说，每一条都是普遍的，因为所行的事为数众多，但那些规定每条都是单一的，从而是普遍的。——亚里士多德

如果一个人没有在正义的法律指导下受过长期教育，就很难从年轻起接受良好的品德锻炼；因为克己耐劳的大多数人，特别是对年轻人是不愉快的。因此之故，他们的教养和职业应由法律作出规定：一旦他们养成了习惯，就不会感到痛苦。　　　　——阿奎那

不论从哪个角度看，学习法律总是有用的。它使一个人有益于自己，有益

于邻居，有益于公众。它还是政界最理想的晋升台阶。　　　——杰弗逊

法律给人类带来的好处是：法律为每个人规定了行动准则，描述了使他有获得社会支持和保护的方式。

凡事都有规矩。　——德谟克利特

法律以合于德行的以及其他类似的方式，表现了全体共同的利益。它规定了各种行为准则。　——亚里士多德

纪律是使教育这一伟大事业彰显其效力的前提，它与获得专门知识和技能一样，对教育来说都是同等重要的。

——佚名

针对不良倾向、嬉闹和涣散所制定的工作纪律是必需的，这种纪律能控制滥用自由的任性。　　　　——佚名

民主需要纪律、忍让和相互尊重。自由需要尊重他人的自由。——尼赫鲁

任何一个不忠实于法律的人都将被抛去，如同风雨飘摇中的小船。如果你聪明的话，你就会相信法律。

——佚名

纪律是达到一切雄图的阶梯，要是纪律发生动摇，啊！那时候事业的前途也就变得暗淡了。　　　——莎士比亚

谁把法律当戏，谁就必然亡于法律。　　　　　　　——拜伦

法律在你之上，你切不可逾越。

——托马斯·富勒

法律是理智的产物，不能感情用事。　　　　　——亚里士多德

唯有遵纪守法的人才是自由的。

——黑格尔

一个受理性指导的人，遵从公共法令在国家中生活，较之他只服从自己，在孤独中生活更为自由。——斯宾诺莎

舆论往往先于法律。

——高尔斯华绥

人类受制于法律，法律受制于情理。　　　——托·富勒

善良的人不必太遵守法律。

——爱默生

公正，在那些温和节制的法官那里，不过是对擢升的向往。

——拉罗什富科

法律好比蜘蛛网，当轻柔的小虫落在上面时，它显得牢不可破，而大一点的虫子却能破网而溜。　——梭伦

如果一个人着手去研究所有的法律，他就没有剩余的时间去触犯法律。

——歌德

由于有法律才能保障良好的举止，所以也要有良好的举止才能维护法律。

——马基雅弗利